중국식 현대화의 논리

아시아총서 48

중국식 현대화의 논리 2

사회주의 중국을 움직이는 체계와 동력

류젠줸·천저우왕·왕스카이 지음

구성철·김미래·강애리·정혜미 옮김

산지니

제8장

공동부유의 제도적 기초

공동부유(共同富裕)의 실현은 사회주의의 주된 특징이자 지향이다. 일부를 먼저 부유하게 하는 선부(先富)에서 더불어 부유해지는 공부(共富)로의 도약은 현대 중국정치의 책임과 가치관을 반영한다. 정치가 좋은 삶을 창조하는 기본 방식이라면, 현대 중국의 사회주의 정치는 공동부유를 통해 좋은 삶을 창조하는 기본 방식이라고 할 수 있다. 그러나 단순한 시장 논리와 자본 논리로는 공동부유를 실현할 수 없다. 공동부유는 사회주의 제도에 기초해 성립되는데, 그중에서도 공유제는 공동부유를 실현하는 제도적 기초에 해당한다. 신시대의 탈빈곤 전쟁은 빈곤을 상대로 한 '국가적 차원 투쟁'이었다. 현대 중국은 공유제라는 제도적 보장에 의지해 이러한 국가적 투쟁에서 승리할 수 있었다. 국가의 이름으로 빈곤과의 전쟁을 선포하고 여기에서 승리한 것은 이제까지의 역사적 경험과 서구중심주의적 발전관을 초월한, 현대 중국 사회주의 정치의 가장 눈부신 업적이다. 이처럼 현대 중국이 시간과 공간 두 가지 차원에서 달성한 이중적 초월은 현대 중국 사회주의 정치학의 초월적 특징으로 귀착되었다.

1. 저개발국의 사회주의 발전이론

(1) 공유제를 기초로 조성된 새로운 사회형태

자본주의 사회의 착취적 성격에서 기인한 노동 소외와 그것에 대한 문제의식은 사회발전을 추구했던 19세기 중엽의 마르크스주의가 도입한 진화된 형태의 진화론에서 비롯되었다. 『공산당 선언』에 따르면 "대공업이 발전함에 따라 부르주아지가 생산물을 생산하고 점유하는 기반 자체가 부르주아지의 발밑에서 무너져 내린다. 부르주아지가 무엇보다 자기 자신의 무덤을 파는 일꾼들을 만들어낸 셈이다. 부르주아지의 몰락과 프롤레타리아트의 승리는 둘 다 피할 수 없는 일이다."1) 프롤레타리아트 혁명에 의해 탄생한 사회는 착취와 사유제를 소멸한 신(新)사회로서, 부르주아지에 의한 생산수단 독점을 철폐하고 생산수단을 사회적으로 공유하는 제도를 건립하는 것이 혁명의 목표이다.

마르크스는 일찍부터 프롤레타리아트 혁명이 규모 측면에서 한 나라를 무대로 발생할 수밖에 없다는 점을 인식하고 있었다. 마르크스에 따르면 "노동계급 혁명의 첫걸음은 프롤레타리아트를 지배계급으로 끌어올리고 민주주의를 쟁취하는 것이다. 프롤레타리아트는 자신의 정치적 지배권을 이용해 부르주아지의 모든 자본을 차례로 빼앗고 모든 생산도구를 국가, 즉 지배계급으로 조직된 프롤레타리아트의 수중에 집중시켜 가능한 신속히 총생산력을 증대시킬 것이다." 이처럼 한 국가 내에서 완성된 프롤레타리아트 독재, 즉 생산수단의 국가 공유제를 이용해 생산력을 발전시키는 단계가 바로 마르크스가 말한 공산주의의 첫 번째 단계이다.2) 1875년 마르크스는 『고타 강령 비판』을 통해 자본주의에서 공산주의로 나아가는 세 단계의 과도기를 제시하였다. 첫 번째 단계는 자본주의가 공산주의로 변모하는 '혁명적 전환기'와 여기에 상응하는 정치적 과도기이다. 두 번째 단계는 상당히 긴 진통을 겪은 뒤 자본주의 사회를 전복하고 탄생한 낮은 단계의 공산주의 사회이고, 세 번째 단계는 높은 단계의 공산주의 사회이다.3)

정치적 측면에서 공산주의의 첫 번째 단계는 프롤레타리아트 독재의 실현이다. 경제적 측면에서 공산주의는 마르크스가『공산당 선언』에서 말한 것처럼 "프롤레타리아트는 정치적 지배권을 획득해 모든 생산도구를 국가의 수중에 집중시켜 가능한 신속히 총생산력을 증대시킬 것이다." 이것은 "노동자의 삶을 확장하고 풍요롭게 하며 장려하는 수단"이다.4) 엥겔스는『반(反)뒤링론(Anti-Dühring)』에서 "사회가 모든 생산수단을 장악하고 사회적 범위 내에서 계획적으로 생산수단을 이용할 수 있게 되었을 때 사회는 곧 자신에 대한 생산수단의 지배력을 일소할 수 있게 된다"고 주장했다.5)

그러나『공산당 선언』은 역사에 대한 총결산을 진행했을 뿐, 어떻게 하면 프롤레타리아트 국가가 부르주아지 국가를 대체할 수 있는가 하는 문제에 대해서는 언급하지 않았다. 1871년의 파리코뮌을 계기로 마르크스는 프롤레타리아트의 역사적 임무인 새로운 국가기구 건설에 대해 사색하기 시작했으나 보다 큰 관심사는 국가의 소멸에 있었다. 마르크스는 "국가는 반드시 소멸될 것이며, 지배계급으로 조직된 프롤레타리아트 독재라는 역사적 결과가 국가 소멸의 과도형태가 될 것"이라 보았다. 그러나 마르크스는 미래의 정치형태로서 프롤레타리아트 독재에 대해 주목한 것은 아니었다.6) 여기에 대해 심층적으로 인식한 이는 레닌이었다. 레닌은 사회주의 운동의 사명은 한 국가 내의 사회주의라는 현실적 조건을 충분히 고려하는 것이며, 따라서 반드시 프롤레타리아트 독재를 국가형태로서 탐색해야 한다는 입장을 가지고 있었다. 레닌은 『국가와 혁명(Gosudarstvo i Revolyutsiya)』이라는 저작에서 이 문제에 대해 집중적으로 논했다. 해당 저작의 이론적 공헌은 크게 두 가지로 압축된다. 첫째, 레닌은 프롤레타리아트 계급의 정치운동이 상대적인 독립성을 가지고 있다고 확신했으며, 따라서 프롤레타리아트 계급의 정치혁명은 굳이 생산력 발전이라는 조건이 무르익길 기다릴 필요가 없다고 보았다. 둘째, 레닌은 기존의 국가기구를 분쇄한 이후 수립될 새로운 국가기구의 기본 형태를 모색했다. 레닌에 따르면 코뮌은 부르주아지 국가기구를 분쇄하려 한 프롤레타리아트 혁명의 첫 시도이며, 분쇄된 것을 대체할 수 있고 또 반드시 대체하여야 할 '마침내 발견된' 정치형태였다.7)

레닌주의와 사회주의 건설, 소련모델의 전반적 의의가 여기에 있다고 해도 과언이 아니다. 사회주의에서 국가 문제는 경시될 수 없다. 생산력이 상대적으로 미약한 공산주의 초급 단계에서 사회주의는 마땅히 새로운 국가기구를 수립하고 공유제를 기초로 한 조직적 생산을 해야 한다. 이러한 새로운 국가의 정치제도 형태가 곧 '소비에트(soviet)'이다. 노농(勞農) 소비에트는 새로운 국가유형인 동시에 새로운 최고 단계의 민주유형이며, 프롤레타리아트 독재의 한 형태이다. 이것은 부르주아지 계급에 대한 부정과 부르주아지에 대한 반대를 전제로 한 국가를 관리하는 하나의 방식이다.8) 러시아 10월 혁명의 가장 큰 공헌은 소비에트라는 기본 제도 형태를 통해 하나의 새로운 사회주의 국가제도를 구축했다는 데 있다.

이렇게 수립된 새로운 국가는 경제적 측면에서 소비에트와 상응하는 제도형태를 마련했다. 레닌은 1918년 「노동 피착취 인민의 권리선언」과 같은 글을 통해 기본적인 경제 강령을 제시했다. 내용을 간추리자면 다음과 같다. 첫째, 토지의 사적 소유를 폐지하며, 공장, 상점, 광산, 철도 및 기타 생산수단 및 교통수단은 완전히 노동자·농민 국가 소유로 이양된다. 둘째, 모든 은행의 소유권을 노동자·농민 국가로 이양할 것을 인준한다. 셋째, 보편적인 의무 노동제를 실시한다.9) 넷째, 모든 상품과 원재료의 생산, 저장과 매매와 관련된 사무는 노동자가 감독한다. 다섯째, 엄격한 질서와 기율을 바탕으로 한 조직적 생산과 생산 경쟁을 도입한다.10)

이것들은 사실상 (공유제 외에 다른 소유제를 허용하지 않는) 단독적 공유제에 기초한 사회주의 제도를 정립하기 위한 기본적 경제 강령에 해당한다. 이처럼 레닌은 마르크스의 이론을 바탕으로 사회주의 국가의 건설 문제에 대한 일가견을 이뤘다. 그러나 프롤레타리아트 국가의 정치형태와 조직적 생산과 같은 문제에 대해 논할 때 레닌의 시각은 시종일관 서유럽에 국한되어 있었다. 레닌은 러시아의 생산력 발전 수준이 기존의 자본주의 국가에 미치지 못한다는 점과 더불어 러시아 경제가 지닌 특징에 대해 분명히 인식하고 있었다. 그러나 선발국가와 후발국가, 선진국과 저개발국의 차이에 대해 체계적으로 고찰하지는 못했다. 레닌은 줄곧 러시아 혁명을 서유럽 프롤레타리아트 혁명의 일부로 간주했다. 그는 "러시아의 자본주의는 가장 가까운 시기에 거대한 발전을 이룰 것이며, 노동자 운동이 잠시도 중지되지 않고 확대되고 침투되는 것을 보장할 것"이라 확신했다. 레닌이 생각한 러시아 혁명의 임무는 서유럽 전체의 프롤레타리아트 혁명이라는 거대한 흐름에 뛰어드는 것이었다.11)

그러나 각기 다른 국가의 사회주의 실천은 사회주의 운동에 새로운 문제를 안겨주었다. 생산의 사회화 조건을 미처 갖추지 못한 후발 국가는 어떻게 사회주의의 기본 경제제도를 수립할 수 있을까 하는 문제가 그것이다. 이는 20세기 이후 사회주의 국가가 직면한 중대한 문제였다. 러시아와 비교했을 때 중국은 전형적인 자본주의 후발국 가였다고 할 수 있다. 프롤레타리아트가 정치권력을 장악한 이후로 도 국가는 기본적인 산업화 조건을 갖추지 못해 현대화의 조건은 물론 사회주의 과도기 생산의 사회화 조건에도 도달하지 못한 상태 였다. 신생 프롤레타리아트 정권의 주역인 중국공산당은 미처 이 중 대한 문제를 해결하지 못했다. 1950년대 중국은 소련의 경제발전 경험을 토대로 (공유제 외에 다른 소유제를 허용하지 않는) 단독적 공유제 경제를 조성하기 시작했고, 생산수단 국유화와 조직적 생산 등 사회주의 건설에 매진했다. 중국공산당은 1950년대부터 중국의 미숙한 현대화 문제에 대해 초보적으로 인식하기 시작했다. 마오쩌 둥은 레닌의 사회주의/공산주의 단계 구분을 중국의 발전 현황에 적용하여 「소련 정치경제학 교과서에 대한 담화(讀蘇聯政治經濟學 敎科書的談話)」라는 글에서 사회주의에 대한 분류를 진행하였다. 마 오쩌둥에 따르면 "사회주의라는 단계는 다시 두 단계로 나뉠 수 있는 데 첫 번째 단계는 발달하지 못한 사회주의이고, 두 번째 단계는 비교 적 발달한 사회주의"로 나뉜다고 하였다.[12]

제11차 3중전회 이후 덩샤오핑은 중국의 생산력 수준과 인민의 생활수준이 모두 상대적으로 낮았던 당시 상황에 근거하여 "빈곤은 사회주의가 아니다. 사회주의는 빈곤을 소멸해야 한다"는 중요한 명 제를 제시했다. 1979년 7월, 덩샤오핑은 분명한 어조로 사회주의는 "먼저 경제발전의 속도와 효율에서 두각을 나타내야 한다. 이것을 해내지 못하면 어떤 허풍도 소용이 없다"고 역설했으며, "사회주의가 언제까지나 가난하기만 하다면 뿌리를 내리지 못한다"라고도 했다.[13] 1984년 6월, 덩샤오핑은 일본의 민간인사 대표단을 회견하는 자리에서 다음과 같이 발언했다. "무엇이 사회주의이고 무엇이 마르크스주의인가? 과거의 우리는 이 문제에 대해 충분히 인식하지 못했다. 마르크스주의가 가장 중시하는 것은 생산력 발전이다. (…) 만약 우리가 건국 이후 소홀한 점이 있었다면 그것은 생산력 발전에 대한 모종의 경시였을 것이다. 사회주의는 빈곤을 소멸해야 한다. 빈곤은 사회주의가 아니며 공산주의는 더더욱 아니다."[14] 아울러 덩샤오핑은 1987년 4월 체코슬로바키아 총리 루보미르 슈트로우갈 (Lubomír Štrougal)과 회견하면서 "지금 우리는 사회주의를 구현했다고 말하기는 하지만 사실 충분하지 못하다. 다음 세기 중엽에 이르러서야 중진국의 수준에 도달해 진정한 사회주의를 구현할 수 있을 것"이라고 말하기도 했다.[15] 이제까지 열거한 일련의 발상은 이른바 '사회주의 초급단계론'으로 집약되어 제11차 3중전회 이후 점진적으로 개진되기 시작했다.

종합하면 마르크스는 자본주의에서 공산주의로 나아가는 과도기에서 나타나는 일반적 경향과 기본 단계, 착취 · 국가 · 계급의 소멸이라는 최종 목표에 대해 체계적으로 제시했다. 레닌은 국가적 시각에서 사회주의 제도를 모색하면서 한 국가의 범위 안에서 프롤레타리아트 독재라는 정치형태와 국가형태를 수립하는 문제에 대해 논했다. 한편 중국 특색 사회주의 실천이 중점적으로 해결하고자 하는 이론 문제는 프롤레타리아트 독재가 실현되었으나 현대화 조건이 무르익지 못한 상황에서 프롤레타리아트 국가가 어떻게 신속히 생산력 발전을 이루고 또 그것을 지속적으로 발전시킬 수 있을까 하는 것이었다.

(2) 사회주의 초급단계론

중국공산당이 영도하는 중국혁명은 국제 사회주의 운동의 일부로서 사회주의를 혁명의 원칙이자 목표로 하는 방침을 시종일관 견지해왔다. 1949년 이후 신중국은 소련의 국가건설 경험에 근거해 사회주의 건설을 추진하면서, 사회주의 공업화와 사회주의 개조를 동시에 진행하는 방식을 선택했다.

1956년, 신중국은 전국적 범위에서 농업, 수공업과 자본주의 상공업에 대한 삼대(三大) 개조를 진행해 이를 완성했으며, 신민주주의 혁명에서 사회주의 건설 시기로의 이행을 마쳤음을 선포했다. 사회주의 건설 단계에 진입한 이후 중국은 경제발전 방면에서는 사회주의 공업화의 기초를, 경제 · 정치 · 사회적으로는 사회주의 중국의 기본 제도를 구축했다. 이러한 일련의 제도는 경제적 차원에서 다음과 같은 네 가지 방향으로 구현되었다. 첫째, 생산수단 공유제가 실현되었으며, 특히 토지와 은행의 국유화가 추진되었다. 둘째, 시장에 대한 국가의 완전 통제가 실현되었으며, 특히 중요한 생산과 소비수단에 대해서는 일괄 구입 일괄 판매(統購統銷)가 이루어졌다. 도농 공급 합작사를 통한 도시와 농촌의 상품 거래도 여기에 포함된다. 셋째, 지령형 계획과 수치화된 지표를 바탕으로 생산과 분배를 조정하는 완전한 계획경제가 실현되었다. 넷째, 규모가 크고 생산수단의 공유화 정도가 높은 '일대이공(一大二公)'의 공사(公社)제도가 실현되었다. 이에 따라 도시에서는 국영 · 집체 경제단위를 중심으로, 농촌에서는 인민공사를 중심으로 한 사회 차원에서의 단위체제가 형성되었다.

사회주의 개조의 완성은 중국이 사회주의 경제를 구축하고 발전시켜 생산수단의 사유제에 대한 사회주의 개조를 완성하고 생산수단의 공유제와 노동에 따른 분배를 기본적으로 실현했다는 것을 의미했다. 착취제도는 소멸하였으며 계급으로서의 착취계급은 이미 존재하지 않게 되었고 그들 중 절대다수는 이미 자력갱생하는 노동자로 개조되었다.16) 사회적 측면에서 볼 때 삼대 개조 이후 중국은 혁명적 전환기를 마감하고 사회주의 사회로 나아가는 전환기를 맞이했다고 할 수 있다. 레닌에 따르면 사회주의 사회는 프롤레타리아트 계급이 장악한 생산수단과 프롤레타리아트 독재라는 국가형태를 이용해 생산력 발전을 추진하여 공산주의로의 전환을 앞당기는 물질적 기초를 마련해야 한다.17) 중국은 1956년에 사회주의 개조를 완성했고 전민공유제와 계획경제를 기초로 한 사회주의 경제체제를 구축했으나, 1960년대에서 1980년대까지 이러한 제도는 중국의 낮은 생산력 문제를 해결하지 못했다. 1978년에 개최된 중국공산당 제11차 3중전회(이하 제11차 3중전회)를 시작으로 중국은 경제발전 측면에서 봉착한 문제에 주목하기 시작했다. 해당 회의는 "(현재) 국민경제에 적지 않은 문제가 존재한다. 일련의 중대한 불균형 상태가 완전히 개선되지 않았고, 생산·건설·유통·분배에서 존재하는 일련의 혼란상 또한 완전히 일소되지 않았다. 도시와 농촌의 인민생활에서 수년간 산적한 일련의 문제 또한 반드시 해결되어야 한다"고 강조했다.

레닌은 사회주의는 자본주의보다 더 높은 노동생산성을 창조해야 하고, 생산력 발전을 통해 노동자가 원만한 생활을 할 수 있도록 해야 한다고 주장했다. 레닌에 따르면 사회주의만이 과학적 원칙에 근거해 상품의 사회생산과 분배를 광범위하게 추진하고 이를 제대로 통제할 수 있어 모든 노동자가 가장 아름답고 행복한 생활을 할 수 있도록 한다. 오직 사회주의만이 이것을 실현할 수 있다.18)

중국의 사회주의 실천은 바로 이러한 생산력 발전 문제를 해결하려 했다. 1979년 3월, 덩샤오핑은 당의 이론 학습 토론회에서 당시 중국의 경제발전 현황에 대한 상세한 분석을 내놓았는데, 요약하자면 다음과 같다. 첫째, 경제발전이 전반적으로 매우 낮은 수준에 머물러 있다. 덩샤오핑의 발언에 따르면 당시 중국은 "비록 비교적 완전한 공업체계를 갖추기는 했으나 여전히 세계에서 매우 가난한 국가 중 하나이다. 경제, 기술, 문화 등 각 방면에서 발전한 자본주의 국가에 미치지 못한다. 특히 과학기술 수준은 세계 선진국에 비해 2, 30년은 낙후되어 있는 것으로 보아야 한다." 둘째, 경제구조의 불균형 문제가 두드러진다. 생산수단은 많이 축적된 반면 소비수단은 그렇지 못해 인민의 생활수준이 낮아 (인민의) 생계, 교육, 취업 등이 여전히 모두 심각한 문제로 남아 있다.[19] 중국은 소련의 원조 아래 기본적인 사회주의의 모습을 갖추게 되었지만, 중국이 소련과 다른 점은 '인구는 많고 저변은 약하다는' 것이다. 따라서 덩샤오핑의 표현을 빌리자면 당시 중국이 건설한 것은 '발전하지 못한' 사회주의이다. 따라서 당시 중국의 사회주의 실천이 직면한 가장 중요한 이론 문제는 사회주의 기본 제도를 수립한 후 하루속히 경제적인 저발전 상태에서 탈피하는 것이었다.

　사회주의 초급단계론은 이러한 배경 속에서 제시되었다. 1981년에 발표된 「건국 이래 당의 몇 가지 역사 문제에 대한 결의(關於建國以來黨的若幹李斯問題的決議)」에서는 "사회주의 개조가 기본적으로 완성된 이후 중국이 해결해야 할 주요 모순은 나날이 높아져가는 물질문화에 대한 인민의 요구와 낙후된 사회적 생산력 간의 모순"이라고 지적했다. 이어서 1987년에 개최된 중국공산당 제12차 전국대표대회(이하 제12차 당대회)에서는 크게 세 가지가 강조되었다. 첫째, 경제건설이 중심(中心)이라는 점이 최초로 강조되었다. 해당 대회는 "인민은 혼란이 바로잡히고 정상이 회복되기를 염원한다. 인민은 정국의 안정과 사회의 단합을 갈망하며, 역량을 집중해 사회주의 현대화 건설이 추진되고 사회주의 물질문명과 정신문명이 향상되기를 바란다"고 진단했다. 둘째, 다양한 경제형태를 발전시키는 문제가 제시되었다. "중국의 생산력 발전 수준이 전반적으로 낮은 데다 불균형이 심해 장기간 다양한 경제형태가 공존할 필요성이 두드러진다"는 것이다. 셋째, 시장이 재소환되고 '계획경제를 주로 하고 시장조절로 보조하는(計劃經濟為主, 市場調節為輔)' 경제체제가 도입되었다.[20] 사회주의 초급단계론은 1992년에 개최된 중국공산당 제14차 전국대표대회(이하 제14차 당대회)에서 공식적으로 제시되었다. 사회주의 초급단계의 기본 이론은 다음과 같은 내용을 포함한다.

첫째, 사회주의 초급단계의 기본적 함의이다. 사회주의 초급단계는 "사회주의에 진입한 모든 국가가 거치는 시작 단계가 아니라, 중국과 같이 생산력이 낙후되고 상품경제가 발달하지 못한 조건에서 건설된 사회주의 국가가 필연적으로 거쳐야 하는 특정한 단계를 일컫는다." 덩샤오핑은 "사회주의 자체가 공산주의의 초급단계인데, 중국은 사회주의의 초급단계에 처해 있다. 즉 발전하지 못한 단계에 머물러 있다"고 강조했다. 제14차 당대회 또한 "중국사회는 이미 사회주의 사회이다. 우리는 반드시 사회주의를 견지해야 하며 이탈해서는 안 된다. 중국의 사회주의 사회는 아직까지 초급단계에 머물러 있다"고 재차 강조했다.[21]

둘째, 사회주의 초급단계의 기본 노선이다. 제14차 당대회 보고에 따르면 "사회주의 초급단계에서 중국공산당이 중국 특색을 가진 사회주의를 건설하는 기본 노선은 전국 각 민족, 인민을 결속 및 영도하고 경제건설을 중심으로 4항 기본원칙과 개혁개방을 견지하며, 자력 갱생하면서 고난 속에서 업적을 창조하여 중국을 부강하고 민주적이며 문명적인 사회주의 현대화 국가로 건설하기 위해 분발하는 것"이다. 중국공산당 제17차 전국대표대회(이하 제17차 당대회)에서 수정된 중국공산당 당장(黨章)은 위의 기본 노선에 약간의 수정을 가해 "중국을 부강하고 민주적이며 조화롭고 아름다운 사회주의 현대화 강국으로 만들기 위해 분발한다"로 고쳤다.

셋째, 사회주의 초급단계의 근본 책임이다. 사회주의의 근본 책임은 생산력 발전에 있다. 1980년 4월부터 5월까지 고위층 담화에서는 "우선 생산력을 발전시켜야 한다"라거나, "경제가 장기적인 정체상태에 빠진 것을 사회주의라고 부를 수는 없다.[22] 인민생활이 장기적으로 매우 낮은 수준에 머물러 있는 것을 사회주의라고 부를 수는 없다"는 입장이 반복적으로 강조되었다. 1986년 덩샤오핑은 또 한 차례에 걸쳐 사회적 생산력을 발전시키는 것은 궁극적으로 공동부유에 도달하기 위함이며, 양극화를 방지하는 것이 곧 사회주의라고 역설하였다.[23] 1992년 덩샤오핑은 유명한 남방강화(南方講話)를 통해 "사회주의 본질은 생산력을 해방하고 생산력을 발전시키며 착취와 양극화를 일소하고 최종적으로 공동부유에 도달하는 것"이라고 명확히 제시하였다.[24]

넷째, 사회주의 초급단계의 기본 모순이다. 사회주의 초급단계론에 따르면 중국이 현 단계에서 직면한 주요한 모순은 나날이 높아져가는, 물질문화에 대한 인민의 요구와 낙후된 사회적 생산력 간의 모순이다. 계급투쟁은 일정한 범위 내에서는 장기적으로 존재할 수 있지만 주된 모순이라고 할 수는 없다. 시장경제가 발전함에 따라 중국의 사회주의 건설은 이미 신시대에 진입했고 사회주의가 직면한 모순 또한 자연히 다른 양상으로 나타났다. 중국공산당 제19차 전국 대표대회(이하 제19차 당대회) 보고에서 제시되었듯 신시대에 진입한 중국사회의 주요 모순은 나날이 높아지는 인민의 좋은 삶에 대한 요구와 불균형 및 불충분 문제 간의 모순이다. 이는 중국의 사회주의 건설이 이미 상당한 성취를 이루었고 공정을 보다 중시하는 제2의 사회주의 초급단계로 들어섰다는 반증이다.

 오늘날 중국의 사회주의가 직면한 기본 모순에 일련의 변화가 발생하기는 했어도, 중국은 여전히 사회주의 초급단계에 있다. 제19차 당대회 보고는 "우리는 중국사회가 직면한 주요 모순의 변화가 중국의 사회주의가 처한 역사적 단계에 대한 우리의 판단을 바꿀 수는 없다는 점을 반드시 인식해야 한다. 중국은 여전히 사회주의 초급단계에 있으며 또 이러한 국가상황은 장기간 변하지 않을 것이다. 세계 최대의 개발도상국이라는 중국의 국제적 지위에도 변함이 없다"고 강조하였다.[25] 이어서 시진핑 총서기는 개혁개방 40주년을 경축하는 대회에서 발표한 중요 담화를 통해 "개혁개방 40년의 실천은 제11차 3중전회 이후 중국공산당이 전국 각 민족, 인민을 결집하고 인솔하여 개척한 중국 특색 사회주의 노선 · 이론 · 제도 · 문화와 여기서 형성된 중국공산당의 기본 이념 · 기본 노선 · 기본 방침은 매우 적확하다는 것을 충분히 증명한다"고 자긍하였다.[26]

 레닌의 프롤레타리아트 독재 이론의 핵심이 '국가의 소환'에 있다고 한다면, 중국의 사회주의 초급단계론의 핵심은 '시장의 소환'에 있다고 할 수 있다. 이른바 사회주의 초급단계란 생산력이 낙후되고 상품경제가 미처 발달하지 못한 후발국가가 사회주의를 건설할 때 필연적으로 겪어야 하는 특정 단계를 뜻한다. 사회주의 초급단계의 기본적 함의는 다음과 같다. 첫째, 사회주의 초급단계는 이미 구축된 사회주의 기본 제도를 토대로 한다. 둘째, 사회주의 초급단계는 사회주의 생산력을 발전시킬 효과적인 방법을 부단히 탐색한다. 셋째, 사회주의 초급단계는 생산력 발전에 따라 과도기를 거쳐 보다 높은 단계의 사회주의로 나아갈 수 있다. 넷째, 사회주의 초급단계는 아직까지 장기간에 걸친 역사적 과정을 필요로 한다.

덩샤오핑은 일찍이 "우리는 차이가 존재하는 것을 허용한다. 과거처럼 평균주의를 추구하다간 경제를 발전시킬 수 없다. 그러나 경제발전이 일정한 수준에 도달한 이후에는 반드시 공동부유를 실현해야 한다"고 선언한 바 있다.[27] 이로 미루어 볼 때 사회주의 초급단계는 효율을 중시하는 단계와 공평을 중시하는 단계를 모두 내포하고 있다고 할 수 있다. 생산력이 꾸준히 발전함에 따라 중국은 이미 효율을 중시하던 사회주의 초급단계 제1단계에서 공정을 중시하는 제2단계로 이행했다. 제19차 당대회 보고에서 제시된 신시대 중국 특색 사회주의 사상은 "인민을 중심으로 한 발전사상을 견지할 것과 개인의 전면적 발전과 인민 전체의 공동부유를 부단히 촉진할 것"을 강조했다. 신시대 중국 특색 사회주의 이론은 사회주의 초급단계론에서 발전된 최신 성과이며, 사회주의 초급단계론의 제2단계에 대한 지침적 이론이라고도 할 수 있다. 이 단계에서 사회주의 발전의 핵심 목표는 '공동부유'에 있다.

(3) 공동부유 : 사회주의 초급단계의 궁극적 목표

사회주의 초급단계론의 핵심은 발전과 '시장의 귀환'에 대한 강조에 있다. 다시 말해 사회주의 초급단계론은 생산력을 해방하고 발전하는 과정에서 시장이 발휘하는 역할을 중시한다. 그러나 생산력 발

전의 궁극적 목적을 망각하지 않는다. 마르크스는 『정치경제학 비판
(Grundrisse der Kritik der Politischen Ökonomie)』에서 미래의
사회주의 제도에서 사회적 생산력은 모든 사람을 부유하게 만드는
목적을 달성할 때까지 신속하게 발전할 것이라고 보았다.[28] 사회주
의 초급단계는 사회주의이기 때문에 시종일관 '착취와 양극화의 소
멸'을 기본 원칙으로 견지한다. 따라서 개혁개방과 '시장의 귀환' 방
침이 제시됨과 동시에 중국의 사회주의 초급단계는 공동부유라는
발전목표를 포함하고 있던 것이다. 1990년 12월, 덩샤오핑은 장쩌민
등 몇몇 중앙 고위층과 회담하는 자리에서 다음과 같이 발언했다.
"우리는 개혁의 시작과 동시에 언젠가는 반드시 공동부유가 우리의
중심 과제가 될 것이라고 했었다. 소수가 부유하고 대다수가 가난한
것은 사회주의가 아니다. 사회주의는 그런 것이 아니다. 사회주의의
가장 큰 장점은 공동부유에 있으며, 공동부유가 사회주의의 본질을
구현한다. (그러나) 만약 양극화가 조성된다면 상황은 달라진다. 이
로 인해 민족 갈등, 지역 갈등, 계급 갈등이 심화될 수 있으며 중앙과
지방의 갈등 또한 여기에 맞물려 심각해지면서 소동이 발생할 수
있다."[29]

'공동부유'라는 개념은 1984년 11월 9일에 최초로 제시되었다.
덩샤오핑은 이탈리아 외빈을 접견하는 자리에서 다음과 같이 선부와
공부에 대해 언급했다. "중국공산당은 국가와 선진지역이 함께 낙후
된 지역을 돕기로 결정했다. 사회주의 제도 아래에서는 일부 지역이
먼저 부유해진 뒤 다른 지역을 견인해 공동부유를 실현하는 것이
가능하다. 이러한 과정에서 양극화(이른바 양극화란 새로운 자산계
급의 출현을 말한다)가 발생하는 것을 방지할 수 있다. 그러나 이것
은 평균주의가 아니다. 경제가 발전하기 시작하고 일부가 부유해졌

을 때, 국가는 분배를 조정하는 조치를 취할 능력이 있다."30) 그러나 '공동부유'는 비단 목표 차원의 요구에 국한되지 않는, 보다 다양한 의미를 내포하고 있다. 첫째, 공동부유는 사회주의의 본질을 구현하는 규범적 요구로서 착취와 양극화를 일소하기 위한 경제적 토대를 제공한다. 덩샤오핑에 따르면 "사회주의의 특징은 공동체의 부유를 실현하는 데 있다. 사회주의는 착취계급을 생산하지 않는다.31) 사회주의를 견지하고 자본주의라는 사도(邪道)로 빠지지 말아야 하는 이유가 여기에 있으며, 사회주의와 자본주의의 차이점은 양극화를 지양하는 공동부유에 있다."32) 둘째, 공동부유는 실제 경제생활의 발전지표 중 하나이다. 경제발전 과정은 생산력을 끊임없이 해방 및 발전하는 것 외에도 '공동부유'라는 지표를 통해 분배를 조정하는 정책을 요한다. 그래야만 현실에서 출현하는 빈부 양극화 문제를 지속적으로 교정할 수 있기 때문이다. 그렇기에 덩샤오핑은 1981년 또 한차례에 걸쳐 "사회주의 제도를 견지하고 지속적으로 양극화 방지에 주의를 기울여야 한다"고 강조한 것이다.33) 셋째, 공동부유의 원칙과 목표는 사회주의 국가의 발전에 단계적 과제를 제시한다. 경제발전 초기의 주된 발전전략은 효율을 중시하며, "일부 집단 또는 지역이 먼저 부유해지는 것을 허용하며, 먼저 부유해진 집단 또는 지역이 나중에 부유해질 집단 또는 지역을 견인"하도록 한다. 경제 성숙기의 주된 발전전략은 공정을 (효율과) 더불어 고려하며 "최종적으로 공동부유를 실현하는"데 초점을 맞춘다. "우리는 차이가 존재하는 것을 허용한다. 과거처럼 평균주의를 추구하다간 경제를 발전시킬 수 없다. 그러나 경제발전이 일정한 수준에 도달한 이후에는 반드시 공동부유를 실현해야 한다"34)고 했던 덩샤오핑의 발언에 이러한 단계적 사고가 반영되어 있다고 하겠다.

덩샤오핑은 이러한 단계적 발전관에 기초해 '공동부유'를 사회주의 원칙으로 승화시켰다. 공동부유는 양대 원칙에 깃든 핵심 의의를 대표한다. 양대 원칙 중 하나는 사회주의 원칙으로 사회주의의 제1원칙은 생산력 발전이며, 제2원칙은 공동부유이다. 다른 하나는 개혁개방 원칙이다. 개혁 과정에서 시종일관 견지해야 하는 2가지 근본 원칙이 있으니, 하나는 사회주의 공유제 경제를 위주로 하는 것이요, 다른 하나는 공동부유이다. 요컨대 공동부유는 사회주의의 '가장 큰 장점'이며, '생산력을 해방 및 발전시키고 착취와 양극화를 소멸해 최종적으로 달성해야 하는' 사회주의의 본질이기도 하다.

공동부유라는 개념에는 중국 특색 사회주의 발전의 점진적 성격이 잘 반영되어 있다. 개혁개방 초기 공동부유라는 원칙이 제시된 것은 (경제발전 과정에서 불가피하게 발생하는) 일정한 분배 차이를 격려하고 시장경제를 활성화해 생산력을 해방 및 발전하기 위한 목적이 짙었다. 1978년 말, 덩샤오핑은 「사상해방, 실사구시, 일치단결로 앞으로 나가자(解放思想, 實事求是, 團結一致向前看)」라는 담화를 통해 선부를 허용하는 방침에 관해 설명하였다. "우리는 경제정책에서 일부 지역과 일부 기업, 일부 노동자·농민이 근면성실로 이룬 성과가 먼저 커지고 소득이 먼저 높아지는 것을 허용해야 한다. 일부의 생활이 먼저 좋아지게 되면 반드시 큰 시범 효과를 수반해 인근 지역에 영향을 미치고 기타 지역과 일터의 학습을 유도할 것이다. 이렇게 되면 국민경제 전체가 꾸준히 파상적으로 발전하게 될 것이므로 전국 각 민족, 인민이 비교적 빨리 부유해질 수 있다."[35] 그러나 앞서 여러 차례 언급했듯이 경제발전이 일정한 수준에 도달한 이후에는 분배 문제를 좀 더 고려해야 할 필요가 두드러진다. 그렇기에 덩샤오핑은 "12억 인민이 어떻게 하면 부유해질 것인가, 또 부유해진 이후 그 부를 어떻게 분배할 것인가는 모두 매우 중대한 문제이다. 이러한 문제를 해결하는 것은 경제발전을 시작하는 문제보다 더 어렵다"고 한 것이다.36) 오늘날 중국은 이미 사회주의 발전의 신시대에 진입했으며, 사회의 주요 모순 또한 나날이 높아지는 인민의 좋은 삶에 대한 요구와 불균형 및 불충분 문제 간의 모순으로 변모했다. 시진핑이 "우리는 반드시 인민을 위해 발전하고 인민에 의지해 발전하며 발전 성과를 인민과 나누어야 한다. (따라서) 보다 효과적인 제도적 안배를 통해 인민 전체가 공동부유를 향해 안정적으로 나아갈 수 있게 해야 한다"37)고 강조한 것 또한 경제발전 이후의 분배 문제, 더 나아가 사회주의의 가장 큰 장점이자 목적인 공동부유를 염두에 둔 발언이라고 할 수 있다.

(4) 경제제도가 대처해야 할 3대 관계

중국은 40여 년에 걸쳐 개혁개방을 추진하면서 다음과 같은 제도를 구축했다. 첫째, 소유제 구조에 있어서 공유제를 위주로 한 다종소유제(多種所有制) 경제가 공동으로 발전하는 기본 제도가 구축되었다. 둘째, 경제운영 메커니즘에 있어서 사회주의 시장경제 체제가 확립되었다. 셋째, 분배 방식에 있어서 노동에 따른 분배를 위주로 한 다종분배 형태가 병존하는 분배제도가 정착되었다. 마르크스가 설계한 사회주의 사회는 공유제, 계획경제, 노동에 따른 분배를 '삼위일체'로 한다.38) 레닌과 소련이 탐색해 구현한 사회주의 사회 또한 단독적 공유제와 계획경제, 노동에 따른 분배를 기본 경제형태로 한다. 현대 중국 사회주의 이론과 실천은 세계 사회주의 운동사에서 특별한 의의를 갖는다. 중국은 사회주의 초급단계론을 통해 이론적 측면에서 후발국가의 사회주의 건설 문제에 답했다. 실천적인 측면에서는 단독적 공유제에서 다원적 소유제 구조로, 계획경제에서 사회주의 시장경제로, 단일한 노동에 따른 분배에서 다종 분배형태가 병존하는 형태로의 전환을 증명했다. 1997년에 열린 중국공산당 제15차 전국대표대회(이하 제15차 당대회)에서 제시한 바에 따르면 사회주의 초급단계는 경제 영역에 국한해 다시 사회주의 초급단계 소유제 구조, 분배 및 운영 메커니즘이라는 3부분으로 구성된다. 중국공산당 제19차 4중전회에서는 여기서 한층 더 심화된 「중국 특색 사회주의 제도의 완비와 견지, 국가 거버넌스 체계와 거버넌스 능력 현대화 추진과 관련한 몇 가지 중대한 문제에 대한 중공 중앙의 결정(中共中央關於堅持和完善中國特色社會主義制度, 推進國家治理體系和治理能力現代化若幹重大問題的決定)」을 제시해 소유제, 분배제도, 경제운영체제 모두를 "사회주의 기본 경제제도" 내부로 통합했다. 아울러 해당 대회는 "공유제를 위주로 한 다종소유제 경제의 공동발전, 노동에 따른 분배를 위주로 한 다종 분배형태의 병존, 사회주의 제도의 장점을 구현하는 동시에 사회주의 초급단계의 사회적 생산력 발전 수준과 상응하는 사회주의 기본 경제제도—사회주의 시장경제—는 당과 인민의 위대한 창조물"이라고 강조했다.39)

그렇다면 어떻게 해야 사회주의 기본 경제제도를 이해하고 유지하면서 지속적으로 사회주의 초급단계의 건설과 탐색을 추진할 수 있을까? 무엇보다 중요한 것은 사회주의 기본 경제제도 내에서 아래와 같은 관계에 적절히 대처하는 일이다. 첫째, 공유제와 비(非)공유제 경제의 관계를 잘 처리해야 한다. 둘째, 시장의 '보이지 않는 손'과 정부의 '보이는 손'의 관계를 잘 처리해야 한다. 셋째, 노동에 따른 분배와 생산요소에 따른 분배의 관계를 잘 처리해야 한다.

2. 사회주의 소유제 구조

(1) 공유제를 위주로 한 다종소유제 구조

모든 국가의 제도적 구조에서 결정적 기능을 하는 것이 바로 소유제이다. 마르크스주의에 따르면 소유제는 사회경제제도의 성격을 판별하는 근본적 지표이다. 소유제는 생산·교환·분배·소비로 구성된 일련의 순환 과정 전체에 적용되며 구체적 경제관계의 성격·비중·기능을 결정한다. 따라서 각각의 사회형태는 각각의 소유제를 가지며, 소유제는 생산력 발전에 상응하는 변화를 겪는다. 마르크스는 『자본론(Das Kapital)』에 다음과 같이 적었다. "자본주의적 생산양식에서 비롯된 자본주의적 사적 소유는 소유자 자신의 노동에 입각한 개인적 사적 소유의 첫 번째 부정이다. 그러나 자본주의적 생산은 자연과정의 필연성을 가지고 자기 자신의 부정을 낳는다. 이것은 부정의 부정이다." 마르크스가 자본주의 시대를 초월한 새로운 사회를 건설하려는 목적은 "자본주의 시대의 성과—협업, 토지, 노동에 의해 생산된 생산수단의 공동 점유—에 입각한 개인적 소유제를 확립"하기 위해서이다.[40]

사회주의 경제의 소유제 형태는 생산수단 공유제이다. 자본주의에서 공산주의로 나아가는 과도기에 처한 사회주의는 정치적으로는 프롤레타리아트 독재를 선택하고, 경제적으로는 생산수단 공유제를 택해 생산수단을 사적으로 전유하던 자본주의 사유제를 대체한다. 이러한 대체재들은 자본주의 경제형태와 자본주의 세계체제가 완전히 소멸하기 전까지 자본의 과도한 확장을 효과적으로 제약하고 사회의 양극화를 억제하면서 공산주의 사회로 나아가는 과도기에 적합한 토대를 제공한다. 또한 생산수단 공유제는 경제발전이 사회주의로 나아가는 것을 보장함으로써 사회주의와 기존의 모든 사회형태를 차별화하고, 자본주의 시대에서 사유제에 대한 '부정의 부정'를 실현하는 새로운 사회형태를 구축할 수 있다.

신생국이었던 중국은 1956년 이후 중국공산당의 영도하에 소유제에 대한 사회주의 개조를 마쳤으며 공유제를 기초로 한 기본 경제제도를 수립했다. 공유제의 수립은 중국이 반봉건·반식민지 사회에서 탈피해 사회주의라는 새로운 사회형태로 진입했음을 상징한다. 또한 공유제는 사회적 생산수단을 집중시켜 국가가 경제발전 과정에서 주도적인 역할을 충분히 발휘할 수 있도록 하였다. 이로써 중국은 생산력이 낙후되고 빈부 양극화가 극심했던 과거에서 벗어나 사회주의 발전에 기초를 이루는 공업체계를 갖출 수 있었다. 결과적으로 공유제는 인민민주 독재라는 정치형태에 경제적 기초를 제공함으로써 중국공산당의 집권 기반을 공고히 하는 효과를 가져왔다.

공유제는 중국의 사회주의 경제를 구성하는 기본 경제제도이다. 전민소유제(全民所有制)와 집체소유제(集體所有制)는 공유제를 구체적으로 실현하는 전형적 형태이다. 이른바 전민소유제란 생산수단의 소유권이 사회 전체 구성원에게 귀속되고 사회적 재화에 대한 수익권을 인민 전체가 공유하는 소유제 형태이다. 집체소유제란 생산수단의 소유권이 일부 사회구성원에게 귀속되고 (이들이) 공동으로 생산한 사회적 재화의 수익권 또한 집단 내 구성원끼리 공유하는 소유제를 말한다.[41] 전민소유제가 사회 전체의 이익을 대표하는 공유제의 고급 형태라면, 집체소유제는 특정한 집단의 소유제로서 공유제의 초급 형태라고 할 수 있다. 전민소유제와 비교했을 때 집체소유제의 본질은 일종의 합작제(合作制)로서, 과도적 형태의 공유제에 해당한다. 마르크스는 『자본론』에서 노동자들의 연합에 근거한 과도기적 형태의 공유제의 성격과 특징에 대해 언급한 바 있다. "노동자들 자신에 의해 운영되는 협동조합공장은 기존 제도의 모든 결함을 재생산하며 또 재생산하지 않을 수 없지만, 낡은 형태 내부에서 새로운 형태가 출현한 최초의 사례이다. 자본과 노동 간의 대립은 이러한 공장 내부에서 이미 '적극적'으로 철폐되었다." 이러한 협동조합공장은 "자본주의적 생산양식에서 연합에 기반을 둔 생산방식으로 이행한, 과도기적 형태"이다.[42]

실제 경제생활에서 전민소유제와 집체소유제는 각각 국유기업과 집체기업이라는 구체적 형태로 나타난다. 1956년에서 1978년에 이르는 사회주의 건설 기간에 중국은 (공유제 외의 다른 소유제를 인정하지 않는) 단독적 공유제 경제형태를 채택했었다. 단독적 공유제는 아래와 같은 세 가지 측면에서 관철되었다. 첫째, 사회주의 공업화(一化)와 농업·수공업·개인 자본주의 상공업에 대한 사회주의적 개조(三改)로 요약되는 사회주의 개조를 통해 사회 내 존재하던 생산수단 사유제는 일괄적으로 협동에 기초한 사회주의 공유제로 개조되었다. 그 결과 공유제 경제는 단숨에 사회에서 절대적인 우위를 차지하게 되었다. 둘째, 중앙 계획경제체제가 조직한 사회화 대생산을 수행하기 위해 국가는 계획지표에 기초한 계서적 관리를 통해 층층으로 지령성 계획을 하달하고 사회자원을 공유제 기업에 집중적으로 투입해 국가 경제발전을 추동하였다. 셋째, 사회자원과 사회적 재화는 국가에 의해 통일적으로 분배되었고, 그 결과 비교적 큰 규모의 사회복지와 상대적으로 평균적인 사회분배제도가 갖추어졌다. 이를 바탕으로 도시에서는 국유기업과 집체기업이, 농촌에서는 합작사와 인민공사가 경영하는 집단경영기업(社隊企業)이 주된 경제형태로 자리 잡았다. 이처럼 국영경제와 집체경제는 공유제적 경제활동의 주된 내용으로서 국민경제의 고속 성장을 추동했고 사회주의 중국의 사회적·제도적 구조를 재구성했다. 이후 진행된 중국의 개혁개방과 경제발전은 이 시기에 형성된 공유제를 기초로 국영기업과 집체경제의 개혁에서부터 시작되었다.

그러나 단독적 공유제는 경제발전이 추진되는 과정에서 비교적 큰 위기를 맞았다. 전면적 계획경제와 쌍벽을 이룬 단독적 공유제는 더 나은 생산력 발전을 촉진하지 못할 뿐 아니라 오히려 생산력 발전 현황을 초월 심지어 이탈하여 국민경제의 발전과 성장을 지연시켰다.[43] 마르크스-레닌주의 정치이론에 따르면 단독적 공유제의 소유구조는 세 가지 기본 조건이 갖춰져야만 실현될 수 있다. 첫째, 프롤레타리아트가 국가 정권을 장악하고 프롤레타리아트 독재라는 정치 형태가 형성되어야 한다. 둘째, 사회적 생산이 공유제가 실현되는 데 경제적 기초를 제공할 수 있을 정도로 발전해야 한다. 셋째, 대중을 충분히 동원하여 보다 나은 노동자 감독과 생산 경쟁을 통해 생산력 발전을 추진할 수 있어야 한다.

그러나 반봉건·반식민지 사회에 막 벗어난 중국은 여기에서 만족할 수 없었다. 당시 중국은 후발국가로서 발달한 공업체계를 갖추지 못했고 사회적 생산 수준 또한 비교적 낮았으며, 이미 형성된 국영·집체경제의 생산조직 또한 단순했다. 따라서 경영이 경직되고 발전 동력이 결여되는 등 다양한 문제가 발생하기 시작했다. 어떤 학자는 단독적 공유제의 문제는 공유제 기업이 기업의 시장 계약 토대를 일소함과 동시에 시장을 통해 기업 및 기업가의 착오를 교정하는 메커니즘을 일소한 데에서 기인했다고 지적한다. 모든 비계약 기업이 초반에 반드시 심각한 착오를 범하는 것은 아니나, 기업의 착오를 적시에 교정할 방법이 없어진 것만은 사실이다.[44)

이러한 역사적 배경에 기초해 중국은 사회주의 초급단계에 걸맞은 경제발전이론을 모색하기 시작했다. 먼저 단독적 공유제가 지닌 소유제 형태를 개조하는 일에 착수했다. 중국공산당 제11차 6중전회에서 통과된 「건국 이래 당의 몇 가지 역사 문제에 대한 결의」에는 과거 사회주의 과도기 총노선에 대한 반성의 기조가 드러나 있다. 해당 결의에 따르면 "(사회주의 과도기 총노선 시기에) 생산수단에 대한 사회주의 개조가 진행됨에 따라 소유제 형태가 극도로 획일화되었다. 일대이공삼순(一大二公三純)*이 소유제 형태의 선진 여부를 가늠하는 표준으로 기능했으며, 사회주의 공유제의 범위가 넓을수록 좋고 공유제 정도가 높을수록 좋은 것으로 간주된 결과 (소유제 구조와 형태는) 중국의 생산력 발전 수준에서 유리되어 생산동력 부족과 같은 문제를 야기했다."[45) 이어서 1982년 제12차 당대회 보고에서는 "중국의 전반적인 생산력 발전 수준은 아직까지 비교적 낮은 상태인 데다 상당히 불균형하기 때문에 장기간 다양한 경제형태의 병존을 허용할 필요가 있다"는 점이 강조되었다. 1997년 제15차 당대회 보고에서는 "공유제를 위주로 한 다중소유제 경제의 공동 발전" 방침이 공식적으로 제시되어 사회주의 초급단계의 기본 경제제도로 자리 잡았다.

중국의 경제개혁은 매우 뚜렷한 점진적 특성을 보인다. 이러한 점

---

* 인민공사 등 기층 조직의 규모는 클수록(大) 좋고, 공유화(公) 정도는 높을수록 좋으며, 사회주의 경제의 성격이 순수하게(純) 사회주의에 부합할수록 좋다는 뜻.

진성은 단독적 공유제에서 출발한, 공유제를 위주로 한 다종소유제 경제의 공동 발전이라는 소유제 구조에서 두드러진다. 이러한 소유제 구조의 특징은 크게 3가지로 집약될 수 있다. 첫째, 소유제 구조 안에서 공유제 경제와 비공유제 경제가 공존하며, 동일한 경제체제 안에서 더불어 경쟁하고 발전한다. 둘째, 공유제 경제와 비공유제 경제의 공존으로 말미암아 새롭게 상호 경쟁하는 작은 단위의 경제주체가 속속 등장해 시장경제 체제의 발전에 유인과 동력을 제공한다. 셋째, 다원적 소유제 구조 안에서 공유제 경제는 보다 중요한 주도적 위상을 차지한다. 공유제 경제가 주도적 위치를 점함으로써 중국 시장경제는 사회주의적 성격을 유지하면서 발전할 수 있고 이로써 중국 사회주의의 방향과 노선이 보장되는 것이다.

중국공산당 제14차 3중전회의 결정에 따르면 "전국적으로 보면 공유제는 국민경제 전체에서 주도적 위치를 차지하지만, 일부 지역이나 산업에 있어서는 차이가 있을 수 있다. 공유제의 주도적 위치는 주로 국가와 집체가 소유한 자산이 사회의 총자산에서 차지하는 우위와 국유경제가 통제하는 국민경제의 명맥 및 기타 경제발전에 대한 주도적 기능을 통해 구현된다."[46] 이로 미루어 볼 때 공유제의 주도적 위치는 수량이나 비중이 아닌, 국민경제의 명맥과 경제발전에 대한 통제력과 영향력을 가리키는 것임을 알 수 있다.

개혁이 부단히 심화됨에 따라 공유제 경제가 경제총량에서 차지하는 비중은 차츰 축소되었고 국유기업과 집체기업의 숫자 또한 대폭 줄어들었다. 이처럼 새로운 국면이 도래한 만큼 공유제의 주도적 위치를 가늠하는 새로운 표준이 요구된다. 예컨대 국유경제가 국민경제의 명맥과 관계된 중요 산업 및 관련 영역에서 차지하는 지배적 · 주도적 위치, 국유경제가 주로 통제하는 국가안보와 관련된 산업,

(통신 · 수도 · 전기 · 가스 · 철도 등) 자연독점산업, 중요한 공공재
와 서비스를 제공하는 업종 및 기간산업, 첨단기술산업 내에서의 핵
심산업 등이 모두 공유제 경제가 차지하고 있는 위상을 가늠할 수
있게 한다. 이처럼 오늘날 공유제 경제의 주도적 위치는 예전처럼
수량의 우위가 아닌 경제발전에 대한 통제력을 통해 발현된다.

(2) 비공유제 경제 : 사회주의 시장경제의 중요 구성요소

국유기업과 집체기업의 개혁이 추진되는 과정은 기존의 단독적
공유제 경제하의 비공유제 경제가 새로운 경제형태로 꾸준히 발전하
는 과정이기도 했다. 가장 먼저 발전하기 시작한 비공유제 경제의
형태는 개인경제였다. 제11차 3중전회는 농업 문제를 토론하면서
합작사 구성원의 자류지와 가정부업, 정기시장교역을 사회주의 경제
의 필수적인 보조 요소로 규정하였다. 이어서 1979년에 소집된 전국
공상행정관리국장회의에서 제시된 개인경제의 회복과 발전을 바탕
으로 제11차 6중전회는 "국영경제와 집체경제는 중국의 기본적 경제
형태이며, 일정한 범위 내에서의 노동자 개인경제는 공유제의 필요
충분(조건)"이라고 강조했다.[47]
이후부터는 외자경제와 민영경제가 차츰 중시되고 발전하기 시작
했다. 1982년 1월, 중국공산당 중앙과 국무원은 「연해지역 9성 시 ·
자치구의 대외무역개발업무 좌담회 요강(沿海九省市, 自治區對外經
濟貿易工作座談會紀要)」을 인준하였다. 해당 요강은 눈앞의 놓인 유
리한 시기를 놓치지 말고 외국자본을 과감히 이용하여 국제경제협력
과 기술 교류를 강화할 것을 주문하였다. 1983년, 국무원은 「중화인
민공화국 중외합자경영기업법 실시 조례(中華人民共和國中外合資

經營企業法實施條例)」를 공표하여 외국자본 이용에 대한 명확한 정책적 규정을 내놓았다. 민영기업의 발전과 관련해 중앙정부는 1987년 「농촌개혁의 심층적 인도와 관련된 결정(關於把農村改革引向深入的決定)」을 발표했다. 이는 민영경제의 발전을 허용한다는 내용을 담은 최초의 결정이었다. 해당 결정은 "(민영경제의) 존재를 허용하며 여기에 대한 관리를 강화해 이익을 창출하고 폐단을 억제하여 점진적으로 견인할 것"이라는 방침을 전달했다. 중국공산당 제13차 전국대표대회(이하 제13차 당대회)는 민영경제의 기능을 공개적으로 긍정하였다. 해당 대회는 민영경제가 생산의 촉진, 시장 활성화, 취업시장 확대에 기여해 다방면에 걸친 인민생활의 요구에 보다 잘 부응하고 있다고 평가했고, 이로써 민영경제는 공유제 경제에 필요한 유익한 보조로 자리매김했다. 중국공산당 제14차 전국대표대회(이하 제14차 당대회)에서는 사회주의 시장경제 소유제 기초에 대한 보다 명확한 규정이 이루어졌다. 해당 대회에 따르면 사회주의 시장경제는 전민소유제와 집체소유제를 포함한 공유제를 위주로 하고 개인경제, 민영경제, 외자경제를 보조로 한다. 이로써 다양한 경제요소가 장기적으로 공동 발전하게 되었음은 물론 이들이 자발적으로 다양한 형태의 연합 경영을 모색할 수 있게 되었다.

이후 비공유제 경제는 급속도로 발전해나갔고 날이 갈수록 국민경제에서 중요한 기능을 담당하고 있다. 제15차 당대회에 이르러 비공유제 경제를 규정짓던 "유익한 보조"라는 표현이 "중요한 구성 부분"으로 대체되었다. 중국공산당 제16차 전국대표대회(이하 제16차 당대회) 보고에서는 "흔들려서는 안 될 두 가지(兩個毫不動搖)" 방침이 제시되었는데, 하나는 공유제 경제를 견지하고 발전하는 방침이고 다른 하나는 비공유제 경제의 발전을 장려하고 지지하며 견인하는 방침이었다. 제17차 전국대표대회(이하 제17차 당대회) 보고에서는 "두 개의 평등(兩個平等)"이 강조되었다. 공유제 경제와 비공유제 경제가 법적으로 '평등'하게 보호받고 경제적으로 '평등'하게 경쟁하도록 보장해야 한다는 것이다. 2013년 중국공산당 제18차 3중전회(이하 제18차 3중전회)에서 통과된 「개혁의 전면 심화와 관련된 몇 가지 중요한 문제에 대한 중공 중앙의 결정(中共中央關於全面深化改革若幹重大問題的決定)」은 "공유제를 위주로 다종소유제 경제가 공동 발전하는 기본 경제제도는 중국 특색 사회주의 제도의 중요한 버팀목이며 사회주의 시장경제의 근간"이라고 강조했다.

우리는 2016년 시진핑이 중국 민주건국회와 공상연합회 위원이 공동 주최한 회의 석상에서 발표한 담화를 통해 비공유제 경제의 기본적 위치를 재차 확인할 수 있다. 해당 담화에서 시진핑은 "나는 여기서 거듭 표명한다. 중국 경제사회발전에서 차지하는 비공유제 경제의 위치와 역할에는 변함이 없으며, 흔들리지 않고 비공유제 경제발전을 장려하고 지지하며 견인하는 방침과 정책 또한 여전하다. 비공유제 경제의 발전을 위해 좋은 환경을 조성하고 보다 많은 기회를 제공할 것이라는 방침과 정책 역시 변함이 없다"고 강조했다.[48]

비공유제 경제는 주로 3가지 측면에서 매우 중요한 역할을 한다. 첫째, 단독적 공유제라는 경제형태가 개혁되는 과정에서 비공유제 경제의 출현과 발전은 미시적인 시장 메커니즘이 형성되는 데 기여했다. 둘째, 비공유제 경제의 신속한 발전은 공유제 경제의 외부에서 국유경제와 집체경제의 개혁이 심화되는 데 기여했다. 셋째, 비공유제 경제는 공유제 경제에 비해 많은 경우 그 조직 형태와 산업분포가 보다 유연하여 시장경제가 발전하는 데 많은 활력을 제공하였다. 비공유제 경제는 40여 년에 걸쳐 발전하면서 중국 국민경제 전체에서 차지하는 비중이 나날이 확대되고 있다. 중국 민영기업 발전 연구 보고에 따르면 2018년 비공유제 경제의 중국 국내총생산(GDP) 성장 공헌율은 60% 이상이다. 비공유제 경제는 도시와 농촌 일자리의 80%를 제공하였고, 업종을 전환한 농촌 노동력의 70%를 수용하였다. 새로 창출된 일자리의 90%는 민영기업에 의해 창출되었다. 전국 공상업연합회 통계에 따르면 2017년 세수(稅收) 수입 증가에 대한 민영기업의 공헌율은 50%를 넘어섰다.

(3) 공유제의 다양한 실현형태

공유제와 비공유제의 공동 발전은 공유제 경제의 변화를 수반했다. 공유제 경제가 국민경제 총량에서 차지하는 비중은 다소 축소되었으며, 공유제와 비공유제는 동일한 시장경제의 제도적 틀 안에서 함께 기능을 발휘하기 시작했다. 이에 따라 공유제 경제는 자체 조직 형태에 대한 개혁과 다양한 실현형태에 대한 모색을 요구받게 되었다. 1997년 제15차 당대회 보고는 "공유제의 실현형태는 다양해질 수 있고 또 마땅히 다양해져야 한다. 생산의 사회화 법칙을 반영한 모든 경영형태와 조직형태는 전부 과감히 시도될 수 있다. 생산력 발전을 극대화할 수 있는 공유제의 실현형태를 노력해 찾아야 한다"고 강조했다.[49]

이처럼 공유제의 다양한 실현형태가 모색된 데에는 크게 두 가지 배경이 있다. 첫째, 생산력 발전의 요구이다. 중국은 여전히 사회주의 초급단계에 머물러 있기 때문에 반드시 시장경제를 크게 발전시켜야만 하는데 기존의 단독적 공유제 경제가 지닌 전체 소유제 구조나 그 주체인 국영기업은 시장경제에 적응하지 못할뿐더러 사회주의 시장경제의 발전 요구에도 부합하지 않는다. 그렇기 때문에 공유제의 성격은 변하지 않는다는 전제를 견지하면서 공유제의 실현형태를 개선해 사회주의 시장경제와 생산력 발전 요구에 부응할 수 있는 새로운 실현형태를 채택하려 하는 것이다.50) 둘째, 공유제의 주도적 지위를 견지해야 한다는 요구이다. 사회주의 초급단계는 여전히 '사회주의'이기에, 그 사회주의적 성격은 변하지 않는다. 따라서 공유제가 국민경제에서 차지하는 비중이 축소되었어도 그 주도적 위치만은 반드시 유지되어야 한다. 따라서 (공유제의 비중 축소와 공유제의 주도적 지위 유지라는) 양자의 모순을 해결할 수 있는 새로운 실현형태를 부단히 모색하지 않을 수 없다. 셋째, 미시적 공유제 탐색에 대한 요구이다. 공유제를 위주로 한 다종소유제 구조로 개혁되는 과정에서 주된 초점은 소유제의 거시적 구조에 집중되어 있었다. 그러나 개혁이 심화됨에 따라 시대의 요구에 부합하는 공유제 기업의 미시적인 조직형태를 탐색할 필요성이 두드러지고 있다.

경제발전에 따라 일정한 경제적·조직직·제도적 측면에서 공유제의 다양한 실현형태를 모색하는 데 필요한 기초가 갖춰졌다. 먼저 기업의 투자방식이 다양화되었다. 기업은 주주권과 채권 등 다양한 방식을 통해 자본시장에서 투자를 진행할 수 있게 되었고, 증권이나 화폐 형태로 출현할 수 있게 되었다. 소유권 관계도 다양해졌다. 시장경제에 대한 탐색과 맞물려 기업의 소유권, 점유권, 사용권, 처리권, 경영권이 각기 다르게 조합되는 경향이 나타나기 시작했다. 기업의 체제 또한 다채로워졌다. 기업은 오너경영체제, 동업제, 회사제, 주식제 등 세부적으로 다양한 형태의 선택지를 가질 수 있게 되었다.51)

이처럼 "공유제는 다양한 실현형태를 가질 수 있다"는 방침은 시장경제와 공유제 개혁의 혁신에 참신한 이론적 의의를 부여했다. 이로써 소유제 구조로서의 공유제와 공유제의 실현형태가 구분되기 시작했다. 이른바 소유제란 생산수단을 누가 소유할 것인가를 규정하는 일종의 경제제도를 가리킨다. 소유제의 핵심 문제는 생산수단의 귀속 문제이다. 예컨대 생산수단의 점유, 사용, 처리와 (생산수단에서 비롯된) 수익의 획득과 같은 일련의 경제적 권리와 이해관계가 모두 소유제 안에서 다루어진다. 한편 공유제의 실현형태는 생산수단의 경영 및 상품을 분배하는 구체적인 방식을 뜻한다. 주로 생산수단의 경영 효율 및 잉여생산물에 대한 요구와 같은 문제를 다루며, 일련의 소유제를 전제로 한 재산권의 조직 방식, 자본의 경영 방식과 상품의 교환 방식, 수익의 배분 방식이 모두 여기에 포함된다.52)

공유제의 다양한 실현형태는 국유경제가 국민경제를 통제하는 양상을 통해 관찰된다. 소유제 개혁이 진행됨에 따라 공유제의 주도적 위치는 더 이상 수적 우위가 아닌 질적 수준과 통제력을 통해 표출되게 되었다. 1995년 국유기업 개혁은 '큰 것을 잡고 작은 것을 놓아주는(抓大放小)', 즉 대형 국유기업을 집중적으로 관리하고 소형 국유기업은 상대적으로 유연하게 활성화하는 방향으로 전개되기 시작했다. 1997년 제15차 당대회에서는 "국유경제의 주도적 기능은 통제력에서 발휘된다. 전략적으로 국유경제의 배치를 조정해야 한다. 국민경제의 명맥과 관계된 주요 산업과 핵심 영역에 대해서는 국유경제가 반드시 지배적 위치를 점하도록 하고, 다른 영역에서는 자산 재구성과 구조조정을 통해 국유자산 전체의 질적 수준을 향상해야 한다"는 보다 상세한 방침이 공식적으로 제시되었다.53) 제18차 3중전회 이후 국유기업의 통제력은 다음과 같은 두 가지 방면에서 한층 더 뚜렷하게 나타났다. 첫째, 국가가 직접 통제하는 국유기업은 상업형과 공익형으로 분류되었다. 상업형 국유기업은 주요 경쟁 영역과 기술혁신 영역에 주로 분포하며, 공익형 국유기업은 민생을 보장하고 사회에 봉사하며 공공재와 서비스를 제공하는 것을 주된 목적으로 한다. 둘째, 국유기업은 자본투자를 통해 자체 영향력을 확대할 수 있고 국가안보, 국민경제의 명맥과 연관된 주요 산업과 핵심 영역에서 보다 많은 투자를 할 수 있다.[54]

이 밖에 주식제 개혁 또한 공유제를 실현하는 다양한 형태에 해당한다. 1986년, 국무원은 「기업 개혁의 심화와 기업 활력 증강과 관련한 몇 가지 규정(關於深化企業改革增强企業活力的若幹規定)」을 공포해 전민소유제 기업의 주식제 전환을 허용했다. 제13차 당대회 보고는 주식제를 긍정하면서 "개혁과정에서 발생하는 주식제 형태, 예컨대 국가가 일정 지분을 소유하는 형태나 부문, 지역, 기업 간의 지분출자 및 개인의 주식매매는 모두 사회주의 기업 재산을 조직하는 하나의 방법"이라고 했다. 제14차 당대회에서 긍정한 주식제의 위상과 기능을 바탕으로 제15차 당대회에서는 "주식제는 현대 기업이 자본을 조직하는 하나의 형태로서 소유권과 경영권의 분리에 기여하고 기업과 자본의 운용 효율을 높일 수 있다. 자본주의가 (주식제를) 이용할 수 있다면 사회주의 또한 이용할 수 있다"는 입장이 표명되었다. 공유제 기업의 주식제 전환 또한 다양한 양상으로 진행되었다. 첫째, 국유·집체지주 주식제 기업이다. 공유자본이 투자주체가 된 또는 공유제 자본으로 경영을 지배하는 유한책임회사와 주식유한회사가 여기에 포함된다. 둘째, 공중(公衆)이 소유한 주식제 기업으로, 주식제라는 형식을 빌려 기업 근로자들이 자금을 모으고 재산을 처분해 형성한 공유경제이다. 이 경우 단위의 모든 자산은 단위 구성원의 공동 재산이 되고 모든 구성원이 집체재산의 일정 지분을 갖는 소유자가 된다. 셋째, 주식합작제 기업으로, 합작제에 기초해 노동제휴와 자본제휴의 유기적 결합을 실현한 사례이다. 노동제휴는 모든 근로자가 함께 일하면서 생산수단을 공동으로 점유하고 사용하며 이익을 나누고 위험을 분담하며, 기업 경영과 관련된 중요한 결정은 다수 근로자의 의사에 따르는 민주적 관리를 채택한다. 자본제휴는 주식 형태로 실현되며 이때 모든 근로자는 노동자인 동시에 기업의 출자자이다.

혼합소유제 또한 공유제를 실현하는 주된 형태 중 하나이다. 중국 공산당 제14차 3중전회에서는 각기 다른 소유제 기업의 재산권 유동과 (재산권) 재조직에 따라 "재산을 혼합 소유하는 경제 단위가 점점 늘어나 새로운 재산 소유구조가 형성될 것"으로 예측했다. 2013년 제18차 3중전회에서 통과된 「개혁의 전면 심화와 관련된 몇 가지 중요한 문제에 대한 결정」에서는 "국유자본, 집체자본, 비공유자본 등 상호 소유 또는 융합하는 혼합소유제 경제는 기본 경제제도를 실현하는 중요한 형태로, 국유자본의 기능 확대와 보호 증식, 경쟁력 제고에 기여할 뿐 아니라 각종 소유제 자본의 장점을 취하고 단점을 보완하여 상호 증진과 공동 발전을 이루는 데 이롭다"고 평가했다. 2015년 국무원이 「국유기업의 혼합소유제 경제발전에 관한 의견(關於國有企業發展混合所有製經濟的意見)」을 발표한 뒤 국유자산관리감독위원회(國有資產監督管理委員會)와 국가발전개혁위원회(國家發展和改革委員會)는 공동으로 전기, 석유, 천연 가스, 철도, 전신, 민간항공, 군수산업 등 7개의 주요 부문에 대한 혼합소유제 개혁을 시범 시행하였다. 혼합소유제는 미시적 관점에서 기업 조직 내 공유제와 비공유제가 융합 발전할 수 있는 형태를 모색하여 공유제의 지렛대 작용과 영향력을 한층 확대했다.

국유자본의 분포구조를 조정하는 일 또한 공유제를 실현하는 다양한 방법 중 하나이다. 제18차 3중전회에서는 '정부가 자본을 관리(政府管資本)'하는 것을 주요 내용으로 하는 국유자본관리체제가 제시되었다. 새로운 관리체제하에서 새로운 전략적 구도에 따라 국유자본과 국유기업에 대한 조정이 차츰 이루어졌다. 상업적 영리(盈利)나 규모에 치중되었던 운영과 투자 중점이 국가안보와 국민경제 명맥과 관계된 중요 산업과 관련 영역으로 질서 있게 이동하였는데 이 과정에서 공공서비스 제공과 전도유망한 산업, 생태환경보호와 과학발전이 보다 우선적으로 고려되었다.[55] 동시에 국유 및 국유지주기업은 상품 경영에서 브랜드 경영 및 자본 경영으로, 실물경제에서 가상경제로 전향했으며 일원화된 투자주체 또한 점차 다원화되었다.

3. 사회주의의 자원배분 방식

(1) 시장의 자원배분 기능

계획경제 및 단독적 공유제 경제의 결함이 인식됨에 따라 1978년 이후 사회주의 노선을 (재)모색하던 개혁개방의 주된 방향은 점차 '시장의 귀환'으로 귀착되었다. 자원이 상대적으로 부족한 데다 사회적 생산물이 풍족하지 못한 사회적 조건 아래에서 시장경제는 주로 세 가지 측면에서 계획경제에 우위를 점한다. 첫째, 시장 메커니즘은 자원의 효율적 배분을 실현하는 데 유리하다. 계획과 시장 모두 자원을 배분하는 수단의 일부이다. 그러나 대규모 경제체 내에서 정보 교환이 원활하지 않은 상황이라면 시장은 가격규율을 통해 계획보다 효율적으로 전 사회적 범위에서 자원을 배분할 수 있다. 둘째, 시장은 경제성장 동력을 활성화할 수 있다. 시장은 단독적 공유제가 사회주의 건설 시기를 거치며 장기적으로 조성한 경직된 국영경제 체계에 경쟁 메커니즘과 시장 메커니즘을 적절히 도입해 경제성장 동력을 활성화하는 데 일정 부분 기여할 수 있다. 셋째, 시장은 사회구성원의 노동 적극성을 최대한 진작할 수 있다. 계획경제 아래에서 노동적극성이 발휘되는 경우는 생산의 사회화와 광범위한 노동자 감독이 이루어질 때인데, 생산력 수준이 비교적 낮은 상황에서 직면한 사회적 생산물 총량 부족과 평균주의적 분배는 노동 적극성을 저해한다. 반면 시장경제의 발전은 사회적 생산물의 총량을 증가시킬 뿐 아니라 일정한 차등 분배를 장려하기 때문에 사회구성원의 생산 적극성을 유도하기에 적합하다.

제11차 3중전회 이후 사회주의 중국은 단독적 공유제에 뿌리를 둔 채 시장 메커니즘을 소환하는 경로를 주로 모색하기 시작했다. 1979년 3월, 천원(陳雲)은「계획과 시장 문제(計劃與市場問題)」라는 글에서 이른바 시장조절이란 가치규율에 따른 조절로서, 경제활동의 어떤 측면에서 '무정부'적이고 '맹목'적인 생산을 함으로써 조정을 가하는 것이라 주장했다. 1980년, 천원은 '계획조정과 시장조정의 결합'이라는 관점을 제기했다.56) 1981년 6월에 열린 중국공산당 제11차 6중전회에서 통과된「건국 이래 당의 몇 가지 역사 문제에 대한 결의」에서는 "반드시 공유제를 기초로 계획경제를 실행하고 동시에 시장조절이라는 보조 기능이 발휘될 수 있도록 해야 한다"는 방침이 제시되었다. 1982년 9월, 중국공산당 제12차 당대회에서는 "계획경제를 주로 하고 시장조절로 보조하는" 원칙이 공식적으로 표명되었다. 1984년 중국공산당 제12차 3중전회(이하 제12차 3중전회)에서는 '계획 있는 상품경제'가 제시됨으로써 계획경제와 상품경제를 상극으로 간주하던 전통적 개념이 깨어졌다.

중국의 시장경제 체제는 1992년에 이르러 중대한 발전기를 맞이했다. 덩샤오핑은 남순강화에서 "사회주의와 자본주의의 본질적 차이는 계획과 시장의 많고 적음에 있지 아니하다. 계획경제가 곧 사회주의는 아니며 자본주의에도 계획이 있다. 시장경제가 곧 자본주의는 아니며 사회주의에도 시장이 있다. 계획과 시장 모두 수단이다. 사회주의는 생산력 해방과 발전에 이롭고 궁극적으로 공동부유에 도달하는 데 이로운 것이라면 모두 선택할 수 있다"고 역설했다.[57] 이후 장쩌민은 '사회주의 시장경제 체제'를 공식적으로 제기했다. 장쩌민이 중앙당교 성부급 간부 연수생들을 대상으로 한 담화로 미루어 볼 때 그는 고도로 집중된 계획경제 체제를 근본적으로 개혁하는 일을 피할 수 없는 추세로 인식했으며 이것이 이행되지 않으면 중국은 현대화를 실현할 수 없다고 보았음을 알 수 있다. 아울러 새로운 경제체제와 관련된 몇 가지 표현과 관련해 장쩌민은 "'사회주의 시장경제'라는 용어를 사용하는 쪽에 비교적 동의하는 편"이라는 의견을 밝혔다.[58] 1992년 10월에 개최된 제14차 당대회에서 천명된 바에 따르면 경제체제 개혁의 목적은 사회주의 시장경제 체제를 수립하는 데 있으며, 이는 곧 시장으로 하여금 사회주의 국가의 거시적 조정하에 자원을 배분하는 기초 작용을 발휘하도록 하는 것에 다름 아니다.

이러한 과정을 거치며 당과 국가는 시장경제를 보다 심층적으로 이해하게 되었다. 중국공산당 제12차 당대회에서 제시된 "계획경제를 주로 하고 시장조절로 보조하는" 방침은 시장으로 하여금 '보조적 기능'을 발휘하라는 요구를 담고 있다. 나아가 제12차 3중전회에서 제시된 "계획 있는 상품경제"와 제13차 당대회에서 제시된 "계획조정과 시장조정이라는 두 가지 방식과 수단을 적절히 활용해야"한다는 방침은 사실상 시장의 '도구적 기능'을 강조한 것이다. 제14차 당대회에서 제시된 사회주의 시장경제 체제 수립 요구는 (도구적 기능에서 한층 더 나아간) 시장의 '기초적 기능'을 명확히 한 것이라 하겠다.[59]

신시대라는 새로운 역사적 조건하에서 시진핑을 핵심으로 한 중공 중앙은 중국 특색 사회주의 정치경제학에 대한 진일보된 이해를 바탕으로 "자원배분 과정에서 시장이 결정적 기능을 발휘하고 정부의 기능 또한 보다 잘 발휘되어야 한다"는 새로운 명제를 제시했다. 시장의 기능이 '결정적'인 위치로까지 격상된 것이다. 2013년 11월 12일, 제18차 3중전회에서 통과된 「개혁의 전면 심화와 관련된 몇 가지 중요한 문제에 대한 중공 중앙의 결정(中共中央關於全面深化改革若幹重大問題的決定)」에서는 경제체제 개혁이 개혁 전면 심화의 중점이며, 자원배분 과정에서 시장이 발휘하는 결정적 기능을 중심에 놓고 경제체제 개혁을 심화해야 한다고 강조하였다. 해당 결정에 따르면 시장경제는 본질적으로 시장이 자원배분을 결정하는 경제이다. 시장경제를 실행하면서 시장이 자원배분을 결정하는 기능을 발휘하지 못하게 한다면 이는 시장경제의 본질에 위배되며, 고로 시장경제라고 할 수 없다.[60]

이른바 시장의 '결정적' 기능은 주로 4가지 측면에서 부각된다. 첫째, 시장이 경제활동의 모든 과정을 결정한다. 시장은 생산·분배·교환·소비 등 각 단계에서 지배적 위치를 점하는, 경제활동을 주도하는 요인이다. 시장이 무엇을 생산할지, 얼마나 생산할지를 결정하고 상품과 서비스의 1차 분배를 주도한다. 둘째, 시장이 가격형성을 결정한다. 시장에게 보다 많은 가격 형성 메커니즘을 부여해야만 가격신호가 보다 정밀, 정확해져 자원배분에 대한 시장의 결정적 기능이 더 잘 발휘될 수 있기 때문이다. 셋째, 시장이 경제운영 모델을 결정한다. 시장법칙과 시장 메커니즘에 따른 경제운영을 실현하고 자원배분의 결정권을 시장에게 부여해야만 시장이 경제의 운영과 발전을 주도할 수 있다. 넷째, 시장은 경제발전의 주요 원동력이다. 계획경제와 시장경제가 절충되어 발전하기 시작할 무렵에는 정부가 경제발전의 주요 추동력이었다. 그러나 시장경제가 차츰 성숙한 이후부터는 마땅히 시장이 경제발전의 주요 동력으로 기능해야 한다. 시장의 결정적 기능을 발휘한다는 것은 경제발전의 주요 원동력으로서의 시장을 견지하는 의미이다.[61]

(2) 국가의 거시적 조정 기능

시장경제의 순기능을 활용하기 위해서는 먼저 정부와 시장의 관계가 적절히 처리되어야 한다. 시장경제의 기능이 '기초적'인 것으로 규정되었을 때 정부와 시장은 국가가 시장을 조절하고 시장은 자원배분을 조절하는 관계에 있었다. 한편 시장경제의 기능이 '결정적'인 위치로 격상된 이후 정부와 시장은 미시경제 영역에서는 시장이 자원을 배분하고 거시경제 영역에서의 자원배분은 정부가 결정 또는 주도하는 관계로 재편되었다. 정부는 시장의 자원배분에 간섭하지 않는다는 전제하에서 (시장의 자원배분이 조성한) 거시적 결과에 대한 조정을 진행한다. 이러한 조정은 사전적 또는 상시적으로 진행되지 않고 거시경제 실업률과 인플레이션이 상한선 또는 하한선을 초과했을 때 반응하여 비로소 진행된다.[62]

시장경제의 발전 과정에서 종종 발생하는 '시장 실패' 문제로 인해 시장경제를 승인하는 모든 경제체는 '시장의 보이지 않는 손' 기능과 '정부의 보이는 손' 기능을 모두 필요로 한다. 중국 또한 마찬가지다. 우선 시장경제의 발전 과정은 필연적으로 경제발전의 불균형과 사회 발전의 분기를 수반하기 때문에 이것을 조정하고 지도할 정부의 역할이 요구된다. 또 중국의 시장경제 체제 내부에는 여전히 대량의 공유제 경제가 존재한다는 점이 간과되어서는 안 된다. 공유제 경제는 그 특유의 성격 및 정부와의 고유의 연계성으로 인해 발전에 있어 국가의 거시적 조정을 필요로 한다. 뿐만 아니라 현재 중국은 경제체제의 전환 및 경제발전의 원동력이 전환되는 장기적 과정에 있기 때문에 국가의 적절한 거시적 조정 기능과 역할이 절실히 요구된다.

거시적 조정이라는 개념은 1980년대에 최초로 제시되었다. 1984년 공표된 「경제체제 개혁에 관한 중공 중앙의 결정(中共中央關於經濟體製改革的決定)」에서 "경제가 활성화될수록 거시적 조정을 중시해야 한다"는 입장이 표명된 것이 그 시작이었다. 이어 1987년 제13차 당대회 보고에서는 "(국가의) 거시적 조정과 기업의 활성화, 시장의 활성화는 통일을 이루며 어느 것 하나도 결여되어서는 안 된다. 거시적 조정이 없다면 시장은 혼란스러워지고 기업 또한 혼란에 빠진다"는 점이 강조되었다.63) 1988년 중국공산당 제13차 3중전회 성명에서는 '거시적 조정'이라는 개념이 공식적으로 사용되었으며, 아울러 해당 성명은 "경제환경에 대한 관리와 경제질서를 정돈하는 일은 반드시 신구체제 전환기에 거시적 조정을 강화하고 개선하는 일과 함께 진행되어야 한다"고 강조했다.64)

사회주의 시장경제 체제에서는 (정부의) 거시적 조정과 자원배분 수단으로서의 시장이 공존한다. 양자는 상호 의존적 관계로 하나의 통합체를 이룬다. 제14차 당대회 보고는 "우리가 수립하려는 사회주의 시장경제 체제는 사회주의 국가의 거시적 조정하에서 시장이 자원배분에 대한 기초 작용을 하는 체제"라고 설명했다.[65] 중국공산당 제14차 3중전회는 「사회주의 시장경제 체제 수립과 관련한 몇 가지 문제에 대한 중공 중앙의 결정(中共中央關於建立 社會主義市場經濟 體製若幹問題的決定)」을 통해 "사회주의 시장경제 체제는 사회주의 기본 제도와 결합한다"[66]고 재차 강조하였다.

바로 이 사회주의 기본 제도가 중국의 시장경제와 서구 시장경제를 구별하는 비교적 큰 차이를 구성한다. 구체적으로 열거하자면 다음과 같다. 첫째, 중국의 시장경제는 시장이 계속해 결정적 기능을 발휘하도록 보장한다. 따라서 국가의 거시적 조정은 시장에 대한 과도한 간섭을 지양하고 시장법칙에 대한 존중을 바탕으로 원칙적 차원에서 조정 수단을 선택한다. 둘째, 중국의 시장경제는 다종소유제가 병존하는 시장경제로, 공유제 경제와 비공유제 경제는 시장체제 안에서 공정 경쟁·공동 발전한다. 국가는 일정한 거시적 조정을 통해 이러한 공유제 경제와 비공유제 경제의 균형적 발전을 보장한다. 셋째, 중국은 현대화를 추진하는 후발국가로서 국가가 견인하는 경제발전 전략을 상당 기간 유지해야만 한다. 따라서 국가는 거시적 조정을 통해 자원이 중요 산업 및 영역에 투입되어 국가의 전략적 설계에 맞게 재편될 수 있도록 유도한다. 넷째, 중국은 사회주의 국가로서 국가의 거시적 조정을 통해 경제발전을 견인하면서 사회복지와 민생을 지탱하여 인민대중이 개혁 및 발전의 성과를 최대한 향유할 수 있도록 보장한다.

이러한 배경에서 진행되는 거시적 조정은 크게 세 가지 특징을 보인다. 첫째, 조정 주체의 일원화이다. 거시적 조정권은 중앙에 집중되어 있으며, 이는 "경제총량의 균형을 맞추고 경제구조의 최적화와 전국 시장의 통일적인 수요를 보장하기 위해서"이다.[67] 둘째, 조정 책임의 이원화이다. 거시적 조정은 경제총량의 균형은 물론 구조의 최적화를 추구한다. 제18차 3중전회에서는 한층 더 나아가 거시적 조정이 "경제총량의 균형을 유지하고 중대한 경제구조의 조정 및 생산력 발전 구도의 최적화에 매진해야 한다"고 주문했다. 셋째, 조정 수단의 다원화이다. 여기에는 경제적 수단, 법적 수단, 행정적 수단이 두루 포함된다.[68]

그렇다면 국가는 어떻게 시장의 결정적 기능을 견지하면서 거시적 조정을 진행할 수 있을까? 국가는 주로 세 가지 측면에 집중해 거시적 조정을 실행한다. 첫째, 경제총량에 대한 조정이다. 거시적 조정은 국가가 경제를 하나의 통합체로 간주해 진행하는 총량 관리 정책에 다름 아니다. 국가는 재정과 화폐의 총량을 조절하여 성장, 물가, 일자리를 조정하고 이로써 미시적 경제주체인 기업과 소비자 행위에 간접적으로 영향을 미친다. 둘째, 주기에 대한 조정이다. 거시적 조정은 경기 순환에 이상이 발생했을 때에 한해 실시하는 정책으로 경제 주기의 기복을 조절하는 것을 말한다. 시장경제를 채택했다면 응당 시장이 경제 안정기 기능을 갖고 있음을 믿어야 하며, 소폭 변화에는 정부가 인위적인 조정을 가하지 않고 시장의 자기조정에 맡겨야 한다. 셋째, 단기적 경제 운행에 대한 조정이다. '언제까지고 즉효약만 먹을 수는 없기에' 장기간 다수에 걸쳐 동일한 거시적 조정 정책으로 일관할 수 없다. 토지나 환경 등 장기적 정책 도구를 거시적 조정 대책으로 취급해서도 안 된다.[69]

주의할 점은 중국의 거시적 조정은 서구 경제학에서 말하는 거시 경제 정책과 다르다는 것이다. 중국의 경우 경제적 수단, 법적 수단, 행정적 수단 등 거시적 조정에서 채택할 수 있는 수단의 범위가 비교적 넓다. 거시적 조정의 주된 수단은 경제적 수단과 법적 수단이며, 특정한 조건에 따라 필요한 행정적 수단과 조직적 조치가 뒤따른다. 국가는 경제적 수단 중 재정정책과 화폐정책에 주로 의존하며, 이 밖에 일정한 계획 수단을 통해 거시적 조정을 진행한다. 계획과 시장 모두 자원배분 수단의 일부분이기에 계획수단과 시장수단은 필연적 배타성을 가지지 않으며 시장경제 체제에서도 계획수단을 채택할 수 있다. 그러나 거시적 조정에서의 계획과 계획경제 시기의 계획은 본질적으로 차이가 있다. 시장경제에서 국가가 채택할 수 있는 계획 수단은 전반적으로 모든 것을 주도하던 과거의 지령형 계획이 아닌, 거시적인 권고형 계획으로 변모했다. 권고형 계획은 현재 거시적 조정의 중요 수단 중 하나로 자리 잡았다.

(3) 국유기업 : 정부 자원배분의 중요 구성요소

'국영기업(國營企業)'이라는 표현은 1952년에 처음 등장했다. 1952년 당시 정무원(훗날 국무원으로 개칭)이 공표한 「각급 정부가 경영하는 기업 명칭에 대한 결정(關於各級政府所經營的企業名稱的規定)」에 따르면 무릇 중앙 5대 행정구—서남(西南), 서북(西北), 동북(東北), 중남(中南), 화동(華東)—의 각 부문이 투자 · 경영하는 기업 및 대행정구가 성시(省市)에 관리를 위탁한 기업을 '국영기업'이라 부른다. 성급 이하 지방정부가 투자 · 경영하는 기업은 '지방국영기업(地方國營企業)'이라 부르며, 정부와 개인이 공동 출자하거나 정부가 경영 관리에 참여하는 기업을 '공사합영기업(公私合營企業)'이라 부른다.[70] 이러한 표현은 한동안 사용되다가 1992년 제14차 당대회에 이르러 전민소유의 기업을 '국유기업(國有企業)'으로 부르기 시작하면서 기존의 '국영기업'이라는 표현은 '국유기업'으로 대체되었다. 이후 1993년 제8차 전국인민대표대회 제1차 회의에서 통과된 헌법수정안을 통해 '국영경제'가 '국유경제'로 개칭되었다.

개혁개방 이후 사회주의 시장경제의 발전에 발맞추기 위해 당과 국가는 여러 차례 국유기업 개혁에 착수했다. 초기의 국유기업 개혁은 개방과 활성화, 즉 국유기업의 미시적 활력을 활성화하는 데 중점을 두었다. 1979년에는 '기업의 자주권 확대'가 강조되었으며, 1981년에는 공업경제책임제가 제시되어 보급되기 시작했다. 1983년에는 '이윤을 세금으로 바꾸는(利改稅, 국유기업이 국가에 이윤을 상납하던 제도를 국유기업에 법인세를 징수하는 제도로 전환)' 방침이 결정되었고, 1986년에는 도급제(承包制)가 실시되기 시작했다. 1988년에는 리스제와 주식제가 시범적으로 시행되었다. 1992년 제14차 당대회 때 사회주의 시장경제가 제시됨에 따라 국유기업 개혁 또한 심화 단계로 진입했다. 제14차 당대회에서는 '명확한 재산권, 분명한 권한과 책임, 정부와 기업의 분리, 과학적 관리'를 표방한 현대 기업제도의 수립 의지가 표명되었다. 1995년 중국공산당 제14차 5중전회에서는 대형 국유기업을 집중적으로 관리하고 소형 국유기업은 상대적으로 유연하게 활성화하는(抓大放小) 방침이 제시되었고 점차 국유기업에 대한 전략적 개편이 이루어졌다. 2003년에 열린 중국공산당 제16차 3중전회에서는 "재산권은 소유권의 핵심 내용이자 주요 내용"이라는 것이 강조되면서 귀속 여부가 분명하고 권한과 책임이 명확하며 엄밀히 보호되고 양도(流轉)가 원활한 현대 소유권 제도에 대한 수립 의사가 최초로 표명되었다. 이제까지 열거한 여러 차례의 개혁을 바탕으로 국유기업과 시장경제의 융합 발전이 기본적으로 실현되었다.[71]

이러한 과정에서 국유기업이 국민경제에서 차지하는 위상이 변화하기 시작했는데, 이러한 변화는 크게 세 가지 측면에서 관찰된다. 첫째, 국유기업이 국민경제에서 차지하는 총체적 비중이 다소 축소되었다. 단독적 공유제 시절, 국유기업과 국유기업에서 파생된 집체기업은 국민경제의 대부분을 점유했었다. 반면 오늘날 국유기업이 국민경제에서 차지하는 비중은 수치상 이미 50% 이하로 낮아졌으며 이로써 비공유제 경제가 발전할 수 있는 충분한 공간이 주어졌다. 둘째, 국유기업은 시장에서 평등하게 참여하고 경쟁할 수 있는 미시적 경제주체로 변모했다. 사회주의 시장경제에서 공유제와 비공유제 경제는 평등하게 시장경제에 참여하고 교환함으로써 시장이 자원배분 과정에서 발휘하는 결정적 기능을 보장한다. 넷째, 국유기업은 자본을 통해 영향력을 확대한다. 오늘날 국유기업의 영향력은 과거와 같은 양적 우위가 아닌 질적 발전을 통해 행사된다. 주식제와 혼합소유제의 도입 등 다양한 형태의 개혁을 거치며 현재 국유기업은 나름의 자본 통제력과 영향력을 확보한 상태다.

　그러나 국유기업은 여전히 국가의 자원배분에 없어서는 안 될 중요한 구성요소이다. 무엇보다 중국은 여전히 공유제 위주의 소유제 성격을 견지하고 있기 때문에 국유기업은 국민경제에서 줄곧 중요한 위상을 차지한다. 아울러 국유기업이 통제하는 전략적 산업은 상당한 규모의 취업인구를 수용함으로써 국민경제 발전과 부의 재분배에서 중요한 역할을 한다. 따라서 국가는 종종 특정 산업과 특정 국유기업에 선별적인 우대 정책을 제공하여 국유기업이 자원배분 과정에서 일정한 역할을 발휘할 수 있도록 안배한다. 이러한 정책들은 다음과 같이 간추릴 수 있다. 첫째, 국가는 투자 및 대출과 같은 방식으로 국유기업에 대한 금융우대를 강화한다. 둘째, 국가는 프로젝트 사업

(項目)과 같은 방식을 통해 국유기업이 국민경제 발전과 관련된 중요 사업에 참여하도록 독려한다. 셋째, 국가는 공유제 경제가 비교적 큰 비중을 차지하는 발전 산업 또는 특수 산업을 중점적으로 지원하는 정책을 통해 공유제 경제로 하여금 국민경제를 견인하도록 한다.

국유기업 개혁이 40여 년에 걸쳐 진행되면서 정부가 국유기업을 관리하는 방식도 변화하기 시작했다. 먼저 국유기업 분류관리체제가 구축되었다. 2015년 중공 중앙·국무원이 발표한「국유기업 개혁 심화에 대한 지도 의견(關於深化國有企業改革的指導意見)」에는 국유기업을 공익형과 상업형이라는 양대 유형으로 분리하고, 유형에 따라 개혁을 추진하고 발전을 촉진하며 감독과 책임 심사를 실시하는 등 각기 다른 정책을 실시할 것이라는 방침이 담겼다. 상업형 국유기업에 대해서는 회사제, 주식제 개혁이 강화되었다. 상업형 국유기업 중 충분한 경쟁력을 확보한 산업과 영역은 모두 원칙적으로 회사제와 주식제를 적용해 개혁하고 상장에 주력한다. 국가안보, 국민경제의 명맥에 관련된 산업 또는 영역의 경우 국유자본의 지주 지위를 유지하는 동시에 비국유 자본의 주식참여를 장려한다. 자연독점산업은 '정부와 기업의 분리(政企分開), 행정과 자본의 분리(政資分開), 특허경영(特許經營), 정부감독(政府監管)' 원칙에 따라 개혁이 진행되었다. 공익형 국유기업의 경우 국유기업 단독 출자형태를 선택해도 좋고, 조건이 갖춰진다면 투자주체의 다원화도 가하며, 서비스를 구매하거나 특허경영, 위탁대리와 같은 방식을 통해 비국유기업이 경영에 참여하는 것 또한 장려한다.[72] 기업에 대한 관리에서 자본에 대한 관리로의 전환 또한 특기할 만하다. 국유기업 개혁 초기에 정부는 국유기업의 인사뿐 아니라 업무에도 관여하였다. 그러던 것이 제16차 당대회 때 자산 관리라는 개념이 명확히 제시되었고, 자산 관리와 인사 관리, 업무 관리를 결합한 국유자산관리체제 구축이 강조되었다. 그러던 것이 2019년 중국공산당 제19차 4중전회에 이르러 자본에 대한 관리를 위주로 한 국유자산관리감독체제가 형성되었고, 이후 국무원과 국유자산감독관리위원회는 「자본 관리를 중심으로 한 국유자산 관리감독 직능 전환 실시 가속화에 대한 의견(關於以管資本為主加快 國有資産監管職能轉變的實施意見)」을 하달해 국유기업에 대한 정부의 관리 방향 전환에 한층 박차를 가했다.

4. 사회주의 분배제도

(1) 노동에 따른 분배

마르크스의 『고타 강령 비판』에 따르면 낮은 단계의 공산주의 사회는 이제 막 자본주의에서 벗어나 여러 부분에서 구(舊)사회의 상흔을 그대로 지닌 공산주의이다. 이 단계에서 생산수단은 이미 개인의 재산이 아니라 사회 전체의 소유물이다. 사회의 모든 구성원은 사회가 필요로 하는 일정한 노동을 하며 사회기금으로 쓰이는 부분에서 각자가 기여한 노동량을 공제한다. 이로써 모든 노동자는 사회로부터 받은 것을 사회에 환원할 수 있게 된다. 이것이 곧 노동에 따른 분배이다.[73] 레닌은 이러한 마르크스의 관점을 계승하여 『국가와 혁명』을 통해 일련의 의견을 개진했다. 레닌에 따르면 사회주의 사회에서 국가는 정치형태로서 여전히 존재하나 소유제 구조는 응당 공유제로 전환되어여 하며, 이를 전제로 "일하지 않는 자는 먹을 수도 없다"는 원칙과 "노동량에 상응하는 생산물을 지급하는" 노동에 따른 분배 원칙을 실현해야 한다고 주장했다. 레닌은 또 이 시기에 노동은 하나의 '동일한 표준'을 '각기 다른 개인'에게 적용하는 것이기 때문에 이러한 권리는 여전히 '부르주아지적 권리'이며, 따라서 사회주의 사회에서 '부르주아지적 권리'는 이미 실현된 경제변혁의 한도 내에서 부분적으로 취소된 것일 뿐 생산수단과의 관계에서는 완전히 취소되지 않았다고 지적했다.74)

마르크스와 레닌의 사상에 따르면 러시아는 사회주의 혁명을 완성한 이후 노동에 따른 분배 원칙에 입각해 분배 문제를 처리했다.『소련 사회주의 정치경제학 교과서』에는 "노동에 따른 분배를 이용한 경제법칙은 계획적으로 경제를 지도하는 필수 조건이다. 이러한 법칙은 물질적 이익에 대한 노동자의 관심이 노동생산성 제고를 수반하는 계획을 집행하도록 유도하는 기능을 한다. 이것이 사회주의 생산을 발전시키는 결정적인 동력이다"라고 명시되어 있다.75)

사회주의 국가인 중국은 분배 영역에서 노동에 따른 분배 원칙을 채택하고 있다. 사회주의 개조 이전부터 국가는 '노동에 따른 임금 지급(按勞報酬)'을 하나의 임금 원칙으로 인정하고 차츰 노동에 따른 분배로 나아가려는 움직임을 보였다. 1950년, 전국적으로 통일된 임금제도가 수립되기 시작했고 노동 점수(工資分)를 정산 단위로 노동 숙련도에 따라 임금수준을 나누는 8급 임금제가 실시되었으며 조건을 갖춘 기업은 성과급 임금제를 실시할 수 있었다. 1955년, 국가기관과 사업체에서 임금제도 개혁이 진행되었고 그 결과 기존의 현물공급제가 취소되고 화폐임금제가 실시되었다. 그러나 당시에는 노동에 따른 보수 외에도 소비수단의 분배와 기타 일련의 복리대우가 병존하였다. 1956년 제1차 5개년 계획이 사전에 목표치를 초과 달성한 데 고무된 국무원은 '노동에 따른 임금 지급' 원칙에 기초해 국가기관과 기업체, 사업체의 임금제도를 전면 개혁할 것을 결정했다. 노동 점수 제도의 취소, 직무 등급에 따른 임금제도 도입, 성과급 임금제의 보급, 기업의 상여금 제도 개혁 등이 그 주된 내용이었다. 1958년에 공포된 「농촌 인민공사 설립 문제에 관한 중공 중앙의 결정(中共中央關於在農村建立人民公社問題的決議)」에 따르면 인민공사의 분배제도는 '필요에 따른 수취'가 아닌, '노동에 따른 지급'을 원칙으로 한다. 1975년에 통과된 「중화인민공화국헌법(中華人民共和國憲法)」 또한 국가는 "일하지 않는 자는 먹을 수도 없다", "능력에 따라 일하고 노동에 따라 분배하는" 사회주의 원칙을 실현한다고 적고 있다.

요컨대 사회주의 건설 시기에는 (단독적 공유제와 짝을 이룬) 노동에 따른 분배가 유일한 분배제도였으며, 전국적인 범위에서 전민소유제와 집체소유제 기업이 보급되기 시작했다. 이른바 노동에 따른 분배는 주로 세 가지 요소를 포함한다. 첫째, 노동자는 생산량을 완수한 후 먼저 몇 가지 공제를 한다. 확대재생산과 사회공익 사업 발전을 위한 공제도 여기에 포함된다. 둘째, 노동과 동등한 교환 원칙을 실현해 많이 일한 자는 많이 받고 적게 일한 자는 적게 받으며 일하지 않은 자는 먹을 수도 없다. 셋째, 일반적으로 노동에 따라 분배되는 생산품은 소비수단에 한한다.[76] 그러나 계획경제와 노동에 따른 분배는 일정한 평균주의적 경향을 수반했고 진정한 '노동에 따른 분배'가 실현되는 것을 저해했다.[77] 실제 개인 소비수단의 분배는 노동 기여도에 따라 분배되지 못했고 그 결과 "많이 일하든 적게 일하든 다 똑같다(幹多幹少一個樣)", "일을 잘하든 못하든 다 똑같다(幹好幹壞一個樣)"는 풍조를 양산해 노동자의 노동 적극성을 크게 해쳤다.

개혁개방 이후 노동에 따른 분배는 새롭게 강조되고 중시되었다. 1978년 3월, 덩샤오핑은 국무원 정책연구실 책임자와 나눈 대화에서 다음과 같이 지적했다. "노동에 따른 분배란 노동의 양과 질에 따른 분배를 말한다. 이 원칙에 기초해 근로자의 임금 등급을 평가할 때 주로 살펴야 할 것은 노동의 좋고 나쁨, 기술의 높고 낮음, 기여의 많고 적음이다. 정치적 태도 역시 눈여겨봐야 하는데 분명히 해야 할 것은 좋은 정치적 태도는 사회주의를 위해 좋은 노동을 했는가, 얼마나 많은 기여를 했는가로 나타난다. 분배 문제를 다룰 때 노동이 아닌 정치적 태도를 주로 살핀다면 그것은 노동에 따른 분배가 아니라 정치에 따른 분배이다. 한마디로 말해서 노동에 따른 분배여야 하지, 정치에 따른 분배여서는 안 되고 자격에 따른 분배는 더더욱 안 된다."[78] 1977년부터 1983년까지 전국에서 5차례에 걸쳐 노동에 따른 분배 이론 토론회가 개최되었으며, 주로 노동에 따른 분배와 생산력 해방 및 발전에 대한 문제가 논의되었다. 내용 면에서는 물질적 보상을 비판하던 기조에서 물질적 이익을 긍정하는 기조로의 변화, 평등 지향 기조에서 차등 중시 기조로의 변화가 두드러졌다. 아울러 '부르주아지적 권리'는 자본주의적 요소가 아니라 사회주의적 성격이라는 점이 강조되었다.[79]

노동에 따른 분배는 사회의 기본 경제제도를 떠나 독자적으로 성립할 수 없다. 마르크스가 상정한 사회주의 사회에서 공유제, 계획경제, 노동에 따른 분배는 '삼위일체'를 이룬다.[80] 따라서 단독적 공유제하에서의 노동에 따른 분배는 다음과 같은 두 가지 기본 전제를 필요로 한다. 첫째, 사회 전체가 생산수단을 공유하며 노동자 개인은 자신의 노동 이외에 어떠한 사적인 재산도 소유하지 아니한다. 이로써 생산요소의 소유권에 따라 소득을 획득할 수 있는 가능성이 차단

된다. 즉 노동자는 사회에 노동을 제공하고 그 노동에 상응하는 만큼의 생활수단을 획득한다. 둘째, 상품경제와 시장교환은 존재하지 않는다. 계획은 자원을 효과적으로 배분하는 유일한 수단이다. 모든 사회구성원의 노동은 그 용도가 어떻게 다르든 모두 처음부터 직접적인 사회노동이 되어 어떤 대단한 가치도 끼어들 필요가 없다.[81]

　개혁개방 이후 중국의 경제제도는 단독적 공유제에서 공유제를 위주로 한 다종소유제의 공동 발전으로 전환되었고 사회주의 시장경제가 본격화되었다. 이에 노동에 따른 분배제도 또한 이러한 변화에 상응하는 조정을 거치지 않을 수 없게 되었다. 1987년, 제14차 당대회 보고는 "노동에 따른 분배를 주로 하고 기타 분배 방식으로 보완하는" 분배제도를 제시하면서 "합법적인 불로소득이라면 마땅히 허용해야 한다"는 뜻을 표명했다.[82] 1993년 11월에 열린 중국공산당 제14차 3중전회에서 제시된 「사회주의 시장경제 체제 수립과 관련한 몇 가지 문제에 대한 결정(關於建立社會主義市場經濟體製若幹問題的決定)」은 "노동에 따른 분배를 주축으로 다양한 분배 방식이 병존하는 분배제도를 완비하고, 효율 우선과 더불어 공정을 고려하는 방침을 견지할 것"이라는 입장을 표명하였다. 아울러 해당 결정은 노동자 개인의 소득 획득에 경쟁 메커니즘을 도입하고 평균주의를 타파해 많이 일할수록 많이 받는 다로다득(多勞多得)을 실현하는 등 합리적 차등을 확대할 것을 주문했다.[83] 1997년 제15차 당대회 보고에서는 "노동에 따른 분배를 주축으로 다양한 분배 방식이 병존하고", "노동에 따른 분배와 생산요소에 따른 분배를 결합하는" 분배제도가 공식적으로 제시되었다. 이는 곧 중국 사회주의 초급단계의 분배제도의 주된 내용으로 자리 잡았으며 이후에 진행된 역대 중국공산당 전국대표대회에서 반복적으로 강조되었다.

단독적 공유제에서 공유제와 다종 소유제가 공동 발전하는 경제 형태로 전환된 이후 '노동에 따른 분배'는 어떻게 실현되었는가? 가장 전형적인 사례로 공유제 성격을 띤 기업 내에서 적용된 노동에 따른 임금 원칙을 들 수 있다. 물론 공유제 기업 내 노동자도 상여금 등 기타 소득을 획득할 수 있다. 이러한 부차적인 소득은 노동자가 가진 생산수단 소유권의 한 표현이다. 그러나 전체 소득에서 가장 주된 소득은 노동에 따른 분배 소득이다. 이 밖에 노동자 개인 및 민영기업에 고용된 노동자의 소득, 노동자로서 경영관리자가 획득한 부분적 소득 또한 노동에 따른 분배 원칙이 적용된다.

(2) 생산요소에 따른 분배

노동에 따른 분배를 주축으로 다양한 분배 방식이 병존하는 분배 제도에서 이른바 '다양한 분배 방식의 병존'이 실질적으로 가리키는 것은 생산요소에 따른 분배이다. 생산요소에 따른 분배라는 표현은 1988년 학술계에서 최초로 제기되었고[84] 이후 몇 차례의 학술적 논쟁을 거친 뒤 1993년 중국공산당 제14차 3중전회 때 중앙 문건에 수록되었다. 「사회주의 시장경제 체제 수립과 관련한 몇 가지 문제에 대한 결정」에서는 "효율 우선과 더불어 공정을 고려하며 여러 생산요소는 그 기여도에 따라 분배에 참여하는" 방침이 최초로 제시되었다. 제15차 당대회 때는 "노동에 따른 분배와 생산에 따른 분배를 결합해 효율 우선과 더불어 공정을 함께 고려하여 자원배분 최적화와 경제 발전 추진, 사회안정 유지에 이로울 수 있도록 해야 한다"는 입장이 표명되었다. 이후 제16차 당대회, 제17차 당대회, 제18차 당대회 보고에서는 "노동에 따른 분배를 주축으로 다양한 분배 방식이 병존하는 분배제도"를 견지할 것을 강조하는 동시에 "노동, 자본, 기술, 관리 등 생산요소의 기여도에 따라 분배에 참여하는 원칙"이 제시되었다. 이로써 이른바 생산요소의 주요 유형과 '기여도에 따른 분배'라는 기본 원칙이 확정되었다.

생산요소에 따른 분배라는 분배 방식이 모색되고 강조된 까닭은 개혁개방 이후 중국의 거시경제 영역과 미시경제 영역에서 변화가 발생했기 때문이다. 거시적인 측면에서 중국의 소유제구조는 이미 단독적 공유제구조에서 혼합 소유제 경제로 변모했다. 이러한 상황에서 현실적인 경제조건을 망각한 채 노동에 따른 분배만을 강제해서는 비공유제 경제 존재와 그 정당성이 부정될 소지가 있었다. 뿐만 아니라 중국의 경제운영 메커니즘 또한 계획경제에서 시장경제로 이동했기 때문에 노동에 따른 분배 원칙만을 강조해서는 사회주의 시장경제와 모순되기 쉬웠다. 미시적 측면에서는 크게 세 가지 변화가 관찰되었다. 첫째, 기업의 자주적 경영, 자주적 손익관리, 평등한 경쟁을 강조하는 시장경제적 조건하에서 사회 전체에 걸쳐 직접 노동에 근거한 노동에 따른 분배를 실현하는 소유제 조건은 이미 설자리를 잃었다. 둘째, 생산요소에 따른 분배는 생산수단의 차이에 근거한 소득의 차등이 지닌 합리성을 긍정했기 때문에 평균주의적인 '한솥밥(大锅饭)' 풍조가 극복될 수 있었으며 기업 및 개인의 투자와 확대재생산의 적극성을 유도할 수 있었다. 셋째, 시장경제적 조건하에서 이자, 주식 배당, 할증 배당과 같은 새로운 분배 형식이 등장했고 이러한 분배 형식들은 노동에 따른 분배 원칙과 호응하지 못한다.[85]

그렇다면 무엇이 생산요소인가? 제16차 당대회, 제17차 당대회, 제18차 당대회 보고에서 규정한 바에 따르면 생산요소는 노동, 자본,

지식, 기술, 관리로 분류된다. 이러한 5가지 요소는 생산과정에서 그 기여도에 따라 분배된다. 이처럼 노동 또한 생산요소의 개념 중 하나이다. 어떤 학자는 노동에 따른 분배란 노동에 따른 생산물의 분배나 노동에 따른 능력의 분배가 아니며 노동에 따른 시간의 분배는 더더욱 아니라고 주장한다. 노동에 따른 분배란 기여도에 따른 분배에 다름 아니다. 따라서 노동에 따른 분배와 자본, 지식, 기술, 관리 등 생산요소는 모두 동일하게 생산요소에 따라 분배될 수 있는 것이다.86)

그러나 이러한 관점은 실상 두 가지 문제를 내포하고 있다. 하나는 이론적 차원의 문제이다. 노동과 기타 생산요소를 함께 취급해 생산요소에 따른 분배를 진행한다면 사회주의 시기 노동에 따른 분배가 차지했던 주체적 위치는 어떻게 실현할 것인가? 그렇게 된다면 "노동에 따른 분배를 주축으로 다양한 분배 방식이 공존하는"이라는 표현을 응당 생산요소에 따른 분배로 수정해야 하지 않을까? 다른 하나는 실천적 차원의 문제이다. 공유제 경제에서 관철되는 노동에 따른 임금 획득 원칙은 개인, 민영 등 비공유제 경제에서도 동일하게 지켜지고 있다. 그렇다면 두 경우 모두 노동에 따른 분배의 내용으로 보아도 좋을까?

이러한 두 가지 측면에서의 논쟁으로 인해 제18차 3중전회에서는 노동과 자본, 지식, 기술, 관리 등 기타 생산요소를 분리해 "노동소득 보호에 중점을 두고 노동소득 인상과 노동생산성 향상이 동시에 실현되도록 힘써 노동소득이 1차 분배에서 차지하는 비중을 높여야"한다고 강조함과 동시에 "자본, 지식, 기술, 관리 등 각 생산요소시장에 의해 결정되는 소득 메커니즘"을 갖출 것을 주문하였다.87) 2015년 중국공산당 제18차 5중전회에서 이루어진 생산요소 관련 토론에서는 토지와 '노동력'이 생산요소의 일부로 수용되었다. 이는 생산요소에 따른 분배 그중에서도 비공유제 경제에서 노동은 주로 노동력 요소가 된다는 의미이다. 즉 노동이 아닌 노동력 가치에 따라 분배에 참여하게 된다. 2017년, 중국공산당 제19차 당대회 보고는 한층 상세하게 생산요소에 대해 설명하고 있다. 해당 보고에 따르면 "노동, 자본, 토지, 기술, 기술, 관리, 데이터 등 생산요소는 시장의 평가에 따라 기여하며, 기여에 따라 소득이 결정되는 메커니즘이 적용된다."[88]

이처럼 노동에 따른 분배와 생산요소에 따른 분배는 사회주의 초급단계의 분배제도를 구성하는 두 측면이라고 할 수 있다. 공유제 경제 내에서의 노동에 따른 분배와 노동자 개인 및 민영기업에 고용된 노동자의 소득, 노동자로서 경영관리자가 획득한 부분적 소득이 모두 노동에 따른 분배 범주에 포함된다. 이른바 생산요소에 따른 분배는 기업인의 소득(이윤), 이자(예금이자, 주식배당, 채권이자 포함), 지대(국유토지 양도 소득, 기업토지 사용권 임대 소득, 농지도급 소득) 등 본질적으로는 다양한 불로소득 요소의 소유자가 요소 소유권에 의해 획득한 불로소득에 의해 실현된다.[89]

(3) 국가의 소득 재분배와 제3차 분배

사실 노동에 따른 분배든 생산요소에 따른 분배든 모두 시장의 '보이지 않는 손'이 닿는 범위에서 이루어지는 분배로, 시장의 결정적 기능이 미치는 범주에 속한다. 이것들을 제외한 국가의 기능에 의해 조정되는 사회적 분배는 재분배 범주에 속한다. 중국공산당 제19차 4중전회(이하 제19차 4중전회)에서 이루어진 「중국 특색 사회주의 제도의 완비와 견지, 국가 거버넌스 체계와 거버넌스 능력 현대화 추진과 관련한 몇 가지 중대 문제에 대한 중공 중앙의 결정(中共中央關於堅持和完善中國特色社會主義製度, 推進國家治理體系和治理能力現代化若幹重大問題的決定)」은 "세수, 사회보장, 이전지급과 같은 주요 수단을 갖춘 재분배 조정 메커니즘을 통해 세수 조절을 강화해 직접세제를 보완하고 차츰 그 비중을 높여야 한다. 아울러 관련 제도와 정책을 완비해 도농 간, 지역 간, 각기 다른 계층집단 간의 분배 관계를 합리적으로 조정해야 한다"고 강조했다.

요컨대 사회주의 분배제도는 실질적으로 노동에 따른 분배를 주축으로 하는 내용과 다양한 분배 방식의 병존―그중에서도 생산요소에 따른 분배―, 국가 재분배라는 세 가지 내용을 두루 포함한다. 이론적 차원에서 볼 때 '노동에 따른 분배를 주축으로 다양한 분배 방식이 병존하는' 형태는 생산경영 단위에서 이루어지는 직접적 분배로서 1차 분배에 해당한다. 한편 국가 재분배는 2차 분배에 해당한다. 1차 분배란 실질적으로 사회 구성원이 시장체제 내에서 투입과 산출에 대한 기여도에 따라 임금과 소득을 획득하는 분배형태이다. 재분배란 국가가 조정능력과 정책능력을 발휘해 시장에서 존재하는 소득 차이와 분배 불공정을 일정하게 조절해 사회구조의 균형을 보장하는 것을 이른다. 1차 분배는 시장에 의한 분배이고 그 핵심은 효율에 있다. 반면 재분배는 국가를 분배 주체로 하는 정부에 의한 분배이며, 그 핵심은 공정에 있다. 요컨대 국가는 재정수입과 같은 수단을 통해 1차 분배에서 조성된 불균형을 조정한다. 이러한 국가 재분배는 사회 전체의 분배 조절기로서 분배제도의 한 부분이자 단계이다.[90]

어떤 사회든 소득 분배에 있어 시장의 1차 분배와 국가의 재분배를 종합적으로 고려하기 마련이며, 효율과 공정이라는 두 마리 목표를 동시에 실현하려 애쓴다. 국가 재분배는 주로 세 가지 경로를 통해 이루어진다. 가장 일반적인 것은 세수를 통한 조정이다. 세수는 국가가 거시적으로 조절하는 하나의 경제적 수단이며, 국가가 소득 분배를 조정하는 방식 중 하나이기도 하다. 국가는 세수 조절을 통해 시장 행위와 소득 차이를 조절한다. 예컨대 감세정책을 통해 일부 산업의 발전을 추동하기도 하고 상속세, 증여세, 임대소득세 등 세목을 신설해 소득 차이를 조정하기도 한다. 또 한편으로는 증세를 통해 정부 재정수입을 늘리고 이를 바탕으로 사회보장과 같은 사업에 대한 재정 투입을 확대해 1차 소득분배에 대한 조정을 실현한다.

보조금 제도와 이전지급 제도 또한 중요한 국가 재분배 형태 중 하나이다. 이전지급 제도는 1994년 분세제(分稅制) 개혁 이후 시행되기 시작한 재정제도로, 국가 재분배를 실현하는 주요 방법 중 하나이다. 광의적 차원에서 이전지급은 양로금, 주택보조금과 같은 정부의 가계지원은 물론 정부가 국유기업에 제공하는 보조금, 정부 간 이전되는 재정자금을 모두 포괄한다. 한편 협의적 차원에서 이전지급은 정부가 소득 불균형에 기초한 지역 간 격차를 조정하기 위해 감행하는 정부 간 재정자금 이전을 일컫는다. 특기할 만한 점은 이전지급은 일반적으로 중앙의 거시정책과 국가 재분배라는 목적에 부합하는 농업, 교육, 위생, 문화, 사회보장, 구빈(扶貧)과 같은 비교적 명확한 정책적 지향을 갖는다는 것이다.

셋째, 사회보장과 사회복지 제도이다. 20세기 중엽 이후 대다수 국가는 비교적 완전한 사회보장과 사회복지 제도를 수립하기 위해 매진했다. 주로 사회복지, 사회보험, 사회부조, 사회우대와 같은 일련의 제도를 통해 사회 구성원의 생존과 생활을 위한 기본 요소를 보장하는 방향으로 이루어졌다. 그중에서도 노후, 질병, 실업, 사망, 출산, 재해, 임시적 생활난에 직면했을 때의 특수한 수요를 보장하는 것이 관건이었다. 개혁개방 이후 중국의 사회보장 제도는 나날이 개선되고 있으며 국민소득 분배와 재분배를 실현하는 주된 방법으로 자리 잡았다. 현재 기본양로보험, 기본의료보험, 합동의료, 실업보험, 산재보험, 출산보험, 주택기금, 기업연금 등 기본적 사회보장체계가 전면적으로 구축된 상태이다.

주목할 만한 것은 제19차 4중전회에서 제시된 '제3차 분배'의 개념과 범주이다. 「중국 특색 사회주의 제도의 완비와 견지, 국가 거버넌스 체계와 거버넌스 능력 현대화 추진과 관련한 몇 가지 중대 문제에 대한 중공 중앙의 결정」에서는 "제3차 분배의 기능에 대한 중시와 자선 등 사회 공익사업의 발전"이 예고되었다. 제3차 분배는 사회적 온정과 윤리에 기초한 지원에 의해 이루어지는 기부 형태의 분배라는 점에서 1차 분배, 재분배와 다르다. 제3차 분배는 기존 분배이론의 연장선에 있다. 1차 분배, 재분배, 3차 분배는 주(主)와 부(副)가 질서를 이룬 하나의 제도체계에 속해 있으며 분배 과정에서 시너지 효과를 발휘한다. 중국 특색 사회주의 신시대에 진입한 이후 가장 부각되는 '제3차 분배'는 당과 국가가 끊임없이 추진하고 격상한 '정준부빈(精准扶貧)' 전략이다.[91]

제9장
국가와 사회의 공생

'중국공산당 영도, 인민주권, 의법치국의 유기적 결합'이 현대 중국의 국가 거버넌스 체계를 이해하는 이론적 기반이라고 한다면 '정부 거버넌스, 사회적 조정 및 주민자치의 양성적 상호작용'은 중국의 기층 거버넌스를 이해하는 제도적 출발점이라고 할 수 있다. 서구의 국가와 사회의 이원 대립적 모델과는 달리 현대 중국사회는 국가 외부에서 생겨난 '대립물'이 아니라 '정치와 사회가 일체화'된 국가 내부에서 분화된 것이다. 중국의 정치적 전통에서 국가와 사회는 그다지 강한 긴장관계를 형성하지 않는다. 실제로 중국의 국가 거버넌스와 기층 거버넌스는 공동체주의, 가국 일체주의(家國一體主義) 및 연동주의(聯動主義)로 구성된 문화적 유전자에서 벗어난 적이 없다. (국가와 사회의) 양성적 상호작용을 상정하는 정치는 중국 기층 거버넌스를 설명하는 주요 분석 틀 중 하나로, 그 가장 큰 이론적 가치는 (서구 정치에서 상정하는) 국가와 사회의 이원적 구조를 타파하고 초월한다는 데 있다.

1. 국가-사회 공생의 근간

본서의 제2장은 고고학적 관점에서 '시민사회(civil society)'의 함의를 논한 바 있다. 본장은 국가-사회관계 관점에서 시민사회에 대해 보다 심층적으로 논하고자 한다.[1] 국가와 사회 영역은 서구의 경제제도와 종교적 배경을 바탕으로 성립된 이론이다. 로크가 전개한 사회계약론에 따르면 "모든 사람은 자연 상태에서 자연법을 집행할 권력을 가지고 있으며 (…) 시민정부는 자연 상태가 지닌 폐단에 대한 적절한 치료책이다."[2] 국가가 시민의 사회계약을 바탕으로 성립되었다고 한다면 시민사회는 국가보다 앞서거나 혹은 국가 밖에 존재한다고 보는 것이 논리적인 추론이다. 본서는 제2장 제3절에서 여기에 대해 논하며 자연사회와 대응되는 '문명사회'가 'civil society'의 대표적인 함의 중 하나라고 지적하였다. 국가가 발생하기 이전부터 사회는 고유한 선(先)정치적(pre-political) 생명과 통일성을 가지고 있었으며 따라서 정치권력을 확립하거나 무산할 수 있는 힘을 가지고 있었다.

역사학적 의미에서 볼 때 'civil society(시민사회)'의 형성은 중세 말기로 소급해볼 수 있다. civil은 서구의 역사발전 과정에서 발생한 독특한 현상이다. 11세기경부터 지역 간 무역이 발달하면서 이탈리아와 프랑스 남부의 일부 성 주변에는 수많은 상인과 수공업자들이 모여들기 시작했다. 이들에 의해 점거된 성의 외곽은 야성, burgus라고 불리게 되었고 여기에 거주하는 주민들은 bourgeois, 이들이 결성한 공동체는 civitatis라고 불리게 되었는데 이것이 civil의 라틴어 어원이다. Burgus는 당시의 봉건국가나 영주로부터 상대적으로 독립되어 있었다.

헤겔과 마르크스의 경우 시민사회 내부의 '문명사회'라는 함의와 다른, 국가와 분리된 시민사회 개념을 계승하여 국가와 대응하는 시민사회의 '사적 성격(私人性)'을 강조하였다. 그러나 제3의 물결 이후 이러한 국가에 대응하는 시민사회라는 전통적 관념 또한 전복되었고, 시민사회는 비공식적인 사회단결을 바탕으로 성립된 진정한 사회형태, 즉 국가권력을 제약하고 감독하는 중요한 영역으로 자리 매김하게 되었다. 이처럼 역사적 변화에 따라 '시민사회'에 부여된 다양한 함의는 점차 국가와 사회의 대립이라는 관념으로 귀착되었다. 근대 이후 서구 정치적 전통에서 국가와 사회는 상호 독립된, 나아가 일정하게 대립하는 양극이다.

'civil society'에 대한 찰스 테일러(Charles Taylor)의 고전적 정의는 국가-사회관계에 대한 서구 정치학의 주류적 관점을 대표한다. 요약하자면 다음과 같다.

1) 최소한의 의미에서 볼 때 국가권력의 지배를 받지 않는 자유 공동체가 존재하는 한 시민사회는 존재한다.

2) 보다 엄밀한 의미에서 시민사회는 사회 전체가 국가의 지배를 받지 않는 공동체를 통해 자신을 구축하고 그 행위를 조율할 수 있을 때 비로소 존재한다.

3) 두 번째 함의를 대체 또는 보완한다면, 이러한 공동체가 상당히 효과적으로 국가정책의 방향성을 결정하거나 영향을 미칠 때, 우리는 그것을 시민사회라고 부른다.[3]

이러한 관점에 따르면 국가와 사회는 일종의 역학관계나 경쟁관계를 형성하게 된다. 시민사회가 국가의 정책 결정에 영향을 미칠 수 있는 상태가 곧 가장 이상적인 상태라고 할 수 있다. 대개는 국가가 사회를 압도하는 게 아니면 사회가 국가를 압도하는 형국이 펼쳐진다. 그러나 현대 중국의 국가와 사회관계는 이러한 국가중심주의와 사회중심주의의 이원적 구조를 초월한다. 국가와 사회가 무조건 대립하는 것은 아니며 양자는 일종의 조화로운 공생관계가 될 수 있다.

(1) 국가-사회 이원적 서사의 극복

선거가 정부의 합법성을 확보하는, 개인이 정부에 권한을 부여하는 의식이라고 한다면 시민사회는 정부의 효율성 확보를 위해 필요한 공간이다. 개인과 국가가 보다 효과적으로 상호작용하기 위해서는 필히 시민사회라는 중간과정을 거쳐야만 한다. 일찍이 알렉시 드 토크빌(Alexis de Tocqueville)은 "민주국가에서 단체에 관한 학문은 어머니이며, 그 이외의 학문의 발전은 단체에 관한 학문이 이룩해 놓은 발전에 달려 있다. 인간 사회를 지배하는 법칙 가운데는 다른 어떤 것보다도 더 엄격하고 분명한 것이 한 가지 있다. 만약 인간이 문명화되고 싶거나 또는 문명 상태에 머무르고자 하면, 사회의 평등화가 이루어지는 것과 비례해서 단체 구성의 기술이 성장·발전해야 한다."[4]고 예리하게 지적한 바 있다.

단체 구성의 기술 또는 연합 구성의 기술이 곧 시민사회의 생존과 발전의 토대이다. 시민사회관념은 세 가지 요소를 포함한다. 첫 번째는 가족·씨족·지역 및 국가와 구별되는, 경제·종교·지식 및 정치적인 자율 제도의 복합체로 구성된 일부 사회이다. 두 번째는 시민사회 그 자체와 국가 사이의 특정 관계, 즉 국가와 시민사회를 분리하고 양자 간 유대관계를 효과적으로 유지하는 일련의 독특한 제도를 소유한 일부 사회이다. 세 번째는 세련된 또는 시민적 매너(refined or civil manner)가 널리 보급된 일부 사회이다.[5]

국가-사회관계에 대한 서구 정치학계의 주된 해석 틀은 크게 두 가지이다. 하나는 다원주의이다. 다원주의는 이익집단이 시민사회와 국가의 양성적 상호작용을 돕는 매개체라고 주장한다. 권력은 다수의 자율적 이익집단이나 개인의 집합체에 분산되어 있으며, 각 이익집단은 모두 나름의 권력 중심을 가지고 있고 특정 정책에만 관심을 가진다. 시민은 이익집단에 참여함으로써 정치에 영향을 미친다. 지방 관료도 자신의 독자적인 지위를 가진다. 관료는 유권자를 대표해야 하는 책임을 지며 (이들을 선출하는) 유권자 또한 권력을 지니며 투표를 통해 정치인을 제어한다. 권력은 경쟁을 통해 균형을 이룬다.

다른 하나는 조합주의이다. "조합주의는 (시민) 이익대표 체계로서 이데올로기, 모델 또는 제도의 유형을 지칭하며, 시민사회에서 조직화된 이익연합을 국가의 정책결정 구조 안으로 끌어들이는 역할을 한다.""이러한 이익대표 체계는 조직화된 여러 기능적 단위에 의해 구성되며, 명확한 책임(의무)이 있고 제한된 숫자를 가진, 또 비경쟁적이고 위계적이며 기능에 따라 분산된 구조 안에 놓여 있다. 국가에 의해 구성되지 않았을 경우 국가의 승인을 거치며 해당 영역에서 절대적인 대표성을 부여받는다. 그 대가로 의사 표현과 리더의 선출, 조직적 지지에 있어서의 행동은 국가에 의해 상대적으로 통제받는다."[6]

다원주의 정치과정의 핵심은 이익집단과 대의기관의 관계(주로 이익의 표출)에 있으며, 조합주의의 핵심은 기능적 집단, 즉 산별로 조직화된 이익대표와 국가의 관계(이익의 취합, 위탁받은 정책을 추진할 책임을 포함)에 있다. 전자는 자발적 형태, 다수의 참여, 폭넓은 범위와 경쟁을 강조하고 후자는 통제, 제한적 참여, 단계적 처리, 상호 용인과 협력을 강조한다. 전자는 다원적 경쟁이 체제의 균형을 유지하는 데 기여할 것이라고 믿으며, 후자는 질서 있는 상호작용만이 불균형을 방지하고 이해갈등을 합리적으로 조정할 수 있다고 여긴다.

국가를 제약하고 감독하는 독립된 '시민사회' 개념이 내포한 서구 중심주의적 색채는 줄곧 비판을 받아왔다. 이에 중국의 경험에 근거해 시민사회 개념에 일정한 수정을 가하는 연구가 국내외 학계에서 진행되었다. 예컨대 해외 중국학에서는 '사회 속의 국가(state in society)',[7] '미성숙한 시민사회(nascent civil society)',[8] '준(準) 시민사회(semi-civil society)',[9] '국가 주도의 시민사회(state-led civil society)'[10] 등의 개념을 제시하였다. 그러나 이러한 개념들은 여전히 국가와 사회의 대립적 구조 틀에 머물러 있었고 '시민사회'의 보편성을 묵인했다. 서구 정치학계의 담론 체계에서 중국사회는 하나의 특정한 형태 또는 유형에 불과하기 때문에 '미성숙', '준', '국가 주도'로 수식해버리면 그만이다. 실상 이러한 관점은 서구중심주의 적인 '시민사회'를 모델 또는 표준으로 상정하고 이것과 차이가 있을 경우 '미성숙' 혹은 '불완전'하다고 간주한다.

중국 내에서 이에 대한 비판과 고찰이 진행되고 있으나, 구성적 측면에서 괄목할 만한 성과를 거두지는 못하고 있다. 본토화의 노력을 대표하는 성과로는 캉샤오광(康曉光)의 '분류 통제(分類控制)' 개념을 들 수 있다. 그러나 해당 개념은 분류를 기반으로 한 거버넌스는 모든 현대 정치체제의 공통점이라는 매우 중요한 사실을 간과하고 있다.

인도 학자 빠르타 짯데르지(Partha Chatterjee)가 제시한 '정치사회(political society)'[11]의 경우 서구 시민사회 이론의 아성에 도전하는 상당히 의미있는 개념이다. 짯데르지의 견해에 따르면 민주제는 결코 인민에 의해 구성되거나 정부가 인민을 위해 구성한 것이 아니며 응당 피지배자의 정치(the politics of the governed)로 보아야 한다. 현대 정치의 핵심에는 시민적 민족주의(civic nationalism)라는 보편주의와 문화적 정체성(cultural identity)이라는 특수한 요구 사이에 충돌이 존재한다. 시민사회 이론은 동질적 사회(상상의 공동체)를 가정하였으나 실상 사회는 이질적이다. 모든 집단이 자유로운 결사의 원칙에 따라 조직되어 시민사회의 구성 요소가 되는 것은 아니다. 하층 집단은 많은 경우 공동체로서 존재하는 것이 아니라 피지배 집단으로 존재한다. 이들은 시민사회의 사각지대에 놓여 있다. 짯데르지의 견해를 구체적으로 살펴보자.

우선 '시민사회'의 개념을 해석해보자. '시민사회'는 이른바 규칙과 법을 준수하는 좋은 시민들로 구성된 사회를 가리킨다. 좋은 시민은 법을 준수하고 세금을 납부한다. 또 여가 시간에 문화생활을 즐기며 양질의 생활과 교육을 영위할 뿐 아니라 문화 및 정치적 단체를 조직하고 정부에 일정한 영향력을 행사한다. 이러한 시민사회가 곧 현대 정치에서 말하는 사회공간이나, 이는 하나의 이상적 상태로 실현이 불가능하다. 모든 사람이 평등한 권리를 누리고 공정한 대우를 받을 수 있는 좋은 사회란 아름다운 유토피아적 상상일 뿐이다. 우리는 어느 사회에서나 법을 위반하는 일련의 사람들을 발견할 수 있다. 사실 법을 지키지 않는다고 해서 악인인 것은 아니다. 법을 완전히 준수한다면 이들은 생존할 수 없을 것이다. 빈민층을 예로 들어보자. 우리는 대부분의 아시아 국가에서 허가 없이 타인이나 정부의 토지에 자신의 집을 짓거나 상점을 열거나 혹은 대로변에 노점을 설치하여 물건을 판매하는 많은 사람들을 볼 수 있다. 이들은 줄곧 세금을 내지 않고 대중교통에 부정승차를 하기도 하는데 이러한 일들은 매우 자주 일어난다. 이런 사람들은 여러 나라에서 매우 큰 비중을 차지한다.

정부는 이 문제를 해결하기 위해 특단의 조치를 취해야 하는데, 이들을 모두 법에 따라 감옥에 가두는 것은 불가능하다. 따라서 이들과 협상하고 담판 짓는 것이 최선의 방법이다. 이를 위해 관공서 직원이나 경찰은 이런 사람들에게 '당신들은 여기서 거주할 수 없지만 저쪽은 가능하다, 당신은 골목에 노점을 설치해도 되지만 대로변은 안 된다.'라고 권고할 것이다. 정부는 때때로 수도와 전기 같은 기반 시설을 제공하기도 한다. 그러나 전제는 그들이 정부의 특별 관리와 조치를 반드시 따라야 한다는 것이다. 정부가 원조와 혜택을 제공하지 않는다면 이들은 질병에 시달리거나 최악의 경우 사망에 이를 수 있고, 절도 등의 범죄가 빈번하게 발생할 수 있다. 이 모든 것들이 사회공간이 이상적인 시민사회의 형태가 아님을 분명히 말해주고 있다. 이것이 곧 내가 말하는 정치사회이다. 인도 정부의 경우 이 두 가지 사회를 모두 관리하고 있다.[12]

빠르타 짯떼르지의 견해는 우리에게 매우 많은 시사점을 제공하고 있다. 공동체에 대한 인민의 보편적 권리를 기반으로 형성된 것이 시민사회이며, 인구 집단에 대한 거버넌스 행위를 기반으로 형성된 것이 정치사회이다. 그러나 여전히 몇 가지 의문점이 남아 있다.

우선 짯떼르지가 제시한 정치사회는 시민사회의 대립물인가 대체물인가 하는 문제이다. 만약 정치사회가 하층민의 고유한 영역이라면 정치사회는 그저 시민사회의 대립물일 뿐 시민사회 자체를 부정하지는 못한다. 그저 시민사회 바깥에 정치사회가 존재할 뿐이다. 만약 (하층민뿐 아니라) 상류층 엘리트 또한 정치사회의 논리에 따라 움직인다면 정치사회는 곧 시민사회의 대체물이 된다.

또한 짯떼르지는 시민사회를 유토피아화했다. 시민사회의 이익집단과 사회조직이 선거의 목적을 달성하기 위한 도구로 이용당하지 않았다고 단언할 수 있는가? 시민사회의 모든 구성원이 '좋은 시민'이라고 말할 수 있는가? 이러한 시민사회는 처음부터 유토피아적인 발상이었다고 할 수 있다. 짯떼르지가 시민사회 개념을 과도하게 축소한 탓이라고도 할 수 있다.

서구 학계가 정립한 국가와 사회의 이원적 구조를 타파해야 하는 까닭은 국가-사회의 이분법에 기초한 가설만으로 현상을 설명하기에는 간과되는 부분이 많기 때문이다. 구체적으로 논하자면 다음과 같다.

첫째, 국가-사회의 이원적 구조는 국가 및 사회 내부의 다양성을 간과하고 있다. 사실 국가와 사회는 똘똘 뭉쳐진 하나의 덩어리가 아니다. 국가 또한 단일한 의지의 총체라고 할 수 없다. 국가는 중앙-지방, 종적-횡적 지휘계통, 정부 부처, 지방-지방 사이에서 나타나는 뚜렷한 이익 및 권력 분할, 충돌 성향을 두루 포괄한다. 사회 또한 마찬가지로 혈족 · 촌락 · 종교 · 민족 · 사회단체와 같은 다원적 행위자로 구성되어 있다. 각기 다른 행위자와 그 네트워크로 인해 우리는 사회의 (단일성이 아닌) 복수성(複數性)을 직시하지 않을 수 없다.

둘째, 국가-사회의 이원적 구조는 국가와 사회의 융합 및 통합을 경시하고 있다. 서구의 역사 발전 과정을 회고해보면 국가-사회의 이분법적 대립구조에서는 국가 중심이든 사회 중심이든 양자가 동시에 실패할 수 있다는 가능성이 존재함을 알 수 있다. 현재 유럽과 미국의 정치 운영을 살펴보면 국가와 사회, 공적 영역과 사적 영역의 경계가 갈수록 모호해지고 있으며 부단히 융합과 통합의 방향으로 나아가고 있다.[13] 국가와 사회의 경계가 나날이 희미해진다면 우리는 국가와 사회의 경계를 명확하게 판단할 수 없게 된다. 이러한 상태에서 양자의 대립을 살피는 것은 더욱 어렵다.

셋째, 국가-사회의 이원적 구조는 중국의 국가-사회관계의 실상을 설명하지 못한다. 이러한 이원적 구조는 서구의 역사 발전 과정을 바탕으로 추상화한 이상형으로 사실상 중국의 현실에 적용되지 않는다. 중국공산당을 단순히 '국가' 또는 '정부'의 통치·통제조직이나 사회와 대립하는 조직으로 상정해서는 안 되며, 응당 국가 및 사회와 동시에 상호작용을 할 수 있는 조직으로 보아야 한다. 중국공산당은 사회 깊숙이 착근해 있기는 하지만 '집권당'이기 때문에 비정부적 성격을 가진 사회와 전혀 다르다.14) 린상리가 지적한 바와 같이 "중국사회에서 국가-사회관계는 단순히 양자만의 관계가 아니다. 왜냐하면 중국공산당은 중국사회의 발전을 이끄는 핵심 역량으로서 국가정치의 영도 핵심일 뿐 아니라 중국사회를 조직하는 중심이기 때문이다. 그러므로 중국에서 국가-사회관계의 변화는 필연적으로 당과 관련되며 그 변화는 당, 국가, 사회의 3자 관계의 틀 안에서 전개된다."15) 미국의 사회학자 마이클 만(Michael Mann)은 국가권력을 전제권력(despotic power)과 기반권력(infrastructural power)이라는 두 가지 개념으로 구분한다.16) 국가의 전제권력이란 국가 엘리트가 사회집단과 규범화·제도화된 협의를 할 필요 없이 자의적으로 행동할 수 있는 범위(range), 즉 사회에 강요할 수 있는 권력(power over society)을 의미한다. 반면 국가의 기반권력이란 국가가 실제로 시민사회에 침투하여 사회 전역에 걸쳐 효과적으로 정치적 결정을 관철할 수 있는 능력, 즉 사회를 통해 획득한 권력(power through society)을 뜻한다. 이러한 구분은 매우 중요한 이론적 의의가 있지만 중국의 국가-사회관계를 설명하기에는 여전히 많은 한계가 있다. 즉 마이클 만의 이론은 중국의 국가와 사회가 공생이 가능한 이유를 설명하지 못한다.

덩정라이(鄧正來)의 발언을 인용해 시민사회 연구에 대한 비판을 대신하려 한다. 덩정라이에 따르면 "국가는 결코 하나의 동질적 실체가 아니며, 사회 또한 단순히 국가와 상대되는 동질적 실체가 아니다. 따라서 '국가'와 '사회' 모두 구체적인 분석적 상황에 따라 구체적으로 인식할 필요가 있는 문제들이다."17) 국가-사회의 이분법도, 국가-시장-사회의 삼분법도 이러한 운명을 피할 수 없다.

(2) 국가-사회관계의 구조적 전통

국가-사회관계는 정치학의 고전적 명제이자 현대 중국 사회주의를 이해하는 중요한 시좌이기도 하다. 미셸 푸코는 국가와 사회의 이분법을 부정하였으나, 왕민안(汪民安)이 쓴 푸코의 강연록 『주체의 해석학(L'Hermeneutique du Sujet)』의 역자 서문에 따르면 "푸코의 정치이론은 결코 국가와 사회의 이분법적 전통 안에서 전개되지 않는다. 실제로 푸코는 정치이론이 오랫동안 국가의 기능을 과대평가했다고 주장한다. 국가, 특히 현대 국가는 실상 그리 중요하지 않은, 일종의 신비한 추상이다. 푸코의 정치이론은 다양한 권력이 배치된 구체적이고 세밀한 사회적 메커니즘으로 가득 차 있다. 푸코의 역사적 시야에서 통치성을 지닌 국가와 정부는 거의 존재하지 않는다. 대신 무궁무진한 감시와 통제만이 있을 뿐이다. 마찬가지로 푸코의 시야에는 중심화된 수직적 권력의 거대한 억압은 존재하지 않으며 사회 곳곳에 빠짐없이 존재하는 권력적 교정만 있을 뿐이다. 또한 두 계급의 사활을 건 투쟁이라는 거대한 서사는 존재하지 않고 도처에서 나타나는 권력과 이를 그림자처럼 따라다니는 저항만 있을 뿐이다."18) 이러한 푸코의 비극적 성향과 예리한 비판은 권력을 무한히 확대시켜 국가체계가 내포한 온정과 선치(善治)의 노력마저 가리운다. 나아가 푸코는 국가라는 리바이어던(Leviathan)을 해체시킴으로써 국가와 사회의 경계를 모호하게 만들었다. 따라서 신시대에 진입한 현재 시점에서 정치를 통해 아름다운 생활을 창조하기 위해서는 반드시 국가와 사회의 선후 관계와 그 차이가 논리적으로 명확히 설명되어야 한다.

과거 중국의 전통적인 향토사회, 개혁개방 이전의 단위사회(單位社會), 개혁개방 이후에 등장한 도시 커뮤니티인 사구(社區)를 기본 단위로 하는 새로운 사회공간은 모두 하나같이 국가와 어우러져 공존한다. 이처럼 국가와 사회의 공생은 중국의 문화적ㆍ제도적 유전자와 사회주의적 성격에서 기인한다. 따라서 중국에서는 노후한 주거단지의 개조 사업 또한 최고 의사결정기구인 중앙정치국 회의의 의제가 될 수 있다. 국가와 사회의 양성적 상호작용 이면에는 누가 누구를 결정하는 문제나 칼 폴라니(Karl Paul Polanyi)가 말한 사회를 황무지에 내버려두는 문제가 존재하지 않는다. 온정주의적인 시혜나 사여 또한 존재하지 않는다. 국가와 사회의 양성적 상호작용은 각자의 주체성에 대한 충분한 존중을 바탕으로 한다. 이러한 국가와 사회의 양성적 상호작용은 끊임없이 변화하고 혁신하며 발전하는 '사회적 유기체' 사상이 기층사회 거버넌스에서 실현된 중요한 사례라고 할 수 있다. 일반적으로 국가-사회관계의 구조는 다음과 같은 세 가지 전통을 바탕으로 성립되었다.

1) 국가와 사회관계의 제도적 구조

전근대 정치와 현대 정치를 막론하고 국가와 사회 간에는 줄곧 다양한 공식적 · 비공식적 제도적 연계가 존재했다. 국가에서 사회에 이르는 제도적 설계는 의심할 나위 없이 개개인에게 영향을 미친다. 사회에서 국가에 이르는 제도적 구조 또한 존재하며 복잡한 제도적 네트워크를 수반한다. 예컨대 고대 그리스 · 로마에서 유래한 선거제도, 영국에서 유래한 현대 문관제도, 프랑스 부르봉 왕조 말기에 성행했던 매관(賣官)제도 모두 국가와 사회 간에 발생하는 복잡한 상호 작용을 나타낸다. 서구사회의 개신교, 천주교 등 종교체계를 이루는 교구 제도와 주교 제도, 치안관 및 (영미 등의) 배심원 제도는 민중과 국가가 상응할 수 있는 제도적 연계를 구축하여 사회와 국가가 제도적 차원에서 관계를 형성하도록 하였다.

중국은 한나라 이후 한 가문이 대대로 특정한 지위와 봉록을 세습하는 세경세록제(世卿世祿制)를 폐지하였다. 중앙과 지방의 수직적 관계를 상징하는 하향식 '중앙-군현' 제도 외에도 지방관의 추천을 통해 인재를 등용하는 찰거제(察擧制), 지방의 주 · 군 · 현에 중정관을 두고 등급을 나누어 인재를 선발하는 구품중정제(九品中正制), 시험을 통해 관리를 선발하는 과거제(科擧制) 등 일련의 상향식 제도적 설계가 이루어졌고 이를 바탕으로 국가와 사회 간의 인적 교류가 보장되었다. 교통 통신 기관인 역참에서 올리는 공문서인 역보(驛報), 관리가 보고나 건의를 올리는 주장(奏章) 등의 체계로 인해 정보의 상 · 하달이 유지되었다. 민간에서는 보갑(保甲) · 이갑(裏甲)과 같은 공적 체계 외에도 종묘(宗廟), 회사(會社), 향신(鄕紳) 등 관계를 통해 유지되는 신사(紳士)사회[19] 또는 '예법(禮法)'사회가 존재했다. 우리는 이러한 역사적 기록을 통해 동서고금에 존재했던, 국가와 사회 사이에서 실제로 작용했던 제도적 구조와 더불어 이를 통해 표출되었던 각기 다른 계급과 계층의 이익이 존재했음을 알 수 있다.

2) 국가와 사회관계의 철학적 구조

'실체성'을 지닌 제도적 구조와는 달리 철학적 구조는 사회에서 공인된 논리 및 모델을 바탕으로 국가와 사회라는 양대 연구 대상을 고도로 추상화하는 것에서부터 시작한다. 즉 존재론과 인식론의 관점에서 합리적으로 국가와 사회의 관계가 내포한 함의를 탐구하는 것이다. 이러한 철학적 구조를 대표하는 서구의 정치사상가로는 로크, 몽테스키외, 헤겔, 마르크스, 엥겔스를 들 수 있다. 국가-사회관계는 이들이 논하는 중요한 쟁점 중 하나였다. 국가-사회관계를 둘러싼 논쟁은 결국 '사회가 국가보다 앞서는가' 또는 '국가가 사회보다 높은가'의 문제를 논하는 것과 다르지 않다.

앞서 언급했듯이 헤겔은 최초로 정치학적 의미에서 정치국가와 시민사회를 구분하였고 이를 각각 보편성과 특수성의 영역으로 귀착시켰다. 헤겔의 사상에서 국가와 시민사회는 분리된 실체이다. 시민사회는 국가 안에서 의무와 권리가 하나의 동일한 관계 속에 합일된 상태인데, 국가는 이 상태를 포함한다.[20] 헤겔은 『법철학 강요 (Grundlinien der Philosophie des Rechts)』를 통해 '국가는 자각적이고 윤리적인 실체' 또는 '구체적 자유의 현실'이라고 주장했다. 또한 헤겔은 객관적 관념론에서 출발해 윤리를 정신적이고 살아 있는 유기적 세계로 사고하고 이러한 유기적 세계는 자발적으로 성장하는 과정을 가진다고 여겼다. 나아가 이 유기적 세계의 모순적 발전 과정을 세 단계로 구분하였다. 첫째, 직접적 혹은 간접적 윤리정신인 가족이다. 이 실체성은 앞으로 나아가면서 그 통일성을 상실하고 분열된다. 둘째, 시민사회이다. 시민사회란 독립된 개인인 구성원들의 연합, 즉 형식적 보편성 안에서의 연합을 말한다. 이러한 연합은 구성원들의 필요와 신변과 재산을 보장하는 법률 제도, 그들의 특수한 이익과 공익을 수호하는 외부 질서를 통해 수립된다. 셋째, 실체성을 지닌 보편적 사물의 경우 공공생활이 지닌 목적과 현실, 즉 국가제도 안에서 자기 자신으로 회귀하려 애쓰며, 그러한 과정 속에서 통일되기 시작한다.21) 이러한 연구는 어떤 의미에서 '국가'를 '사회' 내부에서 논리적으로 이탈시키는 과정이라고 할 수 있다. 중국의 철학자 허린(賀麟)은 일찍이 헤겔의 국가론을 비판하였다. 허린에 따르면 헤겔에게 국가란 "윤리적 이념의 현실로서 절대적으로 자유로운 이성적인 것"이므로 "개인은 국가의 구성원이 되어야만 객관성, 진리성, 윤리성을 가질 수 있다."22)는 것이다. 허린은 이러한 관념론적 관점은 실상 개인은 국가가 없으면 자유와 시민으로서의 모든 권리를 상실하는 것으로 본다고 지적했다. 헤겔은 몽테스키외의 삼권분립 사상을 단일한 왕권, 행정권, 입법권이 상호 결합된 보편적인 제도로 개조 및 가공하였고, 이를 통해 당시 독일의 입헌군주정이 신의 뜻에 부합한다는 것을 논증하고자 하였다.23) 요컨대 헤겔의 관념론적 관점은 결국 국가가 사회를 결정한다는 주장을 담고 있으며 훗날 마르크스, 엥겔스의 신랄한 비판을 받았다.

마르크스와 엥겔스는 국가와 사회의 이원론을 수용했으나 '국가가 시민사회를 결정한다'는 헤겔의 관념론과 상반되는 입장을 가졌다. 마르크스와 엥겔스는 시민사회가 국가를 결정하고 사회적 역량이 권리를 결정한다는 관점을 견지하면서 경제 생산방식과 교환 방식을 기초로 발생한 시민사회와 여기에서 비롯된 정치국가와 시대정신을 설명하고자 하였다. 이들이 주장한 가장 고전적인 명제는 '하부구조가 상부구조를 결정하고, 상부구조는 하부구조에 반작용하는 면을 가진다'는 것이다.24) 이처럼 헤겔과 마르크스 등이 구축한 '국가와 시민사회'라는 이론적 틀은 여전히 정치철학 영역에 속해 있으며 이를 국가-사회관계의 '철학적 구조'라고 부를 수 있다. 철학적 구조에서 상정하는 국가와 사회의 이상적 관계는 '(국가와 사회 중) 누가 누구를 결정하는가'와 같은 관계의 본질을 논리적으로 증명하였다. 그러나 무릇 정확한 이론이라면 객관적으로 존재하는 정치제도적 구조를 통해 현실세계를 반영하고 거기에 영향을 미칠 수 있어야 한다.

3) 국가와 사회관계의 담론적 구조

철학적 구조가 제도를 통해 '내부에서 외부로'로 현실세계에 투영된다면, 담론적 구조는 '외부에서 내부로' 국가-사회관계에 영향을 미친다. 프랑크푸르트학파 2세대를 대표하는 철학자 위르겐 하버마스(Jürgen Habermas)는 '의사소통 행위이론'을 구축하였다.25) 그는 체계(system)와 생활세계(life-world)라는 사회 공동체의 이차원적 구조를 제시하면서 생활세계는 국가의 시스템과 자본주의 경제에 의해 식민지화되었다고 주장한다. 화폐가 경제 영역에서 인간의 행위를 조정하는 매개체가 되었으며, 단일한 도구적 이성이 생활 전반을 지배하게 되었다는 것이다. 하버마스는 마르크스의 생산력과 생산관계의 개념을 '노동'과 '상호작용'으로 대체하고 의사소통 행위라는 개념을 도입함으로써 마르크스의 역사적 유물론을 재구성하였다. 하버마스는 의사소통 행위를 상호 행위자 간의 이해 달성을 목표로 이루어지는 언어 행위라고 보았고, 언어를 모든 사회적 행위의 가장 근본적인 것으로 간주하는 등 본체론적 지위를 부여하였다. 하버마스는 마르크스도 반대했던 교조적인 '생산력 중심주의'와 '경제

결정론'을 비판하였고, 사회진화에 대한 독자적 해석을 제시하였다. 하버마스가 보기에 사회진화 과정은 합리화 과정으로서 두 가지 방향을 포함한다. 하나는 '목적-이성 행위'로서의 '생산활동' 또는 '노동'의 합리화 과정이다. 다른 하나는 '의사소통 행위'로서의 '도덕-실천 활동'의 합리화 과정이다. 전자는 생산력의 향상을 뜻한다. 후자는 인간의 도덕적 의식과 실천 능력의 향상을 의미한다. 두 가지 모두 사회 진보에 있어서 필수불가결한 원동력이다.26) 생산력의 발전은 과학기술의 발전에 좌우되지만, 의사소통 수준의 향상은 도덕적-실천적 지식의 성장에 의해 이루어진다. 따라서 사회진화는 도덕적-실천적 지식의 향상으로 귀결될 수밖에 없다. 그런 의미에서 도덕적 실천은 생산력의 진보보다 중요하며 사회진화의 '페이스메이커(pace maker) 역할'을 발휘한다. 이에 하버마스는 이러한 의사소통 합리성으로 단일한 도구적 합리성을 대체할 것을 주장한다.

하버마스가 이해하는 생활세계란 주체 간 의사소통이 진행되는 '배경'이자 의사소통 행위자가 서로를 이해하는 '믿음의 저장고'이다. 다시 말해 생활세계는 모든 의사소통 행위자들이 어떤 상황에 직면할 때 맥락을 형성하는 '지평과 배경'인 동시에 공동의 상황 해석에 이르기 위해 활용하는 '문화적으로 전승된 배경지식'이 축적된 미리 해석된(pre-interpreted) 공간이라고 할 수 있다. 행위자들은 바로 이러한 신뢰할 수 있는 경험적 지식과 친숙한 문화적 배경 속에서 의사소통을 통해 상호 간 이해와 합의에 도달할 수 있다. 바로 이러한 상호 이해와 학습 과정을 통해 사회적 행위 또는 의사소통 행위가 유지될 수 있는 것이다. 공공 지식인들은 대중의 여론을 수렴하여 주요 의제를 설정하는 역할을 하며 국가-사회관계를 형성한다. 궁극적으로 하버마스의 이론은 대중이 공통적으로 인식할 수 있는

공론장을 형성하고 대중은 그 안에서 자신의 이익에 기초한 '담론-
의제-의사소통'을 구축할 것을 제안한다.

　상술한 세 가지 구조 방식을 통해 우리는 고전적 이론이 구축한,
사회 안에서 성장한 현대 국가가 제도적 구조에서 국가-사회관계가
작동할 수 있는 제도적 공간을 도출하여 정보와 자원의 상하달을
가능케 하는 일련의 전달 메커니즘을 형성했음을 발견할 수 있었다.
또한 철학적 구조에서 논리와 이데올로기 공간을 도출하여 실제 제
도의 이면에 존재하는 이론적 청사진을 탐구할 수 있었다. 아울러
국가와 사회 간에는 담론으로 구축된 '공론장'이 있어 국가와 사회
간의 행위를 제약하는 여론을 형성하고 외부에서 내부로 국가-사회
관계가 지속될 수 있도록 영향을 행사한다는 것을 알 수 있었다. 이로
써 서로 영향을 미치면서도 독자적으로 작동하는 세 가지 관계가
형성된다.

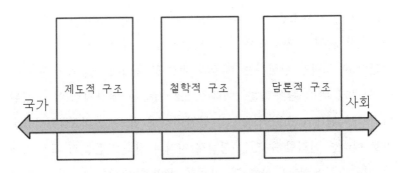

그림 9.1 국가와 사회관계의 제도, 철학, 담론적 구조

　물론 이러한 세 가지 구조만으로 국가와 사회의 전반적인 관계를
설명하기에는 무리가 따른다. 정치경제학은 국가와 사회의 생존에
필요한 경제적 재화를 제공하는 경제체제를 (국가-사회관계를 설명

88

하는) 또 다른 요인으로 고려하면서 '경제공간'이라는 개념을 제시하였는데 이것이 곧 국가-사회관계의 경제적 구조 모델을 대표한다. 따라서 우리는 제도적 구조, 철학적 구조, 담론적 구조, 경제적 구조라는, 수평적이고 독자적이면서도 상호 결부된 사회제도의 상호작용을 통해 국가-사회관계가 어떻게 작용하는지 초보적으로 이해할 수 있다.

우리는 국가-사회관계를 가늠하는 세 가지 구조를 통해 국가가 어떻게 사회에 영향을 미치는지를 이해할 수 있다. 그러나 이러한 구조는 개인에 대한 국가의 영향, 국가에 대한 개인의 영향이라는 은폐된 문제에 해답을 제공하지는 못한다.

다시 말해 이러한 구조는 국가의 관점에서 문제를 해결할 수 있는 다양한 경로와 사회적 충돌을 해결하기 위한 정치적 · 이념적 · 여론적 해결책을 명확히 제시할 수 있으나, 이러한 경로와 방법은 기층에서 발생하는 문제를 직접적으로 해결하지는 못한다. 왜냐하면 여기에는 '인간'과 사회에 대한 이해가 결여되어 있기 때문이다. 국가와 사회관계는 메커니즘과 요소로 이루어진 폐쇄루프 모델을 구축하고 있다. 이른바 '메커니즘(mechanism)'이란 본래 기계의 구조와 작동 원리를 뜻하나, 사회과학에서는 보다 다양하게 정의되고 있다. 크레이버(C. F. Craver)에 따르면 "(메커니즘이란) 규칙적 변화를 산출하는 존재자(entities)와 존재자의 활동(activities)이 조직화된 것이다."[27] 여기서 '존재자'와 '활동'은 기구와 제도의 운영으로 이해할 수 있다. 아울러 국가와 사회 간의 메커니즘은 다음과 같은 두 가지 측면에서 해석해볼 수 있다. 첫째는 국가와 사회는 어떠한 부분으로 구성되고 왜 이렇게 구성되는가 하는 문제이다. 둘째는 이러한 부분들은 어떻게 작용하고 왜 이렇게 작용하는가 하는 문제이다. 국가와 사회관계를 하나의 객체로 바라보면 국가와 사회관계는 실제로 국가, 사회, 양자의 관계라는 세 가지 부분과 관련된다는 점을 알 수 있다. 본체론적 관점에서 '관계'란 국가와 사회를 연결하는 일종의 메커니즘(mechanism)으로, 국가와 사회가 폐쇄루프 방식으로 정상적으로 작동할 수 있게 만든다. 물론 국가 내부에도 그 나름의 메커니즘이 존재한다. 다만 '국가-메커니즘(연계)-사회' 모델에서 메커니즘은 국가와 사회를 연결하는 하향식/상향식 두 가지 경로를 형성한다. 이러한 다중적 구조는 병렬적 메커니즘으로서 국가와 사회 사이에서 실제로 작동한다. '하향식'과 '상향식'이라는 두 경로가 형성하는 통제적 폐쇄루프는 국가와 사회를 잇는 양단에서 각각의 연결점을 확보함으로써 상통한다.

사회적 요구와 의견은 객관적으로 존재하는 행위 주체로부터 제기되고 국가와 사회의 연결점과 메커니즘을 통해 통합·분석·전달되어 정책결정층에 닿는다. 정책결정층은 객관적인 총체적 실제에 부합하는 정책과 법령을 제정하고 동일한 메커니즘을 통해 객관적 존재로서의 행위 주체에게 피드백함으로써 정책 운용의 논리적 폐쇄루프를 완성한다. 경제적 관계를 제외한 세 가지 전통적 구조의 기저에는 짙은 '체계론'적 색채가 깔려 있으며, 이러한 전통적 구조는 사회·계급·계층 등 '실체' 또는 '블랙박스'에 착안한다. '국가-사회-인간'의 메커니즘은 이미 정부 관료제라는 모습으로 국가 내부에 객관적으로 존재한다. 우리는 다양한 정부기구에서 실체적 의미를 지닌 국가를 발견할 수 있다. 이론적으로는 다양한 정보를 제공하고 의견을 수렴하는 사회가 존재해야 마땅하다. 그러나 정보를 수집하고 의견을 제기하며 피드백을 받아야 할 또 다른 주체, 즉 시스템으로서 실재해야 할 사회는 현실에서 사라져버렸다. 이러한 상황에서 구

체적인 행위자(agent)는 과연 누구인가? 국가를 대표하는 기층 정부
는 실제로 누구와 교섭해 국가와 사회 상호 간의 논리적 폐쇄루프를
완성하고 사회 거버넌스의 목표를 실현하는 것일까?

(3) 공공생활의 정치

우리는 공공생활이라는 틀 안에서 사회와 개인 간에 결여된 연결
고리를 이해할 수 있다. 시진핑은 "사회 거버넌스의 강화와 혁신의
관건은 체제 혁신에 있으며, 그 핵심은 사람이다. 사람과 사람이 조화
롭게 공존해야만 사회의 안녕과 질서를 유지할 수 있다."[28]라고 말
한 바 있다. 여기서 '사람'이란 국가와 사회 사이에서 생존하며 제도
적 구조 · 철학적 구조 · 담론적 구조 · 경제관계에 임하는 '사람'뿐
아니라 공공생활에 임하는 '사람'을 포함한다. 공공생활은 사람과
사람 사이, 가정과 가정 사이에 구축되어 국가와 사회가 실제 운행된
결과를 담지하는 공간이다. 따라서 국가와 사회 사이에 존재하는 공
공생활 공간을 고찰하고 공공생활을 정립하는 것은 보다 실질적인
의의를 지닌다. 모든 국가-사회관계는 공공생활에 투영된다. 민중의
일상적인 공공생활 또한 제도 · 철학 · 여론 · 경제가 구성되는 과정
에 영향을 미치며, 이렇게 구성된 일련의 체계는 다시 민중의 공공생
활이 정립되는 데 영향을 미친다. 우리는 그간 미처 주목하지 못했던
공공생활을 국가-사회관계에 포함해 고찰함으로써 국가-사회관계
를 더욱 폭넓게 이해할 수 있다.
기존 국가-사회관계가 내포한 제도적 · 철학적 · 담론적 · 경제적
구조의 결점은 실제 일상생활, 즉 곧 '사람'을 간과했다는 데 있다.
따라서 우리는 공공생활을 지향하는 국가-사회관계를 실현할 필요

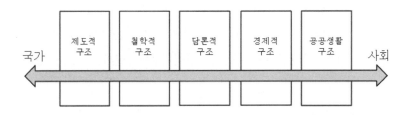

그림 9.2 국가와 사회관계를 구성하는 5가지 내부 공간

가 있다. 이는 곧 '정치는 인간의 아름다운 생활을 실현하는 기본방식'이라는 명제의 학리적 배경을 이해하는 시도라고 할 수 있다. 현대국가의 탄생 이후 이론 · 실천 · 논리적 프레임의 변화를 거치며 형성된 국가-사회관계는 국가와 사회 간에 발생한 복잡한 상호작용을 반영하고 있다. '통치'에서 '거버넌스'로의 전환은 비단 국가와 사회 간 상호작용뿐 아니라 국가와 사회가 각자의 책임을 다하는 한편서로 협력하며 영향을 주고받은 결과를 함축한다. 급격한 사회 전환기에 이루어지는 도시 사회 거버넌스는 일반적으로 사구에 대한 국가와 정부의 거버넌스를 말한다. 국가와 사회가 협력하려면 이를 매개할 메커니즘이 필요하다. 우리는 국가와 사회를 매개할 메커니즘이 실현되는 공간으로서 공공생활에 주목한다.

  기층 정부는 누구와 소통하고 누구를 대표해 사회 거버넌스를 추진하는가? 도시에서는 주민 생활지역과 도시 커뮤니티인 사구의 대표자가 기층 정부와 소통해 거버넌스를 추진한다. '시스템'에 치중했던 국가-사회관계를 초월해 잃어버렸던 사회에 다시 주목할 때 보다진실에 가까운 생활공간에 접근할 수 있는 길이 열린다. 근대사회의 산업화와 도시화로 인해 시민사회와 국가가 분리되기 시작했고 사적공간이 출현함으로써 공공생활(공간)이 조성되었다. 그러나 (역설적으로) 현대화가 완성될 무렵 공공생활은 퇴색하기 시작했다.[29] 우리가 생활세계를 탐구하는 까닭은 생활 속에서 나타나는 민중의 주거 양상, 행위자의 행동과 같은 '요소'가 국가와 사회를 연계하는 메커니즘을 추동하기 때문이다. 이러한 요소들이 나타남에 따라 (국가와 사회를 연계하는) 메커니즘 또한 변화한다. 이렇게 공공생활 정치가 출현하게 되고 국가와 사회는 공공생활을 통해 상호 구성된다. 본서에서 말하는 '공공생활 정치'는 앤서니 기든스(Anthony Giddens)가 제시한 '해방정치(emancipatory politics)'와 대비되며 현대성, 포스트 결핍경제, 생태정치, 대화 민주주의(dialigic democracy)에 주목하는 '생활정치'[30]와도 구별된다. '공공생활 정치'는 가정이라는 '사적 영역'과 국가정치의 영역과 같은 '공적 영역' 사이에 구축된 일종의 메커니즘이자 독립적으로 존재하는 거버넌스 제도의 공간이다. 따라서 '공공생활 정치'는 개별 가정의 경제상황이나 분쟁과 무관하며 국가라는 거시적 공간에서 실현되는 거버넌스와도 다르다. '공공생활 정치'는 '집 대문을 나섰으나 아직 도시 광장에 도착하지 못한' 주민들의 공공생활을 담지한다.

시스템 위주의 시각에서 탈피해 공공생활 정치라는 '세포(細胞)'에 주목하는 관점의 전환은 '국가정치'에서 '생활정치'로 회귀하는 역사적 발전 과정을 반영한다. 일반 민중들은 생활의 기본 요소로서 의식주, 교통, 오락(衣食住行娛)을 중시한다. 특히 주거조건은 무수한 가정 및 민생과 직결된 핵심 요소이다. 주거 양상의 변천과 거기서 비롯된 주민 참여는 국가와 사회의 현대화를 추동하는 주된 요소로 작용한다. 왜냐하면 민중이 중요시하는 생존 조건과 관계되기 때문이다. 엥겔스는 『주택 문제에 대하여(The Housing Question)』를 통해 프로이센-프랑스 전쟁 이후 독일의 도시노동자 계급이 국가

산업화 과정에서 직면한 주택난에 대해 매우 상세히 묘사하였다. 엥겔스는 서문에서 다음과 같이 적고 있다. "오랜 문화를 가진 한 나라가 공장제 수공업(매뉴팩처)과 소생산으로부터 대공업으로 이행하고 더구나 이처럼 유리한 조건에 의해 이 이행이 촉진되는 시기는 또한 '주택난'의 시기이기도 하다."[31] 여기에서 엥겔스는 1872년 당시 독일의 상황을 주로 분석하고 있다. 당시 독일 도시노동자 계급이 처한 열악한 생활환경이 독일 내 계급 갈등·투쟁의 주요 쟁점 중 하나였다는 것은 의심할 여지가 없다. 이에 따라 (노동자 계급의) 생활 영역의 문제 또한 점차 심각한 국가적·사회적·국제정치적 문제이자 전쟁과 평화 문제로 격화되었다.

중국의 경우 1978년 이후부터 도시화가 급속하게 진행되었기 때문에 객관적으로 존재하는 '도시화 과정 속의 국가와 사회'에 대해 이론적으로 접근할 필요가 있다. 중국의 도시인구 밀도, 건축물 밀도 및 기타 제도적 제약 조건은 주민들로 하여금 사적 공간과 공적 공간의 교차점에서 생활하도록 유도한다. 그렇다면 중국 도시 주민들의 공공생활은 어떠한가?

현대 도시의 주택단지는 (익숙한 사람들로 구성된) 숙인사회(熟人社會)와 전혀 다른, 낯선 사람들로 구성된 사회(陌生人社會)이다. 이러한 사회는 이익과 '주택 소유권(房權)'을 기반으로 형성된 비혈연 집단에 기초하며, 전통 촌락이나 단위체제하의 주거단지에 비해 공동체와 연계되는 일이 적고 인구밀도가 높다. 따라서 사회 내 대인관계는 복잡한 양상을 띠며 복잡하게 얽혀 있을 뿐 아니라 민중의 특정 이익과 연관된 대다수 사무는 (다중의) 견제를 피할 수 없다. 이에 국가와 사회관계, 국가와 단위관계는 점차 국가와 공동체 관계, 국가와 사구관계, 국가와 지방 공공재의 공급관계로 대체되었다. 다시 말해 실체로서의 '사회'는 사라졌으나 사회의 '세포화'가 사회의 '실체화'를 대체하게 되었다. 도시 주민의 주거양상 변천에는 이러한 변화가 투영되어 있으며, 이러한 변화는 단순한 국가와 사회에서 제도와 (주민) 생활 속 사회, 공공생활과 사적 생활으로의 시좌 전환을 촉진했다.

(지역사회를 중심으로 한) 공동체 의식의 쇠퇴와 민중 간 교류 감소로 인해 사회적 자본이 유실되면서 '나 홀로 볼링(Bowling Alone)'과 같은 문제가 발생하게 되었다.[32] 이러한 현상을 이해하기 위해서는 사구라는 도시 커뮤니티 공간 내에서 이루어지는 공공생활에 주목해야 한다. 공공생활 세계에 주목해 개인과 공간 속에서 이루어지는 다양한 행위 주체 간 상호작용 행위를 실질적으로 살펴보았을 때 우리는 크게 세 가지 공공생활 메커니즘이 존재함을 알 수 있다. 개인과 개인 간에 형성된 관계적 공공생활, 개인과 제도적 권력 간에 형성된 정치적 공공생활, 개인과 공동체 간에 형성된 이익적 공공생활이 그것이다.

이른바 관계적 공공생활이란 민중들이 특정 시간에 모여 함께하는 의식적 공공생활을 일컫는다. 서구 국가에서 매주 열리는 미사 활동이나 교인들이 특정 시간 교회에 모여 벌이는 포교 활동이 여기에 속한다. 전통시대 중국 농촌 마을에서 열리는 묘회(廟會)나 연극(社戱) 또한 민중과 보편적으로 연계된, 이익과 무관한 활동이라는 점에서 넓은 의미에서의 관계적 공공생활이라 할 수 있다. 현대 중국의 도시에서 관계적 공공생활은 광장무(廣場舞), 태극권 연마, 합창단 활동처럼 공통된 관심사를 가진 이들의 연대를 기반으로 한 다양한 민중 단체에 의해 전개된다. 그러나 주의해야 할 것은 이러한 동아리 조직은 활동형 조직일 뿐 기능형 조직이 아니라는 점이다. 사구 거버넌스의 미학은 이러한 활동형 조직을 기능형 조직으로 전환하는 데 있다.

정치적 공공생활이란 정치활동 또는 정치조직과 밀접한 관련이 있는 공공활동을 말한다. 대다수 국가의 선거제도가 이러한 정치적 공공생활을 대표한다. 예컨대 서구 국가의 국회의원 선거나 중국의 인민대표대회 대표 선거, 주민위원회 선거, 사구 내 당 조직에 의한 조직생활 등이 모두 전형적인 정치적 공공생활에 해당한다.

이익적 공공생활은 사구 및 주거단지의 공공이익과 직접적으로 연관된 활동을 말한다. 미국·유럽사회에서 이익적 공공생활은 국가와 사회 사이의 매우 명확한 경계선 위에 형성된다. 사구와 국가는 각 가정과 개인의 이익에 간섭하지 않는다. 그러나 (가정 또는 개인이) 사구의 공공규칙이나 국가의 법률을 위반하는 경우 국가의 사법기관을 동원해 사구 공동체의 공공이익을 보호한다. 중국의 사구에서 펼쳐지는 주택 유지보수기금의 사용, 노후 공공주택 내 엘리베이터 설치, 공용 물탱크 청소, 공익성 수입 공개, 주택관리비 납부 및 사용처 공개, 2차 주택 유지보수기금 납부내역 및 관리사무소의 재정내역 공개와 같은 일들 모두 개개인의 이익과 긴밀히 연관되는 사안이며, 이는 '주택 소유권 사회(房權社會)' 거버넌스가 당면한 과제라고 할 수 있다. 지속적인 조사연구를 통해 (사구 구성원 모두와 관련되어 있으며 공과 사라는 이분법으로 판단하기 어려운) 관련물권(關聯物權)이나 (사구 구성원 두 사람 이상과 관계된) 상린물권(相鄰物權)의 기반이 제대로 조성되지 못한 사구의 경우 그 거버넌스가 이익적 공공생활이라는 딜레마를 극복하기 어렵다는 점을 발견할 수 있었다.

우리는 대량의 조사연구를 바탕으로 다음과 같은 판단을 도출할 수 있었다. 첫째, 중국의 도시공간에서 전개되는 관계적 공공생활과 정치적 공공생활, 이익적 정치생활의 규칙은 중첩 내지는 결합될 수 있으며, 이렇게 결합된 원칙들은 사구의 굿 거버넌스(善治)에 복합적인 기반을 제공한다. 기층 당 조직은 이러한 복합적인 기반에 중축선 역할을 한다. 둘째, '법을 통해 예를 이루는(以法入禮)' 방법으로 강력한 주민 수칙을 제정해야만 이익적 공공생활을 지탱하는 본질적 의미의 기본 규칙과 질서를 수립할 수 있고, 이로써 덕치·법치·자치가 유기적으로 융합된 사구 거버넌스 구조를 구축할 수 있다. 셋째, 도시 주민들이 이익적 공공생활이라는 고비를 넘기면 사구 내 협상 민주가 정착할 수 있다. 이처럼 관계적 공공생활과 정치적 공공생활, 이익적 정치생활은 곧 '행위자'인 주민들이 향유해야 할 공공생활이며, 공공생활 행위의 결과는 국가와 사회 간 연계를 추진하는 메커니즘으로 나타난다. 이러한 세 가지 공공생활이 등장함으로써 국가-사회관계를 이루는 구조적 요소는 '사회', '체계론', '계급', '계층' 등을 중심으로 한 일련의 전일적 구조에서 벗어날 수 있었다. 아울러 정치가 공공생활을 추동하는 사회제도의 운영 메커니즘이 형성되었고 국가와 사회가 서로를 구축하는 관계가 되는 것이 가능해졌다.

공공생활 구조의 관점에서 국가-사회관계를 살펴보았을 때 우리는 다음과 같은 결론을 도출할 수 있었다. 사회적 갈등이 지속적으로 발생하는 까닭은 첫째, 사구와 주거단지 내 이익적 공공생활이 미처 조성되지 못하였기 때문이고 둘째, 국가와 사회제도의 불완전성과 모순에서 비롯된 다양한 문제로 인해 이해충돌 당사자 간에 대립이 끊이지 않기 때문이다. 이러한 딜레마를 해결하기 위해서는 국가와 사회의 공생관계에 주목해 이익적 공공생활을 추동함과 동시에 적절한 제도를 수립해 사회가 원활하게 운행될 수 있도록 해야 한다. 이익적 공공생활의 양성적 운영이 가지는 의의는 단순히 사회적 갈등의 완화나 해소에 그치지 않고 사회적 갈등의 장기화를 예방해 사회가 안정적으로 운행되는 데 기여할 수 있다는 것에 있다.

이처럼 새롭게 형성된 사회구조는 공공생활 영역에서 국가와 사회가 양성적 상호관계를 구축하도록 유도한다. '규칙이 곧 미래의 행동 지침'[33]이다. 모든 이가 행복한 삶을 꿈꾼다. 따라서 행복한 삶의 관점에서 출발해 가정과 광장 사이에서 이루어지는 공공생활에 주목할 필요가 있다. 우리는 기층 생활 영역에서 구현되는 국가와 사회관계, 국가와 인민의 관계는 사실상 국가와 행위자의 상호 구축 관계로 귀결된다는 점을 발견할 수 있다. 보다 '진실한' 사회를 회복하기 위해서는 각 행위자 간의 공공생활이 이를 구축하는 밑바탕을 이룬다는 점을 인식해야 한다. 따라서 인민을 중심으로 사고하고 모든 행위자에 주목해야 한다. 모든 행위자가 행복하고 평안한 삶을 누릴 때 각각의 행위자들로 구성된 유기체로서의 국가는 더욱 번영하게 된다.

2. 국가-사회 공생의 근거

공생형 국가-사회관계의 주안점은 어디에 있는가? 국가와 사회의 공생 관계는 어디서부터 시작되는가? 사실 서구 학계에서 통용되는 국가와 사회의 이분법적 구조가 대표하는 국가성과 개인성 사이에는 중간 지대가 존재한다. 이른바 집단성(社群性)이 그것이다. 이러한 집단성은 전통 중국의 '향토사회'는 물론 서구의 '낯선 사회'와도 구별된다. 단위제가 해체되고 유동사회와 주택 소유권 사회가 도래

함에 따라 이러한 집단성은 커다란 도전에 직면했으며, 정치적 잉여
공간으로서의 사구 시대도 마감하게 되었다. 이제 사구는 보다 큰
의미를 부여받게 되었으며, 사구가 지니는 정치적 함의와 위상은 포
스트 단위제 시대의 사회관리체제를 고찰할 수 있는 중심 공간이
되었다. 아울러 중국정치 전반을 관통하는 빈틈없는 거버넌스 양태
로 인해 기층에는 (반드시 관철되어야 하는) 정치적 마지노선이 형
성되었다. 더불어 인민이 주인이 되는 사회주의 국가에 걸맞는, 인민
의 이익을 수호하고 인민의 의지에 충족하는 공동체가 자연스레 발
생해 '업민(業民)사회'가 성립되었다.

(1) 집단성

중국 사회학자 페이샤오퉁(費孝通)이 묘사한 '향토사회'는 (익숙
한 사람들로 구성된) 전형적인 숙인사회이다. 대개 숙인사회는 고정
된 공간과 낮은 유동인구, 복잡하게 얽힌 혈연적 유대관계들로 구성
된 폐쇄적인 사회이다. 현재 중국에는 수많은 현성(縣城, 현 정부
소재지)이 존재한다. 현성들은 고층 빌딩 숲과 상업 시스템을 보유하
는 등 전통적인 농업사회에서 탈피한 지 오래이다. 그럼에도 불구하
고 현성은 도시라기보다 현대판 '향토사회'에 가깝다. 즐비한 현대
건축물과는 별개로, 현성 내부에는 여전히 향토사회 특유의 다양한
사회적 관계가 존속하고 있기 때문이다. 따라서 '현대 촌락'이라는
표현으로 형용하는 것이 가장 적절할 듯하다. 이처럼 대다수의 현성
은 현대라는 외피를 걸친 현대 촌락이라고 할 수 있다. 대도시나 중소
도시에 들어서게 되면 페이샤오퉁이 개괄한 숙인사회는 온데간데없
고 자연스레 사람을 냉정하게 만드는 도시의 공기가 온몸을 감싼다.

이것이 곧 구매나 고용과 같은 현대적 요소로 연결된 낯선 사회이다. 도시가 보다 큰 생소함을 느끼게 한다면 그것은 도시화 수준이 높다는 분명한 반증이다. 현대 도시는 본질적으로 화폐 부호를 매개로 연결된 낯선 사회이기 때문이다.

19세기 말, 에밀 뒤르켐(Emile Durkheim), 게오르그 짐멜(Georg Simmel), 퍼디낸드 퇴니에스(Ferdinand Tonnies), 막스 베버(Max Weber)를 포함한 사회학을 창시한 일군의 학자는 개인주의, 유동성, 도시화의 발흥이 익명성과 분화를 특징으로 하는 현대의 낯선 사회를 창조했다고 주장했다.[34] 제임스 버논(James Vernon)의 견해에 따르면 영국의 현대 국가 이행 과정은 친숙한 사회에서 낯선 사회로 전환되는 과정이며, 비인격적인 국가기구를 통해 낯선 사회를 새롭게 측량하고 코드화하며 통치하는 과정이다. 따라서 버논은 국가권력이 익명의 행정 시스템을 통해 추상화 작업을 진행하려면 완전히 새로운 정부기구가 필요하다고 주장했다. 탐구욕이 강한 국가는 대량의 데이터를 수집하고 처리하는 기술적 수단에 의존하게 되는데 표준화된 시스템, 훈련된 인력 및 기계의 복합적인 조합이 여기에 포함된다.[35] 나아가 버논은 민족국가가 지닌 군사력이 인간의 형상을 할 수 있다면 그것은 틀림없이 낯선 사람의 모습일 것이라고 단언하였다.[36] 그러나 서구사회가 현대성을 배양하고 조성하는 과정을 모든 사람이 광활한 벌판에 내던져져 원자화되고 고립된 개인이 되는 과정이라고 가정하는 것은 지나치게 단순한 발상이다. 낯선 사회 속에서 새롭게 싹튼 집단적 유대는 현대 사회를 고찰할 수 있는 참신한 시각을 제공한다.

낯선 사회 속에서 새롭게 형성된 집단적 유대는 특수한 업연(業緣)이나 취향 등으로 이어진 관계를 기반으로 형성되었다는 점에서 (혈연으로 맺어진) 향토사회의 친족관계와 다르다. 친숙한 사회에서 낯선 사회로 이행한 영국의 경험은 현대 사회 거버넌스에 대한 이해를 돕는 대표적인 사례라고 할 수 있다. 무엇보다 네트워크 사회가 도래함에 따라 공적 신뢰가 가능해졌다. 한 서구인은 클럽, 친목회, 학회, 협회 등을 통해 형성된 18세기 영국의 네트워크 사회에 대해 다음과 같이 묘사했다. "이러한 신뢰가 형성될 수 있었던 것은 술집, 카페, 여관, 친목회, 종교 공동체, 공제회(共濟會)의 오랜 구성원들이 구축한 사교 네트워크와 이와 유사한 상공회의 힘이 컸다. 상인과 장인들은 이러한 모임에서 정보와 소문을 교환한다. 18세기 영국에서 신사가 되려면 반드시 사교에 능하고 공동체에 잘 융화되어야 했다."37) 그러나 이러한 네트워크 사회는 치명적인 양대 딜레마에 직면해 있다. 오늘날 서구사회에서 사회적 자본이 끊임없이 유실되고 커뮤니티 공동체가 소멸 위기에 빠진 근본적인 원인이 여기에 있다. 첫째, '시민사회' 자체가 내포한 치명적인 딜레마, 즉 '토크빌의 패러독스'이다. 사교클럽은 사람들의 다양한 개성을 융합시키는 한편 상당히 배타적이다. 결사정신과 배타정신이 혼연일체가 되어 (서로 다른 결사 간의) 상호 분리된 상징적인 경계가 강화되면 사회는 다시금 심각한 분열에 빠지게 된다. 둘째, '시민사회'가 점차 규범화되고 관료화됨에 따라 인간미가 넘쳤던 집단적 자원들이 현대적 역량에 의해 고갈되고 집단적 유대 또한 현대성에 의해 단절된다. 이것이 바로 로버트 퍼트넘(Robert Putnam)이 말한 사회적 자본의 상실이다. 냉담하고 무기력한 '나 홀로 볼링' 사회는 이렇게 탄생하게 되었다.

그러나 서구사회의 발전 과정은 적어도 낯선 사회에서 집단적 유대가 재건될 가능성이 존재함을 시사한다. 따라서 집단적 유대의 재건 필요성 또한 간과될 수 없다. 영국의 사례가 결사에 기반한 인간의 집단성을 보여주었다면 중국의 경우 가정을 기점으로, 거주지를 중심으로 외부로 확장해나가는 새로운 형태의 '집단적' 유대를 구축했다. 한 서구학자에 따르면 "프랑스인은 가정과 국가의 관점에서, 잉글랜드인은 개인과 사회의 관점에서 문제를 생각하는 경향이 있다."[38] 이러한 점에서 중국 문화는 프랑스 문화와 다소 유사하다고 할 수 있다. 중국인은 가정과 국가의 관점에서 문제를 인식하는 데 익숙하다. 가정과 국가 사이에는 양자의 매개 역할을 하는 집단의 영역이 형성된다. 이러한 집단의 영역은 가정과 국가로부터 애정과 인정을 받는다. 개인과 가정, 특히 사회관계적 자원이 상대적으로 결핍된 집단에 있어 국가와 가정 사이에 존재하는 공동체는 자신의 생활공간을 확장할 수 있는 가장 좋은 영역이다. 한편 국가의 입장에서 이러한 공동체는 거대한 낯선 사회를 통치하는 데 가장 효과적인 대응수단이자 '사랑의 정치'와 '정치적 마지노선'을 펼칠 수 있게 하는 최적의 영역이다.

이제까지 살펴본 바와 같이 개인성과 국가성 사이에는 집단성이라는 중간 형태가 존재한다. 가정 내 역할에서 시작해 집단의 구성원이 되고 이들이 다시 국가의 시민이 되는 과정은 인간의 속성이 내부에서 외부로 점차 확장되는 과정에 다름 아니다. 청말민초의 사상가 옌푸(嚴復)가 허버트 스펜서(Herbert Spencer)의 저서 『사회학 연구(The Study of Sociology)』를 『군학사언(群學肆言)』으로 번역한 것은 문자 그 자체만으로 중국의 문화와 정신에 완전히 부합한다. 일찍이 순자(荀子)는 "사람은 무리를 이루어 생활하지 않을 수 없다. 무리를 이루어 생활하는데 사람들 사이에 분계가 없으면 서로 다투게 되고 서로 다투게 되면 혼란해지고 혼란해지면 곤궁해진다. 그러므로 분계가 없다는 것은 사람들에게 큰 해가 되고 분계가 있다는 것은 천하의 근본적 이익이 된다"[39]고 하였다.

중국인이 이해하는 사회는 서구의 사회학에서 말하는 인간에 외재한 강제성을 띤 사회적 구조가 아니라 곧 (인간의) 생명과 연계된 집단성이다. 인간은 사회 속에서 무리를 형성하고(合群), 무리를 돌보며(能群) 무리와 화합하고(善群) 무리와 어울림을 즐긴다(樂群).40) 정치학적 관점에서 볼 때 진정한 공공생활은 집단에 참여하는 과정에서 구현된다. 다시 말해 집단의 형성과 돌봄의 기초 위에서 화합과 즐거움이 실현된다. 서구에서 말하는 '선거'는 주기적인 정치의식으로 날마다 진행할 수 없다. 그러나 집단적 공공생활은 언제 어디서나 가능하다. 개인은 자신이 속한 거주 공간과 생활 영역에서 벗어날 수 없다. 따라서 가족과 동포 사이에 제3자가 생겨나는데 그것이 곧 '무리'이다. '무리'에 속한 사람이란 집단의 구성원 또는 (같은 도시 커뮤니티·주거단지에 거주하는) 사구인(社區人)을 말한다. 과거 오프라인을 중심으로 형성되었던 사회집단이 오늘날에는 온라인 공간에서 집중적으로 나타나고 있다. 인터넷 시대가 도래하면서 옛사람들이 말했던 '물건은 종류대로 모이고, 사람은 같은 무리끼리 모인다(物以類聚, 人以群分)'는 '유유상종'이 인터넷 공간에서 가장 집중적이고 온전하며 철저하게 나타나고 있다.

'인간의 집단성'은 사구인의 본질을 규정한다. 마르크스는 「포이어바흐에 관한 테제(Thesen über Feuerbach)」에서 "인간의 본질은 각각의 개체 속에 내재하는 추상물이 아니다. 인간의 본질은 그 현실에 있어서 사회적 관계들의 앙상블(총체)이다"라고 강조하였다. 실제로 현대인의 행위 공간과 정체성은 개인성(가정과 시장), 집단성(사구와 다양한 사교모임을 통해 구현되는 부분적 공공성), 공공성(국가의 시민)이라는 세 가지 형태를 모두 가지고 있으며, '사구인'은 인간의 집단성을 가장 직관적으로 집약한 용어이다. 인간의 집단성을 바탕으로 형성된 기층 거버넌스는 어느 국가, 사회에서나 장구한 역사와 전통을 가지고 있다. 거주 공간을 기반으로 한 기층 공동체는 인간이 사구인임을 시사하는 중요한 집단이다. 현대 사회에서 사구인의 면모와 특징을 회복하는 것이 주민자치와 사구의 굿 거버넌스가 추구하는 주된 목표이다.

현대 사회는 흔히 일차원적 인간(one-dimensional man)으로 구성된 낯선 사회로 간주된다. 대다수 사회 구성원은 자유롭고 고독한 상태에 머물기를 원하기 때문에 현대화된 대도시에는 취미나 관심사를 기반으로 한 모임을 제외한, 도시 주민들이 기본적으로 누릴 수 있는 공공생활이 결여되어 있다. 서구 국가의 경우 그 전망이 더욱 비관적인데, 기존에 드문드문 이루어졌던 공공생활과 사회적 교류마저 감소하고 있는 추세이다. 중국의 도시계획과 주거지역의 상업화 개발, 직업 사회의 형성은 기층사회의 사회적 자본 유실과 사회적 관계의 단절을 초래하였다. 사구의 굿 거버넌스란 인간의 집단성 원리에 입각해 인간의 사회적 관계를 회복하고 재건함으로써 인간이 사회 속에서 교류할 수 있는 경로와 공간을 구축하는 것이다. 인간의 집단성—집단적 인간—은 현대성 원리가 빚어낸 '일차원적 인간'에 대한 안티테제이다. 집단생활은 통치논리나 상업논리에 의거하지 않는다. 집단생활은 구성원·공동체 간의 호조(互助)를 추구하는, 애정과 부조에 바탕을 둔 교류이자 질서이다.

(2) 정치적 마지노선

중국의 국가 거버넌스를 이루는 두 축은 중앙-지방 관계와 국가-민중의 관계이다.[41] 중앙의 관할권과 지방의 자치권 간에 조성된 긴장 관계는 통일된 정치체제와 효과적인 거버넌스 간의 갈등으로 나타난다. 이러한 갈등은 특히 중앙정부와 각급 지방정부의 자원 배분, 인사 배치, 정책 결정 및 심사 감독을 통해 구체화된다. 한편 국가-민중 관계는 국가와 각급 정부가 각 영역에서의 정책 결정 및 집행, 공공재 제공을 두고 다양한 사회 행위자, 사회조직과 관계를 맺는 과정에서 나타난다.[42] 개혁개방 40여 년에 걸쳐 이룬 발전이 사회의 성장과 변화를 수반함에 따라 중국의 국가 거버넌스 능력에 대한 기대치 또한 더욱 높아졌다. 사회는 하나의 적극적 행위자로서 기층 거버넌스와 생활정치 영역의 재구성에 개입하게 되었다. 한편 급격한 사회 변화로 인해 중국의 국가 거버넌스는 전례 없는 압력과 도전에 직면하게 되었다. 모든 국가는 국가의 성장, 전환과 발전이라는 각기 다른 단계에 알맞는 국가 거버넌스 체계를 지탱하는 정치적 마지노선이 있다. 예컨대 모든 나라가 특정한 집단을 대상으로 하는 사회 구제 제도를 갖추고 있는데 이것이 곧 대표적인 정치적 마지노선이다. 시진핑은 "먹고사는 문제를 해결한 인민들이 가장 우선적으로 바라는 것이 곧 평안이다. 평안은 가장 중요한 민생이자 발전을 위한 가장 기본적인 환경이다. 인민이 편안히 생활하며 즐겁게 일할 수 있어야 나라의 안녕과 질서를 유지할 수 있다."[43]고 강조한 바 있다. 정치적 마지노선은 정치안전과 국가안전, 정권안전의 보장뿐 아니라 모든 인민의 생명안전을 보장하는 데 그 목적이 있다.

복잡한 사회, 주택 소유권 사회, 위험사회(risk society), 네트워크 사회, 유동사회, 글로벌 사회와 중첩되는 사회 공간—중국사회는 이미 글로벌 사회에 편입되었으며 그 중요한 구성 부분이 되었다—의 출현은 중국 역사상 미증유의 거대한 변혁이라고 할 수 있다. 그중에서도 위험사회, 네트워크 사회, 유동사회, 글로벌 사회와 결부된 사회 공간은 일종의 '통화(通貨)'가 되어버린 공공 위기를 이해하는 데 있어 대단히 중요하다.

위험사회에서 모든 사람은 공공 위기 앞에 '평등'하다. 이것이 오늘날의 사회적 공공 위기를 설명하는 첫 번째 원리이다. 인류사회의 모든 발전 과정에는 늘 위험이 따랐다. 그러나 그 위험이 공간의 경계를 허물지 못해 모든 인간의 생존과 생명에 위협이 되지 않는다면 '공공 위기'라 부를 수 없다. '흑사병'이라 불리며 14세기 유럽 전역을 휩쓸고 17세기 영국에서 수많은 인명을 앗아간 페스트가 곧 대표적인 공공 위기이다. 그 누구도 이러한 위기로부터 자유로울 수 없다. 그러나 진정한 위험사회의 도래는 간헐적으로 발생하는 중대한 재해를 가리키는 것이 아니라 전통적 산업사회 시절에 태동해 현재까지 형성되고 있는 새로운 형태의 산업적 '위험사회'의 출현을 의미한다. 위험사회는 작금의 모든 공공 위기를 이해하는 이론적 출발점이다.

위험사회 연구의 선구자는 독일의 사회학자 울리히 벡(Ulrich Beck)이다. 기술-산업적 진보의 암적 측면이 점차 사회와 정치를 지배하게 되고, 인류는 산업의 자기파괴나 산업이 저지르는 절멸에 가까운 자연파괴와 같은 산업사회가 만들어낸 다양한 위험으로부터 생존을 위협받는다. 이것이 곧 울리히 벡이 개괄한 위험사회이다. 이른바 위험사회란 부분적 또는 돌발적 사건으로 인해 초래되거나 유발될 수 있는 사회적 재난을 말한다. 현대 사회는 나날이 복잡해지는 '위험사회'이다.

위험사회가 도래함으로써 폐쇄적인 관리단위로 경계를 획정하고 공간을 나누던 시대는 마감되었다. (기존에 통용되던) 지역, 계층, 민족, 주거공간의 구분을 통한 '보호성' 관리 방식으로는 더 이상 모든 사람에게 영향을 미치고 부정적 파급효과를 일으키는 공공안전, 공중위생, 생태문명과 관련한 문제에 직면했을 때 제대로 대응할 수 없게 되었다. 많은 공적 의제가 초지역, 초계층, 초민족적 특징을 가지고 있으며, 이러한 공적 의제들은 개인의 삶과 긴밀하게 연결되어 있다. 다시 말해 많은 공적 의제가 이미 제도의 장벽, 빈부의 장벽, 민족의 장벽, 지역의 장벽, 국가의 장벽을 초월하는 '통화(通貨)'가 되었다고 할 수 있다. 여기에 대해 울리히 벡은 『위험사회(Risk Society)』에서 다음과 같이 진단한 바 있다.

"고전적 산업사회에서는 부(富) 생산의 '논리'가 위험 생산의 '논리'를 지배했다면, 위험사회에서는 이 관계가 역전된다는 것이 그 논점이다. 생산력은 근대화 과정의 성찰성 속에서 그 순결을 잃었다. 위험의 생산은 기술-경제적 '진보'에서 획득된 힘 위에 점차 어두운 그림자를 드리우고 있다. 초기 단계에서 위험은 '잠재적인 부수 효과'로 합법화될 수 있다. 위험이 지구화됨에 따라, 그리고 공적인 비판과 과학적 탐구의 주제가 됨에 따라 위험은 말하자면 벽장에서 나와서 사회적-정치적 논쟁에서 중심적 중요성을 획득한다. 이러한 위험의 생산과 분배 '논리'는 (이제까지 사회-이론적 사고를 결정했던) 부의 분배 '논리'와 비교하여 발전된다. 식물과 동물과 인간에 대해 돌이킬 수 없는 위협임이 밝혀진 근대화의 위험과 결과가 중심적인 위치를 차지한다. 19세기와 20세기 초반의 공장이나 직업에 관련된 위해(hazards)와 달리, 이 위험은 더 이상 특정 지역이나 집단에 한정되지 않으며, 국경을 넘어서서 생산 및 재생산 전체에

퍼져가는 지구화의 경향을 보여준다. 그리고 이러한 의미에서 이 위험은 새로운 유형의 사회-정치 동학을 지닌 초국가적이며 비계급 특정적인 지구적 위해를 낳는다."44)

사이버 사회에서 공공 위기는 숨을 곳이 없다. 위험사회의 도래와 동시에 인터넷에 기반한 사회가 출현했고, 사이버 사회가 지닌 투명성과 교환성은 모든 공공 위기를 공적 사안으로 만든다. 우리가 인지해야 할 객관적 사실은 사이버 사회에서는 모든 이가 자의적인 심지어 무정부적인 심판권을 가질 수 있다는 것이다. 온라인상에 온갖 정보와 허위 정보가 넘쳐나는 현상 또한 우리가 직면해야 할 잔인한 현실이다. 사이버 사회는 공공 위기 관련 정보 공개 메커니즘에 전대미문의 도전을 불러일으켰다. 권위 있고 공신력 있는 정보 공개 메커니즘을 갖추지 못할 경우 공공 위기로 인해 유발된 공포와 불만, 분노는 무한한 확장성을 지닌 인터넷 공간을 통해 급속도로 확산될 것이기 때문이다. 따라서 국가와 정부는 (이러한 메커니즘을 갖추는 동시에) 인터넷 공간을 활용해 신속히 다양한 정보를 수집하고 대중이 참여할 수 있는 직통 채널을 제공할 필요가 있다. 온라인 공간만이 관료제의 장벽을 뛰어넘어 최고 정책 결정층과 일반 대중을 원활하게 이어주는 가교 역할을 할 수 있기 때문이다.

유동사회에서 공공 위기는 파괴적인 확산력을 가진다. 우리는 현재 지극히 유동적인 사회에 직면해 있다. 유동사회의 유동은 정보나 물질의 유동이 아닌 인구의 유동을 가리킨다. 교통수단의 발달은 인간의 이동에 유례없는 편의를 제공하였다. 페이샤오퉁이 『향토중국(鄕土中國)』에서 묘사한 폐쇄적이고 정적이며 관습이 주관하는 향토사회는 오늘날 중국에서 찾아볼 수 없다. 유동사회에서는 바이러스를 지닌 모든 개체가 위기 확산의 근원이다. 따라서 공공 위기를 극복하는 데 있어서 유례없는 어려움이 따른다.

흔히 인생은 평등하다고 한다. 사실 궁극적인 의미에서 모든 사람은 죽음 앞에 평등하고 노화와 '보편적'으로 닥친 공공 위기 앞에서 평등하다. 사람은 누구나 (죽음이 끼치는 위협 수준이 다를지라도) 평등하게 죽고 (노화의 속도는 다를지라도) 평등하게 나이를 먹는다. 위험사회가 조성한 '보편적' 공공 위기는 잔혹한 평등의 시발점을 만들어냈고 모든 사람은 초계급적인 보편적 위기의 위협에서 벗어날 수 없게 되었다. '보편적 위협'와 '보편적 혜택'은 대립하는 양단이다. '보편적 위협성'을 지닌 위험과 위기는 문명사회가 만들어낸 다양한 경계선을 허물 수 있다. (이렇듯 모두가 평등하게 보편적 위협에 노출된 상황에서) 남은 것은 모든 사람의 생존 욕구이다. 사이버 사회가 프라이버시와 독점을 초월하는 정보 공간을 만들어내면서 투명에 가까운 사회가 출현하게 되었다. 이처럼 상당히 투명한 사이버 사회에서 프라이버시는 이미 시대착오적인 관념이 되어버렸다. 또한 유동사회적 특성은 어떠한 공공 위기든 물리적 공간에서 무한히 확산될 수 있는 불확실성을 수반한다. '보편적' 공공 위기가 잠재된 위험사회, 투명에 가까운 사이버 사회와 위기와 그 근원체가 무한히 확산되는 유동사회가 교착된 사회, 이것이 오늘날 중국 국가 거버넌스가 마주하고 있는 특수한 현실이다. 위험성과 유동성을 함께 지닌 후기 산업사회는 국가 거버넌스에 최신 스마트 기술을 제공하는 동시에 국가 거버넌스 현대화에 치명적인 도전 과제를 안겨주어 (국가와 정부로 하여금) 지금까지와는 다른 새로운 책임감과 사명감을 느끼도록 하였다. 그렇다면 위험사회, 사이버 사회, 유동사회의 도전 앞에서 국가는 어떻게 질서와 활력을 통일적으로 유지하는가? 중국은 급속한 발전을 이루는 과정에서 가도판사처(街道辦事處, 시할구

市轄區 또는 현급시縣級市의 파출기관으로 중국 도시의 최말단 행정기구) 체제를 기반으로 사회의 변화에 신속하고 빈틈없이 대응하는 정부 거버넌스를 구현하였다. 어떤 의미에서 본다면 바로 이 가도 체제가 중국의 대도시 사회 거버넌스 체계라는 거대한 공간을 지탱하고 있다고 할 수 있다. 사구가 도시 거버넌스 체계의 '세포'라고 한다면 가도는 곧 도시 거버넌스 체계의 '초석'이다. 일반적으로 도시 규모가 크고 인구가 많을수록 가도 체제에 대한 의존도는 더욱 높아진다.

1950년대에 등장한 중국의 가도 체제는 도시공간의 확대에서 기인했다. 즉 가도 체제는 본질적으로 공간 거버넌스 구상의 산물이다. 구(區)정부만으로 광역화된 거버넌스 공간을 아우를 수 없었기 때문에 자연스럽게 구정부의 파출기관인 가도판사처가 출현하게 되었다. 가도 체제는 본래 구정부가 감당해야 할 공간 거버넌스의 부담을 효과적으로 덜어주면서 정부와 사회 간의 빈틈없는 연계를 구현해냈다. '각 정부 부문이 설정한 목표와 조직의 층차에 따라 설정한 목표를 실현함으로써 최종 목표를 달성(縱向到底, 橫向到邊)'하자는 기치는 빈틈없는 공간 거버넌스 형태의 출현을 촉구한다. 그러나 가도 체제를 단순히 공간 거버넌스의 논리로만 이해하는 것은 다소 편협한 시각이다. 위험사회, 사이버 사회, 유동사회가 야기한 수많은 도전 속에서 대도시 가도 체제의 기능은 나날이 확대되고 있다. 기층사회 거버넌스와 관련된 거의 모든 문제가 가도 체제로 집중되고 있다. 농촌 거버넌스 체계의 일선 지휘부가 현(縣)정부라면, 도시 거버넌스 체계 안에 존재하는 가도는 기층사회 거버넌스의 주력이자 중추라고 할 수 있다.

중국의 도시 거버넌스 과정을 살펴보면 가도가 단순히 구정부의 파출기관으로서만 존재하는 것이 아님을 알 수 있다. 실상 가도 체제는 사회 거버넌스 과정 속에서 자신의 위상을 재설정한다. 특히 자원 이양, 권한 이양, 직능 이양과 같은 일련의 '가도 재건(街道再造)' 정책으로 말미암아 가도 체제는 횡적 관리의 기점으로서 중국 도시 거버넌스라는 큰 산을 짊어지고 있다. 가도 체제는 갈수록 복잡해지는 사회구조에 대응하기에 적합한 책임을 담당하고 있다. 가도 체제는 수평적 확장을 도모하며 다양한 거버넌스 플랫폼을 통해 새롭게 나타난 다양한 사회적 요소와 주체를 사회 거버넌스 체계 내부로 수용하려 한다. 가도 체제의 장점은 중국의 도시사회 거버넌스 문제에 대응하는 '정치적 속도(政治速度)'에 있다. 구체적 예로 간부를 양성하는 정치적 속도, 공공 의제를 해결하고 공공 위기에 대처하는 정치적 속도, 책임 소재를 규명하는 정치적 속도를 들 수 있다. 이러한 '정치적 속도'에 힘입어 '속지성(屬地)'과 '철저성(兜底)'이라는 중국 도시 거버넌스의 양대 원칙이 뿌리를 내릴 수 있었다. '속지성' 원칙은 중앙정부와 지방정부의 운영, 심사, 감독 과정에서 (각급 정부가) 관할하는 현지를 기본적인 공간 관리 단위로 하는 데서 실현된다. '철저성' 원칙은 속지화 관리에 기초한 책임을 이행하는 데서 나타난다. 가장 극단적인 의미에서 속지화된 거버넌스는 거버넌스 주체의 명확성을, 철두철미한 거버넌스 양태는 거버넌스 책임의 명확성을 담보한다고 할 수 있다.

'속지성'과 '철저성'은 중국의 도시 거버넌스를 설명하는 가장 중요한 원칙으로, 다른 국가에서는 찾아볼 수 없는 (중국 도시 거버넌스만의) 양대 특색이라고 할 수 있다. 중국의 가도 체제는 이러한 '속지성'과 '철저성'에 기반해 도시 기층 거버넌스 영역에서 정부의 책임을 다하며 '빈틈없는 정치'의 실현을 견인한다. 아울러 가도 체제는 '속지성'과 '철저성'을 바탕으로 중국의 국가 거버넌스가 위험사회에 대응할 수 있도록 보호 장벽을 구축하고, 도시에서는 '정권의 안전 밸브'이자 '사회의 안전 밸브' 역할을 한다. 정치적 마지노선으로서 가도 체제의 의의가 여기에 있다.

(3) 공동체 정치

사회주의는 현대 중국의 정치노선으로, 국가 거버넌스와 사회 거버넌스 과정에서 필연적으로 발생하는 공동체 정치의 형태를 좌우한다. 생활공동체, 거버넌스 공동체, 운명공동체가 그것이다.

자신이 거주하는 공간을 '생활공동체'로 여기는 전통은 유래가 깊다. 전통적인 향토사회에서 촌락은 전형적인 생활공동체로서 개인과 밀접한 관계를 맺는다. 페이샤오퉁이 제시한 '차서격국(差序格局, 친소원근에 따른 차등적 질서와 규범)'은 한 사람과 그 가족공동체 간의 관련도와 생활공동체 내부에 존재하는 다른 가족 간의 경계만을 설명할 수 있다. 왜냐하면 중국의 수많은 촌락은 차서격국에 기초한 이상적 형태의 (동성 동족이 집단적으로 거주하는) 집성촌이 아니라 각각 다른 가족의 결합으로 구성된 다성촌이기 때문이다. 따라서 촌락을 단위로 한 생활공동체는 필연적으로 독특한 가족정치나 촌락정치와 같은 특수한 형태의 '낮은 정치(低政治, low politics)'를 배태한다. 인간과 토지의 관계에서 바라보았을 때 촌락을 단위로 하는 생활공동체의 존재는 협소한 거주 공간과 유한한 자연자원에 대한 의존, 밀도 높은 내부 왕래에서 기인했음을 알 수 있다. 전통적인 생활공동체란 오늘날까지 많은 이들의 향수를 자극하는 (친숙한 사람들로 구성된) '숙인공동체(熟人共同體)'이자 '정감이 넘치는 공동체(情感共同體)'이다. 우리는 어릴 때 농촌에서 생활하면서 마음 껏 밖에 나가 놀 수 있었고 배가 고플 땐 이웃집에서 밥 한술 얻어먹을 수 있었으며 어느 집이든 스스럼없이 들어가 친구를 만날 수 있었다. 각 가정 간에 어떠한 방어적 경계도 없었던 것이다. 이것이 곧 친숙한 공동체가 조성한 분방한 생활 리듬이자 경계 없는 생활양식이다. 생 활 비용이 매우 낮고 물질적 조건이 극도로 결핍되어 있다. 그러나 이처럼 인간과 토지, 자연이 하나되어 인간 집단이 고도로 결집된 상태에서 공존하고 교류하는 생활 형태는 낮은 물질적 수준에 대한 유익한 보상이다. 낯설고 냉랭하며 인위적인 현대 사회구조에 놓인 우리들은 오늘날에 이르러서야 이러한 보상이 얼마나 값지고 따스하 며 소중한 것인지를 여실히 느끼게 된다.

신중국 건국 이후 추진된 제1차 5개년 계획(第一個五年計劃)이 마무리된 뒤 중국의 도시사회는 우리가 잘 알고 있는 단위제 시대로 진입하였다. 단위제 시대의 거주 공간은 곧 국가 공간이었고 거주 장소가 곧 단위였으나, 이것이 생활공동체의 형성을 저해하지는 않 았다. 단위 내부의 기숙사이든지 단위에 부속된 직원 아파트이든지 모두 짙은 생활공동체 색채를 지니고 있었다. 취업제도, 주택 분배제 도, 물자 공급제도 및 재정제도의 제약으로 인해 대다수 사람에게 단위는 작업 공간, 생산 공간, 교류 공간인 동시에 가장 중요한 생활 공간이었다. 당시에 유행했으나 요즘 사람들은 생소하다고 느낄 '단 위가 곧 집이다(以單位爲家)'라는 구호에는 단위에 이바지하는 희생 정신과 단위 자체가 곧 확대된 가정의 재현이라는 이중적 함의가 투영되어 있었다. 즉 어떤 의미에서 단위는 현대판 향토사회의 '생활 공동체'라고 할 수 있었다.

그러나 시장화 과정에서 주택 분배 보조금과 주택 상품화 제도가 등장함에 따라 단위를 매개로 한 전통적인 생활공동체는 서서히 해체되었고 주거 공간을 매개로 하는 사구가 대두하게 되었다. 사구의 대두는 정부가 추진한 주택 상품화 제도와 긴밀하게 연관되어 있다. 해당 제도로 인해 개인의 주택 재산권이 형성됨에 따라 주거 공간 또한 새롭게 이해되기 시작했다. 이전의 주거 공간은 단위 내부의 작업 공간이 연장되거나 보충된 공간이었고 단위의 부속 공간인 (기숙사나 직원 아파트 같은) 주거 장소 또한 정치체제와 연계된 공간이었다. 그러나 주택 소유권 사회가 발흥하면서 이 모든 것이 변화하기 시작했다. 주택 소유권 사회의 발흥은 40여 년의 개혁개방이 거둔 대표적인 성과 중 하나이다. 사유재산으로서의 주택은 개인과 주거 공간, 도시계획, 공공재 배치, 국가의 거시정책을 연계하는 가장 중요한 매개체이자 접합점이다. 주택 소유권 사회가 도래한 이후 주거 공간은 단위의 공간적 연장이라는 성격이 탈각되고 도시 커뮤니티인 '사구'로 전환되었다. 단위 체제에서 파생된 생활공동체 또한 주택 상품화 제도가 시행되는 과정에서 점차 '사구'에 의해 대체되었다. 이러한 전환기는 중국의 새로운 생활공동체가 성장하는 과정에 다름 아니다. 이렇게 형성된 새로운 생활공동체가 (구성원에 대해 가지는) 응집력과 관련도는 도시와 지역마다 큰 차이를 보인다. 그러나 다소 간의 차이가 있다고 해도 새로운 사회 거버넌스 체계의 구축과 새로운 생활양식의 형성이라는 대세에 지장이 되지는 않는다. '단위 인(單位人)'에서 '사구인(社區人)'으로의 전환은 모든 도시가 새로운 사회 거버넌스 체계를 구축하는 데 있어 중요한 이론적 기반이자 현실적 착안점이 되었다. 사구 건설 과정에서 이루어지는 서비스 공급과 '15분 생활권'의 조성, 사구 내 관계적 자원, 호조(互助)적 자원, 공익적 자원을 개발하는 일은 모두 생활공동체의 원리적 요구에서 비롯된 것이다. 전환기에 진입한 중국 도시 내 사구에서 공공재 공급 부족 현상이 발생하지 않은 까닭은 도시 자체가 '단위인'에서 '사구인'으로의 전환에 부합하는 공공정책을 수립한 데에서 단서를 찾을 수 있다. 도시가 인민생활을 더욱 아름답게 만들려면 우선 도시 가 사구생활을 더욱 편리하게 하고 사구 내 자원을 더욱 풍족하게 해야 한다. '단위인'에서 '사회인'으로의 전환에 상응하는 공공정책 은 중국 도시가 급격한 사회적 전환 속에서도 안정과 건강, 번영과 조화를 유지할 수 있게 하는 중요한 요인이다.

그러나 사실 생활공동체라는 표현은 사구 내 공공재 배치와 인적 교류 양상을 직관적으로 묘사하는 데 그친다. 다시 말해 생활공동체 라는 표현은 사구에서 이루어지는 (주민 간) 교류의 밀도와 정감의 밀도, 관계의 밀도를 투영할 뿐, 사구 내 공공생활을 지탱하는 거버넌 스 기제를 담아내지는 못한다. 사구는 단순한 생활공간이 아니라 이 익 충돌, 집단 충돌, 권리 충돌이 발생하는 하위 정치공간이자 국가 거버넌스 체계의 기본 단위이기도 하다. 대부분의 서구 국가에서 사 구는 선거구와 통합되어 있기에 사구 내 다양한 관계적 자원, 감성적 자원을 개발하는 일은 사실상 정치적 자본을 육성하는 일에 다름 아니다. 이렇게 하지 않을 경우 주민들의 정치적 무관심을 해소할 수 없고 정치 참여를 유도하기는 더더욱 어렵다. 중국의 국가 거버넌 스 또한 사구를 '초석'으로 간주하고 있다. 이처럼 국가의 모든 정책 결정이 국가의 최말단을 이루는 사구 영역에까지 미치는 현상은 중 국의 정치제도와 정치적 전통에서 기원한다.

요컨대 사구가 단지 생활공동체에 불과하다면 사구 내부 갈등 해 소와 집권 체제를 지탱하는 초석 역할이라는 이중적 사명을 감당하 기 어려울 터이다. 따라서 생활공동체에 뿌리를 둔 거버넌스 공동체의 구축을 모색하는 일은 단위제 해체 이후 사회 거버넌스 체계의 혁신을 도모하는 대다수 도시의 중요한 과제로 자리 잡았다. 거버넌스 공동체의 구축은 크게 두 가지 측면에서 이루어진다. 첫째, 내부 거버넌스 메커니즘의 재구성이다. 새로운 정치 영역으로 자리 잡은 '사구정치(社區政治)'는 이익 충돌 및 권리 충돌과 불가분의 관계에 있다. 생활공동체가 이웃 간 갈등에 초점을 맞춘다면 거버넌스 공동체는 보다 다양한 영역과 큰 집단과 관계된, 또 보다 넓은 지역적 공간에서 발생하는 이익 충돌 및 권리 충돌에 관여한다. 중국인에게 익숙한 가도주민위원회(街道居民委員會), (주택 소유자 조직인) 입주자위원회(業主委員會)와 건물관리위탁업체(物業管理公司)가 이루는 삼각 구도는 거버넌스 구조의 재구성이라는 중요한 문제와 결부되어 있다. 이로 미루어 볼 때 거버넌스 주체의 참여와 거버넌스 의제 설정과 협상, 거버넌스 과정, 거버넌스의 효율성 제고가 이루어지지 않는 생활공동체는 존속하기 어려우며, 사구는 지속적으로 발전할 수 있는 장기적 원동력을 상실하게 된다. 둘째, 국가 거버넌스 체계에서 사구의 위상을 재정립하는 것이다. 중국은 다당 경쟁이라는 제도적 구조 아래 사구를 정치적으로 분할하거나 점거하지 않는다. 중국은 정당의 주도 아래 사구 거버넌스 구조를 재구성하는 방법을 채택하고 있다. 기층사회 거버넌스 영역에서 조직 간 경계를 넘나들며 집단 이익에 초연할 수 있는 것은 기층 당 조직뿐이다. 따라서 기층 당 조직은 보다 넓은 범위에서 자원을 통합할 수 있는 정치적 · 조직적 경쟁력을 가진다. 때문에 구역별 기층 당 조직 건설을 매개로 한 기층사회 거버넌스는 사구 거버넌스 공동체의 정치적 생명선이 되었다. 요컨대 중국 사구의 거버넌스 공동체는 당의 지도적 지위에 의거하여 국가 거버넌스 체계 전반을 관통하는 가교와 유대를 구축한다.

일반적으로 생활공동체와 거버넌스 공동체로 유지되어온 사구는 이미 서비스와 거버넌스적 측면에서 한계에 달했다. 그러나 코로나19(COVID-19)에 대응하는 과정에서 사구에 새로운 의미가 부여되었고 사구의 책임과 의무 또한 확대되었다. 이른바 '운명공동체'로서의 사구는 이렇게 등장하게 되었다. 운명공동체는 호조와 호혜에 기반한 생활공동체나 권리지향적인 대중 참여에 기반한 거버넌스 공동체와 다르다. 운명공동체는 권리와 이익의 경계를 허물고 모호하게 만든 바탕 위에서 재생한 '집단생명'이다. 즉 운명공동체는 권리관계, 인격관계를 초월한 '혈육처럼 친밀한 관계'와 '생명관계'를 담지한다.

주지하듯이 전통적인 향토사회든 현대의 도시사회든 모두 '각자 현관문 앞의 눈만 쓸어내고(各掃門前雪)', '늙어 죽을 때까지 서로 오가지 않는(老死不相往來)' 병폐를 갖고 있다. 특히 주택 상품화제도가 시행된 이후 전통적인 숙인공동체는 치명적인 타격을 입었고, 주택의 사적 소유가 만들어낸 권리적 경계는 상호 왕래를 가로막는 철벽이 되어 뛰어넘을 수 없는 만리장성이 되어버렸다. 뿐만 아니라 사구 내부의 관계적 자원, 신뢰자원, 네트워크자원, 교류자원이 끊임없이 유실되고 잠식되어갔다. 그러나 갑작스레 닥쳐온 (코로나19 팬데믹이라는) '보편적' 재난으로 인해 사람들은 부득이 권리를 양도할 수밖에 없는 국면으로 들어섰다. 권리의 경계를 뛰어넘어 모두가 함께 사구의 건강과 집단적 이익, 공공안전을 수호하는 모습이 보편적으로 관찰되기 시작했다. 이로써 사구를 '운명공동체'로 의식하는 새로운 관념이 형성되기 시작했다. 코로나19 팬데믹을 극복하는 과정에서 타인과 왕래를 거부하던 각 가정의 문이 열렸고 자신과 관련 없는 일에 극도로 무관심한 행태가 사라졌으며 사구 곳곳에 숨어 있던 집단 거주(群租)인들이 모습을 드러냈으며 사구의 안전과 건전한 공익을 수호하는 행위가 증가하였다. 특히 그동안 합의에 이르지 못했거나 실질적으로 시행되기 어려웠던 여러 제도와 규칙, 공약이 '운명공동체'라는 기치 아래 매우 효과적으로 실천되고 보급되었다.

(4) 업민사회

중국은 40여 년의 개혁개방을 거치면서도 '시민사회'의 함정에 매몰되지 않았고, 도리어 서구의 '시민사회'와 완전히 구별되는 다른 형태의 사회를 건설했다. '업민사회(業民社會)'는 그러한 사회의 일면이다. 그렇다면 '업민사회'란 무엇인가? 업민사회는 마땅히 중국의 유기적 정치, 인구정치, 가국정치, 생활정치의 연장선상에서 이해되어야 한다. 중국인이 이해하는 인생은 앞서 열거한 4가지 정치형태에 조응하는 독특한 함의를 갖고 있다. 즉 인생의 참뜻(眞諦)은 추상적 명제, 예컨대 자유, 인격, 권리, 경계와 같은 배타성과 구별성이 짙은 명제에 집착하는 데 있는 것이 아니라—많은 이들이 이러한 명제에 심취해 있지만 실제로는 여전히 중국문화의 법칙에 따라 생활한다—생명으로서 인간의 가치가 삶의 여정을 거치며 어떻게 발현되는가 특히 사회적 장, 정치적 장, 소통의 장에서 어떻게 펼쳐지는가에 주목하는 데 있다. 다시 말해 어찌해야 자발적 노력을 통해 자신(개인)과 가정, 사회, 국가와의 관계를 구축할 수 있는가를 고민하는 것이다. 추상적 명제에 집착하는 추상정치학은 인간을 개념과 이데올로기의 노예로 전락시킨다. 이와 달리 생명정치학은 사회와의 관계 속에서 자신의 위치를 찾는, 피와 살이 있는 생동적인 인간상을 상정한다. 우리는 중국 특유의 사유에서 기인한 생명정치에서 업민사회를 이해할 수 있는 실마리를 찾을 수 있다. 중국인이 지향하는 가국정서(家國情懷)는 업민사회가 성립될 수 있는 가치적 근간을 제공한다. 이제까지 정치학 연구는 권리, 자유, 언론, 민주 등 인간의 삶에서 직접 체감하기 쉽지 않은 개념들과 이를 바탕으로 형성된 민주화 이론이나 시민사회 이론을 지나치게 중시해왔다. 그 결과 인간 자체는 물론 인간과 가정·사회·국가·세계의 관계는 경시되었다. 온정을 상실한 사회는 가정 및 공동체에서 유리된 시민사회, 권리사회, 직업사회로 축소되었다. 이것이 곧 마르크스가 말한 자본주의 사회가 만든 정치적 해방의 실체이다. 자본주의가 극복하기 어려운 질곡과 위기도 여기에서 비롯되었다고 할 수 있다.

그렇다면 '업(業)'이란 무엇인가? 우리는 중국의 사상가 량수밍(梁漱溟)이 말했던 '사농공상에 따른 직업의 분류(士農工商, 職業分途)'[45]를 통해 '업'을 이해할 수 있다. 이 표현은 서구의 '시민사회'나 신권정치에서 말하는 '하나님의 백성사회'와는 다른 함의를 내포한다. 중국인이 이해하는 '업'은 에밀 뒤르켐(Emile Durkheim)이 말한 사회적 분업에 기초하여 형성된 현대적 의미의 '직업'도, 신이 부여한 '성업(聖業)'도 아닌 곧 사업(事業)이다. 직업주의에 기반한 사회는 스스로 극복하기 어려운 규범 상실로 나아갈 가능성이 높으며,[46] 성업에 기반한 사회는 필연적으로 집단 광기로 치닫게 된다. 그렇다면 '사업'이란 무엇인가? 『역경·계사(易經·系辭)』에 따르면 "행하여 천하의 백성에게 베푸는 것을 사업(擧而措之天下之民, 謂之事業)"이라 한다. 즉 중국인이 이해하는 '업'은 단순히 소득을 위한 실용적인 업이 아닌 가족, 국가와 연결된 생명의 업으로서 개인,

가정, 사회라는 다차원에 걸친 생활과 사업을 아우른다고 할 수 있다. 유가(儒家)가 숭상하는 '수신제가치국평천하(修身齊家治國平天下)'는 '업'이 지닌 가치의 연장성과 확장성을 압축하고 있다. 소업도 업이며 대업도 업이다. 소업(小業)은 가정에서, 중업(中業)은 집단에서, 대업(大業)은 나라를 대상으로 한다. '업'은 막스 베버가 강조한 '소명(Calling)'[47]이 아니라 주관적이고 능동적인 인간 행위의 산물이다. '업'의 연원은 불교에서도 찾을 수 있다. 선종을 창시한 달마(達摩)는 『오성론(悟性論)』에서 "사람이 능히 업을 짓지만 업은 능히 사람을 짓지 못하니, 사람이 만약 업을 지으면 업과 사람이 함께 생겨나고, 사람이 만약 업을 짓지 않으면 업과 사람이 함께 멸한다. 이는 업이 사람으로 말미암아 지어져서 사람이 업으로 인하여 생겨났음을 알아야 한다. 사람이 만약 업을 짓지 않으면 업이 사람을 말미암아 나오지 않을 것이다"라고 하였다. 이말인즉슨 선업이든 악업이든 인간의 행위에 의해 발생한다는 것이다. '업'의 핵심은 외재적 권리에 대한 집착이나 초월적인 신에 대한 귀의가 아닌, 인간으로서의 생활과 책임을 체화하는 데 있다.

중국인은 가업을 세우고 사업에 종사하며 산업을 창출하고 주택을 구매하며 학업을 추구한다. 이처럼 중국의 '업민(業民)'은 각각의 업을 추구하며 서구의 '시민'과 구별되는 생활방식을 구축했다. 서구의 '시민사회'가 '천부인권(天賦人權)' 관념을 바탕으로 한 정치적 경쟁의 공간이라면, 중국의 '업민사회'는 '천도수근(天道酬勤, 하늘은 스스로 돕는 자를 돕는다)' 관념에 기초해 개개인의 생명력이 풍부한 사회자원과 어우러져 적극적인 행위를 발산하는 공간이라고 할 수 있다. 중국의 정치학자 쉬융(徐勇)은 서구의 '천부인권'과 대조를 이루는 중국인의 권리관으로 '조부인권(祖賦人權, 선조로부터 부여된 권리)'을 제시했다.[48] 그러나 '조부인권'보다는 '천도수근'이 보다 적확하게 중국인의 권리관을 대변할 수 있다. '천도수근'의 '근(勤)'과 '천부인권'의 '권(權)'은 어떻게 다른가? 당대(唐代) 문인이자 사상가인 한유(韓愈)는 『진학해(進學解)』에서 "학업에 정진함은 근면함에서 비롯되고 (학업에) 태만함은 즐기는 것에서 비롯된다. 일은 깊이 생각함으로써 이루어지고 제멋대로 하는 데서 허물어진다."고 하였다. 이것은 업이 곧 근면함과 결부된다는 의미이다. '근'이란 한 사람이 자신의 '업'을 위해 최선을 다하는 노력이라고 할 수 있다. 한편 천부인권의 '권'은 선천적인 자연권(natural right)으로, 인간의 후천적 선택이나 선택과는 아무런 관계가 없다. '천부인권'의 '천' 또한 '천도수근'의 '천'과 구별된다. 양자 모두 하늘이라는 초월적인 존재를 상정하나, 함의는 다르다. '천부인권'의 '천'은 인간에게 권리를 부여하는, 세계를 주관하는 절대적인 힘이다. 이러한 하늘은 곧 '신(神)'을 뜻한다. 반면 '천도수근'의 '천'은 인간의 노력에 '감응'하는, 세상을 주재하는 거시적인 윤리로서 이러한 하늘은 곧 '도(道)'라고 일컫는다.

'천부인권'은 서구사회의 근간을 이루는 선험적 신조로, 기독교와의 결별의 산물이자 접목의 결과이기도 하다. 이처럼 외재적인 이념세계와 추상적인 법칙을 통해 인간세계를 이해하는 방식은 서구 문명의 영속적 전통으로, 서구세계가 비서구세계를 개조하는 도구 및 자원으로 기능한다. 이와 대조적으로 "삶도 제대로 알지 못하는데 어찌 죽음을 알 수 있겠는가(未知生焉知死)"라는 공자의 격언은 중국 문명의 근간을 이루는 생사관을 잘 설명해준다. 중국인은 외부세계가 아닌 생활 속에서 생명을 이해한다. 즉 중국인은 '천부인권'이 아닌 '천도수근' 관념에 기초해 생명의 아름다움을 발산하고 그 찬란

함과 가치를 묘사한다. 중국의 문화적 풍토에서 '룸펜(Lumpen)'은 가정에서 제대로 된 입지를 가지지 못할뿐더러 사회에서도 외면받는 다. 그리하여 예로부터 중국인은 일이 없는 불한당이 되는 것을 원치 않았고, 권리를 내세워 얻은 공공자원으로 연명하는 생활을 기피하 였다. 이처럼 중국사회와 문화는 선천적으로 무직자를 배척하는 경 향이 있다. 추상적이고 선천적인 권리를 내세워 공공자원의 혜택을 받는 행위는 중국인의 생명철학에 부합하지 않는다. 서구사회에서 '천부인권' 관념은 개개인의 생활 내부에 스며들어 있다. 따라서 중 국의 문화적 풍토에서 배척당하는 무직자는 (이러한 천부인권의 관 념 아래) '자격 있는 빈민'이 된다.[49] 여기서 '자격'이란 복지 수혜를 합리화하는, 수사적 차원에서의 변호 또는 미화에 다름 아니다.

우리가 주목해야 할 것은 현대 중국이 창출한 '업민사회'가 전통시 대 중국의 '사농공상(士農工商)'의 위계성을 타파했다는 데 있다. 중국의 '업'이 지닌 개방성은 전통시대 일본의 '役(やく)'과 비교할 때 더욱 부각된다. 전통시대 일본에서 '村(むら)'은 '家(いえ)'이 모 여 이룬 집합체이다. '家(いえ)'란 특정한 지식과 기술을 갖춘 전문 인력으로 이루어진 사적 집단이다. 전통시대 일본에서는 사회의 고 위층만이 집안 고유의 사업을 소유할 수 있었고 이는 대대로 세습되 었다. 일본의 뿌리 깊은 가업 문화는 여기서 비롯되었다. 예컨대 만세 일계의 천황가는 예로부터 하늘과 소통하고 제사를 지내는 것이 집 안 고유의 업이었다. 역대 천황이 계승하는 삼종신기―야타의 거울 (八咫鏡, 팔지경), 야사카니의 곡옥(八尺瓊勾玉, 팔척경구옥), 구사 나기의 검(草薙劍, 초치검)―는 이러한 집안 고유의 업을 집행하는 도구인 것이다. 도쿠가와 시대부터 일반 서민들도 제각기 '家(いえ)' 를 이룰 수 있게 되었다. 이로써 '家(いえ)'를 단위로 나뉜 '職(しょ

く)'에 기초한 '사농공상'에 천민을 추가한 신분적 위계구조가 형성되었다. 모든 '職(しょく)'은 국가로부터 '役(やく)'을 부여받았다. 요컨대 '役(やく)'은 '家(いえ)'를 단위로 형성된 '職(しょく)'가 책임져야 하는 사회적 의무(social duty)라고 할 수 있다. 이러한 환경에서 사회의 유동성과 개방성은 담보되기 어려웠고, 각각의 사회계층은 자연히 보수성과 폐쇄성을 띠게 되었다. 각자 맡은 바 일에 충실하고 책임을 다하는 것이 가장 큰 미덕이며, 맡은 일을 소홀히 하여 남에게 폐를 끼치는 것은 가장 큰 수치였다.50) 1868년 메이지 유신이 단행되었고 일본정부는 봉건적 신분제를 폐지하였다. 모두의 예상과 달리 신분제 폐지에 가장 강하게 저항했던 계층은 평민 계층이었다. 그들은 자신이 담당하던 '役(やく)'이 없어지면 명예를 잃고 최하층인 천민 취급을 받을 것을 우려하였다. 우리는 현재까지 일본에서 이어지고 있는 세습정치와 극도로 낮은 투표율을 통해 상당수의 민중이 정치를 자신과 무관한 것이라고 여기고 있음을 알 수 있다. 이러한 태도는 비단 정치에 한정되지 않는다. 일본인은 원래부터 '자신과 무관한 일에 공연한 관심을 두는' 행위를 기피하며 '각자의 자리를 지키고 본분을 다하는 것'에 익숙하다. 이러한 관습은 '役(やく)'으로 대표되는 일본인의 내재화된 규칙에서 기인한다고 할 수 있다. 현대 일본의 개인주의 풍조와 히키코모리(引ひき籠こもり, 은둔형 외톨이) 현상과 같은 문제는 이러한 관습에서 비롯된 산물이라고 할 수 있을 것이다. '役(やく)'이라는 관념의 제약하에서 개인이 타인과 사회, 정치와의 연관성을 높이는 것은 매우 어려운 일이 아닐 수 없다. 반면 중국의 '업'은 삶의 가치를 실현하고 생명의 의의를 체현하며 사회와의 연결고리를 공고히 하고 정서적 유대관계를 형성할 수 있게 한다. 뿐만 아니라 현대 중국의 사회주의 노선은 모든

업민의 '업'에 평등성을 부여했는데, 이는 1950년대 추진된 사회주의 개조 과정에서 초보적으로 실현되었다. 여성해방과 평등한 임금제도 등 평등 정신이 깃든 업민사회를 조성하는 기치와 제도에 대한 정비는 지금도 진행 중에 있다. 이처럼 40여 년의 개혁개방을 거치며 업민사회는 다양한 발전 경로를 통해 왕성한 생명력을 발산해왔다. 업민사회에서 개인은 가업, 사업, 산업, 택업, 학업 방면에서 모두 자신이 지향하는 삶의 목표와 가치를 실현할 수 있다. 중국의 업민사회가 지닌 가장 큰 매력이 여기에 있다. 업민사회에서는 모든 사람이 생명의 가치를 구현할 수 있는 경로와 공간을 탐색할 수 있다.

3. 국가-사회 공생의 원리

연동주의는 중국의 사회 거버넌스를 설명하는 기본 패러다임이자 국가와 사회의 공생 원리를 이해하는 중요한 관점이기도 하다. 국가와 사회의 공생은 서구 국가에서 상정하는 다소 경직된 공과 사의 구분에 근거하지 않는다. 정부의 무한 책임을 일방적으로 강조하지도 않는다. 국가와 사회의 공생은 국가-사회관계의 양성적 상호작용에 기반한다. 국가와 사회의 양성적 상호작용을 실현하기 위한 관건은 정당의 주도 아래 각계의 역량을 연동시키는 데 있다.

(1) 연동주의와 양성적 상호작용

신시대 중국에서 인민의 좋은 삶을 조성하고 국가와 사회가 공생할 수 있는 공간은 어디에 있는가? 단위제가 해체되고 사구(社區)체계가 성장함에 따라 사구는 인민의 좋은 삶을 직접 구현하는 공간으로 자리 잡았다. 판자촌 개조 사업, 노후단지 개조 사업, 15분 생활권 구축과 같은 생활 어젠다가 최고의사결정층의 회의 안건에 포함된 것은 동서고금에 유례없는 일이다. 도시 주민의 생활공간인 사구를 인민의 좋은 삶을 조성하는 일차적 공간으로 상정한 데에서 사회구조의 전환을 민감하게 인식한 중국공산당의 전략적 사고와 이론적 함의를 읽을 수 있다. 이는 국가와 사회의 관계를 구성하는 새로운 패러다임을 대표한다. 사회 거버넌스 관점에서 볼 때, 중국사회를 구성하는 최소 단위는 개인이 아닌 가정과 사구에 있다. 왜냐하면 중국사회의 '거버넌스 세포'는 서구사회와 판이하게 다른 속성과 입지를 가지고 있기 때문이다. 나란히 분립되어 서로 예속되지 않는 서구사회의 수많은 자치 단위와 달리 중국의 사구는 사회 유기체를 구성하는 최소 단위로서 국가 거버넌스 체계와 사회 거버넌스 체계를 지탱하는 주춧돌 역할을 한다. 마르크스의 개념을 빌려 말하자면 서로 예속되지 않고 분립된 세포들은 마치 견실하지 못한 '사회 결정체'와 같다. 거버넌스 체계 전체를 지탱하는 세포가 구성하는 것은 변화무쌍한 '사회 유기체'이다. 서구사회가 종교와 공익조직의 역량을 빌려 분립된 세포들이 조성한 틈을 메운다면, 중국은 수직적 상호작용과 수평적 소통을 통해 국가 거버넌스와 사회 거버넌스를 통합하고 연동함으로써 시너지 효과를 극대화한다.

어찌 보면 중국사회를 관통하는 것은 개인주의나 집단주의가 아닌, 연동주의 또는 관련주의(關聯主義)라고 할 수 있다. 연동주의는 개인과 가정, 사구, 직장, 도시와 국가의 정서적 · 문화적 · 이익적 차원의 유대를 중시한다. 명말청초를 살았던 유학자 고염무(顧炎武)는 일찍이 '나라가 망하는 것(亡國)'과 '천하가 망하는 것(亡天下)'

을 구분한 바 있다. 그는 『일지록(日知錄)』에서 "자고로 나라가 망하는 일도 있고, 천하가 망하는 일도 있었다. 나라가 망하는 것과 천하가 망하는 것은 어떻게 구분하는가? 임금의 성(姓)이 바뀌고 나라 이름이 바뀌면 나라가 망한 것이고, 인의도덕이 사라져서 짐승들이 사람을 잡아먹고 사람끼리도 서로 잡아먹게 되면 천하가 망한 것이다. 우선 천하를 지킬 줄 알아야 나라를 지킬 수 있다. 나라를 지키는 것은 왕후장상이 고민해야 하는 일이고 천하를 지키는 일은 지위가 낮은 일반 백성들에게도 책임이 있다"고 하였다.[51] '천하의 흥망성쇠는 필부에게도 책임이 있다(天下興亡, 匹夫有責)'는 것은 보통 사람과 나라, 천하의 연관성을 지적한 말이다. 전근대의 통치자들은 호족과 더불어 천하를 운영하든, 사대부와 더불어 천하를 운영하든 간에 '보국(保國)' 전통의 계승에 힘썼다. 위정자가 인민과 함께 천하를 운영해야만 비로소 고염무가 말한 천하를 보전하는 일이 실현되는 것이다. 인민주권(人民當家作主)의 실현은 곧 개인과 국가의 관련성을 구축하는 일이다. 따라서 중국의 기층 거버넌스 핵심은 개인주의, 권리주의에서 상정하는 명확한 경계선과 이를 토대로 분립된 상호불가침 영역을 확립하는 데 있지 않고, 여러 유대관계를 구축하는 과정에서 다양한 관계자원의 개발을 극대화하는 데 있다. 개인주의를 기점으로 한 거버넌스와 연동주의를 기점으로 한 거버넌스는 중국과 서구의 기층 거버넌스를 대별하는 분기점이다.

연동주의는 중국의 사회 거버넌스를 이해하는 이론적 패러다임이다. 고전 사회학의 주류 패러다임은 두 가지로 구별된다. 하나는 갈등론으로, 사회 진보의 원동력은 서로 다른 요소 간의 경쟁과 대립 관계에서 비롯된다고 보는 입장이다. 다른 하나는 기능론으로, 서로 다른 요소 간의 기능적 상호보완이 사회질서를 유지한다는 관점이다. 이러한 상호보완이 개인에 외재하는 구조라는 것은 누구도 부정할 수 없는 '사회적 사실(social fact)'이다. 갈등론과 기능론 모두 중국 개혁개방 시기의 사회 거버넌스를 설명하기 어려운 중대한 결함을 내포하고 있다. 따라서 중국의 사회 거버넌스는 새롭게 형성된 이론적 패러다임을 통해 설명될 수밖에 없다. 관련주의 또는 연동주의 패러다임이 그것이다. 관련주의/연동주의는 중국의 유구한 총체주의 전통에 부합하며, 작금의 제도환경을 설명하기에도 알맞다. 이른바 연동주의 패러다임은 사적 영역과 공적 영역, 사회 영역과 국가 영역, 생산 영역과 생활 영역으로 구분하기 어려운 사회 전체를 아우른다. 영역마다 운영 원리가 다르다고 해서 각 영역 간 상호 연관성이 사라지는 것은 아니다.

연동주의라는 거버넌스 패러다임은 중국이 구축한 제도환경과 긴밀히 연관된다. 인민의 이익을 대변하는 중국공산당은 도시 기층 거버넌스의 핵심이다. 인민민주를 근간으로 하는 거버넌스 체계는 모든 사람에게 두루 혜택을 제공할 수 있는 총체적 이익을 추구한다. 사유제를 초월한 토지제도, 경제제도, 집체재산제도 등은 모두 가국일체(家國一體), 정부-사회 연동, 가정-사회 연동, 정부-기업 연동, 삼사 연동(三社聯動, 사구·사회 사업·사회조직의 연동)을 위한 견실한 자원 및 경제적 보장을 제공하였다. 중국의 기층 거버넌스는 시장화와 권리화 추세에 역행하지 않는다. 시장논리와 권리의식은 기층에 건설된 당 조직에 의한 주도(黨建引領)와 정부-사회의 상호작용, 정부-기업의 상호작용 과정에서 충분히 구현될 수 있기 때문이다. 이는 가국일체라는 문화적 유전자가 거버넌스 체계를 통해 집중적으로 체현된 결과라고 할 수 있다.

어떤 거버넌스 방식도 토지제도, 재산권 제도, 국가계획의 제약으로부터 자유로울 수 없다. 중국의 제도적 환경은 사적 영역과 공적 영역이라는 경직된 이분법이나 정부의 무한책임에 기초하지 않는다. 따라서 이러한 제도적 환경에서 조성된 기층사회 거버넌스는 필연적으로 국가와 사회에 일방적으로 치우치지 않는 제3의 노선을 모색해야 했다. 양성적 상호작용과 선순환의 모델이 그러한 모색의 결과이다. 양성적 상호작용은 주로 국가-사회관계에 적용된다. 양성적 상호작용의 실현은 다음과 같은 두 가지 원칙에 의해 좌우된다. 첫째, 다방면에 걸친 상호작용과 조율이 이루어져야 한다. 둘째, 양성적이고 건설적인 방향의 상호작용이 이루어져야 하며, 상호작용의 메커니즘과 성과는 부단히 축적되어야 한다. 이러한 양성적 상호작용은 중국 특색의 거버넌스 원칙을 함축하고 있다. 대립과 단절은 중국의 국가상황에 맞지 않는다. 양성적 상호작용이 결여된 기층사회 거버넌스는 필연적으로 두 가지 결과를 야기한다. 즉 정부로 하여금 끝도 없이 공공재를 일방적으로 공급하게 하고, 사구의 쇠퇴와 자치능력의 약화를 초래하는 것이다. 이른바 선순환이란 사구 내부의 다양한 요소가 결합하여 비교적 강력한 재생능력을 가진 도시 생태계와 에너지 순환 시스템을 구축하는 것을 이른다. 요컨대 정부 거버넌스, 주민자치, 사회협력 간의 양성적 상호작용과 선순환만이 기층사회의 좋은 거버넌스(善治) 국면을 조성하고 기층사회 질서의 생산과 재생산 메커니즘을 정착시키며 사구의 지속 가능한 발전을 가능하게 한다.

다양한 주체의 활동을 조율하고 국가-사회의 양성적 상호작용을 실현하기 위한 관건은 정당의 주도 아래 각계의 역량을 연동시키는 데 있다. 연동은 두 가지 요소로 구성된다. 하나는 관련 또는 연결을 가능하게 하는 메커니즘의 구축이고 다른 하나는 행위자의 출현이다. 관련이나 연결만 있고 행위가 없으면 함께 만들고(共建), 함께 운영하며(共治), 함께 나누는(共享) 사회 거버넌스 구조를 구축할 수 없다. 이러한 의미에서 보면 사회에서 좋은 거버넌스를 구현하는 일은 적극적 행위자를 재구성하는 과정에 다름 아니다. 그렇다면 중국의 사회 거버넌스와 사구 거버넌스를 움직이는 적극적인 행위자는 어디에 있는가?

정당은 중국의 사회 거버넌스와 사구 거버넌스를 지탱하는 가장 중요한 행위자이다. 서구가 중세의 암흑에서 벗어날 수 있었던 것은 비인격화된 국가역량이 부상했기 때문이다. 주권, 자유, 개인주의, 법치, 관료제와 같은 개념이 주입된 현대 국가는 인격을 초월한 추상적인 역량을 확보했다. 다양한 역량의 결집체인 현대 국가의 등장은 서구세계의 부상에 결정적인 역할을 하였다. 중국은 이러한 서구의 노선을 뒤쫓지 않았다. 현대 중국의 부상은 조직화 노선에 따라 기존 공간에 존재하는 여러 자원을 새롭게 정비하고 통합한 결과이다. 조직화 노선은 이성과 정감, 가치와 제도, 인격과 규범 등의 다중적 요소를 내포한다. 서구의 국가이론은 이러한 중국이라는 고도로 조직화된 정치체계를 설명하려 애쓰지만 역부족이다. 상호 모순적인 요소와 논리가 하나로 융합된 정치체계는 중국이라는 사회 유기체 내부를 관통하여 상하좌우를 긴밀히 연결한다. 이러한 정치체계가 곧 조직자본이자 조직역량인 것이다. 어떤 의미에서 보면 중국의 사회 거버넌스는 정당이라는 조직의 역량 발휘에 따라 그 성패가 좌우된다고 할 수 있다. 그러므로 연동주의 거버넌스의 핵심 또한 정당에 있다. 정당이 가진 정치적, 가치적, 조직적, 제도적, 능력적 우위가 연동주의 거버넌스의 전개와 추진을 가능하게 하는 근본 조건이기 때문이다.

(2) 정당 주도

　서구 국가와 비교했을 때 현대 중국은 어떠한 특수성을 가지고 있는가? 가장 큰 특수성은 중국의 집권당인 중국공산당이 국가의 외부가 아닌 내부에서 국가의 핵심과 근원을 구성한다는 데 있다. 중국공산당과 국가는 기계적 연대 관계가 아닌 유기적 연대 관계에 있다.

　중국공산당은 보통 집권당이 아니라 중국사회의 영도당이며 사회주의 사업을 주도하는 핵심이다. 아울러 중국공산당은 사명형 정당(使命型政黨)으로서 일반적인 선거형 정당보다 훨씬 강한 정치적 집중력을 지녔다.

　서구학자들은 사회주의 국가의 정당체제를 당국가체제(party-state)라 부른다. 이탈리아 정치학자 조반니 사르토리(Giovanni Sartori)에 따르면 당국가체제의 이면에는 전체론적 (정당을 전체로 보는) 정당관이 자리하며, 부분론적 (정당을 전체의 부분으로 보는) 정당 다원주의 체제와는 다르다. 사르토리는 후자야말로 정당과 국가관계의 정도(正道)이며, 전자는 사실상 현대 국가의 변종이라고 보았다. 당국가체제에서는 경쟁성을 띤 다수의 정당이 존재하지 않고 당내 파벌 분화나 당외 창당은 엄격히 금지되어 있으며 정당을 제외한 사회정치조직은 자주성이 결여되어 있다. 이러한 체제하에서 정당과 국가는 일체화되고 국가의 공공 관리는 당 사업의 일환이거나 당 사업의 구체화에 해당된다. 다원적 정당체계에서 정당은 의사표현의 통로이나 일원적 정당체계에서 정당은 통치엘리트를 선발하는 도구이다. 이로 미루어 볼 때 사르토리의 이론에서 당국가체제는 비교적 부정적인 체제라는 점을 어렵지 않게 발견할 수 있다.

그러나 사르토리는 일원과 다원의 차이에 치중한 나머지 보다 본질적인 차이는 인식하지 못하였다. 중국공산당이라는 사회주의 정당은 사명형 정당이다. 사르토리의 이론은 선거를 지나치게 중시한 나머지 선거가 수반하는 정권의 합법성과 수권에만 주목하였고 그 결과 선거보다 더 근본적인 거버넌스 자체를 간과하였다. 선거는 정치의 목적이 아니라 효과적이고 탁월한 거버넌스를 실현하기 위한 하나의 수단이다.

중국공산당은 집권당과 세계관 정당이라는 이중 속성을 가지고 있다. 집권당으로서의 중국공산당은 반드시 민의를 충분히 존중하고 반영해야 한다. 세계관 정당으로서의 중국공산당은 피동적으로 민의를 반영하는 것이 아니라 자발적으로 가치관을 형성하고 민심과 인민의 정신적 신앙에 주목해야 한다. 중국에서 국정운영의 근본은 중국공산당의 영도와 사회주의 제도에 있다. 중화인민공화국 건국 이래 중국공산당은 줄곧 중국의 사회발전을 견인하고 중국 인민과 더불어 사회주의 노선을 모색해왔다. 즉 정당은 국가와 사회의 관계에서 핵심적 지위와 주도적 지위에 있으며, 당관간부(黨管幹部, 당에 의한 간부 관리) 원칙에 입각해 엘리트를 충원하고 관리한다. 또한 군중 노선과 (민중의) 참정 경로를 확보해 정당이 인민의 의사를 더욱 잘 대표할 수 있도록 한다. 나아가 인민대표대회 제도를 통해 인민의 의지와 정당의 의지를 국가의지로 전환한다.

중국공산당은 조직 차원에서 다음과 같은 세 가지 속성을 지닌다.

첫째, 중국공산당은 사회 안에 존재하는 정당이다(party-in-society). 군부대 내 당지부 건설, 주택단지 내 당지부 건설, '양신조직(兩新組織)'* 내 당지부 건설, 사무실 빌딩 내 당지부 건설이 보여주듯 중국공산당은 중국사회 내부에 깊숙이 착근해 있다. 당 건설의 관점에서 보면 빌딩 건물은 '솟아 있는 사구'이자 양신조직, 혁신·창업인재 및 자금과 자원의 집결지로 경제성장과 혁신의 최전선이다.

둘째, 중국공산당은 국가 안에 존재하는 정당이다(party-in-state). 중국공산당은 국가의 외부가 아닌 국가 정권 체계 내부에 위치하며 당 위원회(黨委), 당조(黨組), 당 공작위원회(黨工委)를 통해 국가를 실질적으로 영도한다. 중국 근현대사를 회고해보면 청말부터 지방 실력자가 점차 강력해지면서 중앙의 통제에서 이탈하였고, 소규모의 무창봉기(武昌起義)가 발생하자 최고 지방관인 독무(督撫, 총독總督과 순무巡撫)들도 잇달아 독립을 선포하였다. 중화민국 시기 북양정부 또한 사분오열의 국면을 맞았고, 형식적이나마 중국을 통일한 국민당 역시 제대로 통치할 수 있는 구역은 매우 제한적이었다. 지방군벌에 대한 통제는 전통시대 왕조의 기미(羈縻)* 제도와 유사했다. 지방 군벌들은 때때로 중앙의 명령을 받지 않았고 면종복배하는 경향이 짙었다. 국민당의 당권, 정권, 군권은 늘 팽팽한 긴장관계에 놓여 있었으며, 당(당권)이 총(군권)을 지휘(黨指揮槍)하는 것이 아닌 총(군권)이 당(당권)을 지휘(槍指揮黨)하였다. 중국공산당은 신중국 건국 이후 중앙집권국가를 재건하였는데, 전통시대의 군주제나 서구적 맥락에서의 중앙집권과는 사뭇 다르다. 가장 큰

---

* 신(新)경제조직과 신(新)사회조직을 일컫는다. 신(新)경제조직은 민간기업, 외국인 투자기업, 홍콩·마카오·대만 투자 기업, 주식합작기업, 민간 과학기술기업, 개인 상공업자, 혼합 소유제 경제조직 등 다양한 비국유, 비집체, 비단위 경제조직을 포함한다. 신(新)사회조직은 사회단체, 민간비영리단체, 자선단체, 다양한 풀뿌리 조직 등을 총칭한다.
* 중국의 역대 왕조가 이민족에게 취한 간접 통치 정책을 말한다. 주로 해당 지역의 수장의 지배를 인정하고 관직을 하사함으로써 중국의 종주권 내로 편입시키는 방식이다. 기(羈)란 말의 굴레, 미(縻)란 소의 고삐란 뜻으로 중앙정부의 속박과 통제를 상징하나, 실상 해당 지역의 내정에는 관여하지 않는다.

차이점은 당 조직이 정권 내부에 착근해 정치를 영도한다는 데 있다. 즉 상급 당 위원회는 하급 당 위원회를 영도하고, 상급 정부는 하급 정부를 영도하며, 동급 당 위원회는 동급 정부를 영도한다. 이러한 체제에서 중국공산당은 집권당인 동시에 영도당이다. 당조직은 국가·시장·사회 바깥에 존재하는 '외부 세력'이 아니라 그 안에 침투해 자신의 뜻을 관철하는 '주도 세력'이다.

셋째, 국가와 사회 사이에 존재하는 정당이다(party between state and society). 중국의 집권당인 중국공산당은 국가와 사회 사이에서 상호작용하는 중요한 가교로서 이익을 통합하고 사회를 동원하며 국가를 견인한다. 또한 정당은 발전된 기층조직을 통해 사회적 정황을 파악하고 민의를 폭넓게 수렴하여 당과 국가의 정책 결정에 참고 자료를 제공하며, 광범위한 사회적 동원을 통해 국가의 여러 책임과 목표를 완수할 수 있다. 아울러 정당은 국가가 보다 강한 인민성(人民性)을 가지고 인민을 위해 권력을 사용하고 인민을 위해 온정을 베풀며 인민을 위해 이익을 도모할 수 있도록 국가기구를 지도하고 견인할 수 있다.

국가와 사회의 공생관계에서 정당은 어떻게 새로운 사명을 주도하고 실현할 것인가? 시진핑은 "당의 사업에서 가장 튼튼한 버팀목은 기층에 있고 경제사회 발전과 민생에서 가장 뚜렷한 모순과 문제도 기층에 있다. 따라서 기층을 틀어쥐고 기초를 다지는 것을 백년대계와 근본대책으로 삼아야 하며 조금도 태만해서는 안 된다. 기층 당조직 건설을 중점적으로 강화하고, 기층 당 조직의 응집력과 투쟁력을 전면 제고해야 한다"[52]고 강조한 바 있다. 그렇다면 '기층에 건설된 당 조직이 주도하는(黨建引領)' 기층 거버넌스는 어떻게 국가 거버넌스 체계와 거버넌스 능력의 현대화를 추진하는가?

첫째, 어젠다(agenda)를 주도한다. 도시 주민의 생활공간과 그러한 생활공간을 배경으로 하는 사구 거버넌스 영역에는 각양각색의 어젠다가 존재한다. 그러나 이러한 어젠다를 선별하는 과정에서 문제가 발생한다. 예컨대 어떠한 어젠다가 공공성을 지니는지, 사적 어젠다, 집단 어젠다, 공적 어젠다를 어떻게 구분할 것인지, 어떠한 어젠다가 협상과 공치(共治)의 대상이 될 수 있는지와 같은 문제들이다. 이러한 문제 해결의 열쇠는 기층 당 조직의 어젠다 주도력에 있다고 해도 과언이 아니다. 기층 당 조직이 조정자, 중립자, 통합자, 매개자로서 기층 거버넌스와 사구 거버넌스 과정에 임할 때 비로소 다양한 집단이 더불어 공적 어젠다를 논할 수 있게 되며 이로써 어젠다 중심의 시민정치 및 협상의 출발점이 마련되는 것이다.

둘째, 플랫폼을 주도한다. 가도(街道) 차원에서 구축된 사구대표대회(社區代表大會), 지역별 대당건(大黨建) 체계*와 기층 당 조직 건설(黨建) 또는 당과 군중 서비스센터(黨群服務中心)**는 당 건설을 실현하고 기층 거버넌스를 주도하는 3대 플랫폼에 해당한다. 지금처럼 사구대표대회가 지닌 거버넌스 역량이 완전히 꽃피우지 못하고 있는 상황에서는 기층 당 조직과 당과 군중 서비스센터의 기능을 어떻게 극대화할 수 있을 것인지를 고민해야 한다. 이러한 과정에서 (기층 당 조직 건설을 위한 합동회의를 주요 방법으로 하는) 지역별

---

* 신시대 이후 크게 강조되기 시작한 대당건 체계는 전면적이고 체계적으로 기층 당 조직 건설 사업의 내용을 확대하는 것, 기층 당 조직 건설 사업의 주요 범주과 기능을 확대하는 것, 기층 당 조직 건설 사업의 공간을 확대하는 것으로 주된 내용으로 한다.
** 당원, 기층 간부, 입당 희망자 및 지역 주민들을 대상으로 당 관련 정책에 대한 의견을 교환하고 민원 업무를 처리하며 당에 대한 이론적 지식을 전파하고 당원의 정치활동을 보장하는 공간이다. 지역 주민이 참여하는 다양한 취미 및 오락 활동도 이곳에서 이루어진다.

대당건 체계는 정당이 사구 내의 다양한 역량을 동원할 수 있도록 뒷받침하는 가장 중요한 플랫폼이다. 요컨대 플랫폼 주도력이란 사구 내 당 조직이 그 정치적 우위를 발휘해 고도의 자원통합을 실현할 수 있는 능력이라고 할 수 있다. 플랫폼 주도력은 사구 거버넌스를 최적화하고 보완할 수 있다는 점에서 매우 중요한 의미를 가진다.

셋째, 주체를 주도한다. 도시 커뮤니티인 사구에서 당 조직이 주도하는 기층 거버넌스의 주체는 '두 명의 대표, 한 명의 위원(兩代表一委員)'*과 기타 당원들이다. 향후 이들의 거버넌스 역량이 사구 내에서 충분히 발휘되어야만 사구 거버넌스의 견고한 기반과 명확한 방향성을 확보할 수 있다.

넷째, 메커니즘을 주도한다. 당 조직이 주도하는 기층 거버넌스의 주된 방식은 곧 메커니즘에 대한 주도이다. 사구 내부에서 진행되는 협상민주 과정에서 당 조직이 주도적 역할을 발휘하는 문제는 대단히 중요하다. 중국적 특색을 가진 사구 내 협상민주의 구축 여부는 중국사회의 발전과 사구 거버넌스의 성패를 좌우하는 중요한 요소이다. 나날이 증가하는 복잡한 문제를 해결하는 데 있어 협상민주가 갖는 의미는 아무리 강조해도 지나치지 않다. 이러한 점에서 협상민주는 중국공산당의 생명선이자 중국 국정운영의 생명선이며, 더 나아가 사회 거버넌스와 사구 거버넌스의 생명선에 해당한다.

다섯째, 행위를 주도한다. 객관적으로 보았을 때 당 조직이 주도하는 기층 거버넌스 측면에서 자주 빚어지는 '플랫폼만 중시하고 실제 행위를 경시하는' 현상과 '강력한 통합력에 비해 미약한 주도력'과 같은 문제는 마땅히 교정되어야 한다. 요컨대 당 조직이 주도하는

---

* 관할구역의 각급 당 대표, 인민대표대회 대표와 정치협상회의 위원을 가리킨다. 당과 정부-군중, 간부-군중을 매개하는 교량 역할을 담당한다.

기층 자치는 '플랫폼 주도'에서 '행위 주도'로 전환할 필요가 있다. 중국 기층 거버넌스의 운영논리는 '기층에 건설된 당 조직의 주도'에 기초한다. 당 조직의 주도는 단순한 조직공간의 확대에 국한되어서는 안 되며 마땅히 행위공간의 개척으로 이어져야 한다. '기층에 건설된 당 조직이 주도하는' 국면은 단순한 당 조직 건설을 의미하지 않는다. 다시 말해 기층 당 조직의 주도는 단순한 조직 공간의 확대에 머물러서는 안 되며, 더 나아가 행위 공간을 개척하고 주요 행위자인 당원의 적극적 행동을 독려해 그 효과를 극대화하는 데 주력해야 한다. 이로 미루어 볼 때 '기층에 건설된 당 조직이 주도하는' 도시 거버넌스, 기층 거버넌스는 미처 발휘되지 못한 많은 발전 잠재력을 가지고 있음을 알 수 있다. 아직까지 이것을 주도하는 조직역량이 충분히 성숙되지 못한 상태이기 때문이다. 요컨대 '기층에 건설된 당 조직이 주도하는' 도시/기층 거버넌스는 반드시 단순한 공간의 확대에서 탈피하여 행동공간을 개척 및 확장하는 방향으로 발전해야 하며, 아울러 플랫폼 건설에서 적극적 행위자를 양성하는 방향으로 나아가야 한다. 요컨대 중국의 도시/기층 거버넌스의 발전은 당 조직의 주도라는 정치논리의 실현 여부와 실천 정도에 달려 있다고 하겠다.

(3) 다자협력

일부 서구학자는 중국정치 무대에서는 독자(獨者)만 존재하고 다자(多者)는 존재하지 않는다고 주장한다. 그러나 중국정치에 대한 명백한 오독이자 오해이다. 40여 년의 개혁개방이 수반한 가장 중요한 사회적 변화 중 하나는 다름 아닌 사회의 다원화 현상이기 때문이다. 사회조직의 발전과 가치 · 이익의 다원화도 여기에 포함된다. 이러한 다원화 과정은 세계화 현상 및 분권화 개혁과 밀접하게 결부되어 있다. 세계화의 영향으로 중국에서도 다양한 사회조직이 우후죽순처럼 발전하기 시작했다. 분권화 개혁이 진행됨에 따라 정부는 모든 일을 도맡아 하는 전능한 정부에서 탈피하여 제한된 정부·효율적 정부로 변모해나갔다. 사회 문제가 복잡해지고 사회적 수요가 다양해짐에 따라 사회 내 조직과 그 자체관리에 대한 필요성이 부각되었고 사회 거버넌스와 사회 혁신 또한 하나의 어젠다로 자리 잡았다.

국가·시장·사회의 관계를 정립하는 일은 국정운영 체계와 거버넌스 능력의 현대화를 추진함에 있어서 반드시 해결해야 할 근본적인 문제이다. 이를 위해 먼저 실체와 논리 두 가지 측면에서 국가·시장·사회의 다자협력 관계를 구분할 필요가 있다. 국가·시장·사회는 각기 다른 조직 형태를 가졌을 뿐 아니라 각기 다른 행동논리와 규칙을 대표한다. 이를 간추리면 다음과 같다.

첫째, 국가·시장·사회는 하나의 실체로서 복수성(複數性)을 지닌다. 일단 행위자로서의 국가는 운영 측면에서 다중성을 지닌다. 예컨대 중앙과 지방의 분리, 상·하급 정부의 분리, 수직·수평(각 부처와 정부)적 분리 및 정부 내부 계열의 분리에서 그러한 다중성을 찾아볼 수 있다. 한편 시장 내부에는 이질성이라는 특징이 존재한다. 이러한 이질성은 지역 격차로 인한 시장 분화—경제가 발달한 연해 지역과 낙후된 내륙 지역의 시장화 수준 차이—와 지방 보호주의가 야기한 시장 분할에서 드러날 뿐 아니라 독점시장과 자유시장의 차이에서도 나타난다. 사회가 지닌 복수성은 계급·계층의 분화 및 신앙·민족·혈족·직업·지역과 같은 요소가 수반한 집단의 분화로 나타난다.

둘째, 국가·시장·사회는 각각 나름의 행동논리를 가진다는 점에서 동일하다. 다시 말해 국가 · 시장 · 사회는 각자의 영역에서 상대적으로 자주적인 논리 또는 규칙을 지배적으로 관철한다. 국가 · 시장 · 사회의 내부에는 비록 다양한 이질성이 존재하지만 전반적으로 통용되는 거시적인 논리 또한 존재한다. 예컨대 국가 또는 정치의 주된 논리는 권력의 지배에 기초한다. 시장은 화폐를 매개로 이익을 극대화하는 논리를 추종한다. 사회는 공동체의 통합을 유지하며(능동적인 사회), 국가와 시장의 침해로부터 벗어나고자 하는 경향이 있다(자기보호적 사회).

셋째, 국가 · 시장 · 사회의 상호 침투는 각자의 행동논리에 침투하는 방법으로 구현된다. 먼저 국가논리의 외부 침투는 크게 두 가지로 구별된다. 하나는 시장 침투이다. 국가 또는 정치논리의 시장 침투는 국유기업의 일부 비합리적인 경제 행위와 '빨간 모자(紅帽子)를 쓴 기업'*의 출현, 국유기업의 행정급별 분류, 지방 보호주의와 같은 현상을 야기했다. 다른 하나는 사회 침투이다. 국가 또는 정치논리가 사회에 침투할 경우 국가가 운영하는 민간 조직, 정부 기관에 부속된 민간 조직이 출현하는 현상이 나타난다. 시장논리 또한 국가 · 사회 영역에 침투한다. 시장논리가 국가에 침투하게 되면 지방국가 조합주의(local state corporatism), 기업가적 정부(entrepreneurial government), 정부의 지대추구 행위와 같은 문제가 발생한다. 시장논리가 사회에 침투되면 사회의 기업과 사회관계가 도구화, 상품화되는 특징이 나타난다. 한편 사회논리가 국가에 침투할 경우 국가의 계급성이 발현되고 소득 재분배 및 정부의 서비

---

* 사적 자본의 출자로 설립되었으나 국유기업 또는 집체기업으로 등록된 기업이나, 명의는 공유제 기업이나 실제로는 사기업으로 운영되는 기업을 일컫는다.

실체		논리	
	복수성	동일성	상호 침투
국가	1.중앙과 지방, 상·하급 정부의 분화 2.수직·수평 (각 부문과 정부)의 분화 3.계열의 분화	권력의 지배에 기반함	1.시장 침투: 국유기업의 일부 비합리적 경제행위, '빨간 모자를 쓴' 기업, 국유기업의 행정급별 분류, 지방 보호주의 2.사회 침투: 관영 민간 조직, 정부기관에 부속된 민간 조직
시장	1.지역 격차로 인한 시장 분화 (경제가 발달한 연해 지역과 낙후된 내륙 지역의 시장화 수준 차이) 2.지방 보호주의로 인한 시장 분할 3.독점 또는 계획이 주도하는 시장, 자유시장	화폐를 매개로 한 이익의 극대화	1.국가 침투: 지방국가 조합주의, 기업가적 정부, 정부의 지대 추구 행위 2.사회 침투: 기업과 사회관계의 도구화
사회	1.계급/계층의 분화 2.신앙, 민족, 종교, 직업, 지역 등 요인으로 인한 집단의 분화	공동체 통합 유지, 국가와 시장의 침해로부터 보호	1.국가 침투: 국가의 계급성, 소득 재분배, 정부의 서비스 구매 2.시장 침투: 자선사업, 신분 차이에 따른 노동력 가격, 경제활동이 사회관계망에 스며드는 현상, 기업의 사회적 책임

표 9.1 국가·시장·사회 공생의 논리 및 실체

스 구매와 같은 현상이 나타난다. 사회논리가 시장에 침투했을 때는 (이른바 '꽌시'계약과 같은) 경제활동이 사회관계망에 스며드는 현상, 기업의 사회적 책임 강화, 기업에 의한 사회 운영, 자선사업과 같은 현상이 출현한다.

여기서 설명해야 할 것은 국가 · 시장 · 사회논리의 상호 침투는 순기능을 수반할 수도 있고 역기능을 수반할 수도 있다는 점이다. 예컨대 시장논리가 국가에 침투되면 내부 효율성을 중시하고 사회적 비용을 절감하는 기업가적 정부가 출현할 수도 있지만, 기업의 경영에 과도히 개입해 '지방정부가 곧 상전이 되는' 지방국가 조합주의가 발생할 가능성도 배제할 수 없다. 또 사회논리가 시장에 침투해서 기업의 사회적 책임이 강화될 수도 있으나, '기업이 사회를 운영'하는 막중한 부담을 짊어지게 될 수도 있다.

넷째, 국가 · 시장 · 사회의 상호작용은 실체와 실체, 논리와 논리, 실체와 논리 사이에서 발생하며, 논리를 매개로 하여 이루어지기도 한다. 예컨대 정부의 서비스 구매는 국가와 사회라는 두 실체 사이에서 발생하기도 하고 시장논리(시장 메커니즘)를 매개로 이루어지기도 한다.

따라서 우리는 국가 · 시장 · 사회의 동일성과 복수성, 상호 침투의 논리 속에서 중국의 도시 기층 거버넌스를 이해해야 한다. 단위 시대의 생활공간은 단위 체제에 종속된 공간이거나 정치적 잉여공간으로서 기층 거버넌스 체제와 근착되어 있었다. 때문에 서비스 단위이자 거버넌스 단위로서 사구의 존재감은 전혀 부각될 수 없었다. 그러나 단위제가 완화되고 유동사회와 주택 소유권 사회가 도래함에 따라 주민생활지역인 사구가 정치적 잉여공간의 역할을 하던 시대는 마감되었다. 따라서 사구는 거버넌스 체계의 재구성 과정 속에서 재편되었고 이에 따라 새로운 형태의 기층 정치가 출현하게 되었는데 무봉형 정치(無縫型政治, seamless politics)가 그것이다. 포스트 단위 시대의 기층사회 거버넌스는 이러한 무봉형 정치 원리에 따라 재구성되었다. 무봉형 정치는 예외적 정치공간의 출현을 허용하지 않는다. 중국은 정치와 비정치, 국가와 사회, 공과 사로 양분된 자본주의 국가와 다르다. 중국에서 정치는 그것이 도달할 수 있는 극한적 경계까지 접근한다. 이러한 무한대의 정치력이 관철된 기층 정치의 형태를 무봉형 정치라고 부르는 것이다.

전근대 중국에서 무봉형 정치는 국가능력의 한계로 인해 제대로 실현될 수 없었다. 계획경제 시대에는 단위체제를 통해 개인 생활과 국가권력의 연계를 전방위적으로 실현할 수 있었다. 사구중국(社區中國) 시대에 이르러서는 사구생활의 조직화를 통해 모든 공간과 주체를 포괄하는 정치적 네트워크를 재편하였다. 무봉형 정치의 원리와 절묘함이 여기에 있다. 무봉형 정치이념이 포스트 단위 시대 사회 거버넌스 체계의 재구성을 주도할 때 정치적 잉여공간으로 사구를 활용하던 시대는 비로소 종말을 맞이하게 된다.

'포스트 단위제' 시대 중국의 도시 기층 거버넌스를 주도하는 대상은 점진적으로 확대되었다.

이러한 과정은 대략 '정부의 일원적 주도'에서 '정부와 주민의 이원적 상호작용'으로, 다시 '다자협력'에 이르는 세 가지 발전단계를 거쳤다. 정부의 일원적 주도는 주로 통제 체계 구축에 중점을 둔다. 법적 의미에서 사구는 기층 거버넌스 단위이지만, 실상 상급 정부의 하위 부문으로서 또 사구에 임하는 정부를 지탱하는 '한쪽 발'로서 존재한다. 사구에서 관철되는 정부의 일원적 주도 형태는 흔히 통제와 연결된다. 이러한 통제구조에서 사구는 상급 정부의 대표로서 상급 정부가

기층사회에 부여한 임무를 완수하는 것을 목적으로 한다. 사구를 관리
하는 구성원들은 무수히 많은 기능을 담당하는 노동자이자 대리인
역할을 한다. '위에는 천 개의 실이 있고, 아래에는 하나의 바늘이
있다(上面千條線, 下麵一根針)' 함은 이러한 기층 사업의 어려움을
잘 묘사한 속담이다. '천 개의 실'처럼 다양한 상급 정부의 정책과
주문을 기층 간부라는 '하나의 바늘'로 꿰어 기층 주민에게 미치도록
한다는 뜻이다. 사구는 도시 거버넌스 전체 구조 속에 놓인 깔때기이
며 모든 문제는 이 깔때기를 통해 사구에 축적된다. 이것이 곧 사구가
지닌 깔때기 효과(funneling effect)이다. 수직적 체제에 따라 거의
모든 업무가 주민위원회로 내려오고 사구는 (국가의) 공식적 관리체
제의 가장 낮은 곳에 위치한 유일한 거점이 된다. 정부와 주민의 이원
적 상호작용 속에서 사구 거버넌스에 참여하는 주민의 적극성이 지속
적으로 높아지고 있다. 주민들은 정책 건의, 민원 처리 감독, 선거
참여, 자발적 활동, 자체 관리 등을 통해 사구 거버넌스에 참여한다.
사구와 주민위원회는 주로 정보 전달, 정책 안내, 활동 기획, 플랫폼
구축 및 책무 인계와 같은 다양한 역할을 담당하고 있다.

　그러나 사구 내부는 고도로 수평화된 거버넌스 공간이다. 사구 거
버넌스는 원래 위계질서를 배제하는 속성을 가지고 있다. 따라서 다
양한 자치 조직 내부는 물론 사구 주민들이 참여하는 기층 거버넌스
를 실현하는 다양한 기제 속에서 민주와 협상, 합의가 끊임없이 강조
된다. 아울러 다양한 공식 또는 비공식 거버넌스의 주체 간에 예속관
계가 존재하지 않기 때문에 사구 거버넌스는 다원적 주체 간의 평등
한 상호작용과 더불어 함께 운영하는 공치(共治)를 한층 더 강조한
다. 중국공산당 제19차 4중전회에서는 "사회 거버넌스를 강화 · 혁
신하고 당 위원회 영도, 정부 책임, 민주 협상, 사회 협동, 공중 참여,

법치 보장, 과학기술 지원을 실현하는 사회 거버넌스 체계를 완비해야 한다. 나아가 모두가 책임이 있고 모두가 책임을 다하며, 모두가 향유하는 사회 거버넌스 공동체를 건설해 인민이 안심하고 생업에 종사할 수 있게 하며 사회의 안정과 질서를 보장해 보다 높은 수준의 평안한 중국을 건설해야 한다"53)고 강조된 바 있다. 무봉형 정치의 참뜻은 정당·국가·정부와 사구의 연동 속에서 양성적 상호작용과 다원적 협동구조를 만드는 데 있다. 정치의 최말단에 주목해 건전하고 질서 있는 거버넌스 단위와 세포를 배양한다면 중국식 생활정치가 가진 인문적 매력이 크게 발산될 것이다.

오늘날 도시 기층 거버넌스에서 정부가 여전히 주도적인 역할을 수행하고 있기는 하지만 사구 거버넌스의 주체는 더 이상 정부, 사구 내 당 조직, 주민위원회에 국한되지 않는다. 예컨대 기업, 비정부조직, 민간기관 등 다양한 거버넌스 주체들 또한 상호 협상과 협력을 통해서, 인민의 기꺼운 수용과 인정을 바탕으로 연합하여 공동 행동을 취해 사구에 유익한 거버넌스를 실현할 수 있다. 향후 중국 기층 거버넌스의 기본적 형태는 기층 당 조직이 주도하는 다자협력 구도에서 행정자원, 사회자원, 시장자원을 유기적으로 통합하고 다자간 협동을 도모하는 거버넌스 모델이 될 것이다. 이것이 곧 사구라는 공간에서 구현되는 국가와 사회의 공생이다.

제10장
이데올로기 영도권

사회주의 이데올로기와 정당을 결합하면 '당의 주장(黨的主義)'으로 나타나고 사회주의 이데올로기와 국가를 결합하면 일종의 국가 역량의 형태로 나타나며 정신역량에서 물질역량에 이르는 비판적 무기로 나타난다. 사회주의 국가의 이데올로기와 사회를 결합하면 모든 민족 인민의 단결과 국가 발전을 위한 공통적 사상의 기초라는 양상을 띤다. 현대 중국사회 이데올로기 구조에서 마르크스주의의 지도적 지위는 그 과학성, 완전성, 개방성과 체계성에서 비롯되고, 그 개체 획득, 사회 점령, 정당 무장, 국가 획득 및 지도 발전의 '뜻을 세우고 뜻을 달성하는(入義達義)' 이론 논리로 완성된다. 마르크스주의와 사회주의 국가 형식의 결합으로 생겨난 사회주의 국가 이데올로기는 중국 현대 국가건설에서 역사 국가, 현대 국가와 사회주의 국가의 삼중 속성의 유기적 통일을 실현하기 위한 내재적 요구이다. 사회주의 국가의 이데올로기가 보여주는 두 가지 비판 방향이 있다. '현대적 입장에 기초한 전통적인 중국에 대한 비판'과 '사회주의 입장에 기초한 자본주의에 대한 비판'이다. 이는 중국공산당의 영도 아래 사회주의 국가를 확립하고 공고히 하기 위한 전제이다. 그러므로 '당을 세우고 국가를 세우는' 사상의 전제이다. 사회주의 국가 이데올로기는 국가에서 사회로 향하고, 즉 사회주의 국가 이데올로기는 사회 실천과 사회 주체와의 결합으로 그 응집된 발전 컨센서스를 실현하고, 국가 발전의 핵심 정치 기능을 촉진하는 전제이다. 이러한 의미에서 사회주의 국가의 이데올로기는 '민족부흥의 사상적 기초'라고 할 수 있다. 이데올로기 영역에서 마르크스주의의 지도적 지위(入義達義)를 공고히 하고 마르크스주의 이데올로기의 국가 형태인 사회주의 국가 이데올로기(立黨立國, 당을 세우고 국가를 세움)를 공고히 하며 사회주의 국가 이데올로기의 정치적 기능(興黨興國, 당을 흥하게 하고 국가를 흥하게 함)을 충분히 발휘해야만 중국 공산당과 사회주의 국가의 이데올로기 영도권 확립을 공고히 할 수 있다.

1. 이데올로기와 이데올로기 영도권

시진핑은 2013년 전국 선전 사상 업무회의에서 다음과 같이 강조했다. "경제건설은 당의 중심 업무이고, 이데올로기 업무는 당의 극히 중요한 업무이다.""우리는 반드시 이데올로기 업무의 영도권, 관리권, 발언권을 수중에 확고히 장악해야 하며 어떠한 때도 남의 손에 넘어가서는 안 된다."[1] 19차 당대회 보고서에서는 다음과 같이 언급했다. "이데올로기 영역의 주도권과 발언권을 부단히 강화하지 않으면 안 된다.""강력한 결속력과 인솔력을 갖춘 사회주의 이데올로기를 건설하여 모든 인민이 이상 신념, 가치 이념, 도덕 관념에서 굳건히 단결할 수 있도록 해야 한다."[2] 이데올로기는 사회주의 국가의 정치생활에서 중요한 정치 현상이고, 이데올로기 작업은 당과 국가의 정치생활에서 중요한 정치적 의제와 이데올로기 영도권 구축의 원칙과 규율은 중국 사회주의 정치학의 기본 원리의 중요한 내용이다. 이데올로기 영도권은 그 정치적 기능에서 이해되어야 하며, 이데올로기의 정치적 기능은 그 내용구조에서 나오므로 이데올로기 영도 권을 이해하려면 이데올로기의 함축과 그 내용구조와 정치 기능을 이해하는 것부터 시작해야 한다.

(1) 이데올로기[3]

이데올로기(ideology)라는 용어는 1796년 프랑스 계몽주의 철학 자 데스튀트 드 트라시(Destutt de Tracy)에 의해 처음 제기되었다. 200년이 넘도록 이데올로기는 개념으로서 시간, 역사적 상황의 변화 및 이를 사용하는 사상가의 주관적인 구성에 따라 의미가 계속 변화 해왔고, "이 개념은 오늘날 매우 모호하고 다양한 용법과 미묘한 차이 의 의미를 지니고 있으며," 심지어 부정적인 비판적 의미가 담겨 있기 도 하다.[4] 그러나 여기서는 주로 일반적인 의미의 이데올로기 개념[5] 을 사용하여 "부호적인 의미의 신념과 관점의 표현 형식"을 설명할 것이며 "현실 세계를 표현, 해석 및 평가하는 방법으로 특정 행동 패턴 또는 방식을 형성, 동원, 지도, 조직 및 증명하고 다른 행위 패턴 또는 방식을 부정할 것"임을 밝힌다.[6] 내용적 구조로 보면 일정 한 사회의 이데올로기는 필연적으로 상호 연결되고 상호 지지하는 데, 이는 세 가지 부분을 포괄한다. 첫째는 이데올로기의 인지-해석 부분이고, 둘째는 이데올로기의 가치-신념 부분이며 셋째는 이데올 로기의 실천-행동 부분이다. 이데올로기에서 인지-해석체계는 현실 세계와 현실 사회에 대한 특정 이데올로기의 기본인식, 기본판단과 기본관점을 가리킨다. 이는 내용상으로 이데올로기의 세계관과 방법 론 및 이 세계관과 방법론에 구축된 개념 및 이론체계로 표현될 수 있다. 이데올로기의 가치인 신념체계는 무엇이 아름답고 숭고하며 추구할 가치가 있고 장려할 가치가 있으며 반대로 무엇이 추악하고 저속하며 부도덕하고 바람직하지 않으며 버려야 하고 끊어야 한다는 것을 나타내게 된다. 또한 이 신념체계는 내용 면에서 어떤 사회의 공통된 이상, 공통 가치관 및 일정한 보편적 의미를 지닌 도덕체계로 표현된다. 이데올로기적 실천-행동체계의 존재는 이데올로기의 함축과 외연이 사회 영역의 구체적인 실천 활동으로 확장되어야 함을 나타내지 않으며, 사회 행동과 사회 실천을 동원하고 지도하는 이데올로기의 능력과 가능성을 의미한다. 다시 말해, 이데올로기의 실천인 행동 체계는 여전히 사회적 존재에 상응하는 사회적 의식의 차원에 있지만, 내용으로는 일정한 대중적 기반을 갖추고 있으며, 널리 선전되고 널리 알려진 경제, 사회, 정치, 문화 여러 분야에 관한 계획, 전략, 노선, 방침 및 정책체계로 표현된다. 따라서 국가와 사회에서 하나의 이데올로기의 존재와 역할은 이데올로기 자체의 자기 일관성에 의존한다는 것을 알 수 있다. 이러한 자기 일관성은 이데올로기의 유기적 구성요소인 인지-해석의 과학성과 진리성, 가치-신념 시스템의 자명성과 우월성, 실천-행동 시스템의 합리성과 유효성에서 비롯된다.

이데올로기의 기본 기능은 다음과 같다. 첫째, 이데올로기는 특정 권력관계 시스템을 추구하거나 수정 또는 전복하거나 지지하고 유지하는 데 도움이 된다. 왜냐하면 이데올로기는 특정 정치 시스템 또는 권력구조의 형태와 자연적으로 연관되어 있기 때문이다. 정치적 목적을 가진 특정 계급, 계층 또는 사회집단이 정권을 획득하고 지배하기 전에 그 이데올로기는 기존 권력관계 시스템을 수정하거나 전복하고 새로운 권력관계 시스템의 구축을 목표로 할 수 있다. 그리고 정치권력을 장악하고 국가와 사회를 통치할 책임을 지는 지배계급의 이데올로기로서 오직 통치와 집권의 지위를 부여한 이데올로기만이 기존의 권력관계 체계를 지지하고 유지하는 것을 목표로 한다. 둘째, 이데올로기 통합은 사회의 유기적 통합의 목적을 달성할 수 있도록 도움을 준다. 한 국가 또는 사회의 다른 계급, 계층과 사람들이 다른 사상 또는 문화를 가지고 있다면 국가 이데올로기는 위에서 언급한 사상과 문화의 통합을 성공적이고 효과적으로 달성하고 초월적이고 포용적인 합의 시스템을 창출해야 한다. 이러한 의미에서 이데올로기의 통합은 사회의 유기적 단결과 유기적 통합을 위한 전제조건이자 토대이다. 셋째, 이데올로기는 사회적 행동을 동원하고 사회적 실천을 지도하는 기능을 한다. "사회-과학의 관점에서 이데올로기는 다소 내적 일치성이 있는 사상적 관념이며 (…) 그것은 조직화된 정치적 행동의 기초를 제공한다." "이데올로기는 기초적 수준에서 정치철학과 유사하며, 운영 측면에서는 일반적인 정치운동으로 나타난다."[7] 따라서 사상과 의식을 동원하고 특정 사회적 행동과 사회적 관행을 지도하여 전파되고 인정받는 것이 이데올로기의 중요한 기능이 되었다.

(2) 이데올로기 영도권

현실 세계의 권력관계는 필연적으로 이데올로기를 낳기 때문에 마르크스와 엥겔스는 "한 계급은 사회를 지배하는 물질적 힘이며 동시에 사회를 지배하는 정신력"이라고 언급했다.[8] 이러한 논의를 적용한다면 지배적 이데올로기의 구축은 생산과 재생산의 현실적 통치 관계, 즉 현실의 정치권력 관계를 반영해야 한다. 바로 이런 의미에서 정치성은 이데올로기의 본질적인 속성이고, 이데올로기 영도권은 본질적으로 일종의 정치권력이다. 소위 이데올로기 영도권이란 특정 정치 주체가 이데올로기 구축과정을 주도하고 관리하는 정치권력으로, 특정 정치 주체(예컨대 정당, 국가)가 효과적인 이데올로기 구축을 통해 지배적 지위나 우위에 있는 이데올로기를 생성하는 정치권력, 즉 특정 정치 주체가 지배적 지위나 우위에 있는 이데올로기를 통해 그 담론권을 획득, 유지 및 전시하는 정치적 권력이다.9) 따라서 이데올로기 영도권, 주도권, 관리권 및 담론권은 유기적으로 통일되어 있으며 이데올로기 영도권에서 파생된 유사하고 일관된 개념 클러스터다.

이데올로기 영도권은 특정 정치공동체에서 정치구조와 정치권력 간의 관계를 집중적으로 반영하는 것이다. 이러한 이데올로기 영도권의 구축은 특정 정치권력과 권력관계를 획득, 유지와 강화를 목표로 한다. 이데올로기 영도권은 효율적인 이데올로기 구축의 객관적인 결과이며 또한 반드시 효과적인 이데올로기 구축과정 가운데에서 실현할 수 있어야 한다. 이 때문에 이론적 문제로서 이데올로기 영도권은 한편으로는 이데올로기 구성의 완전한 논리로 이해되어야 하며 다른 한편으로는 이데올로기의 권력의 본질이라는 맥락에서 이해되어야 한다. 전자는 특정 이데올로기 형식이 이데올로기 영역에서 우세한 지위의 사상 과정을 얻는 것에서 출발해 특정 이데올로기가 우세적 지위의 심층 의미를 밝힐 것을 요구한다. 후자는 특정 이데올로기에 대해 우세한 지위를 획득하는 정치 논리의 제시와 특정 정치구조, 권력관계 및 그 변화, 즉 구체적인 국가건설 및 국가 발전과 유기적으로 결합할 것을 요구한다. 이는 이데올로기를 권력관계의 기계적 대응물로만 간주하거나, 현실적 권력관계와 정치구조를 초월한 단순한 정신적 형태로만 간주해서도 안 됨을 말한다.

중국 사회주의 국가의 이데올로기 구축이라는 맥락에서 제기된 '이데올로기 영도권'의 개념과 그 의미에는 현대 중국의 정당, 국가와 사회관계 및 변화가 집중적으로 반영되어 있다. 당의 이데올로기 사업에 대한 전면적인 영도권, 당과 사회주의 국가의 이념 사업에 대한 전면적인 관리권, 사회 성장과 다원화를 기반으로 한 사회의 이념 구성에 대한 자주적 참여권은 현대 중국 사회주의 국가의 이데올로기 영도권의 기본 원리와 패턴을 공동으로 형성했다. 중국 특색 사회주의 신시대에 이데올로기 영도권에 관한 시진핑의 사상은 마르크스주의 이데올로기 통치권 사상의 창조적 발전이라 할 수 있다. 마오쩌둥에서 후진타오에 이르는 역대 중국공산당 중앙 영도집단에 대한 '이데올로기 건설' 사상의 계승발전은 시진핑 신시대 중국 특색 사회주의 사상의 중요한 구성 부분이며, 신시대 사회주의 국가의 이데올로기 건설을 지도하는 행동 지침이다. 마르크스주의는 입당입국(立黨立國, 당을 세우고 국가를 건립함)의 근본 지도 사상이고, 전국 각 민족 인민의 단결 분투의 공통 이론적 토대이다.10) 현대 중국 사회주의 이데올로기 영도권의 구축은 사회주의 중국 입당입국 사상의 근간을 공고히 발전시키고, 중화민족의 단결 분투의 공통 이론 기초를 공고히 발전시키는 것이다. 요컨대, 입의달의(入義達義, 마르크스주의 지도적 지위를 확립), 입당입국(立黨立國, 사회주의 국가의 이론적 무기 단련), 흥당흥국(興黨興國, 민족 부흥 사상 기초 구축)에서 사회주의 국가 이데올로기의 효과적인 건설의 실현과 더불어, 중국정치발전의 정치적 기능의 유효한 실현을 촉진하는 것이다.

2. 마르크스주의의 지도적 지위

마르크스주의는 마르크스, 엥겔스와 같은 마르크스주의 고전 작가들의 경전 저작을 텍스트 매개체와 주요 표현 형태로 사용하여 마르크스주의 철학, 정치경제학과 과학적 사회주의를 주요 내용으로 하는 개방적이고 발전된 과학 이론체계이다. 1954년 마오쩌둥은 중화인민공화국 제1기 전국인민대표대회 1차 회의 개회사에서 다음과 같이 말하였다. "우리 사업을 이끄는 핵심 역량은 중국공산당이다. 우리 사상을 지도하는 이론의 기초는 마르크스-레닌주의이다. 우리는 충분한 자신감을 가지고 있다. (⋯) 우리나라를 위대한 사회주의 공화국으로 건설할 것이다."11) 따라서 마르크스주의는 중국공산당의 지도 사상일 뿐만 아니라 사회주의 공화국의 지도 사상이다. "이데올로기 분야에서 마르크스주의의 지도적 지위를 공고히 하고, 전 당과 전국 인민이 단결하고 분투하는 공통사상의 기초를 공고히 하는 것은 이데올로기 사업의 근본적인 임무이다."12)

(1) 이데올로기 형태로서의 마르크스주의

마르크스와 엥겔스 자신은 주로 부정적인 의미의 이데올로기 비판,13) 즉 자본주의나 부르주아 이데올로기에 대한 윤리적 가치 비판과 정치 경제학적 비판을 통해 이데올로기의 '계급성'과 '허위성'을 드러내면서 이데올로기 이론을 확립한 바 있다. 하지만 마르크스주의 자체는 긍정적인 의미의 과학적 이론이고 완전하면서도 개방적이고 체계적인 이데올로기 형태를 이루고 있다. 자본주의 사회 이데올로기에 대한 과학적 비판과 자본주의 이데올로기의 '허위성'과 '계급성'의 출현에 힘입어 마르크스주의 자체는 비판적이고 구성적이며 초월적인[14] 새로운 형태의 이데올로기로 발전했다.

이러한 새로운 이데올로기 형태는 우선 과학이라고 할 수 있다. 인류문명이 계급사회에 진입한 이래 자본주의 사회를 포함한 현대사회에서 나타난 이데올로기적 형태는 마르크스주의의 과학적 이론에 비추어 볼 때 그 거짓된 면을 드러낼 수밖에 없다. 다시 말해 특수이익을 보편적 이익으로 논증하는 측면과 계급적 측면, 즉 이데올로기의 본질적 특징의 한 측면으로 간주할 수 있는 것이다. 그러나 이러한 이데올로기(주로 자본주의 이데올로기)에 대한 비판과 초월을 통해 구축된 마르크스주의는 일반적인 의미의 이념적 이데올로기와 견주어 볼 때 전례 없는 과학적 성격을 명확하게 보여준다. 한편 마르크스주의는 일종의 과학 이론체계로서, 일종의 과학적이고 포용적인 태도로 인류문명의 모든 우수한 성과를 수용하였다. 특히 마르크스주의는 독일 고전철학, 영국 고전 정치경제학, 유럽 공상 사회주의 등 당시 최고 이론과학 수준을 대표하는 지적 성과를 직접적이면서 비판적으로 계승하여 한 시기와 한 지역의 단편적 경험과 특수 문명을 초월한 이론적 품격을 갖게 되었다. 또한 더욱 중요한 것은 마르크스주의가 부르주아 계급과 자본주의 사회에 대한 비판에 기초하여 프롤레타리아(인류 계급사회에서 가장 철저한 혁명성과 선진성을 가진 계급)에 기초한 정치적 입장을 명확하게 표현하도록 만들었다는 점이다. 이를 통해 마르크스주의는 그 계급적 입장에 대해 언급하는 것을 꺼리지 않도록 하여 근본적으로 이데올로기의 '허위성'이라는 측면을 제거했다. 이데올로기의 관점에서 볼 때 마르크스주의의 과학성은 비판적 역량 부문의 과학성을 의미한다. 이는 다시 말해 마르크스주의가 자본주의를 특징으로 하는 현대 사회의 정치경제과정에 대한 인식, 해석과 비판을 과학적 분석에 기초하여 수립한다는 사실을 가리킨다. 또한 마르크스주의는 프롤레타리아 혁명이론과 행동전략에 합리성과 정확성을 가지고 있다. 더불어 해당 이데올로기는 인류사회 형태의 진화에 관한 동력 메커니즘과 발전 방향이 확실하다는 전제를 나타내며, 그 자본주의 사회를 초월하여 공산주의 사회로 나아가는 프롤레타리아 혁명의 사명과 인류사회 발전의 이상 신념은 확실하고 변치 않는 합법성과 진리성을 가지고 있다.

마르크스주의 이데올로기는 완전성을 가지고 있다. 이것은 마르크스주의가 발전할 필요가 없다는 의미가 아니라 마르크스주의의 이론 구조와 계층구조가 이데올로기적 의미의 상대적 완전성을 구비한다는 의미이다. 또한 마르크스주의의 완전성이 의미하는 바는 이데올로기를 구성하는 방법론이 안정성을 가지고 있다는 것이다. 마르크스주의는 철학, 정치경제학에서 과학 사회주의에 이르는 완전한 논리구조와 인지-해석, 가치-신앙에서 실천-행동에 이르는 완전한 이데올로기 구조 역시 포괄한다. 현대 중국 특색 사회주의 사상과 이론 체계의 구축에서 우리는 오늘날까지 여전히 마르크스주의 이데올로기 완전성의 혜택을 받고 있다. 변증법적 유물론, 역사적 유물론의 사유 방법에서부터 인류사회의 발전법칙, 사회주의 사회의 기본법칙과 공산당의 집권법칙에 대한 파악, 상품, 노동, 자본, 시장과 같은 현대 사회 현상의 분석에서부터 자본주의 사회와 자본주의 국가에 대한 인식, 해석 및 평가에 이르기까지, 그리고 프롤레타리아 혁명의 길에서부터 '사회공화국'의 건설과 통치에 이르기까지 마르크스주의는 국제 공산주의운동과 특정 국가의 사회주의 혁명과 건설을 위한 모든 중요한 이론적 기초를 마련했다.15)

마르크스주의의 과학성, 완전성의 근본적인 역량은 그 사상체계와 이론체계의 개방성에서 나온다. 마르크스주의의 성립은 그 자체로 개방의 산물로서 실천과 이론 모든 방면에 있어 개방적이다. 따라서 마르크스주의는 인류사회의 모든 지식 문명 성과와 이론과 실천 사이의 단절을 관통하였다고 말할 수 있다. 마르크스주의가 보여준 인류 과학 문명의 성과에 대한 비판적 흡수 및 광범위한 수용, 인류 역사와 실천 경험에 대한 현실적인 관점과 이론적 승화는 마르크스주의가 존재하는 가장 중요한 이유이다. 이 두 가지 단절된 요소가 관통하면서 인류 지식의 진보가 일어나고 실천 부문에 발전이 일어났다고 할 수 있다. 따라서 과학 이론으로서 마르크스주의는 개방적이고 발전된 사상적 성격과 이론적 품격을 유지할 수밖에 없으며, 이는 마르크스주의의 중국화, 시대화, 대중화 및 중국 특색의 사회주의 사상과 이론이 끊임없이 발전하는 중요한 원인이다. 마르크스주의의 경우 개방은 영원하고 발전은 무한하다.

마르크스주의 이데올로기의 존재 형태를 체계적으로 보여준다. 이데올로기는 결국 사회 주체로부터 폭넓은 인정 또는 허가를 통해 성립하기 때문에 사회구조와 정치구조에서의 이데올로기의 현실적인 분포야말로 그 진정한 실현 방식과 존재 방식이라 할 수 있다. 마르크스주의 이데올로기를 포함한 모든 이데올로기는 개인의 사상, 관념, 감정 및 신앙에 존재하며 계급, 계층, 사회집단 및 정당의 집단 의식에도 존재하며 전체로서의 사회주의 국가 기계(제도와 실천), 나아가 개인, 계급, 정당과 국가의 상호관계에도 존재한다. 개인의 신념, 계급의식, 정당의 의의와 국가의 실천이 서로 지지하고 협력해야만 마르크스주의가 이데올로기로서 안정적으로 존재하고 발전할 수 있다. 이러한 의미에서 마르크스주의 이데올로기는 대중생활의 세계, 문학 작품, 시, 예술, 철학뿐만 아니라 사회주의 국가의 헌법,

법률16)과 제도적 실천, 즉 국가정치생활에도 존재한다고 말할 수 있다.

(2) 마르크스주의의 중국화

마르크스주의는 탄생 시점부터 해당 이론의 실천적 성격을 충분히 보여주었다. 이론과 실천의 결합을 견지하는 것은 마르크스주의가 비판 대상으로 삼는 다양한 이데올로기와의 차별점이다. 나아가 마르크스주의의 이러한 차별점은 이데올로기 형식의 '허위성'을 넘어 과학적이고 혁명적 성격을 보여주며 해당 이론을 철저한 이데올로기 형태로 칭할 수 있는 근본적인 이유이다. 마르크스주의에는 광범위한 사회 역사적 시야, 변증법적 유물론과 역사적 유물론의 철학적 사유, 자본주의 사회를 특징으로 하는 '현대 사회'에 대한 과학적 비판, 인류사회의 운명과 미래에 대한 깊이 있는 성찰이 담겨 있다. 이로 인해 마르크스주의는 한 시기와 한 지역 또는 특정 국가를 초월하여 보편적으로 적용되는 진리의 형태로 나타나게 된다. 하지만 마르크스주의의 실천적 성격은 이러한 진리의 형식이 반드시 구체적이고 특별한 실천 행동과 결합하여야 하고, 이론의 위력을 발휘하기 위해서는 특정 국가의 사회주의 혁명과 건설이 상호 결합되어야 한다. 중국혁명, 건설과 개혁의 사례를 살펴보면, 마르크스주의 중국화의 이론적 명제를 제시하고 마르크스주의 시대화, 대중화를 위한 이론적 명제 또한 제시해왔다는 사실을 알 수 있다.

마르크스주의의 지도하에 국제 공산주의 운동의 역사를 살펴보면, 레닌은 러시아 혁명을 이끄는 과정에서 마르크스주의와 러시아 혁명의 구체적인 실천의 결합을 실현하였다. 이는 한 국가 내에서 사회주의 혁명을 제일 먼저 완수한 사례이며 세계에서 첫 번째로 사회주의 국가를 성공적으로 건립하는 결과로 이어졌다. 제국주의, 프롤레타리아 정당 건설, 사회주의 이데올로기에 관한 레닌의 이론 구축은 마르크스주의를 창의적이고 다방면으로 발전시켰다. 이러한 의미에서 소위 마르크스주의의 국가화란 마르크스주의의 기본 원리와 특정 국가의 현대 국가건설 주제, 조건, 임무, 목표 및 혁명과 건설을 포함한 현대 국가건설 행동과 실천의 유기적 결합을 의미한다는 사실을 알 수 있다. 또한 마르크스주의의 국가화는 일종의 사상과 이론의 실천적 목적에 대한 응용과 창조일 뿐만 아니라 일종의 행동과 실천은 이론적 가치를 지닌 추진과 승화이기도 하며,[17] 이론과 실천의 융합이므로 이론적 성과와 실천적 효과를 모두 창출하는 것이다.

마르크스주의의 중국 유입은 중국이 전통 국가에서 현대 국가로 전환하고 현대 국가건설이 거듭 좌절되던 시기에 일어났다. 당시 중국에는 국가의 미래 운명과 인민의 분투 실천에 대한 과학적 지도를 제공하는 과학 이론 시스템이 절실히 필요했다. 마르크스주의는 과학성, 완전성, 개방성, 체계성이라는 이데올로기적 성격을 가지고 있으며, 이 과학적 이론체계는 소비에트 러시아에 이어 중국에서도 적용되었다. "10월 혁명의 포성이 우리에게 마르크스-레닌주의를 가져다줬다. 10월 혁명은 전 세계를 도왔고 중국의 선진분자(先進分子, 앞선 사람)도 도왔다. 프롤레타리아 계급의 우주관은 국가의 운명을 관찰하는 도구로 사용하고 자신의 문제를 다시 생각하도록 만들었다." "중국인들은 마르크스-레닌주의라는 어디에서든 적용되는 보편적인 진리를 찾았고, 중국의 면모에 변화가 생겨났다."[18] 따라서 마르크스주의의 중국화는 마르크스주의의 보편적 진리와 중국의 현대 국가 발전과 국가건설 주제의 유기적 결합을 가리킨다. 중국의 현대 국가건설 주제는 시대에 따라 조금씩 변화하여 마르크스주의의 중국화 과정에서 마르크스주의 시대화 문제를 야기했다. 동시에 마르크스주의의 중국화, 시대화의 본질은 마르크스주의와 사회 주체의 행동과 실천의 유기적 결합에 있다. 그래서 마르크스주의의 대중화 문제를 파생시키는데, 이는 마르크스주의 '세 가지 전화(轉化, 중국화, 시대화, 대중화)'의 기본 논리이다.

바로 마르크스주의의 중국화, 시대화, 대중화의 역사적 과정에서 중국공산당은 거대한 이론적 용기를 가지고 위대한 사회 실천을 지도하고 창조적으로 마르크스주의를 계승 발전시키며 다른 시대와 다른 국가건설 실천에서 마오쩌둥 사상, 덩샤오핑 이론, 삼개 대표 중요사상, 과학적 발전관과 시진핑 신시대 중국 특색 사회주의 사상을 차례로 창조했다. 마르크스주의와 중국의 실천을 결합한 빛나는 모범으로서 이러한 창조적·사상적 성과는 마르크스주의 이데올로기의 과학성, 완전성, 개방성 및 계통성을 계승하고 확장하여 새로운 역사적 조건에서 (중국) 마르크스주의 이데올로기 건설을 크게 촉진했다. 또한 중국의 마르크스주의 이데올로기는 중국 현대 국가건설 주제, 분야와 실천과의 결합을 통해 중국 사회주의 혁명, 건설, 개혁, 발전과 거버넌스의 역사적 운동과 사회 과정을 최대한도로 추진했다.

중국공산당 제19차 당대회에서 채택한 「중국공산당 장정」은 "마오쩌둥 사상은 마르크스-레닌주의의 중국적 적용과 발전이고 실천에 의해 증명된 중국혁명과 건설에 대한 올바른 이론 원칙과 경험의 총화"라고 명시하고 있다. 마오쩌둥 사상의 지도 아래 현대 중국은 혁명, 건국, 건제(사회주의 제도 확립)의 국가건설 주제를 완성했다. 중국공산당 11기 3중전회 이후 덩샤오핑 이론의 창립은 '무엇이 사회주의이고, 어떻게 사회주의를 건설하는가'라는 이론과 실천 문제를 둘러싸고 긴밀하게 전개되었으며, 덩샤오핑 이론의 지도하에 사회주의 본질 등 중대한 '이론-실천' 문제를 창의적으로 해석함으로써 중국공산당과 중국사회는 업무 중심 이동을 성공적으로 실현했고, 점차 중국 특색의 사회주의 건설을 위한 노선, 방침, 정책을 형성했다. 이런 의미에서 덩샤오핑 이론은 현대 중국의 마르크스주의이다. 13기 4중전회 이후 장쩌민 동지를 주요 대표로 하는 중국공산당이 창시한 '삼개 대표'의 중요 사상은 '무엇이 사회주의이고 어떻게 사회주의를 건설하는가' 하는 물음에 대한 지속적인 탐색일 뿐만 아니라 '어떤 당을 건설하고 어떻게 당을 건설할 것인가'라는 시대 문제에 대한 과학적 대답이다. 따라서 '삼개 대표'의 중요사상은 중국 특색 사회주의 이론의 계승·발전일 뿐만 아니라 사회주의 국가 집권당 건설에 대한 이론적 응답이기도 하다. 바꿔 말하면 '어떤 당을 건설하고 어떻게 당을 건설할 것인가' 하는 질문에 대한 응답을 통해 삼개 대표 중요사상은 '무엇이 사회주의이고, 어떻게 사회주의를 건설할 것인가'라는 이론 혁신을 새롭게 심화시켰다. 16차 당대회 이후 후진타오를 주요 대표로 하는 중국공산당이 창안한 '과학발전관'은 마르크스주의의 과학적 성격을 계승하고 있고, 발전에 관한 마르크스주의 세계관과 방법론을 창조적으로 계승하고 발전시켰다. 현대 중국은 사람 중심, 전면적인 조화와 지속 가능한 발전의 과학발전관의 지도하에 사회주의 건설의 사회적 차원, 생태적 차원을 고도로 중시하고 중국 특색 사회주의 사업의 전반적인 배치를 개선하고 최적화했으며 새로운 역사적 기점에서 중국 특색 사회주의를 성공적으로 견지하고 발전시켰다.[19)]

18차 당대회 이래 시진핑을 주요 대표로 하는 중국공산당은 중국 특색 사회주의 건설의 시대 조건과 역사적 방위의 변화를 과학적 분석을 통해 이론과 실천의 결합에서 "신시대가 어떤 중국 특색 사회주의를 견지하고 발전시킬 것인가" 하는 질문에 체계적으로 응답했다고 평가하며[20] 시진핑 신시대 중국 특색 사회주의 사상을 창립했다. 시진핑 신시대 중국 특색 사회주의 사상의 지도하에 현대 중국 국가 건설은 '5위일체(五位一體)'의 중국 특색 사회주의 사업의 총체적 배치와 '4개 전면'의 전략 배치를 형성하여 국가 통치 체계와 통치능력의 현대화라는 개혁개방의 총 목표를 제시하였다. 또한 '네 개의 자신감(四個自信)'을 견지하고, '기본적인 사회주의 현대화를 실현한다'라는 슬로건을 내걸고, '부강한 민주문명과 조화롭고 아름다운 사회주의 현대화 강국'을 조성하는 민족부흥 전략 목표를 명확히 제시했다. 이런 의미에서 시진핑 신시대 중국 특색 사회주의 사상은 마르크스주의 중국화의 최신 성과이고, 중국 특색 사회주의 이론 체계의 주요 구성 부분이며, 전당 전국 인민이 중화민족의 위대한 부흥을 실현하고 분투하기 위한 행동 지침이다.[21]

(3) 이데올로기 영역에서 마르크스주의의 지도적 지위

현재 세계는 세계화와 네트워크, 정보기술의 심화된 발전으로 국가 간, 민족 간, 문명 간의 상호작용이 나날이 증가하고 있다. 어떤 나라도 세계와 단절된, 마치 진공과 같은 상태에서는 존재하고 발전할 수 없게 된 셈이다. 또한, 어떤 국가와 사회의 관념, 정신, 이론 사상도 다른 나라와 사회의 영향을 받지 않고 고립되어 존재할 수 없다. 국내에서는 계층 간, 집단 간, 조직 간, 지역 간의 상호작용 영향도 점점 빈번해지고 있고 전통 사회에서 정적이었던 사회구조는 점점 더 활발하게 움직이는 패턴으로 대체되었다. 이러한 사회적 흐름은 물질 교환, 계층 이동뿐만 아니라 관념과 정신의 상호작용도 포괄한다. 바꿔 말하면 전통 사회에서 현대 사회로, 전통 국가에서 현대 국가로의 전환은 한 나라의 국제환경과 국내 정치지형을 크게 변화시켰고, 이데올로기의 존재 방식과 작동 방식도 지속적으로 변화시키고 있다.

중국 현대 국가건설은 입헌군주제에 대한 개량 운동, 부르주아 민주 혁명 운동, 신민주주의 혁명과 사회주의 혁명의 연속 발전을 통해 중국의 정치구조, 제도 및 관념이 전통에서 현대로의 역사적 전환을 실현했다. 중국의 현대 정치구조, 제도와 관념의 확립에 따라 현대 중국은 마르크스주의의 지도 아래 사회주의 국가 형태를 선택했으며, 이러한 참신한 현대 국가 형태는 이론의 전제와 제도적 공간의 측면에서 인민을 전제 집권으로부터 해방시키는 데에 성공했다. 또한 마르크스주의를 통해 중국사회는 전통 국가로부터 해방되었으며, 인민은 정치적 권리를 얻고 사회는 성장의 공간을 획득하였다. 이러한 권리와 공간은 현대 중국의 현대화 과정, 그 가운데서도 특히 현대 중국의 경제발전에서 물질적 조건에 의해 뒷받침되고 경제적, 사회적, 정치적 권리를 추구하는 사회 주체의 사회적 행동으로 전환되었다. 개혁개방 40여 년 동안 개인의 성장, 사회발달 및 이와 관련된 사회의 다원화는 현대 중국의 정치 구도에 깊은 영향을 미쳤고 사회, 국가와 정당 간의 상호작용 논리를 심각하게 변화시켰다. 그리하여 현대 중국 이데올로기 영도권의 구축 논리에도 심원한 변화가 일어났다.[22] 요컨대 오늘날 중국사회의 다원화에 상응하는 사회 사조, 사회의식, 사상과 관념의 다원화에 기초하여 마르크스주의는 일종의 이데올로기 형식으로서 다른 이데올로기 형식과의 다원적 공존에서 주류 지위를 놓고 경쟁하지 않을 수 없었다. 마르크스주의는 다른 모든 이데올로기 형태에 비해 과학적이고 완전하며 개방적이고 체계적인 자연스러운 이점을 가지고 있지만, 이데올로기 분야에서 지도적 위치는 구체적인 이데올로기 건설을 통해서만 달성할 수 있다.

마르크스주의의 지도적 지위를 전면적으로 견지하는 것은 사회주의 이데올로기의 본질적인 특징이고, 이러한 '전면적인 견지'는 이데올로기 분야에서 마르크스주의의 지도적 지위에 대한 완전한 이해를 전제로 한다. 위에서 언급한 의미에서 마르크스주의는 이데올로기 분야에서 지도적인 지위에 있으며, 동시에 (이 지도적 지위에 도달하기 위한) 마르크스주의 이데올로기의 구축 행동은 다음과 같은 순서를 포함한다. ① 개인에 대한 점령: 마르크스주의의 지도적 지위는 결국 사회 개체의 허가, 인정과 옹호로서 구현되어야 한다. 이는 결코 중국사회의 모든 개체가 마르크스주의자가 되어야 한다는 것이 아니라, 개체의 성장배경에서 나날이 자주성을 갖는 사회개체가 반드시 그 생활, 감정과 이성 즉 개체의 인지와 행동 속에서 마르크스주의 이데올로기와 모종의 일치성을 달성해야 한다는 것을 의미한다. ② 사회에 대한 점령: 다른 사회의식과의 공존과 경쟁에서 비교우위를 얻을 수 있는지 여부는 마르크스주의가 이데올로기 분야에서 지도적 지위를 획득하는 관건이다. 사회의 기본요소는 조직과 공동체, 즉 일정한 방식과 기술을 통해 조직된 공동의 공간과 공동의식을 가진 사회공동체에 있으며 이러한 공동체에는 계급, 계층, 경제조직, 사회조직, 이익집단, 문예 단체, 민족, 사이버 사회 등이 포함된다. 이러한 사회 공동체의 사회적 의식 형식을 효과적으로 식별하고 마르크스주의 이데올로기와 이러한 사회적 의식 형식 간의 소통, 흡수, 변별, 심지어는 거부와 반대를 잘하는 것이 마르크스주의 이데올로기가 사회를 점령하는 관건이다. ③ 정당의 무장화: 가장 중요한 것은 마르크스주의로 중국공산당을 무장시키는 것이다.23) 마르크스주의 정당으로서의 중국공산당의 본질적 속성은 마르크스주의가 중국공산당의 이상적인 신념, 지도 사상과 행동 원칙이 되어야 함을 결정한다. 현대 중국에서 중국공산당의 영도 지위와 집권 지위는 마르크스주의로 당 전체를 무장하는 것이 그 이데올로기 영역에서 지도적 지위를 획득하는 전제이자 관건이다. 일반적인 개체수준과 사회 영역에서의 이데올로기 구성이 조금 다른 점은 중국공산당의 조직성과 기율성이 당내 이데올로기 건설을 결정한다는 것이다. 비록 방식, 매개체와 메커니즘에서 지속적으로 혁신해야 하지만, 총체적으로 더 엄격하고 더 높은 수준과 더 제도화된 마르크스주의 교육, 주입 방식을 유지해야 할 것이다. 현대 중국의 정치생활에서 중국공산당과 오랫동안 공존해온 민주당파에 대해서도 마르크스주의와 마르크스주의의 중국화를 바탕으로 단결과 협력을 촉진하고 사상적, 정치적 통일전선을 형성해야 한다. ④ 국가의 획득: 마르크스주의의 지도적 지위가 확고한지는 마르크스주의가 국가 전체를 획득했는지 여부에 달려 있다. 현대 중국은 사회주의 국가이고 마르크스주의는 사회주의 이데올로기의 전제, 초석, 바탕색, 중추이자 영혼과도 같다고 할 수 있다. 마르크스주의가 없으면 사회주의 이데올로기도 없고 마르크스주의를 견지하지 않는 것은 사회주의 이데올로기가 아니며, 마르크스주의를 견지하지 않는 국가는 사회주의 국가라고 부를 수도 없다. 마르크스주의가 명시하는 프롤레타리아 혁명의 기본 논리로 볼 때 마르크스주의는 정당(프롤레타리아 정당으로서의 공산당), 계급(전체 프롤레타리아 또는 노동자 계급의 연합), 사회(즉, 사회 분야에서 이데올로기의 영도권)를 획득하고 최종적으로 국가를 획득해야 한다. 마르크스주의가 국가를 획득하는 것은 마르크스주의가 단지 하나의 정당, 한 계급의 이데올로기일 뿐만 아니라 반드시 전체 국가, 전체 사회의 물리적 경계와 정신적인 경계, 전체 국가와 사회의 물리적 공간과 정신적인 공간을 통합하는 것에 도달해야 한다는 것을 의미한다. 또한 이는 마르크스주의 이데올로기와 사회주의 국가의 정치제도, 정치과정과 정치생활의 상호 부합과 상호 지지를 의미한다. 사회주의 국가의 국가 원소와 상징 기호인 헌법, 국가, 국가 휘장, 국기, 국가 명예, 기념일, 국립극장, 박물관, 국가 정신 및 역사 기억 등과 마르크스주의 이데올로기 사이의 내재적 일치성을 의미한다.

현대 중국에서의 마르크스주의의 지도적 지위는 현대 중국 이데올로기 분야에서 마르크스주의(중국화)의 지도적 지위에 기초하고 있으며, 이는 현대 중국 전체 국가 건설 실천에 대한 마르크스주의의 지도적 지위로 확장된다. 따라서 마르크스주의의 지도적 지위에 대해 이야기할 때 마지막으로 언급해야 할 것은 다음과 같다. ⑤ 마르크스주의는 사회주의 혁명, 건설, 개혁 실천을 포함한 현대 중국의 전체 사회 역사적 발전 과정에 대해 지도적 지위를 갖는다. 현재 중국에서 이러한 지도적 지위는 중국이 '오위일체' 건설을 추진하는 사회주의 사업의 총체적 배치, '4개 전면' 전략 배치, 중화민족의 위대한 부흥 위업을 도모하는 새로운 '2단계' 전략 계획과 마르크스주의 사유 방법, 기본 원리와 중대 원칙 사이의 공감에 집중되어 있다. 개괄적으로 말해 마르크스주의의 현대 중국에 대한 지도적 지위는 중국사회의 모든 개인, 집단, 계층, 정당, 나아가 국가 전체의 사회주의 입장에 기초하고 있다. 사회주의 미래를 지향하는 사회 행동, 즉 경제, 정치, 문화, 사회, 생태와 당의 건설을 포함한 사회 실천이 모여 이루어진 것에 존재하는데, 이야말로 마르크스주의의 지도적 지위에 대한 완전한 이해인 것이다.

3. 사회주의 국가의 이론적 무기

정치적 기능의 의미에서 이데올로기는 여태까지 무작위적인 사색에 지나지 않았다. 비록 '허위성'을 가진 착취계급 이데올로기라 할지라도 말이다. 인류문명에 계급이 존재하고 계급에 의해 정의된 정치사회에 진입한 후, 이데올로기는 정치구조와 정치 과정에서 없어서는 안 될 연결고리와 차원이 되었으며 정치사회에서 매우 중요한 정치적 기능을 발휘했다. 마르크스주의 이데올로기는 그 과학적, 실천적 특성으로 인해 이론과 실천 사이의 괴리를 초월하고 계급성과 진리성의 경계를 열어 강력한 정신력과 물질적 힘을 가진 이데올로기 형태가 되었다. 마르크스가 『헤겔 법철학 비판』 서론에서 다음과 같이 지적했다. "비판의 무기는 당연히 무기의 비판을 대체할 수 없고, 물질적 힘은 물질적 힘으로 파괴할 수 있지만, 이론은 대중이 장악하면 물질적 역량으로 변한다."[24] 과학 이데올로기로서 마르크스주의가 프롤레타리아를 장악하면 계급투쟁과 계급해방의 역량이 분출된다. 노동자계급의 선봉대인 공산당이 장악하면 프롤레타리아 해방운동은 지도력의 핵심이 되고 사회주의 국가 전체가 장악할 때 사회주의 혁명, 건설과 개혁은 국가의 역량으로 나타난다.

(1) 마르크스주의 이데올로기의 국가 형태

마르크스의 이데올로기 이론에서 이데올로기는 인류문명과 함께 계급사회에 진입하여 국가의 발생과 진화를 동반한 오랜 정신적 현상이며 인류 정치사회와 현실 국가정치구조에서 필연적으로 존재하며 필수불가결의 연결고리이자 차원이다. 이데올로기와 국가의 결합은 인류 정치 역사에서 현실에 존재하는 현상일 뿐만 아니라 마르크스주의 정치학 이론 논리의 필연적인 결과이기도 하다.

마르크스·엥겔스는 『정치경제학 비판』 서문에서 존재론적 의미에서 사회 정치구조 중의 이데올로기 위치를 명확히 제기했다. "사람들은 그들이 살아가는 사회적 생산에서 자신의 의지에 따르지 않는, 즉 그네들의 물질적 생산력의 특정 발전 단계에 적합한 일정하면서도 필연적인 생산 관계를 가지고 있다. 이러한 생산 관계의 총합은 사회의 경제구조, 즉 법률과 정치가 있는 상부구조가 그 위에 세워지고 그에 상응하는 사회적 의식 형태가 있는 현실적 기초를 구성한다. 경제기초가 바뀌면서 거대한 상부구조 전체도 느리거나 빠르게 변화했다. 이러한 변혁을 고찰할 때 다음 두 가지를 항상 구별해야 한다. 하나는 생산의 경제적 조건 측면에서 발생하는 물질로 자연과학적인 정확성으로 명시되는 변혁이다. 다른 하나는 사람들이 이 충돌을 인식하고 이를 극복하기 위해 노력하는 법적, 정치적, 종교적, 예술적 혹은 철학적, 간략히 말해 이데올로기의 형태이다."[25]

생산력과 생산의 관계, 경제적 기초와 상부구조, 사회적 존재와 사회의식의 상호작용 속에서 인류 정치 문명은 국가 시대로 진입했다. 생산력과 생산 관계, 경제기초와 상부구조, 사회적 존재와 사회의식의 상호작용 속에서 사회 유형과 국가 형태로 부단히 진보했다. 국가 시대의 정치생활에서 국가와 이데올로기는 일종의 상호 수요 관계의 패턴을 보여주며, 이러한 상호 수요 관계는 국가의 본질에 뿌리를 두고 국가가 생겨날 때 비롯된다. 마르크스와 엥겔스는 『독일 이데올로기』에서 "분업이 발전함에 따라 단일한 개인의 이익 또는 개별 가족의 이익과 상호 교제하는 모든 개인의 공동 이익 사이의 모순이 생겨났다"라며 "이러한 공동 이익은 보편적인 것으로서만 관념에 존재하는 것이 아니라, 우선 서로 분업을 가진 개인 간의 상호의존적 관계로서 현실 속에 존재한다"라고 지적하고, "사익과 공동 이익 사이의 이러한 모순으로 인해 공동 이익은 국가라는 실제의 개별 및 전체 이익과는 동떨어진 독립된 형태를 취하고 동시에 허황된 공동체의 형태를 취하게 된다."[26)]라고 말했다. 마르크스는 『고타 강령 비판』에서 '현대 국가'는 일종의 허구라고 지적했다.[27)] 엥겔스는 『가족, 사유재산, 국가의 기원』에서 다음과 같이 밝혔다. "정확히 말하면 국가는 사회의 일정한 발전 단계의 산물이며 국가는 이 사회가 해결할 수 없는 자기모순에 빠져 조화롭지 못한 대립 면으로 분열되고 이러한 대립 면에서 벗어날 능력이 없다는 것을 시인한다. 그리고 이러한 대립 면과 경제적 이해관계가 상충하는 계층이 무의미한 투쟁에서 자신과 사회를 소멸시키지 않으려면 사회 위에 군림하는 일종의 역량이 필요한데 이러한 역량은 응당 충돌을 완화하고 충돌을 질서의 범위 내에서 유지해야 한다. 이것은 사회에서 발생했지만, 또한 사회 위에 있음을 자처하며 점점 더 사회와 차별화되는 역량, 바로 국가이다."[28)]

　인류 정치 문명이 계급사회에 진입하면서 사회의 존재에 기초하여 필연적으로 발생하는 이데올로기와 사회관계에 기초하여 필연적으로 나타나는 국가 형태는 필연적으로 연결된다. '허황된 공동체 형태'의 모든 국가 형태는 물론 '일종의 허구'로서의 '현대 국가'도 포함하며, 반드시 일종의 상상, '허위적' 이데올로기의 도움으로 국가의 상상과 '허구'를 완성해야 한다. 동시에 통치계급의 이데올로기 형태도 국가권력과 국가기구의 지원을 받아 주류 이데올로기적 지위를 획득하거나 유지하여 국가 이데올로기 형태를 형성하고 표현해야 한다. 이는 이데올로기와 정치국가가 서로 필요로 하는 기본적 정치 논리이다.

마르크스주의 정치학의 관점에서 국가 발생의 근본 원인은 분업과 사유제이고, 국가의 '허황성'의 근원도 분업과 사유제의 존재에 있다. 따라서 분업과 사유제가 사라져야 인류사회가 허황된 공동체의 형태에서 해방되고 진실한 공동체, 즉 공산주의 사회로 대체될 수 있다. 그러나 '허황된 공동체'에서 '진실의 공동체'로의 진화는 오랜 역사적 과정이며, "이를 감안하면 마르크스는 자본주의 사회에서 공산주의 사회로 이행하기 위해서는 정치적 과도기를 거쳐야 하며, 이 시기의 국가는 프롤레타리아 계급의 혁명 독재일 수밖에 없다"라고 매우 진지하게 논의했다.[29] 인류사회 역사상 마지막 국가 형태에 걸맞게 허황된 공동체에서 진실의 공동체로 진화하는 이데올로기적 진화 과정은 허위적 부르주아 이데올로기 및 국가 형태로서의 자본주의 국가 이데올로기에서 과학이론체계로서의 마르크스주의 이데올로기 및 국가 형태로의 사회주의 국가 이데올로기로의 진화 과정이다.

프롤레타리아 계급이 혁명을 통해 국가 정권을 획득한 후 마르크스주의와 국가의 결합은 계급 이데올로기와 연결되어 있을 뿐만 아니라 계급 이데올로기와도 구별되는 현실적인 사회주의 국가 이데올로기를 생성했다.[30] 근본적으로 마르크스주의는 현대 사회(자본주의 사회)에 대한 과학적, 혁명적, 철저한 불멸의 비판으로 프롤레타리아 혁명 이데올로기로서의 불멸의 지위를 확립하고 당시와 후세의 위풍당당한 국제 공산주의 운동을 격려하고 지도했지만, "전 세계 프롤레타리아여 연합하라"를 제창하는 국제 공산주의 운동의 결실은 주로 사회주의 국가의 형태로 표현되었다. 세계 최초의 사회주의 국가인 소련도, 아시아 최초의 사회주의 국가인 중국도 모두 자국의 자본주의가 충분히 발전한다는 전제하에 혁명을 실현해 건국한 것은 아니다. 따라서 혁명을 통해 건국된 구체적인 사회주의 국가의 경우 마르크스주의를 국가 이데올로기로 구축하는 현실적인 문제에 직면해 있으며, 이 문제의 다른 측면은 현대 국가건설의 사회주의 국가건설 문제이다.

(2) 중국 현대 국가 삼중 속성의 이데올로기 구축에 대한 내재적 요구

중국 사회주의 국가 이데올로기는 마르크스주의와 마르크스주의의 중국화에 의해 지도되는 중국 사회주의 혁명, 사회주의 국가 건설, 개혁과 통치에 관한 과학적이고 완전하며 개방적이고 체계적인 국가 이데올로기 형태이다. 중국 사회주의 국가 이데올로기 구축은 중국 현대 국가건설의 내재적 요구이고 중국 사회주의 국가의 형태를 이념 분야에 투영하고 반영하며 중국 사회주의 국가 건설을 지도하고 규범화하는 이론적 무기이다.

중국의 현대 국가건설은 그 현실성, 즉 추상이 아닌 구체적인 국가로서의 내재적 규정성에서 출발해야 하며 그렇지 않으면 중국 현대 국가건설은 현실 기반에 대한 지원이 결핍되어 허황된 공동체를 넘어 진실의 공동체로 나아가는 사회주의 국가의 본질적 특성을 반영하지 못할 것이다. 마찬가지로 중국 현대 국가건설의 수요인 중국 현대 국가 이데올로기 구축도 그 현실성, 즉 추상적인 개인이 아닌 구체적인 개인에서 출발해야 하며 이러한 개인의 구체성은 개인의 국가 속성을 포함한다. 그렇지 않으면 중국의 현대 국가 이데올로기는 허위 또는 '전도'된 다양한 낡은 이데올로기 형태를 초월해 그 과학성을 나타낼 수 없다. 사회주의는 구체적인 현실의 국가 형식 위에 건축된다는 것을 알아야 하며 사회주의 국가의 이데올로기는 또한 이러한 특정적이고 구체적이면서 현실적인 국가에 존재하는 개인, 즉 특정 지리적 공간, 역사적 공간 및 정치 공간에서 생활하며 특정한 감정적 지향, 가치지향 및 심리적 지향의 구체적인 개인 위에 건설된다. 이러한 의미에서 중국 사회주의 국가 건설과 중국 사회주의 국가 이데올로기의 구축은 반드시 중국 현대 국가건설의 내재적 규정성을 따라야 하며, 이러한 내재적 규정성의 가장 집중적인 표현은 현대 중국의 '역사적 국가, 현대 국가 및 사회주의 국가'로서의 삼중 속성이다.

현대 국가건설의 의미에서 '역사적 국가'로서의 중국의 규정성은 현대 중국이 역사적 중국을 계승한다는 것을 의미한다. 현대 중국 국가건설의 논리의 출발점으로서 현대 중국은 역사발전의 국정, 국력, 민중, 영토, 민족 등의 현실적 · 물리적 역사적 기반뿐만 아니라 역사적 기억에 기초한 정치전통, 정치 심리, 풍토적 인정, 민족 성격, 정치 정신 등의 관념과 문화적 역사적 기반을 계승하고 있다. 마르크스가 지적했듯이 "사람들은 자신의 역사를 스스로 창조하지만, 그들은 결코 자신이 선택한 조건이 아니라 과거로부터 직접 만나고 확립하면서 과거로부터 계승되어온 조건하에서 창조하는 것이다."31) "각 세대는 이전 세대가 마련한 토대 위에 근거하고, 전 세대의 산업과 왕래를 계속 발전시키고 필요에 따라 그 사회제도를 변화시키고 변화한다."32) 근대 이후 모든 중국인, 모든 계급, 정당 및 사회 세력과 관련된 위대한 사회 실천 운동으로서 현대 중국의 국가건설은 또한 성숙한 현대 국가를 창조할 수 없었고, 객관적인 역사적 기반(역사적 중국이 부여한 역사적 자원 또는 역사 중국이 초래한 역사적 제약) 위에서 국가 변혁을 완료해야 했다. 중국은 수천 년의 정치 문명을 가지고 있고, 2,000년 이상의 군주제 시대를 거쳤으며 세계의 다른 나라(현대화)와의 비교의미에서 이처럼 독특하고 두터운 역사적 기초는 현대 중국이 국가건설의 의제, 자원, 곤란, 경로, 과정 등 많은 방면에서 일반적이고 특수한 교감의 모습을 보여준다.

현대 국가로서의 중국의 내재적 규정성은 현대 중국 국가건설이 전통적인 국가 형태에서 현대 국가 형태로의 전환을 반드시 완성해야 한다는 것을 의미하며 이러한 전환의 역사적 과정은 정치적 가치, 정치 정신 및 정치제도 측면에서 전통적인 국가와 다른 기본 가치와 기본 정신을 구현해야 한다는 것을 의미한다. 마르크스는 바로 이러한 의미에서 자본주의 국가가 현대 국가 형태로서 노예제 국가와 봉건제 국가에 비해 역사적 진보의 의의를 긍정하고, 마오쩌둥, 덩샤오핑 등 전 세대 프롤레타리아 혁명가도 바로 이러한 의미에서 중국 사회주의 국가 건설에서 자본주의를 이용하여 사회주의를 발전시키고 자본주의 국가의 모든 유익한 지식과 문화를 배우는 사상을 발전시켰다. 1945년 마오쩌둥은 「연합정부를 논함」에서 "일부 사람들은 공산당 사람들이 왜 자본주의를 두려워하지 않는지 이해하지 못할 뿐만 아니라 오히려 일정한 조건에서 자본주의의 발전을 옹호한다. 우리의 대답은 간단하게 이렇다. 자본주의의 어떤 발전을 가지고 외국의 제국주의와 본국의 봉건주의 억압을 대체하는 것은 하나의 진보일 뿐만 아니라 피할 수 없는 과정이다." 지금의 중국은 "자국의 자본주의가 하나 더 있는 것이 아니라, 반대로 우리의 자본주의가 너무 적은 것이다."라고 말했다.33) 1949년 마오쩌둥은 「인민민주전정을 논함」에서 "자본주의를 없애기보다는 절제하는 것이 우리의 방침이다."[34]라고 말했고, 1956년 마오쩌둥은 「10대 관계를 논함」에서 중국과 외국과의 관계를 언급하면서 "우리의 방침은 모든 민족, 모든 국가의 장점을 배우고 정치, 경제, 과학, 기술, 문학, 예술 등 진정으로 좋은 것은 모두 배우자는 것"이라고 지적했다. "외국 부르주아 계급의 모든 부패한 제도와 사상과 기풍을 단호히 배척하고 비판해야 한다. 하지만 자본주의 국가의 선진 과학기술과 기업 관리 방법 중 과학에 합치하는 측면을 배우는 것은 방해하지 않는다."[35] 마오쩌둥은 "러시아의 신경제정책은 너무 일찍 끝냈다는 의심이 든다"라며 "자본주의를 없앨 수 있고 또 자본주의를 할 수 있다"[36]라는 구상까지 내놓았다. 마오쩌둥의 이 같은 사상을 계승한 덩샤오핑은 중국의 개혁·개방을 이끄는 과정에서 사회주의 국가와 자본주의 국가 간의 관계에 대한 인식을 새롭게 했다. "만약 오랜 역사 기간에 사회주의 국가의 생산력 발전의 속도가 자본주의 국가보다 느리다면 또 무슨 우월성을 말할 수 있는가?"[37] "개혁·개방이 발걸음을 못 떼고 감히 뛰어들지 못하는 것은, 말하자면 자본주의의 것이 많아질까 봐 자본주의의 길을 걷게 될까 두려워서이다"라고 지적했다.[38] 따라서 "무엇이 자본주의인지 정확히 따져야 한다"며 "어떤 것은 자본주의라고 말할 수 없다"[39], "계획경제는 사회주의와 같지 않고 자본주의도 계획이 있고 시장경제는 자본주의와 같지 않으며 사회주의에도 시장이 있다"라고 말했다. 이 때문에 덩샤오핑은 독립 자주와 자력갱생을 견지한다는 전제하에 "사회주의가 자본주의와 비교되는 우세를 얻으려면 인류사회가 창조한 모든 문명 성과를 과감히 흡수하고 참고해야 하고, 오늘날 자본주의 선진국을 포함한 세계 각국에서 현대화 생산 법칙을 반영하는 모든 선진 경영 방식과 관리 방법을

흡수하고 참고해야 한다"라고 강조했다.[40]

역사적 중국과 현대적 중국의 규정성은 중국이 역사적 중국의 구체적이고 현실적인 기초 위에서 현대화, 세계화, 미래지향적인 진정한 의미의 현대 국가를 건설해야 함을 의미한다. 현대화를 지향한다는 것은 중국이 현대화 건설을 통해 비교적 낙후되었던 정치, 경제, 문화, 사회 및 생태 발전 수준을 변화시키고 전환하며 현대 중국을 비교적 발전된 정치, 경제, 문화, 사회 및 생태 기반 위에 건설해야 함을 의미한다. 세계를 향한다는 것은 동시대의 세계 각국에, 세계의 여러 문명 즉 인류사회가 창조한 모든 문명에 대해 개방적인 태도를 움켜쥐는 것을 의미한다. 미래를 향한다는 것은 중국 현대 국가건설이 명확한 정치적 이론적 지향, 정치적 가치 선호, 제도적 지향, 노선 지향과 문화적 방향을 가지고 있다는 것을 의미하고, 즉 중국의 현대 국가건설은 명확한 정치적 틀과 발전 방향을 가지고 있으며 이러한 정치 틀과 발전 방향은 사회주의임을 의미한다. 국가 형태로 말하면 미래의 중국은 고도로 부강한 민주 문명, 조화롭고 아름다운 사회주의 현대화 강국을 건설하고 사회주의 현대화 국가 형태 아래에서 공산주의의 중국실현을 위해 계속 분투할 것이며 중국은 사회주의 초급단계의, 개발도상의, 중국 특색의 사회주의 현대화국가를 건설할 것이다.

바꿔 말하면 역사적 국가, 현대적 국가, 사회주의 국가의 3중 규정성은 중국 사회주의 국가 건설과 유기적으로 통일된다. 이러한 유기적 통일에서 사회주의 국가는 역사 국가와 현대 국가의 내재적 규정성의 통일을 실현하는 관건 요소이고, 역사 국가와 현대 국가의 규정성은 중국 사회주의 국가건설의 기본 제약 조건이다. 이러한 유기적 통일의 관계는 객관적으로 중국 현대 국가건설에서 사회주의 국가 규정성이 역사 국가와 현대 국가 규정성을 통섭할 것을 요구하고, 이러한 통섭의 전제이자 관건은 사회주의 국가 이데올로기가 역사 중국에 기반을 둔 중국 전통문화 및 현대 국가와 관련된 다양한 현대 정치 이데올로기의 흡수, 비판, 전환, 거부, 즉 사회주의 국가 이데올로기가 중국의 문화전통과 정치 현대성을 반영하는 모든 문화형태에 대한 효과적인 통섭을 구현하는 데 있다. 이것이 바로 우리가 흔히 말하는 중국의 이데올로기 구성에서 삼각관계라고 부르는 것, 즉 중국 전통문화, 서방문화와 사회주의 간의 관계이다. 이 삼각관계에서 마르크스주의의 지도적 지위를 견지하고 사회주의 주류 이념적 지위의 명제를 공고히 하는 것만이 의미가 있다. 따라서 중국 사회주의 국가 이데올로기 구성에서 사회주의에 대한 중국 전통문화의 친연성과 중국 전통문화에 대한 사회주의의 초월성을 실현하고[41] 세계 각국 특히 서구 선진 자본주의 국가의 문화에 대한 중국 사회주의의 개방성과 비판성을 두루 고려하는 것은 계급 형식에서 국가 형식으로의 중국 사회주의 이데올로기의 발전을 실현하는 관건이다.

(3) 사회주의 국가 이데올로기 이론적 무기로서의 양대 비판

2018년 시진핑은 마르크스 탄생 200주년 기념대회에서 중요한 연설을 통해 "마르크스주의는 늘 우리 당과 국가의 지도 사상이며 우리가 세계를 인식하고, 법칙을 파악하고, 진리를 추구하며, 세계를 개조하는 강력한 사상적 무기이다."라고 지적한 바 있다.

마르크스는 「포이어바흐에 관한 테제」에서 "인간의 사유가 객관적인 진리성을 갖는지 여부는 이론의 문제가 아니라 실천의 문제이다. 인간은 자신의 사유의 진리성, 즉 자신의 사유의 현실성과 역량을 실천 속에서 증명해야 한다"라며 "철학자들은 세상을 다르게 설명할 뿐이며 문제는 세상을 변화시키는 것이다."라고 말한다.42) 마르크스주의가 프롤레타리아와 프롤레타리아 정당의 이데올로기에서 한 국가의 이데올로기로 확장되고 사회주의 국가의 이념으로 구체화되며, 국가 전체의 마르크스주의를 장악하여 사회주의 국가의 강력한 이론적 무기가 되면 세계와 세상을 해석하고 세계를 개조하는 거대한 위력으로 분출된다.

사회주의 국가의 이데올로기는 이론적 무기로서 어떻게 사용될까? 누구에게 사용될까? 마르크스주의 시선에서 무기는 투쟁에 사용되며 이론 무기는 당연히 가장 먼저 정신 영역의 투쟁, 즉 세계를 해석하는 분야에서 투쟁해야 한다. 현대 중국에 있어 마르크스주의의 보편적 원리와 중국의 구체적인 실천을 결합하는 과정, 즉 마르크스주의의 중국화 과정, 그 결과 발생하는 이론적 성과의 진화 과정은 본질적으로 마르크스주의가 중국을 해석하는 이론 과정이고43) 중국 사회주의 국가 이데올로기의 생성과정이기도 하다. 중국 현대 국가 건설의 역사적 과정에서 이데올로기 영역의 투쟁은 장기간 존재할 것이다. 중국의 담론권 해석을 위한 사회주의와 기타 각종 이데올로기 간의 투쟁은 장기간 지속될 것이며, 다양한 비마르크스주의 이데올로기 형식의 사회주의 이데올로기에 대한 도전은 장기간 존재할 것이다. 변증법적으로 보자면 이는 또한 중국 사회주의 국가 이데올로기 건설의 기회를 구성한다.

정신 영역의 투쟁은 물질 영역의 투쟁을 준비하기 위한 것이다. 세계의 목적은 세계를 개조하는 것이고, 중국의 목적은 중국을 개조하는 것이며, 즉 전통 중국을 현대화된 사회주의 국가로 개조하는 것이고, 이는 이론적 무기로서의 사회주의 국가 이데올로기의 더욱 신성한 사명이다. 마르크스는 "이론이 사람을 설득하면 대중을 장악할 수 있고, 이론은 철저하기만 하면 사람을 설득할 수 있다. 철저하다는 것은 사물의 근본을 잡는 것이다. 그러나 인간의 근본은 인간 그 자체이다."[44] 따라서 중국 사회주의 국가의 이데올로기가 물질적 역량으로 변하는 전제는 군중을 장악하고 군중에 의해 장악되는 유기적 결합이다. 사회의식이 사회 존재에 반작용하는 과정에서, 현대 이데올로기로서 중국 사회주의 국가 이데올로기는 전통-현대 관계를 정확하게 처리해야 하며, 사회주의 이데올로기로서 중국 사회주의 국가 이데올로기는 자본주의-사회주의 관계를 정확하게 처리해야 할 필요가 있다.

그래서 중국 사회주의 국가의 이데올로기는 정신역량에서 물질역량으로 변화하는 과정에서 항상 두 가지 비판의 방향을 보여준다. 즉, 현대적 입장에 기초한 전통적인 중국에 대한 비판(또는 중국의 전통성에 대한 비판)과 사회주의적인 입장에 기초한 자본주의에 대한 비판이다. 이 두 가지 비판은 두 가지 현실 과정에 대한 것이다. 바로 중국의 현대화 운동 및 중국이 사회주의 국가로서 자본주의 국가와의 경쟁에서 생존해 상호 통일의 현실 목표에 이르는 것이다. 사회주의 방식으로 중국의 현대화를 추진하고 자본주의에 대한 사회주의의 우월성을 입증하려면 하나의 현실 운동으로 통일된다. 바로 현대 중국 사회주의 실천이다.

중국의 현대화는 본질적으로 전통 중국과 현대 중국의 대화이며, 전통 중국을 이해하지 못하거나 역사적 중국을 이해하지 못하면 전통 중국 또는 역사적 중국(중국 현대화)의 내재적 수요와 현실 조건을 이해할 수 없다. 또 과학적이고 합리적인 현대화 중국 방안, 중국 노선과 중국 제도를 설계해낼 수 없다. 중국 사회주의 국가 이데올로기는 본질적으로 이러한 중국 방안, 중국 노선과 중국 제도에 관한 설계체계이고, 역사 중국 전체를 사회주의 이데올로기에 포함시키는 과학성과 합리성은 중국 사회주의 국가 이데올로기의 과학성과 합리성을 결정한다. 다시 말해 사회주의 이데올로기는 역사 중국-현대 중국에 관한 합리적이고 과학적인 인식, 해석, 평가체계 및 행동전략을 어느 한도로 제공할 수 있는지 여부, 중국 사회주의 국가 이데올로기는 정신역량에서 물질역량으로 비판적 무기에서 무기의 비판으로 변화할 수 있는지 여부를 결정한다. 중국 사회주의 국가의 이데올로기 건설은 실제로 이러한 비판 무기의 단련이며, 이러한 의미에서 이러한 비판 무기는 경직되고 변하지 않는 것이 아니라 항상 닦고 다듬어야 한다. 이러한 비판적 차원(즉 현대적 입장에 기초한 전통 중국에 대한 비판적 차원 중 발전의 문제)은 (그 핵심은 생산력을 해방하고 발전시키는 것) 현대 중국이 전통 중국과 구별되는 첫 번째 중요한 특징이 된다. 개혁은 사회주의 틀에서 발전 문제를 해결하는 기본 방식이 되었기[45] 때문에 개혁은 사회주의 중국에 있어 '끝이 없다', '영원히 길에 있다'고 할 수 있다. 이 비판의 방향은 또한 현대 중국의 사회주의 추구가 역사 중국이 제공한 역사적 기초와 현실적 조건과 올바른 방식으로 결합하지 않으면 중국 현대화가 성취될 수 없고 중국의 사회주의도 반드시 좌절을 겪게 되는데, 이는 중국공산당의 100년 분투사, 중화인민공화국의 70년여의 국가 건설사와 40년의 개혁개방사가 충분히 증명한다.

중국의 역사적 토대를 바탕으로 사회주의 방향의 발전을 실현하려면 반드시 이데올로기상의 중대한 이론과 실천적 문제를 명료하게 정리해야 한다. 즉 사회주의-자본주의 관계의 문제이다. 이는 바로 중국 사회주의 국가 이데올로기에 대한 또 다른 비판적 경향인 사회주의 입장을 기반으로 한 자본주의에 대한 비판과 관련이 있다. 사회주의 국가가 자본주의 국제 시스템을 찢고 탄생한 이래 사회주의 국가의 이데올로기적 수준에서 자본주의에 대한 비판은 자본주의 국가 시스템에 의한 사실상의 오랜 압박과 투쟁과 함께 계속 전개됐지만, 이러한 비판의 형태와 방식은 시대에 따라 조금씩 다르다. 반드시 똑똑히 밝혀야 할 것은 세계화 운동의 심도 있는 발전에 따라 사회주의 국가와 자본주의 국가를 포함한 여러 나라와 민족 간의 지속적인 성장과 심화된 글로벌 문제, 공통 도전의 존재로 인해 사실상의 '인류운명공동체'46)가 형성되고 있고, 이 운명공동체 내에서 국가 간의 협력과 상호 의존은 인류가 글로벌 문제와 공동 도전에 직면하는 전제가 되었다. 그렇기 때문에 사회주의 국가와 자본주의 국가 간의 구동존이(求同存異), 문명 간 달콤한 공존은 사회주의 중국 현실, 이성적 국가 외교 전략의 기본 가치와 원칙이 되었다. 따라서 사회주의 국가의 이데올로기에 의한 자본주의에 대한 비판은 국제 관계와 외교 정책에서 자본주의 국가와의 전면적인 대결을 의미하지 않는다. 정신역량에서 물질역량으로의 이러한 비판은 근본적으로 과학 이론으로서의 철저함에 뿌리를 둔 정신역량에서 물질역량으로의 자기표현과 상호비교로 표현되며 사회주의 국가는 이념적 투쟁을 통해 현대 국가로서의 완전성과 확실성을 획득하는 역사적 과정으로 표현되며, 현실적으로는 자본주의 국가가 사회주의 국가에 가하는 압력과 투쟁에 대한 이론적 대응으로 표현되는 경우가 많다. 마르크스주의 정치학의 맥락에서 자본주의에 대한 마르크스주의적 비판에는 물론 자본주의 국가의 역사적 공헌에 대한 긍정도 포함되는 것처럼, 비판은 단순하고 일방적인 부정과 같은 것이 아니다.

4. 민족부흥의 사상적 기초

마르크스주의를 지도하는 국가 이데올로기로서 사회주의 국가 이데올로기는 본질적으로 중국 사회주의 발전에 관한 과학적 이론체계이므로 사회주의 국가 이데올로기의 핵심정치적 기능은 중국사회의 발전적 컨센서스를 결집하여 현대 중국의 발전을 촉진하는 것이다. 그리고 '이데올로기 응집 발전 컨센서스'의 핵심 정치 기능의 실현은 국가 이데올로기와 사회의 결합을 전제로 하며, 이러한 결합은 두 가지 주요 측면을 포괄한다. 첫째, 과학 이론과 사회 실천의 결합으로, (중국 발전에 관한) 사회주의 국가의 이데올로기적 담론이 현대 중국 발전의 완전한 논리를 완전히 반영할 것을 객관적으로 요구한다. 둘째, 이데올로기와 사회 주체(생활)의 결합이다. 객관적으로 국가 이데올로기의 구성 및 전파에서 사회 주체와 사회생활의 경계를 연결하고, 국가 이데올로기로서 사회 대중의 정치적 정체성을 형성하는 과정에서 사회 주체와 사회 가치가 국가 이데올로기 구성에 참여하고 표현할 권리가 인정되는 것을 말한다.

민족부흥은 근대 이후 중화민족의 가장 위대한 꿈, 정당 건설, 국가 건설 및 사회 발전의 공통 지향이며 '당의 주장'이다. 국가 이데올로기와 사회적 가치의 결합으로 생성된 통시성 과제이기도 하다. 바로 이런 의미에서 "국가 부강, 민족진흥, 인민 행복"을 기본 함축으로 하는 중화민족의 위대한 부흥의 중국몽은 "국가의 꿈, 민족의 꿈이자 모든 중국인의 꿈"이다.[47] 중국몽은 인민의 꿈이고 반드시 중국 인민의 아름다운 삶에 대한 동경과 결합해야만 성공할 수 있다.[48] 민족부흥은 본질적으로 '인민 중심'인 중국의 현대 국가 건설과 사회주의 현대화 문제, 즉 '사람 중심, 인민 중심'의 발전 문제이며, 개발 문제는 발전 컨센서스를 결집하는 것을 목표로 하는 사회주의 국가 이데올로기의 개입과 참여와 불가분의 관계이다. 중화인민공화국 건국 후 70년 이래 이데올로기와 국가 발전 사이의 상호작용은 사회주의 국가 발전의 완전한 논리를 생성할 뿐만 아니라 사회주의 국가 이데올로기에서 해방, 발전, 거버넌스 및 가치 회귀를 위한 언어 체계를 생성했다. 현재 중국에서는 중국 사회주의 국가 발전의 완전한 논리를 완전히 구현해야 현대 중국의 발전 컨센서스를 최대한 결집할 수 있고 중국사회 주체의 생활과 실천에 최대한 부합하고 정치적 공감을 최대한 얻을 수 있으며 사회를 통합하고 발전을 촉진하는 정치 기능을 충분히 발휘해야 '입의달의', '입당입국'을 기반으로 '흥당흥국'을 실현할 수 있다.

(1) 민족부흥의 본질은 국가 발전 문제

시진핑은 "중화민족의 위대한 부흥을 이루는 것은 바로 중화민족의 근대 이후 가장 위대한 꿈이다."[49)]라고 언급했다. 중국의 사회주의 국가 이데올로기 기본 틀에서 중화민족의 위대한 부흥과 중국의 부상과 사회주의 발전은 유기적으로 통일되어 있다. 중화민족 부흥 개념의 형성은 역사적 발전 과정을 가지고 있으며, 근본적으로 민족부흥의 정치적 담론은 근대 중국 민족의 몰락과 국가 쇠퇴의 자극적 산물이다. 일부 학자들은 민족부흥 개념 형성의 역사적 과정에서 19세기 말에 쑨원이 '중화 진흥'이라는 슬로건을 제시했다고 지적했다. 이는 '중화민족 부흥' 개념의 최초 표현이다. 20세기 초에 양계초가 '중화민족'이라는 용어를 제안하여 '중화민족 부흥'이라는 개념 형성에 중요한 역할을 했다.[50] 5 · 4운동 전후, 리다자오는 '중화민족의 부활' 사상을 제시했는데, 이는 '중화민족 부흥'이라는 개념이 기본적으로 형성된 중요한 상징이다. 9 · 18사변(만주사변) 이후 '중화민족의 부흥'의 개념은 최종적으로 광범위한 영향력을 가진 사회 사조가 되었다.[51] 그러나 중화민족이 부흥할 수 있는지 여부와 그 방법에 대한 이론과 실천 사이에 대한 과학적 답변은 민족부흥 담론의 이데올로기적 구축을 실현하는 핵심이다. 중화민족의 위대한 부흥과 중국 국가건설의 사회주의 미래를 결합함으로써 마오쩌둥은 민족부흥 담론의 사회주의 전환, 즉 민족부흥 담론의 사회주의 이데올로기 구축을 효과적으로 실현했다. 마오쩌둥은 중화민족의 우수한 자질, 중국의 지대물박(地大物博), 사회주의 제도의 우월성이 중화민족의 위대한 부흥을 실현하는 세 가지 유리한 조건이라고 지적했다.[52] 중국 혁명과 중화민족 부흥을 두 개의 연속된 단계 또는 '한 페이지'로 구분함으로써, 즉 신민주주의 혁명을 통한 민족해방과 국가 독립, 사회주의 혁명과 건설을 통한 민족 진흥과 국가 부강을 실현하고자 했다. 마오쩌둥은 중화민족 부흥에 대한 과학적인 전략 계획을 세웠는데, 이 전략 계획은 덩샤오핑 이론, 삼개 대표 중요사상, 과학발전관과 시진핑 신시대 중국 특색 사회주의 사상을 포함한 중국 특색 사회주의 이론을 계승 발전시켜 지금까지 영향을 미치고 있다.

근대 이후 중화민족 진흥의 역사적 과정과 전통 국가에서 현대 국가로의 중국의 국가 형태 변화 과정이 통합되었고, 민족진흥의 역사적 과정과 중화민족의 개념에서 실천으로의 구축과정도 통합되었다. 전통 중국 사상 세계에는 현대적 의미의 민족 관념이 없지만, 이는 전통 중국이 근대 중국 이후 민족이 구축한 사상과 문화자원에 영향을 미치지 않았다는 의미는 아니며, 물론 이러한 영향은 긍정적인 의미와 부정적인 의미를 모두 가질 수 있다. 전통 중국의 '종족분별'과 '문화민족'의 개념에 기초하여 현대적 의미의 '중화민족'을 정제하는 것은 전통 중국의 '문화국가', '천하 국가' 국가 형태에서 현대적 의미의 '정치국가'의 발전 방향과 내재적 일치성을 가지고 있으며, 양자의 결합은 전통적인 국가 형태와 대조되는 보편적인 현대 국가 형태인 민족국가이다. 이런 의미에서 민족과 국가의 상호 형성과 상호 변화는 근대 이후 중국 국가건설의 내재적 수요이다. 이것은 중국이 현대 국가로서 새로운 민족 형태인 중화민족을 기반으로 해야 한다는 것을 결정하며, 중화민족은 현대적 의미의 국족(國族)으로서 중국 현대 국가를 정치 공간으로 삼아야 하므로 중화민족의 부흥은 반드시 국가 형식을 채택해야 하며, 즉 중국 현대 국가 형식의 획득을 전제로 하고 현대 중국의 국가 현대화를 표현 형식으로 삼아야 한다. 이러한 현대 국가 형태는 궁극적으로 사회주의 국가로 구현되고 이러한 국가의 현대화 운동은 궁극적으로 사회주의 현대화 운동으로 구체화된다. 바로 이러한 의미에서 "사회주의 현대화의 실현과 중화민족의 위대한 부흥의 실현은 동전의 양면과 같다"라고 할 수 있다.53)

따라서 민족의 현대적 형태인 중화민족과 국가의 현대적 형태인 사회주의 국가의 유기적 결합은 중화민족의 부흥과 사회주의 국가 현대화의 핵심이다. 이러한 결합은 내재적으로 사회주의 국가의 현대화 발전이 반드시 중화민족 전체를 포괄하는 현대화가 되어야 하며, 내재적으로는 중화민족 전체를 포괄하는 이러한 현대화가 본질적으로 현대 국가로서의 사회주의 국가 형태로 추진되어야 함을 요구한다. 사회주의 국가만이 전통 국가에서 현대 국가로의 전환에서 인민과 노동계급의 광범위하고 철저한 정치적 해방을 실현할 수 있고, 이러한 광범위하고 철저한 정치적 해방으로 창출된 '사회적 조건'과 제도적 우월성에 의존하여 생산력을 크게 해방시킬 수 있기 때문이다.54) 마오쩌둥은 바로 이런 의미에서 중국의 전통적인 정치 형태가 보여주는 전제국가이자 현대 국가와는 다른 자본주의 형태의 사회주의 국가 우월성을 논하면서 "우리가 인민에 의지하여 인민 군중의 창조력이 무궁무진하다고 굳게 믿고 인민을 신뢰하며 인민과 하나가 된다면 어떠한 어려움도 극복할 수 있고 어떤 적도 우리를 압도할 수 없으며 단지 우리에게 압도될 뿐"55)이라며 "사회주의는 자본주의와 비교하면 우월성이 많고 중국 국가 경제의 발전은 자본주의 국가보다 훨씬 빠를 것이다"56)고 말했다.

요컨대, 민족부흥의 담론 체계는 중국 사회주의 국가 이데올로기의 유기적 구성요소이며, 중화민족 부흥, 중국 현대 국가건설, 중국 사회주의 현대화 사이의 내재적 연결로 인해 사회주의 국가 이데올로기는 중국 현대 국가건설 논리, 사회주의 현대화 논리에 대한 명시이자 반영일 뿐만 아니라 중화민족 부흥 정치 논리에 대한 명시이자 반영이기도 하다. 이것은 근본적으로 현대 중국 국가건설, 사회주의 현대화 건설과 중화민족 부흥 과정에서 없어서는 안 될 중국 사회주의 국가 이데올로기의 정치적 기능을 결정한다.

(2) 이데올로기 구축과 국가 발전의 상호작용 논리

앞서 언급한 바와 같이 국가의 발생과 진화를 수반하는 오랜 정치 현상으로서 이데올로기는 현실 국가의 정치구조와 정치 과정에서 필수불가결의 연결고리이자 차원이다. 그렇다면 이데올로기의 현실 정치적 기능 발휘는 국가 형태의 변화와 국가건설의 정치 논리의 변화에 따라 조정될 수밖에 없다. 따라서 전통 국가에서 현대 국가로의 중국의 국가전환과 중국 현대 국가건설의 정치 형태의 전환을 이해하는 것은 중국 사회주의 국가의 이데올로기적 정치 기능을 이해하는 전제조건이 된다. 전자는 중국의 국가형태(유형)의 신구 변화를 의미하고, 후자는 사회주의 국가 건설의 역사에서 통일적이고 연속적인 사회주의 국가 형태에서 서로 다른 역사단계의 구체적 국가 형태(정치 형태)[57]와 정치 논리의 전환을 의미한다.

슈무엘 아이젠슈타트는 중화제국을 '문화적' 지향사회의 전형적인 대표로 꼽으며, 전통적인 "중국의 집권 엘리트 정책은 일반적으로 설립-수탈성 및 조절적 정책을 특징으로 하지만 촉진형 정책은 도리어 매우 적다"라며 "이러한 사회의 특정 목표와 가치에 대한 강조는 특정 유형의 사건에 민감하게 반응하고 이러한 사건에 대처하는 데 특별한 어려움을 초래한다"[58]라고 지적했다. 중국 전통 국가에서 이데올로기 역할의 방향을 결정하는 것은 발전보다는 유지에 지향되어 있다. 즉, 중국 전통 국가는 발전을 전제로 하지 않고 국가정책과 이념 구성의 주요 기능은 발전을 촉진하는 것이 아니라 통치질서와 일정한 정치적 가치를 유지하는 데 있다. 따라서 중화제국은 사실상 전형적인 "전통적인 통치형 국가"의 형태[59]를 보여준다. 발전은 현대 국가와 고전 국가의 가장 근본적인 차이점이며 마르크스주의 정치학의 이론적 시각에서 발전은 자본주의 국가와 자본주의 국가의 형태를 초월한 사회주의 국가를 포함한 모든 현대 국가의 본질적인 특징이다. 현실적으로 경쟁적인 국제 체계에 있는 현대 국가의 경우 발전은 국가의 존립과 폐기의 기초가 되었으며 국가의 '최우선 과제'가 되었다. 중화민족 부흥의 본질은 현대 국가 건설(현대 국가의 형태를 획득) 및 현대 국가건설의 주도하의 국가 발전(현대화)이다.

따라서 현대 국가의 경우 효과적인 발전을 촉진하는 것은 국가의 정당성과 합법성의 중요한 원천이 되고 자본주의 국가에 대한 사회주의 국가의 우월성을 집중적으로 반영하며 이는 국가 이데올로기 역할의 기본 방향을 근본적으로 변화시키고 '발전 컨센서스의 응집'은 중국 사회주의 국가 이데올로기의 핵심 정치 기능이 되었다.

그러나 이데올로기는 '발전 컨센서스의 응집'을 통해 국가 발전을 촉진하는 정치 기능의 실현은 사회주의 국가 이데올로기가 중국 현대 국가 건설과 사회주의 현대화 운동의 논리와 규칙의 제시와 명시에 의존한다. 동시에 이와 같은 제시와 명시는 반드시 과학적이고 전면적이며 철저해야 하며, 다시 말해 중국 사회주의 국가 이데올로기 정치 기능의 발휘는 중국의 현대 국가 건설과 사회주의 현대화 논리와 법칙의 과학성, 완전성, 개방성과 체계성을 파악하는 자체적인 구축능력과 조정능력에 의존하는 것이다. 중화인민공화국 건국 이후 중국 사회주의 국가 건설과 사회주의 현대화의 역사적 과정에서 이데올로기와 사회 실천 사이의 상호작용은 현대 중국의 발전60)을 서로 구별되는 동시에 서로 연결된 여러 역사적 단계로 나누고, 서로 구별하고 연관시키는 몇 가지 정치 논리로 생성되었다.

사회주의 운동을 틀과 방안으로 하는 현대 중국 국가건설 과정에서 중국의 현대 국가 건설과 국가 발전은 '해방으로부터 현대성 추구', '발전으로부터 해방 추구', '통치로부터 발전 추구'의 다양한 단계를 거쳤다. 이러한 단계에 따라 국가건설의 주제 및 경제-사회, 역사-문화와 지정학적 제약으로 인해 정치 원칙, 정치적 가치, 사회조직 방식 및 경제발전 전략이 각 단계에 따라 다르며 정치 형태, 국가 형태와 이데올로기가 다르게 나타난다. 따라서 해방형 국가와 해방형 이데올로기, 발전형 국가와 발전형 이데올로기, 신거버넌스형 국가와 신거버넌스형 이데올로기는 역사의 연속성에 기반을 둔 측면이 있을뿐더러 서로 구별되는 측면도 있다. 서로 다른 역사적 조건에서 사회주의 국가의 이데올로기 및 국가건설 실천 사이의 상호작용 패턴은 이러한 단계를 구분하는 중요한 근거이며 이러한 서로 다른 역사적 단계는 현대 중국 국가건설의 비교적 완전한 정치논리를 구성한다.[61]

혁명은 해방형 정치에서 가장 중요한 역사적 사건이다. 기존의 국가정권과 전통적 전제 정치 형태를 전복시키는 혁명운동 및 혁명으로 나라를 세운 국가의 형태인 해방형 국가에 대해 권력이 집중된 정치설계와 일원화된 지도방식, 획일화된 경제기반, 순수하고 견고한 이데올로기 구축(해방형 이데올로기) 및 강력한 군사적 지원, 이러한 요소의 공통 목표는 강력한 조직적 정치역량 또는 국가역량을 구축해 정치·경제적 해방과 사회해방을 완성하고 인간의 해방을 실현하는 것이다. 발전형 국가에게 개혁은 발전형 정치에서 가장 중요한 역사적 사건이다. 정권의 통일형태에 따른 적당한 분권, 다원화된 경제기초, 현실주의의 혁신적 이데올로기(발전형 이데올로기) 및 경제, 사회 개혁 과정에 부합하는 군사 변혁은 개혁·개발 및 안정 관계를 조정하고 국가 발전 목표의 첫 번째 핵심 과제를 달성하는 것을 그 목표로 한다. 발전형 국가에서 가장 중요한 것은 경제발전의 동력을 창출하고 얻는 방법이며, 그 특성으로 발전형 국가의 시장 원칙과 물질적 이익의 인정, 특정 기간에 여러 '쌍궤제(雙軌制)' 정책의 적용, '선부(先富)', '후부(後富)' 관계에 대한 합리적인 토론 등은 모두 해방형 국가에 대한 일종의 돌파구를 반영한다. 개혁개방 이후 발전형 국가가 창출한 발전 자체는 발전형 국가의 경제적, 사회적 기반을 점점 더 개량하고 있으며 새로운 국가 목표에 대한 중국사회의 내재적 요구를 내포하고 있다. 기존의 발전 방식이 지속되기 어렵고 다양한 문제가 점차 더 드러날 때 역사는 '거버넌스에 대한 발전 추구'와 '민주에 대한 거버넌스 추구'의 새로운 시대로 접어드는 것이다. 이 시기 국가건설의 주제에서 말하자면, 일종의 '발전에 기초한 새로운 거버넌스형 국가'[62]를 건설하는 것을 주선(主線)으로 하여 국가 발전의 단기효과가 아닌 국가의 장기적 사회질서와 생활 안정의 도리를 모색하며, 현대 중국 국가건설과 사회주의 현대화의 발전은 국가 거버넌스 체계와 거버넌스 능력의 현대화를 현실 목표로 하는 새로운 단계로 진입했다. 이 단계는 또한 사회주의 국가의 이데올로기 구성에 대한 새로운 시대적 요구 사항을 제시하며 "거버넌스형 이데올로기"의 구축은 국가 거버넌스 현대화의 내생적 요구가 되었다.[63]

70년 이상 중국 사회주의 국가의 이데올로기와 중국의 발전 실천 사이의 상호작용 관계에서 이데올로기 구축은 종종 국가 건설과 현대화 발전의 선도자가 되었으며 이데올로기 조정은 종종 국가 건설과 현대화 발전 전략 조정의 선도자가 되었다. 말할 필요도 없이 사회주의 중국 건설사에서 중국 사회주의 국가 이데올로기 건설에 실수와 좌절을 겪었으며 이러한 실수와 좌절은 중국 사회주의 현대화 건설의 곤란과 좌절의 중요한 원인이었다. 그러나 시진핑이 개혁개방의 전후 2단계는 서로를 부정할 수도 없고, 부정해서도 안 된다고 지적했듯이, 우리는 중국 사회주의 국가 이데올로기와 중국 현대화 건설 70여 년의 상호작용에서 경험과 교훈을 총결산하여 현재와 미래의 이데올로기 건설을 일깨워야 한다. 여기서 가장 중요한 세 가지 교훈이 있다.

첫째, 이데올로기 전파-통합 방식은 사회 형태의 변화에 따라 적시에 조정되어야 한다. 사회주의 이데올로기가 사회에 전파되는 방식은 사회주의 국가의 이데올로기를 구축하는 방식이기도 하므로 사회주의 국가의 이데올로기가 사회의식과 중국사회를 통일하는 통합 방식이기도 하다. 이러한 이데올로기의 전파-통합 방식은 중국 현대 국가 건설과 사회주의 현대화 운동의 결과인 사회 성장, 사회구조, 사회조직방식의 변화에 따라 반드시 적시에 조정되어야 한다. 개혁개방 전 중국 사회구조의 동질화, 사회조직 방식의 단위화 및 국가정치구조와 사회구조에서 중국공산당의 독특한 지위에 기초하여 사회주의 국가의 이데올로기 전파-통합 방식은 사실 주입 방식을 채택하고 있으며 이러한 이데올로기의 전파-통합 방식은 일정한 역사적 조건하에서 필연성, 합리성과 진보성이 있지만 동시에 결함과 단점도 있다. 개혁개방의 발생과 심화에 따라 시장경제의 성장과 중국사회의 발전은 현대 중국의 정치구조와 사회구조를 크게 변화시켰고, 특히 인터넷 정보기술의 발전이 중국의 사회조직 방식과 사상전파 방식에 큰 영향을 미쳤기 때문에 기존의 강제주입형 이데올로기 전파-통합 방식의 결함과 단점은 부단히 확대되어 새로운 이데올로기 전파-통합 방식, 즉 이데올로기의 창조발전형 통합 방식이 탄생했다. 이 두 가지 이데올로기 통합 방식의 근본적인 차이점은 전자는 조직(당 조직, 단위조직과 사회조직 포함)의 역량을 빌려 순수성과 견고성을 갖춘 이데올로기 시스템을 전파, 주입, 유지하며 후자는 사회(개체, 집단, 조직, 네트워크)가 이데올로기의 창조, 발전 및 전파에 참여할 수 있는 권리와 자주권을 인정하고 이데올로기 자체의 유연한 공간과 발전 공간을 인정하며 이데올로기가 사회에서 스스로를 구축해 사회를 통합한다는 것이다.[64]

둘째, '이인위본(以人爲本, 사람 중심)'은 현대 중국 사회주의 국가의 이데올로기가 발전적 컨센서스를 응집하는 핵심 원칙이다. 이데올로기의 전파-통합 방식의 조정과 관련하여 이인위본 발전관의 제안은 중국 사회주의 국가 이데올로기 건설의 중요한 전향을 상징한다. 정치적 가치와 정치적 이념으로서 '이인위본'은 마오쩌둥의 인민관과 인민을 위한 복무 사상을 계승할 뿐만 아니라, 덩샤오핑은 사회주의의 본질(공동부유)을 과학적으로 정의하였고, 장쩌민은 '삼개 대표'라는 중요한 사상을 내세워 가장 광범위한 인민의 근본 이익을 대표한다고 강조했다. 후진타오는 인간을 근본으로 하여 전면적인 조화의 지속 가능한 발전을 제기했고, 시진핑의 '인민을 중심으로 하는' 사상은 중국 사회주의 이데올로기의 계보에서 일맥상통하는 것이다. 동시에 '이인위본'은 중화의 우수한 전통문화, 서양을 포함한 현대 정치 문명의 이념과 마르크스주의의 전면적인 발전을 통합하고[65] 현대 중국사회의 발전에 대한 공감대를 결집하는 최대공약수가 되었다. 하나의 발전관과 사유 방법으로서 '이인위본'은 사회주의 국가 이데올로기 구축에서 사회 주체의 담론권과 참여권을 인정하고, 사회주의 국가 이데올로기의 전파와 수용에서 사회 주체의 자주권과 성찰권을 인정하며, 이는 이데올로기의 핵심내용인 가치체계에 대한 사회의 자각적 인식이 사회주의 국가 이데올로기 구축의 핵심 고리가 됨을 의미한다.[66] 요컨대, '이인위본'은 이데올로기가 정당과의 결합을 실현하여 '당의 주장'이 되어야 할 뿐만 아니라, 국가와의 결합을 실현하여 국가 이데올로기가 되어야 하고, 사회와의 결합 즉 사회구성원과 사회 주체 간 가치관의 정신형태를 내재화해야 함을 의미한다. 그래야만 진정으로 '각 민족의 발전을 위한 컨센서스를 결집'하고 사회주의 국가의 발전을 촉진하는 정치적 기능을 수행할 수 있다.

셋째, 사회주의 국가의 이데올로기는 중국 발전의 완전한 논리를 포괄적으로 드러내고 제시해야 한다. 사회주의 국가 이데올로기의 중국 현대 국가 건설과 사회주의 현대화 발전에 대한 완전한 정치 논리의 명시, 제시와 간결은 이데올로기가 발전 컨센서스를 결집하기 위한 전제조건이다. 현대 중국 발전의 완전한 논리는 중국 사회주의 혁명, 건설, 개혁, 거버넌스의 역사적 운동과 상술한 '해방으로부터 현대', '발전으로부터 해방', '거버넌스로부터 발전', '민주로부터 거버넌스를 구한다'는 논리적 연계 속에 존재하고 중국 현대 국가 건설은 중국 전통 국가로의 초월과 회귀의 이중적 양상 속에 존재하며, 중국 사회주의 국가의 발전은 자본주의 국가의 형태에 대한 학습, 비판, 초월 속에 존재한다. 현대 중국 발전의 완전한 논리를 분리하는 것은 중국 사회주의 국가 이데올로기의 완전성을 분리시키고 그 과학성을 훼손시키며 개방성을 차단하고 그 계통성을 해체하는 것이다. 즉, 중국 사회주의 국가의 이데올로기 건설은 해방 논리, 발전 논리, 거버넌스 논리 및 민주 논리를 고려하여 사회주의 국가의 형태에서 정치해방과 사회해방 이론, 사회주의 현대화 이론, 사회주의 국가 거버넌스 이론과 사회주의 민주발전 이론을 충분히 발전시켜 통일되고 연속적이며 상호 지원되는 각각의 이론체계, 가치 시스템 및 관념 시스템에 배치해67) 일종의 논리가 지배적이지 않으면서 소홀히 되지 않도록 해야 한다.

(3) 국가 거버넌스 현대화에서의 이데올로기 구축-적응 능력

"오랜 노력 끝에 중국 특색의 사회주의가 새로운 시대에 진입했으며, 이는 중국 발전의 새로운 역사적 방향이다."68) 2016년 11월,

시진핑은 쑨원 탄생 150주년 기념대회에서 "오늘 우리는 역사상 어느 시기보다 중화민족의 위대한 부흥이라는 목표에 근접해 있고, 역사상 어느 시기보다 더 자신 있고, 이 목표를 달성할 능력이 있다"라고 언급했다. 중화민족의 위대한 부흥, 중국 현대 국가 건설과 사회주의 현대화 발전의 '새로운 역사적 방향'인 '중국의 새로운 역사 방향'은 집권 정당, 국가, 중화민족과 중국 인민에게 새로운 역사적 과제와 시대적 주제를 제시하고 이러한 역사적 과제와 시대적 주제를 완성하기 위한 정당의 역량과 국가 능력에 새로운 요구가 제시되었다. 앞서 언급한 중국 발전의 정치 논리로 볼 때 이러한 새로운 역사적 과제와 시대적 주제는 국가 통치 시스템과 거버넌스 능력의 현대화, 즉 국가 거버넌스 현대화를 추진하는 전체 상황과 관련된 역사적 과제에 초점을 맞추고 있다. 이런 의미에서 중국공산당 18기 3중전회에서는 '중국 특색 사회주의 제도를 개선하고 발전시키며 국가 통치 체계와 거버넌스 능력의 현대화를 추진한다'를 전면적인 개혁 심화의 총 목표로 설정했다.

중국은 국가 거버넌스 현대화 명제를 국가 발전의 역사적 과정과 완전한 논리에서 분리할 수 없다. 반대로 국가 거버넌스 현대화를 사회주의 혁명, 건설과 개혁의 전체 과정에 배치하고, 전통 국가에서 현대 국가로 전환하는 전체 과정과 '해방으로부터 현대', '발전으로부터 해방', '거버넌스로부터 발전', '민주로부터 거버넌스를 구한다'는 중국 발전의 완전한 논리에 배치함으로써 중국 사회주의 국가의 이데올로기와 현실 사회운동과 사회 실천의 상호작용 과정으로 이해해야 한다. 그래야만 국가 거버넌스 현대화의 완전한 함의와 현대 중국 사회주의 국가 이데올로기의 구축과 적응과 국가 거버넌스 현대화 사이의 내재적 관계를 이해할 수 있다. 중국 국가 발전의 역사적 과정과 완전한 논리 속에서 국가 거버넌스의 현대화는 발전을 기반으로 한 거버넌스 현대화, 즉 발전된 국가와 사회 및 발전된 국가-사회관계를 토대로 한 거버넌스 현대화로 나타나며 발전을 목적으로 하는 거버넌스 현대화를 구현하고, 회귀하며 지향하는 현대 정치 가치의 거버넌스 현대화로 나타난다. 요컨대 거버넌스는 발전, 발전을 위한 가치 회귀를 토대로 하고 현대 중국의 국가 거버넌스 현대화는 발전 논리에 대한 부정이 아니라 발전 논리의 일부이다. 국가 거버넌스 현대화의 과정에 의해 뒷받침되고 창조되는 거버넌스 담론은 민주, 자유, 공정, 정치의 가치 담론을 대체하려는 실용주의와 기술주의의 거버넌스 담론이 아니라 사회주의 정치 가치와 정치 도덕을 통합하는 현대 가치 시스템을 구현·복원·창조하는 거버넌스 담론이다.69) 이것은 근본적으로 현대 중국 이데올로기 건설과 국가 거버넌스 현대화의 본질적 관계를 결정한다. 현대 중국 발전의 전체 역사과정 중에서 사회주의 국가 이데올로기가 한 번도 자리를 비운 적이 없었듯이, 현대 중국 발전의 완전한 정치 논리의 일부인 국가 거버넌스 현대화 과정에서 발전 컨센서스를 결집하는 사회주의 국가 이데올로기도 없어서는 안 된다.

국가 통치 체계와 거버넌스 능력의 현대화는 객관적으로 이데올로기의 구축과 조정에 있어서 중국 사회주의 국가 이데올로기 체계와 능력의 현대화를 전면적으로 추진해야 하고, 이를 위해서는 사회주의 국가의 이데올로기 구성·조정 능력을 충분히 발전시켜야 한다. 천밍밍은 신중국 성립 이래 주류 이데올로기의 진화는 계급투쟁 중심의 시기에는 초월적 혁명적 정치 동원과 질서 재건, 경제건설 중심의 시기에는 시장과 효율을 목표로 하는 개혁개방, 사회건설 중심의 시기에는 다원화된 배경에서의 분배 정의와 협상 공감 등 세 가지 시기를 거쳤다고 본다. 개혁개방 이후 중국의 주류 이데올로기는 현대화의 담론을 계승하여 시장화, 민주화, 법치화, 민생 행복을 국가 정치발전 논리와 주류 이데올로기 체계에 계승하여 사회주의 국가 이데올로기의 조정적 발전 논리를 충분히 나타냈다.70) 이러한 이데올로기의 구축과 조정은 중국공산당과 사회주의 국가의 문화-이데올로기 영도권을 실현하는 근본적인 보장이다.

현시대에 세계화의 심화와 인터넷 정보기술의 발달, 중국과 외국의 다원적 이데올로기 간의 충돌과 충격에 따라 중국공산당과 사회주의 국가의 문화-이데올로기 영도권 구축은 중국 사회주의 국가 건설 역사상 어느 시기보다 복잡하고 긴박하다. 마르크스주의 정치학의 원리는 중국에 있어 이데올로기의 계급적 본질에 기초한 이데올로기 분야의 투쟁은 장기간 지속될 것임을 시사하며, 이러한 투쟁은 국가 내에서뿐만 아니라 '당과 비당(非黨)', '사회주의와 비사회주의', '주류 이데올로기와 비주류 의식 형식' 사이의 투쟁으로 표현되며, 또한 국가 간에 표현되어 사회주의 국가와 자본주의 국가의 현실적 경쟁과 협력 관계로 나타난다. 중국공산당과 사회주의 국가의 문화-이데올로기 영도권은 지속적이고 효과적인 이데올로기 구축과 조정을 통해 장기적인 이데올로기 투쟁에서 획득되어야 한다. 현대 중국에서 이러한 이데올로기 구축과 적응 업무는 반드시 개혁개방 이래 정당과 국가, 국가와 사회, 정치와 경제, 정부와 공민, 네트워크 사회와 현실 사회관계의 변화에 적응하고 반영해야 하며 국가 거버넌스 현대화의 방향에 순응하는 이데올로기 시스템과 이데올로기 능력 현대화를 추진하기 위해 노력해야 한다. 바로 이러한 맥락에서 사회주의 국가의 이데올로기 구축능력은 이미 현대 중국의 정치 구조와 과정에서 지도적 지위를 차지하고 있는 중국공산당의 영도능력과 집권능력의 중요한 부분, 즉 정당 능력의 중요 부분이 되었을 뿐만 아니라, 구각 거버넌스 현대화의 맥락에서도 중국 사회주의 국가 정치 능력의 중요한 부분, 즉 국가 능력의 중요한 부분이 됐다. 요컨대 이데올로기 구축능력은 점점 더 현대 중국의 민족부흥, 현대 국가건설과 사회주의 현대화 운동의 전반적 상황에 영향을 미치는 핵심 정당-국가 능력의 하나가 되었다. 이러한 핵심 정당-국가 능력을 육성하고 구축하며 이를 현대 중국 국가 통치 체계와 거버넌스 능력의 전체 구조에 포함하기 위해서는 현대 중국 사회주의 국가의 이데올로기 구축에서 다음과 같은 관계를 반드시 처리해야 한다.

첫째, 신뢰할 만하고 사랑스러운(可信与可爱), 즉 이론과 가치 사이의 관계이다. 사회주의 국가의 이데올로기는 신뢰할 수 있어야 하고, 즉 이론의 근간이 과학적이어야 하며, 사회주의 국가의 이데올로기는 사랑스러워야 하며, 즉 그 핵심 가치체계가 바람직해야 한다.71) 현대 중국의 발전과 통치는 특정한 이론의 근간을 이루고 있고, 이 이론의 근간은 바로 마르크스주의와 그 중국화의 일련의 이론적 성과이며, 현대 중국의 발전과 통치는 바로 중국화, 시대화, 대중화된 마르크스주의의 지도하에 진행되었다. 중국의 발전은 이론적 지도가 필요하고 중국의 발전은 이론적 창조가 필요하며 중국의 발전이 중요한 역사적 단계에 들어갈수록 더 중요한 이론적 창조가 필요하다. 현대 중국 국가 통치는 특정 정치적 가치에 의존하며 성숙한 국가 통치 형태일수록 그 시스템 및 정치과정이 갈수록 성숙하고 안정적인 정치적 가치 시스템으로 뒷받침된다.72) 중국의 발전을 지도하는 이론적 창조는 신뢰할 수 있어야 하고 국가 거버넌스를 뒷받침하는 정치적 가치는 사랑스러운 것이어야 한다. 현재 중국의 전면적인 심화 개혁에서 일련의 심층적인 문제 해결은 이미 중국의 발전과 통치의 심층

이론과 정치적 가치 문제를 건드렸다. 어떻게 하면 신시대의 이론 창조를 '신뢰성'을 기초로 '사랑스러움'으로 전환하고, 신시대의 정치적 가치를 "사랑스러움을 기초로 한 신뢰성"으로 승화시킬 수 있을지, 이는 신시대 중국 사회주의 건설과 사회주의 국가 이데올로기 건설의 가장 중요한 연결고리이자 가장 독특한 양상 중 하나이다.

둘째, 발전과 안정, 즉 변화와 불변 사이의 관계이다. 발전을 촉진하는 정치적 기능은 현대 국가 이데올로기가 전통적인 국가 이데올로기와 구별되는 본질적 특징이고, '생산력의 해방과 발전'과 '인간의 자유에 대한 전면적인 발전'에 대한 강조는 사회주의 이데올로기를 다른 이데올로기와 근본적으로 구분한다. 그러나 모든 이데올로기적 국가 형태는 국가 이데올로기의 이념 형태로서 지배적인 정치 형태를 유지하는 정치적 기능, 즉 국가의 안정과 국가 거버넌스를 유지하는 정치적 기능을 한다. 이 두 가지 정치적 기능은 중국 사회주의 국가의 이데올로기에 대한 두 가지 내재적 요구를 제기한다. 어떻게 이데올로기 자체의 혁신과 발전을 통해 국가 발전을 촉진하고, 이데올로기 체계의 상대적 안정성을 통해 국가 안정과 질서를 유지하느냐, 즉 발전과 안정의 이중적 요구이다. 현대 중국에 있어 발전은 일종의 '변화하는' 역사적 힘이고 통치는 '불변'의 역사적 힘이며 이 두 가지 역사적 힘의 조정에는 이데올로기의 참여와 개입이 필요하다. 1949년 이후 중국 국가건설 과정에서 발전과 통치는 자연스럽게 통합되지 않았다. 사실 현대 중국 역사의 일부 기간 개발과 거버넌스는 서로 분리되어 있었다. 그러나 21세기 들어 특히 18차 당대회 이후 현대 중국은 '통치를 통한 발전 추구'라는 새로운 역사적 시대로 접어들었고,73) 이 역사적 시기 동안 발전과 통치는 하나의 패턴을 나타냈다. 국가 통치를 발전의 기반으로 하고 국가 발전은 통치의

(지속적인) 동력으로 하였다. 국가 거버넌스와 발전 간의 이러한 상호작용 패턴은 현재 중국 사회주의 국가 이데올로기의 안정과 혁신, 구축 및 조정에 대한 새로운 시대적 과제를 제시한다.

셋째, '당의 주장'과 국가 이데올로기의 관계이다. 사회주의 국가에 있어서 '당의 주장'은 사회주의 국가 이데올로기의 기초이고, 이데올로기 분야에서 마르크스주의의 지도적 지위의 집중적인 구현이며, 사회주의 국가 이데올로기의 가장 과학적이고 완전하며 이론적인 부분이자 가장 능동적이며 건설적인 부분이다. 당의 이론 혁신은 사회주의 국가의 이데올로기 조정과 혁신의 선도이고, 당의 이상 신념은 사회주의 국가의 이데올로기에 대한 호소력, 응집력과 흡인력의 핵심이다. 따라서 '당의 주장'이 당 전체를 무장시킬 수 있느냐는 사회주의 국가 이데올로기가 중국사회 전체를 이끌 수 있느냐의 전제이다. 그러나 계급 이데올로기가 국가 이데올로기와 동일하지 않듯이, '당의 주장'은 사회주의 국가 이데올로기와 직접적으로 동일하지는 않다. 프롤레타리아와 중화민족의 선봉대인 중국공산당은 '당의 주장'을 국가 이데올로기로 확장하고 전환하며 노동자와 중화민족 전체에 적용되는 보편적인 의식 형태로 확장하고 전환해야 한다. 이를 위해서는 '당의 주장'과 군중의 결합, '당의 주장'과 사회주의 국가 요소인 국가 제도, 국가 법률과 국가 상징의 연결을 실현해야 한다. 이러한 결합과 관통의 과정은 사회주의 국가의 이데올로기가 계급의식과 '당의 주장'에서 사회주의 이데올로기 국가기구로 확장되는 과정으로, 당과 집정당을 영도하는 중국공산당의 이데올로기 능력(정당 능력)으로서 사회주의 국가의 이데올로기 능력(국가 능력)을 방출·확대·전환하는 과정이다.

넷째, 이데올로기와 사회문화의 관계, 즉 사회주의 국가의 이데올로기 정치 구축과 문화적 지원의 관계이다. 이데올로기와 일반 사회 문화는 긴밀히 연결되어 있을 뿐만 아니라 중요한 차이도 있다. 만약 이데올로기의 범위와 내용이 일반 사회문화로 무한히 확장된다면74) 이는 이데올로기의 정치성, 지향성과 행동성을 훼손할 것이며 이데올로기는 세계를 개조하는 이론적 무기가 될 수 없다. 만약 이데올로기가 일반 사회문화에서 스스로를 격리한다면, 이것은 이데올로기의 포용성, 방출성, 조정성을 해칠 것이다. 이데올로기는 사용하기에 적합하지 않은 이론적 무기가 될 것이고 이 두 가지 경우 모두 이데올로기의 정치적 기능을 약화시키는 결과를 초래할 것이다. 이데올로기와 사회문화의 이러한 관계는 사회주의 국가의 이데올로기 건설에서 반드시 그 정치적 건설과 문화적 지원의 이중적 측면을 고려해야 함을 결정한다. 이데올로기에 기초한 정치 본질, 모든 이데올로기는 그 정치적 구성의 일면을 가지고 있지만, 이데올로기의 정치적 구축이 효과적인지, 즉 그 정치적 기능이 효과적으로 발휘되는지 여부는 도리어 이데올로기의 정치 구축이 일반 사회문화에 의해 함양되고 뒷받침되는지 여부에 크게 좌우된다. 여기서 말하는 일반 사회문화는 간단히 말해서 일정한 사회 형태에서 현실적이고 구체적인 사람이 스스로 엮여 형성되기 때문에 넓은 사회적 기반과 신앙적 기반을 갖는 의미 네트워크, 즉 사회적 생활 방식이다. 따라서 이데올로기와 대중의 일상 사이의 격리를 개방하고75) 사회생활, 사회 네트워크, 사회 풍습, 사회정신 및 그 변화에 이데올로기의 정치 구축을 배치하는 것은76) 이데올로기 정치 기능을 실현하기 위한 중요한 전제조건이다.

정치에는 물리적 세계가 있고, 정신적 세계도 있다. 비록 사회적 존재가 사회의식을 결정한다고 하지만, 정치 물리 세계도 그 정신세계에서 이해할 수 있다. 이데올로기는 정치 세계에서 정치 물리 세계를 투시할 수 있는 오랫동안 지속된 정신 현상이다. 이번 장에서는 사회주의 중국과 같은 특정 형태의 국가에서 이념적 구성의 기본원리 구현을 시도하고 있으며, 이는 분명히 중국 사회주의 국가의 정치발전의 총체적인 법칙을 탐구하기 위한 사회주의 정치학의 원리에 종속된다. 개혁개방 40여 년 동안 중국 사회주의 국가의 정치발전의 전반적인 법칙은 사회주의 국가 틀 내에서 정치, 경제, 문화, 사회 등 각 시스템의 상호작용에 존재했으며 '유효한 정치로 효과적인 발전을 창조'하는 일반적인 관계에 존재했다.77) 중화인민공화국 건국 70년 이상 중국 사회주의 국가 정치발전의 전반적인 법칙은 사회주의 혁명, 건설, 개혁의 2차 진화와 해방, 발전, 거버넌스의 논리적 진화에 존재했다. 이로써 거슬러 올라가보면 근대 중국 이후 중국 현대 국가건설의 전반적인 법칙은 역사적 국가 기반, 현대 국가 지향과 사회주의 국가의 미래가 얽혀 존재해왔다. 근대 중국 이후 중국의 정치 변혁과 함께 다양한 이데올로기 형태, 이데올로기 구성이 이루어졌으며, 결국 중국 현대 국가건설의 방향이 사회주의 국가 형태로 궁극적으로 전환됨에 따라 이데올로기 구성도 결국 사회주의 국가의 이데올로기의 길로 방향을 바꾸었다. 지난 70년간 사회주의 국가 건설의 성취는 사회주의 국가 이데올로기와 영광에 있고, 사회주의 국가 건설의 좌절은 사회주의 국가의 이데올로기와 책임에 있다. 사회주의 국가 이데올로기 구축과 사회주의 국가 발전의 상호 의존 사이에는 중국 사회주의 국가 이데올로기 구축의 기본법칙이 존재한다. 이미 지적한 바와 같이 마르크스주의의 이데올로기 영역에서의 지도적 지위를 견지하는 것은 마르크스주의 (중국화)의 과학성, 완전성, 개방성, 계통성의 유기적 통일을 견지하는 것이고, 개인, 사회,

정당, 국가, 국가 발전에서 마르크스주의의 지도적 입장의 완전한 의미를 고수하는 것이다. 마르크스주의는 계급의식과 당의 주장에서 국가 형식, 즉 사회주의 국가 이데올로기로의 발전을 실현해야 한다. 이데올로기 국가 형태로서의 사회주의 이데올로기 건설은 반드시 중국 현대 국가의 삼중 속성에 응답하고 실현하는 데 초점을 맞춰야 하며, 반드시 이중적 비판 방향에서 사회주의 중국의 국가 공고화와 국가건설을 촉진해야 한다. 사회주의 국가 이데올로기는 중화민족의 위대한 부흥, 중국 현대 국가 건설과 사회주의 현대화 발전의 완전한 논리를 완전히 반영해야 하고 해방, 발전, 통치, 민주의 논리, 담론과 전략을 분리하지 않고 결합해야 한다.

개인과 사회의 성장은 개혁개방 이후 중국 정치발전 분야에서 가장 심원한 의미의 변화이고 '이인위본(以人爲本)' 발전관은 현대 중국 사회주의 국가 건설에서 가장 의미 있는 전환이며 국가 거버넌스 현대화는 현재 중국 사회주의 국가 발전 논리에서 가장 중요한 역사적 주제이다.

마르크스주의에 의해 지도되는 중국 사회주의 국가의 이데올로기가 어떻게 개인과 사회를 진정으로 점령할 수 있는지, 어떻게 대중 생활 세계와의 관통을 실현할 수 있는지, 이데올로기 구축능력이 어떻게 사회주의 현대 국가의 통치 체계와 거버넌스 능력의 유기적인 부분이 되는지, 이와 같은 문제는 이데올로기의 유효성을 해결하는 데 있어 매우 중요한 것이다. 현재 국가 거버넌스의 현대화가 성숙하는 과정에서 정치이념, 정치 정신, 정치 가치 등 정치 정신세계에 대한 민족부흥 사업의 중요성이 뚜렷해졌다. 사회주의 국가 이데올로기는 중요한 시기에 구축되었으며 마르크스주의의 지도하에 해방, 발전, 통치 및 가치회복을 유기적으로 수용한 사회주의 국가 이데올로기 건설은 사회주의 국가정치의 전반적인 의제가 되었다.

제11장
군에 대한 당의 절대 영도

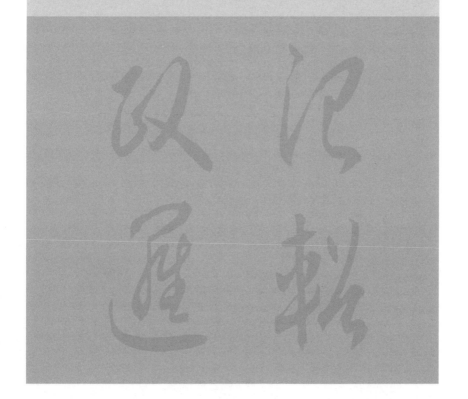

동서고금을 막론하고 군대나 군사력은 정치적 방향성을 결정하는 중요 변수이다. 역사적으로 볼 때, 중국공산당, 중화인민공화국과 중국 인민해방군의 발전 궤적은 일치하는 부분이 매우 많다. 이런 특수한 발전의 궤적은 현시대 중국의 군대가 독특한 성격을 갖도록 만들었다. 현대 중국의 군대는 당의 군대일 뿐만 아니라 인민의 군대이자 국가의 군대라고 말할 수 있다. 이와 같은 독특한 성격은 봉건제 시기 중국의 '문인 지상주의(文人至上)' 전통과 서구의 자유주의적 '민군관계(civil-military relations)' 이론과는 전혀 다르다. 이러한 '삼위일체'의 기초는 정치건군 원칙에 있으며, 이러한 성격은 국방과 군대 건설의 방향을 한층 더 부각하였고, 신시대 강군 강화 전략의 방향을 규정하였다.

1. 당, 인민, 국가의 군대

(1) 당의 군대

'당의 군대(黨的軍隊)'는 현대 중국군의 실질적인 특징이다. 그 이유는 다음의 세 가지 관점에서 분석이 가능하다. 첫째, 연대기적으로 살펴볼 때 중국공산당은 당의 혁명군 형성 이전에 설립되었다.

둘째, 논리적으로 보면 혁명 무장은 '권력은 총구에서 나온다(槍杆子裏面出政權)'는 기치에 따라 신민주주의 혁명을 이끌어야 한다는 요구에 부응하여 시작되었다. 이러한 혁명 무장은 당의 단계적 임무 조정에 따라 발전하며 군대는 중국공산당의 역사적 사명의 연장선에 있는 것이다. 셋째, 운영방식 측면에서 공산당은 '군에 대한 당의 지휘(黨指揮槍)'를 원칙으로 삼고 정치건군을 관철하며 군에 대한 절대적 영도를 구현하기 위한 시스템을 확립하였다.

1) 당의 군대, 그리고 '총구에서 나오는 권력'

중국공산당 성립 초기의 역사를 살펴보면, 혁명군 문제가 처음부터 지도부의 충분한 관심을 받았던 것은 아니었다. 국공합작이 결렬되고, 국민당이 공산당을 절멸하려는 움직임을 보이자 마오쩌둥은 중국공산당 자체의 군대 건설을 촉구하였다. 마오쩌둥은 1927년 8월 7일 회의에서 다음과 같이 지적했다.

"군사적인 부분에 대해 말하면, 우리는 이전에 쑨원이 군사적 활동에 특화되었다고 비난하였으나, 우리는 이와 정반대로 민중운동에만 특화되어 있다. 장제스(蔣介石)와 탕성즈(唐生智) 모두 총대를 들고 시작한 인물들이나 우리는 이러한 부분에 관심을 두지 않았다. 이제서야 관심을 기울이고 있으나, 아직도 결연한 개념이 있지는 않다. (…) 새로운 정치국 상임위원회는 이 문제에 더욱 큰 관심을 가져야 한다. (…) 앞으로 우리는 군대에 많은 관심을 쏟아야 하며, 권력은 총구로부터 쟁취할 수 있는 것이란 점을 알아야 한다."[1]

이 시기부터 '권력은 총구에서 나온다'는 주장이 제기되었다. 국민혁명의 실패 이후 중국공산당은 혁명을 성공적으로 이끌기 위해서는 강력한 혁명군이 필요하며, 후자는 전자의 논리적 연장이면서 실질적인 보장이 된다는 점을 더욱 분명하게 인식하게 된다. 이에 대해 린상리(林尚立)는 다음과 같이 말했다. "당이 주도하는 혁명을 생성하는 과정에서 당이 먼저 생겨났고 당이 자체적으로 군대를 만들었지만, 당이 혁명의 발판을 마련하고 성장하는 과정에서 당의 생존과 발전을 보장하는 것은 군대였다. 군대가 없고 무장투쟁이 없었다면 당은 혁명을 이끌 가능성을 상실하였을 것이다."[2]

군벌이 할거했던 중국의 역사적 배경을 고려할 때, 군대는 신뢰할 수 있는 국가권력이나 강력한 중앙정부에 귀속될 수 없었다. 중국공산당은 역사적 사명을 주도적으로 수행하는 정당으로서 반드시 자체 군대를 보유해야 하며, 이는 기존의 규범 이론의 지침에 따른 결과가 아니라 혁명의 조건 아래 중국의 국가 조건에 따라 결정된다. 마오쩌둥은 중국과 외국의 역사적 현실을 비교하면서 다음과 같이 주장했다. "외국의 부르주아 정당은 직접 군대를 지휘할 필요가 없다. 그러나 중국은 이와 달리 봉건적 분열과 지주, 부르주아 집단 또는 정당으로 인해 총을 가진 사람이 강하며 총을 더 많이 가진 사람은 더욱 강력하기 마련이다. 이러한 환경에서 프롤레타리아 정당은 문제의 중심을 명확하게 파악해야 한다."[3]

2) 당의 군대와 '군대에 대한 당의 지휘(黨指揮槍)'

'당의 군대'에 내포된 또 다른 의미는 군대에 대한 당의 절대 영도를 강조하는 데에 있다. 군대와 정치의 관계에 대한 학문적 연구는 일반적으로 새뮤얼 헌팅턴(Samuel P. Huntington)이 개척한 것으로 간주한다. 그는 서구의 군대와 정치의 관계에 대해 '직업 군인의 가설'을 설정했고, 이로부터 정치화(politicization)와 직업주의 (professionalism)라는 중요한 두 패러다임을 도출했다. 전자는 정치에 관여하는 군대를 의미하는 반면, 후자는 이와는 반대로 군의 탈정치적 '중립성'과 연결된다.[4] 직업주의에 요구되는 바는 군의 '비당화, 정치 불개입, 합법적 선출을 통한 정부 수반과 국가원수'등의 요소이다.[5] 그러나 이처럼 헌팅턴이 군사-정치 관계의 역사적 발전을 이론으로 일반화한 창의성에도 불구하고 해당 이론이 의존하는 사실적 경험은 대부분 서구에서 유래한 것이다. 즉, 헌팅턴의 이론은 현대 중국에서 혁명이 실천되는 과정과 상이하므로, 해당 이론을 그대로 해석하거나 여타 국가의 군사-정치 관계로 규정할 수는 없다.

중국의 상황을 살펴보면 '군대에 대한 당의 절대 영도 고수(堅持黨 對軍隊的絕對領導)'라는 원칙이 특정한 이론적 규범에서 비롯된 것이 아니라 혁명적 실천에서 나타난 것임을 쉽게 알 수 있다. 이러한 원칙은 혁명기에만 작용한 것이 아니라 신중국 성립 이후에도 지속되는데, "혁명전쟁의 역사에서 군대 자체의 성격, 전통과 조직방식과 직결되는 한편, 당이 수행하는 중대한 역사적 사명과 발전 과제와도 직접적으로 연결된다."[6] 이에 따라 중국공산당이 설립한 군대는 '당의 군대'이며, 이는 역사적 요구의 결과일 뿐만 아니라 논리적 필연의 결과이기도 하다.

(2) 인민의 군대와 국가의 군대

중국공산당은 인민군을 창설하고 군에 대한 절대 영도를 고수하지만 이러한 군이 당의 군대라는 특성만을 가지고 있는 것은 아니다.

반면 현대 중국의 군대는 정당에 귀속되는 특성이 있을 뿐 아니라, 인민과 국가 각각에 귀속되는 성격도 갖고 있다.

1) 인민과 국가를 위해서 봉사하는 군대

전술한 내용에서 '당의 군대'를 언급한 것은 군대가 중국공산당의 역사적 사명 수행의 연장선이자 보장이며, 따라서 군대도 마찬가지로 당의 목적과 사명에 봉사해야 한다는 사실을 보여준다. 인민을 위해 성심을 다해 봉사하는 것은 중국공산당의 근본이며, 당 지도부의 군대가 당연히 따라야 할 핵심 취지이기도 하다. 마오쩌둥은 "중국 인민과 긴밀히 연대하고 전심으로 인민을 섬기는 것이 이 군대의 유일한 목적"[7]이라 말한 바 있다. 이러한 관점에서 볼 때 '인민의 군대'는 근본 취지와 목적 두 측면에서 '당의 군대'라는 특성의 연장선에 있으며, 두 가지는 통합된 것이다.

이처럼 당은 인민군을 조직하고 영도하며 혁명 기간의 목적과 임무는 신민주주의 혁명을 이끌고 사회주의 신중국을 건립하는 것이었다. 또한 인민군은 신중국의 수호자이자 건설자로서 국익에 봉사하기 때문에 '국가의 군대'라는 것이다. 이와 같은 점은 중국의 헌법에도 나타난다. 중국헌법 서문에서 '중국공산당의 영도', '무장투쟁', '중화인민공화국 수립', '중국 인민의 국가권력 장악', '인민주권'과 같은 표현은 중국공산당이 영도 핵심으로서 무장투쟁을 주요 투쟁 형태로 삼고, 신중국을 수립하는 것을 주요 임무로 하며, 신중국 수립의 근본 목적은 중국 인민의 해방을 위한 것이라는 논리를 분명히 드러낸다.

또한, 국가권력의 속성에 대해서도 설명이 필요하다. 신중국은 착취계급이 지배하는 국가가 아니라 중국 인민이 권력을 쥐고 있는 국가이다. 이는 국가의 계급적 속성과 밀접한 관련이 있다. 프롤레타리아 계급이 인류 역사의 무대에 등장한 후 마르크스, 엥겔스, 레닌 등은 프롤레타리아 혁명 군대를 조직하여 폭력으로 낡은 사회 체제를 전복하는 혁명 이론을 수립했다. 이 이론에 근거하여 세워진 군대는 이전의 어떤 형태의 군대와도 구별된다. 왜냐하면 그것은 프롤레타리아 정당이 영도하고 마르크스주의 이론이 영도하여 프롤레타리아와 인류의 완전한 해방을 위해 싸운 인민군이기 때문이다. 마오쩌둥은 해당 관점에 기초하여 군대와 국가의 관계를 요약했다.

"군대는 곧 국가라는 말은 아주 정확하다. 세상에 국가에 속하지 않는 군대란 존재하지 않는다. 그런데, 국가란 무엇인가? 대지주, 대(大)은행가, 대매판(買辦)의 봉건 파시스트 독재의 국가인가, 아니면 인민 대중의 신민주주의 국가인가? 중국은 신민주주의의 국가를 수립하고 이를 바탕으로 새로운 민주 연합정부를 수립해야 하며, 중국의 모든 군대는 인민의 자유를 보호하고 외국 침략자들에 효과적으로 대항하기 위해 이 나라, 이 정부에 속해야 한다."8)

그러므로 당이 이끄는 군대란 당의 군대이며 인민의 군대이기도 하다. 그리고 인민의 권력이 확립되면 이 군대는 필연적으로 인민민주 독재의 군대인 것이다.

2) 군대의 '군중노선'

중국공산당이 영도하는 군대가 인민의 군대인 이유는 군대와 당이 동시에 '모든 것은 군중(群衆)을 위하고, 모든 것을 군중에 의지하며, 모든 것이 군중으로부터 나오고, 대중에게 도달한다'는 군중노선을 견지하고 군대와 인민이 '물과 물고기(魚水情)'처럼, '일가족(一家親)'처럼 하나로 조화를 이루고, 서로 잘 어울리는 경지를 추구하기 때문이다.

모든 것이 군중으로부터 나오고, 모든 것을 군중에 의지한다는 말은 인민군의 힘이 인민에서 나온다는 의미이다. 공산당이 전쟁을 치르던 시기에 당이 이끄는 군대는 무력을 강화하기 위해 군중 동원을 호소함으로써 대규모의 병력 확장을 실현하였으며, 이렇게 인민 군중에게 의존하여 얻은 성과에 대해서는 누구나 주지하는 사실이다. 인민군은 장기간의 혁명전쟁에서 인민 전쟁에 적합한, 그리고 인민 전쟁을 치르는 데에 필요한 완전한 전략과 전술을 창조하였다. 또한, 인민군은 군민의 주체적 주도권을 충분히 발휘하고, 스스로의 강점을 이용하여 적의 단점을 공격하였다. 이들은 유연성과 기동력으로 적을 공격하고, 무기가 불리한 혁명전쟁에서 승리를 쟁취할 수 있었다.

평화의 시대, 특히 개혁개방의 신시기에 군대의 발전은 또한 인민에게 의존해야 했으며, 이러한 '물과 물고기와 같은 친밀한 관계'는 계속해서 유지되고 발전했다. 개혁개방이 점진적으로 진전되고 국제 정세가 변화함에 따라 군사 기술의 발전과 군의 현대화는 인민군 발전의 새로운 요구 사항이 되었다. 그러나 현대의 군에는 고도로 정교한 무기와 장비뿐만 아니라 이를 개발하고 운영하는 사람들 또한 필요하다. 인적 자원에 대한 요구로 인해 군대는 징병 및 징용을 위한 다양한 통로를 열었다. 군대는 사관학교에서 양성된 인재 외에도 '국방학생(國防生)' 제도와 대학 졸업생(특별 채용) 등 두 가지 정기적 모집 방식을 개설하여 민간으로부터 인재를 모집하기 시작했다. 전반적으로 1990년대 중후반부터 인민해방군은 점차 민간 교육 및 연구 기관에 의존해 인재를 양성하고 배출하는 패턴을 발전시켜 군으로의 인적 자원 유입을 주도했다. 이는 민간 교육 기관의 발전 및 그에 따른 고급 인적 자원의 축적이 있었기 때문에 가능한 일이었다. 즉, 새로운 발전 요구 사항 아래에서 인민군중은 여전히 인민군의 동력원인 셈이다.

군중에게 도달하며 모든 것은 군중을 위한다는 것은 참전하여 적을 섬멸하는 것뿐 아니라 군중을 돕고 '건설적인 역할'을 한다는 것을 의미한다. 인민군은 탄생 시점부터 민족 독립, 인민해방, 국가의 부강과 같은 역사적 중책을 짊어지고 있으며, 이는 구식 군대와는 차별화된 특징이다. 1929년 구톈회의(古田會議)에서는 "홍군은 혁명의 정치적 임무를 수행하는 무장 집단"이며, "단순히 전쟁을 치르는 것이 아니라, 전쟁을 벌여 적의 군사력을 파괴시키는 것 이외에도, 군중에게 선전하고, 군중을 조직하고 군중을 무장시키고, 군중을 도와 혁명 정권 수립과 공산당 조직 구축에 이르는 등 중대한 임무를 부담해야 한다."고 명확하게 규정한 바 있다. 마오쩌둥은 홍군이 '전투부대(戰鬥隊)'일 뿐만 아니라 '공작부대(工作隊)'이자 '생산부대(生産隊)'라는 점을 분명히 했다. 이는 인민군의 기능과 사명을 당의 근본 임무와 전쟁, 정치, 경제 측면에서 인민군중의 근본 이익과 직접 연결하고 군대의 역사적 사명을 새로운 차원으로 끌어올린 것이다.9) 국가 전반에 권력이 수립된 후 인민군은 사회주의 조국을 방어하기 위한 철벽의 만리장성(鋼鐵長城) 같은 기능을 했을 뿐 아니라 사회주의 물질적, 정신적 문명을 건설하는 데에 중요한 역량이 되었다. 이와 관련하여 데니스 우드워드(Dennis Woodward)는 다음과 같이 주장한다. "인민해방군의 군사적 임무와 비군사적 임무는 서로 얽혀 있고 서로 연결되어 있다. 군대가 생산적 활동을 돕는 데 시간을 투여하는 일은 '전쟁 수행'이라는 주요 임무에 반하거나 이를 약화시키는 활동이 아니다. 군대와 대중의 관계를 강화하기 위한 모든 활동은 전투력의 효율성에 직접적으로 도움이 된다."10)

3) '삼위일체'의 제도적 보장

실천적 측면에서 당의 군대와 인민의 군대 그리고 국가의 군대 3자의 유기적 단결은 법제도의 정비를 통해 보호되어야 한다.

신중국 수립 초기 발표된 「중국인민정치협상회의 공동강령(中國人民政治協商會議共同綱領)」에는 국가 체제 건설 부문의 군사 시스템 규정이 마련되어 있다. 그중 제20조에는 "중화인민공화국은 통일된 군대, 즉 인민해방군과 인민공안부대(人民公安部隊)를 설립하고, 해당 군부대는 중앙인민정부 인민혁명군사위원회의 권한에 복종한다."고 명시되어 있다. 동시에 「중화인민공화국 중앙정부조직법(中華人民共和國中央政府組織法)」에는 인민혁명군사위원회가 국가 군대의 최고 통치 기관이며, 인민해방군 및 기타 인민군에 대한 통일된 관할권과 지휘권을 가진다고 규정되어 있다. 이러한 방식으로 군대는 제도적, 법적으로 새로 수립된 국가권력 체계에 통합되어 공식적으로 '사회주의 국가의 군대'가 되었다. 현행 1982년 헌법에 규정된 구체적 사항은 다음과 같다. "중화인민공화국 중앙군사위원회가 국가의 군사력을 이끌고, 중앙군사위원회는 주석 책임제를 채택하며, 중앙군사위원회 주석은 전국인민대표대회(이하 '전인대')에서 선출한다. 중앙군사위원회 위원은 주석의 지명을 거쳐 전인대에서 심의 및 의결하며, 중앙군사위원회 임기는 전국인민대표대회와 동일하다. 중앙군사위원회 주석은 전인대와 전인대 상무위원회에 책임을 지고, 전인대는 중앙군사위원회 주석과 기타 구성원을 해임할 권리가 있다."

실제로 중화인민공화국 중앙군사위원회는 중국공산당 중앙군사위원회와 일치하는 형태의 기관으로, 기능과 구성원이 정확히 동일하여 말하자면 '하나의 기관이자 두 개의 간판을 가지고 있는' 관계라 할 수 있다. 린상리는 "이러한 통일성은 통치 조건하에서 군에 대한 당의 절대 영도가 당의 영도 체계뿐만 아니라 국가권력 체계에도 구축되어야 한다는 것을 다각도에서 보여준다"11)고 말한 바 있다. 중국공산당은 집권당으로서 인민대표대회 제도를 견지하고 해당 제도를 통해 국가 사무에 대한 영도를 실시하며 인민주권을 적극 지원한다. 그리고 군에 관련된 제도는 다시 전인대 제도라는 중국의 기본 정치제도 속에 편입되었다. 이는 당과 군이 헌법과 법률 아래에서 활동해야 한다는 원칙을 견지하고 '당의 군대, 인민의 군대, 국가의 군대라는 유기적 통일'을 제도적으로 구현한 것이다.

마지막으로 지적해야 할 점은 '삼위일체'의 유기적 통일이란 '당의 군대' 또는 '군에 대한 당의 절대 지도를 고수한다'는 원칙에 따라 기계적으로 결합한다는 의미가 아니라는 것이다. 이는 인민군이 과거와 현재뿐만 아니라 앞으로도 당의 영도를 받는 체제를 견지해야 한다는 것을 의미한다. 비록 중국공산당이 혁명 승리를 거둬 신중국을 세웠고, 당의 군대는 인민성과 국가성을 지녔다고 하여도, 이러한 속성은 당의 영도하에서만 발전하고 보완될 수 있다. 군에 대한 절대적 영도는 당 영도력과 집권력의 중요 토대이기도 하다. 시진핑 주석은 이와 관련하여 중국 인민해방군 창건 90주년 경축대회에서 다음과 같이 말했다.

"중국공산당과 그 강력한 영도 아래 인민군은 앞으로 나아갈 방향과 힘을 갖게 된다. 전진하는 길에 인민군은 당의 군대에 대한 절대적인 영도를 확고하게 고수하며, 인민군은 이를 영원히 변치 않는 '군의 정신(軍魂)', 영원히 망각할 수 없는 생명줄처럼 여겨야 한다. 인민군은 군 정신을 결코 바꿀 수 없으며, 언제, 그리고 어떤 상황에서도 당의 깃발을 기치로 삼고 당의 방향을 향해야 하며, 당의 의지를 의지로 삼아야 한다. 강력한 군사 사업을 추진하려면 군에 대한 당의 절대적 영도를 흔들림 없이 고수한 채 인민군이 영원히 당을 따라갈 수 있도록 해야 한다. 당의 영도는 인민군이 항상 강력한 응집력, 구심력, 창의력, 전투력을 유지하는 근본적인 보장이 된다. 군에 대한 당의 절대적 영도는 중국 특색 사회주의의 본질적 특징이자 당과 국가의 중요한 정치적 우위이며 인민군대를 세우는 근본이자 강군의 정신이다."

2. 군의 정치적 창설

현대 중국의 군대는 당의 군대, 국가의 군대, 인민의 군대 간의 유기적 통일을 실현했으므로 서구 맥락에서 말하는 순수하게 '전문화된' 군대와는 완전히 다르다. 본질적으로 이 둘의 차이는 군 창설의 원칙에 있다. 중국공산당은 그동안 '정치적 건군(政治建軍)'의 원칙을 갖고 군사 현대화와 전투력 표준을 강조하면서도 군대의 정치성을 강조해왔다고 볼 수 있다. 시진핑 주석이 지속해서 강조했듯 정치적 건군은 인민해방군의 근본인 것이다.

(1) '정치적 건군'이란 무엇인가?

정치적 건군은 '당의 군대'라는 특징에서 비롯되며, 그 핵심은 군에 대한 당의 절대적 영도, 즉 '군대에 대한 당의 지휘(黨指揮槍)'와 관련된다. 이러한 원칙을 바탕으로 군의 정치적 창설은 당과 군의 조직적 상호보완 관계와 당이 군대에서 수행하는 정치공작 부문에서 더욱 구체적으로 나타난다. 실질적으로 군이 수행하는 정치 사업은 당이 군을 이끌고 장악하는 일이며, '당이 총구를 지휘하는' 원칙의 실체화이자 근본적 보장이다.

역사적으로 볼 때 정치적 건군의 원칙은 중국 당군관계의 발전과 밀접한 관련이 있다. 우선 중국공산당의 건군사는 공산당 자체의 역사와 화합하고 공생한다. 해방군과 그 전신인 홍군은 중국공산당에 의해 창설된 혁명 무장세력으로, 이 역량은 혁명기에 중국공산당이 정권을 탈취하는 주요 수단이 되었다. 다음으로 중국공산당은 창군 초기부터 '당 지부를 중대에 세운다(支部建在連上)'는 원칙을 마련하고 그 이후 '당이 총구를 지휘한다'는 더욱 명확해진 원칙을 추가했다. 그런 의미에서 당 조직은 군과 다른 기관(행정·사법 등)이 상호 작용하는 데에 가교역할을 했다고 볼 수 있다. 군과 여타 기관 간의 상호관계는 이를 통해 '당내 조직 관계'로 압축될 수 있었다. 무엇보다 정치 상황이 급변하는 시기에도 당군관계에는 큰 변화가 없고 비교적 안정된 모습이 나타났다.

따라서 경제건설이 강조되는 신시기에도 정치적 건군의 원칙은 시대착오적이지 않다.[12] 왜냐하면, 그것은 중국의 당군·군정 관계는 겉으로 드러나는 데에다, 정치적 건군의 원칙도 중국군의 '삼위일체'의 성격을 크게 좌우하기 때문이다.

(2) 정치적 건군의 조직적 기반

군 · 당 조직, 정치장교(政治主管, political commissar), 정치공
작기관은 정치적 건군의 조직적 토대를 이루고 있다. 1927년 9월
29일 중국공산당은 장시(江西)성 융신(永新)현 싼완(三灣)촌에서
노동자 · 농공혁명군(工農革命軍)의 조직체제를 개편했다. 그 뒤에
야 중국공산당은 자신만의 무장역량, 다시 말해 '당의 군대'를 갖게
되었다.

1) 군 내 당 조직

근본을 탐구해보자면, '싼완개편(三灣改編)' 과정에서 중국공산
당이 군 최하부 기층 단위 중대에 당 조직을 만들어 당 사상 처음으로
군에 대한 당의 직접 침투를 완료하였다.[13] 이로써 공산당과 군의
관계에는 '당으로 군대를 창설한다(以黨建軍)'는 의미 외에 '당으로
군대를 이끈다(以黨領軍)'는 의미가 더해졌다. 마오쩌둥은 '당 지부
를 중대에 세우는' 이유에 대해 다음과 같이 말하였다. "당 지부를
중대에 세운 것은 홍군이 분전하고도 해체되지 않은 중요한 이유이
다. 2년 전 국민당 군대에 있던 우리 조직은 병사들을 전혀 사로잡지
못했고, 예팅부(葉挺部)에서도 연대에 지부가 하나밖에 없었기 때문
에 모진 시련을 견딜 수 없었다."[14]

마오쩌둥이 보기에 당 조직을 군대의 최하층에 배치하는 것은 군
의 조직 규율과 당이 부여한 혁명 임무를 완수하기 위한 전제조건이
었다. 1929년 열린 중국공산당 홍군 제4군 제9차 대표대회(앞서 언
급한 구톈회의)에서는 이 같은 실천과 원칙이 재확인되고 심화됐다.

회의에서 도출된 「중국 공산당 홍군 제4군 제9차 대표자회 결의안 (中國共産黨紅軍第四軍第九次代表大會決議案)」은 첫 부분에서부터 '단순한 군사적 관점'의 잘못된 사상을 비판하고 '정치훈련' 강화를 요구했다.

마오쩌둥을 비롯한 다른 중국공산당 지도자들이 보기에 홍군은 단지 싸우는 군대일 뿐만 아니라 동시에 많은 다른 정치적 임무를 맡았다. 「결의안」에서는 "홍군은 싸우기 위해 싸우는 것이 아니라 대중을 선전하고, 대중을 조직하고, 대중을 무장시키고, 대중이 힘을 키울 수 있도록 돕기 위해 싸운다"고 명시했다.[15] 다시 말해 홍군에는 '싸우기 위해 싸운다(爲打仗而打仗)'는 단순한 군사적 관점을 통제하기 위한 또 다른 힘을 도입해야 할 필요가 있는 것이다. 부대의 당 조직이 바로 그런 통제력을 발휘하고 있다. 이러한 원리에 따라 「결의안」은 부대 내부의 당 조직 강화를 언급하며 "중대마다 지부를 하나씩, 반마다 소조(小組)를 하나씩"이라는 원칙을 홍군 중앙당 조직의 중요한 원칙 중 하나로 명시했다.[16]

이렇게 군 기층에 당 조직을 설치한 경험은 중국공산당이 영도하는 여러 무장세력에 의해 널리 실천되었다. 혁명전쟁 당시 중국공산당 군대의 당 조직체계는 정치공작에서 핵심적인 역할을 담당했을 뿐만 아니라 군사 정책 결정의 핵심이었다.

신중국 성립 이후에도 '당 지부를 중대에 세운다'는 조직 원칙은 유지됐을 뿐 아니라 '중국공산당의 역사에서 확인된 바와 같이 군대 내 기층 당 조직 건설의 기본 패러다임'[17]이 되었다. 지방의 모든 당 조직이 마비되거나 심지어 폐지된 문화대혁명 기간에도 군대의 당 조직은 큰 영향을 받지 않았으며, 대규모 정치운동 이후 군대의 당 조직은 정치 질서 회복과 당 조직의 재건 과정에도 상당 부분

역할을 담당했다.[18] 지금까지 군대에서 정보를 보고하고 전파하는 모든 작업은 당 조직을 통해 지속적으로 수행되었다.[19]

2) 정치장교의 설치

다른 비군사 단위의 당 조직과 마찬가지로 부대의 당 조직에도 주도적 역할을 하는 이른바 정치장교(政治主管)가 있다. 이 직위의 호칭은 부대의 등급에 따라 다르다.

역사적으로 볼 때 정치장교 제도는 러시아 및 소련에서 유래되었다. 이 제도는 중국 도입 당시 '당 대표(黨代表)'로 불리며 황푸(黃浦) 군대 창설 시에 적용됐다. 당 대표 제도의 목적은 군이 이상과 목표 및 규율을 갖춘 당의 군대 또는 교리를 갖춘 군대로 변화할 수 있도록 군에 대한 교리 교육을 하는 것이다. 난창 봉기 이후 중국 공산당이 이끄는 무장 단체는 국민혁명군의 당 대표 제도와 정치부 설립 등을 그대로 따랐다.[20] 1929년 중앙정부의 '9월 서신(九月來信)' 정신에 따라 홍군의 당 대표는 점차 '정치위원(政治委員)', '정치교도원(政治教導員, 혹은 정치공작원協理員*)' 또는 '정치지도원(政治指導員)'으로 명칭이 바뀌었다. 러시아 혁명 초기 군에 설치된 '정치위원회'에 비해 '황푸 군대 창설 시기'나 중국공산당 창군 당시 군에 설치된 정치장교는 '감시'의 성격이 짙지 않다. 이는 주로 구시대 군인들의 충성심이 직속 상관이나 장군에게 향하던 것을 당과 당의 정치적 이상에 대한 충성심으로 전환하는 것이다. 다시 말해 군인의 개인적 충성(個人忠誠, personal loyalty) 대신 정치적 충성(政治忠誠, political loyalty)을 내세운 셈이다.[21] 이 때문에 정치장

---

* 政治協理員의 약칭으로 중국 인민해방군 연대 단위 이상에 둔 정치공작원을 뜻한다.

교의 기능도 주로 정치훈련에 집중되었다.22) 이에 대해 마오쩌둥은 다음과 같은 간단한 논설을 남겼다. "당 대표 제도를 폐기할 수 없다는 사실은 경험을 통해 증명되었다. 특히 중대급 부대에서는 당 지부가 중대형으로 건설되므로 당 대표가 더욱 중요하다. 그는 사병위원회에 정치훈련을 독려하고, 민간 운송 사업을 영도하는 한편 당 지부 비서를 맡아야 한다. 특정 중대의 당 대표가 좋을수록 중대가 더 좋아지는 데에 반하여 중대장은 정치에서 그렇게 큰 역할을 하기 쉽지 않다는 것이 입증되었다."23)

초기 홍군이 제정한 규범에서 정치장교와 군사장교 간의 권력 관계는 균형을 이루지 못했으며, 전자의 권력이 경우에 따라 후자를 넘어서기도 했다. 1930년 제정된 「중국 공농홍군 정치공작 임시조례-초안(中國工農紅軍政治工作暫行條例-草案)」의 정치장교와 군사장교의 관계에 관한 조항에는 "정치위원은 정치적으로 독자적인 명령을 발행할 권리가 있고, 같은 계급의 군사 지휘관과 분쟁이 발생할 경우 군사 지휘관의 명령을 정지할 권리가 있다"고 되어 있다. 그러나 공산당 자체의 발전과 군사 투쟁의 필요성이 강화됨에 따라 상황은 변화하였다. 오늘날 군에서는 정치장교와 군사장교의 권력과 지위는 거의 대등하다.

홍군 시대에 창설된 정치장교의 자리는 신중국 건국 이후에도 큰 변동 없이 유지됐다. 이에 비해 정치장교 제도 실천의 선구자라 할 수 있는 소련은 이미 제2차 세계대전 때 정치장교의 지위와 권력을 격하했다. 당시 소련군은 정치장교의 직위를 유지했지만, 지휘 체제는 군사장교를 핵심으로 하는 '1참모제(一長制)'로 변경하였고, 정치장교 제도를 중국에 처음 도입한 국민당 군도 1927년 이후 점차 '정치·노동 간부'를 강등시켜 군 장교의 지휘 아래 두었다.24)

오늘날 중국 인민해방군의 정치장교는 공산당과 군 사이의 '가교'라고 할 수 있다. 정치장교는 해당 부대 당 조직의 서기를 맡아 일상 업무를 주재하고, 부대에서 상급 당 조직의 명령과 해당 당 조직의 결의를 수행하는 한편, 동일 직급의 군사장교와 함께 '부대 수장'으로 지위를 부여받고 '이중 참모 제도(雙首長制)'를 구성한다.25)

실제 중국공산당 군대의 '이중 참모 제도'는 다음과 같은 세 가지 특징을 갖는다. 첫째로는 정치와 군사 각기 장교의 지위가 평등하고, 둘째로 일상 업무에서 정치와 군사 분야 업무를 나눠 각 장교가 지도적 책임을 져야 하며, 셋째로는 군사장교의 명령이 모두 정치장교의 부차적 서명을 거쳐 발효돼야 한다. 또한 두 사람 사이에 의견 차이가 발생할 때 상급자 또는 동등한 수준의 당이 조직한 전체회의에 회부하여 판결을 내려야 한다. 그만큼 '이중 참모 제도'하에서 군사 및 정치장교 사이에 누가 누구를 이끌 것인가 하는 질문은 포함하지 않아, 이는 곧 '정치'가 군대에서도 '군사'와 동등한 지위를 보장받았다는 것을 의미한다.

일부 서구 학자들은 정치장교의 역할에 의문을 제기하며 이 직위가 군사 지휘에 대한 간섭을 초래해 군사 행동의 효율성을 떨어뜨릴 수 있다고 주장한다. 그러나 이러한 의혹 제기에 인민해방군, 특히 고위 장성들은 반박하는 입장이다. 이들은 정치장교가 혼란을 가중하기는커녕 군사 작전의 효율성도 높인다고 본다. 현실적으로 전쟁 중에도 정치장교 대부분이 '자신의 업무에 충실(堅守本職)'하며 군사장교와 원활하게 분업 및 협력을 달성할 수 있다.26) 그래서 일부 학자들은 이런 관계를 '오른팔과 왼팔의 관계'에 빗대기도 한다.27)

3) 군의 정치 기관

군 당 조직 업무의 주재자로서 정치장교는 정치 기관을 통해 일상적인 정치 업무를 처리한다. 군 정치 분야에서 당 조직의 기능이 의사결정이라면 정치 기관의 기능은 집행에 있다. 중국공산당 창군 초창기에는 군에 당 조직과 당 대표 외에 '정치부(政治部)'라는 정치 기관이 함께 설치됐다. 이 정치 기관은 '당의 공작기관'으로 자리하고 있으며, 조직적으로는 '당 대표에 대한 책임'을 맡았다. 구텐회의의 결의에서는 "정치권력 기관이 설립되지 않은 곳은 홍군 정치부가 그 지역의 해당 기관을 대체한다"고 규정할 정도로 정치 기관에 대해 중국공산당은 관심도가 높다. 이어 제정된 「중국 공농홍군 정치공작 임시조례 -초안(中國工農紅軍政治工作暫行條例-草案)」에는 정치 기관의 설치 기준이 명시되어 있다. 강령에는 "연대와 독립 대대에 정치 사무소(政治處)를 설치하고 사단급 이상 모든 계층에 정치부(政治部)를 설치해야 한다"고 명시되어 있다. 이 설치 기준은 오늘날까지 그대로 적용되고 있다.

국민당 군에서 정치 (전투) 장교가 정치부 주임을 겸임하는 체제와 달리, 중국공산당 군의 정치 기관은 독립적으로 정치부(처) 주임을 두고 있다. 현행 「중국 인민해방군 정치공작조례(中國人民解放軍政治工作條例)」에 따르면 정치부(처) 주임은 상급정치기관, 동급부대 당 위원회 및 정치위원의 영도하에 본 정치 기관의 업무를 주관하고 예하 부대 정치공작에 대한 지도자를 조직하여 실시한다고 규정하고 있으며, "군 정치공작의 기본 임무와 주요 내용에 따라 상급의 결의, 지시, 계획, 동급 부대 당 위원회의 의결과 수장의 지시하고 (…) 지도부를 조직하여 직무를 수행하고 임무를 완수하도록 한다"고 설명한다. 정치 기관의 내부 기관은 그 기능을 따라 설치된다.

일반적으로 정치 기관에는 선전 · 보위 · 간부 · 조직 · 문화 및 대중 공작(群工) 등의 기능과 관련된 기관을 갖추고 있다. 더 중요한 것은 정치 기관이 군사법원과 검찰을 산하에 두고 군의 사법 업무를 담당하는 경우가 많다는 점이다.

또 군에 대한 당의 절대적 영도와 당이 군대를 지휘한다는 원칙은 군과 지방 당 위원회의 관계에서도 드러난다. 지방 주둔 부대는 해당 부대 당 조직의 영도 외에도 주둔지의 지방 당 조직의 영도 또한 받아야 한다. 통상 지방 당 조직의 비서는 지방 군사 단위(성 군구省軍區 · 경비구警備區 · 군분구軍分區* · 무장부武裝部 등)의 '당 위원회 제1서기'를 겸하고, 군사 단위의 정치나 군사장교는 지방 당 위원회 상무위원을 겸하는 경우가 많다.

(3) 정치적 건군과 정치공작의 임무

군에서는 당 조직과 정치장교가 의사결정을 담당하고 정치 기관이 이를 수행하는 과정이 바로 군의 정치공작 과정이다. 공식적인 정의에 따르면 정치공작은 "군대에서 당의 사상공작과 조직공작"28)이다. 공산당의 전체 군사의 역사를 볼 때 정치공작의 주된 목적은 군인들의 정치사상과 정치행동이 당 중앙의 기대에 부합하도록 보장하고, 이를 통해 당의 정치적 임무 수행이나 정치적 목표 달성에 협력하도록 만드는 것이다. 즉, 군의 정치 업무는 군의 '정치 사회화(政治社會化)'29) 과정으로 볼 수 있으며, 당 조직, 정치장교 및 정치 기관이 참여하는 과정을 통해 입대 전의 '민간인(平民)'을 '군대의 정치 문

---

* '군분구'는 성급 군구 범위 내의 군사 지역에 설립된 군대 1급 조직이다. 1932년 중앙혁명 근거지에 처음 설립되었다.

화'에 부합하는 군인으로 거듭나도록 만들 수 있다. 군 정치 사회화를
위한 정치공작으로는 세 가지 주요한 '규칙과 제도상의 과정(規制過
程)'이 있다.

1) 사상교육

'사상교육'은 당이 인정하고 제창하는 '군 정치문화'를 군에 전파
하고, 각종 '학습' 과정을 통해 군인들의 공감과 내면화를 이끌어내
겠다는 의미로 내부 규제 또는 일종의 '교화' 과정이다. 내용을 보면
일반적으로 당에서 군과 군인에 대한 기대를 '군의 성격과 근본(軍隊
的性質與宗旨)', '우수한 전통', '군의 정신' 또는 '군인의 핵심 가치
관'이라는 말로 구성하는데, 이러한 서사나 담론들은 일반적으로 특
정 기간 다른 영역에서 당 중앙위원회의 주류 가치와 일치한다. 예를
들어, 혁명전쟁 시기 군인은 '적과 싸워 적을 사살하고', '용맹하게
잘 싸워야' 했으나, 평화 시기에는 군인의 '복무의식'과 '애국의식'이
강조됐다. 그러나 '군 정치문화'의 내용과 상관없이 군인들은 무조건
배워야 한다. 실행 방법과 수단 측면에서 사상적 통일을 강조하는
군의 특성상 사상정치교육도 특히 집중적으로 이뤄진다. 농공 홍군
과 이후 인민해방군에서 '사상정치교육'은 비정기적인 정치운동과
정규적인 정치 학습 활동을 통해 이뤄진다. 전자와 후자의 실시는
모두 군내 '부문별 정치 사회화 기구'[30], 즉, 정치 기관에 의존하여
수행되었다. 당 중앙이 매번 새로운 '표현 방식'이나 '이념'을 제시하
면 인민해방군은 거의 항상 신속하게 대응했고, 이는 당 조직(정치장
교 포함)과 정치 기관 간의 높은 일치도와 협조도를 통해 입증된다.
군부대의 정치운동은 일반적으로 중국공산당 중앙위원회가 당 전
체에서 실시하는 광범위한 정치운동의 일부이므로 정치 기관의 자율

성이 강하지 않고, 군부대의 당 조직과 정치장교의 의사결정에 따라 진행되어야 한다. 이와 대조적으로 군부대의 일상적인 정치 학습에서 정치 기관은 어느 정도 자율성을 갖고 있다. 「정치공작조례(政工條例)」의 정치 기관의 직책에 '정치교육과 일상적인 사상업무 수행'이라는 조항이 있다. 구체적인 형태를 보면, 「중국 인민해방군 사상정치교육 대강(中國人民解放軍思想政治敎育大綱)」에 따라 부대의 일상적인 정치 학습 또는 사상정치교육은 "보통 이론학습, 주요 주제교육, 상시 사상교육 등의 형태로 이루어진다"고 규정된다. 「대강」은 또 부대 사상정치교육의 기간을 명시했다. 무엇보다도 신병 입영 훈련 단계에서 4할의 시간을 할애하여 정치교육을 받아야 한다. 반면 장교들은 매년 일정하게 '교대훈련'과 '당 중앙위원회 중앙 그룹 학습'에 참가한다. 전통적인 정치교육과 같은 일방적인 주입 수단 외에도 다양한 매체를 기반으로 한 '침투식' 교육도 '사상정치교육'의 중요한 부분이다. 여기에는 모범 인물 선정과 그에 대한 연구 활동, 각종 문화 및 스포츠 활동(가무 공연·전시·체육대회 등), 군 안팎의 대중매체(군부대 신문잡지·영화·방송프로그램·서적 등)와 나날이 번지고 있는 인터넷을 통한 정보전파, 심지어 심리상담 활동까지 포함되어 있다.

2) 행위 조성

사상정치교육과 달리 행위 조성(行爲塑造)은 주로 행위에 초점이 맞춰져 군인들의 행동이 '군 정치문화'에 부합하도록 유도하며 일탈을 바로잡는 데에 목적이 있다. 따라서 일종의 외부 규제 범주에 속하며 여기에는 다양한 포상과 처벌의 메커니즘이 포함된다. 포상측면에서 다른 '민간인(civilian)' 기관과 비교할 때 군대는 물질적

인센티브 외에도 공훈 시스템과 같은 고유한 포상 메커니즘을 가지고 있다. 일반적으로 전시 복무 외에 평시에도 당의 기대와 부합되는 행위를 한 점이 특히 뛰어나면 공을 세운 것으로 인정받아 무공훈장 또는 훈장을 받을 수 있다. 이러한 특정 행위와 관련된 상징적인 상벌 메커니즘은 '정치적 사회화의 간접 통로'로 간주될 수 있으며, 따라서 '주도적 정치문화의 형성 및 확산을 촉진하는 데 큰 기여를 한다.'[31]

징벌의 경우, 군 내부에서 의존하는 메커니즘은 군 당의 기율검사 기구 위주의 정치적 수단과 군 감찰 및 사법기구에 기반한 법적 수단이다. 군 당의 기율검사기구는 동급 부대 당 위원회에 소속되어 있으며 주로 부대 내 당원의 행위를 단속한다. 중국 군대 대부분의 장교는 기본적으로 공산당원이므로 당의 기율검사기구는 거의 모든 장교의 정치적 행위를 시정할 책임이 있다고 할 수 있다. 부대에서 비당원 군인과 정치권 밖의 일탈 행위에 대한 시정과 처벌은 군의 행정감사와 사법기관에 의존해야 한다. 현행 규정에 따르면 군의 행정감찰 임무는 군부대에서 당의 기율검사기관이나 조직부서가 담당하며,[32] 사법 기능은 각급 군사법원과 군사검찰원이 맡는다. 이들 기관은 당 내 규정이나 국가 및 군내 법규에 따라 군인의 일탈 행위를 시정하고 처벌한다.

마지막으로 포상이나 징벌에 관한 결정은 군의 당 조직에 의해 이루어져야 한다는 점을 언급해야 할 것이다. 또한 조직에서 군의 기율검사기구가 동급 군 당 위원회에 소속된 것을 제외하면 군 사법 기관은 군 정치 기관 아래 소속돼 있다. '당이 영도하는 군대'는 군대의 '행위 조성' 과정에서도 잘 드러난다.

3) 인사 관리

인사 관리는 군 간부와 장교들이 사상적으로 공감하고 행동의 측면에서는 '군의 정치문화'에 부합하도록 만들며, 여기에 해당하지 않는 사람은 내보내는 조처를 하겠다는 것이다. 따라서 인사 관리도 일종의 외부 규제에 속한다. '당이 간부를 관리하는(黨管幹部)' 원칙이 군에 구현된 만큼 장교나 군 간부를 양성·선발할 수 있는 권한은 부대 내의 당 조직과 정치장교, 정치 기관이 쥐고 있다. 군의 구조는 매우 엄격한 관료제로 구성되어 있기 때문에 '누가 어느 자리에 있느냐'를 결정할 수 있는 인사에 대한 권력이 중요하다. 전통적인 군대의 '1참모제' 체제에서 인사 결정권은 군사장교에게 돌아간다. '이중 참모 제도'하에서 군사장교의 결정권은 정치장교와 그 산하의 정치 기관에 대부분 이양되었다.

당의 군대는 창설되자마자 제1원칙으로 정치적 건군을 확립하였다. 이 원칙을 둘러싸고 중국공산당은 군 당 조직과 이중 참모 제도 책임제, 정치공작기관 설립을 통해 군과 군인에 대한 사상교육, 행동 조성, 인사 관리라는 세 가지 메커니즘을 실시하여 정치적 건군을 이뤄냈다. 중국이 새로운 시대로 접어든 지금, 정치적 건군 원칙을 확고히 관철하는 것도 군이 새로운 역사적 사명을 실천하는 핵심이다. 구톈회의가 열린 지 85년 만인 2014년 시 주석은 구톈을 찾아 전군 정치공작에 대한 회의를 주재했다. 이는 분명한 상징적 의미를 가지고 있다. 정치건군은 군을 세우는 기초이며 이 원칙은 여전히 확고하게 계승되고 있다.

3. 강군전략

(1) '혁명화'에서 '현대화'에 이르기까지

1950년대 말부터 1970년대 말까지 정치건군(政治建軍) 원칙은 크게 왜곡되었다. 당시 일부 군 주요 지도자는 정치적 건군 원칙과 다른 강군전략을 분리해 후자를 능가하거나 대체하기도 했다. 개혁 개방 이후에는 '평화'와 '발전'이 시대의 흐름이 되었다. 중국공산당은 시세를 살피며 역사의 발전에 순응하여 군대의 규모를 간소화하였다. 특히 1985년부터 1987년까지 중국 인민해방군 병력을 100만 명 감축했는데 이것은 일명 '백만 군축'으로 불렸다. 군비 지출도 대폭 삭감돼 경제발전의 길을 열어줬고, 군의 무기와 장비 개발도 정체 상태에 머물렀다. 군비 부족을 메우기 위해 군대는 사업과 다른 분야에 참여하기 시작하였고, 군의 높은 정치성과 결속력은 도전을 받게 되었다.

1990년대 이후 중국 특색의 군사 변혁은 중대한 진전을 이루었다. 1998년 중앙군사위원회는 군 사업 결정을 철회하고 매년 군사비를 늘려 '보상식 발전(補償式發展)'을 이루기로 했다고 발표했다. 이에 따라 중국군은 특히 전술훈련, 무기 개발, 군대의 결속력과 전력 등에서 성과를 내고 있다.

동시에 중국공산당은 "세계가 100년 만에 미증유의 대격변을 겪고 있다(世界正經歷百年未有之大變局)"[33]고 다음과 같이 정확하게 진단했다. 세계 다극화, 경제 세계화, 사회 정보화, 문화 다원화가 심화 및 발전되었고, 평화·발전·협력·상생의 시대적 흐름도 되돌릴 수 없다는 것이다. 그러나 국제 안보의 불안정성도 더욱 부각되고 있으며, 중국의 안보환경에 대한 외압 역시 점차 커지고 있다.

중국군의 기계화 건설 임무는 아직 완수되지 않아 정보화 수준의 시급한 개선이 필요하다. 더불어 군사 안보는 기술적 기습과 기술 격차가 커질 위험에 직면해 있으며 군 현대화 수준은 국가안보의 수요와는 거리가 멀고 세계 선진국의 군사 수준에 비해 뒤처지고 있다. 「국방 및 군 개혁 심화에 관한 중앙군사위원회의 의견(中央軍委關於深化國防和軍隊改革的意見)」은 "중국의 국제적 위상에 걸맞고 국가안보와 발전이익에 알맞은 튼튼한 국방과 강한 군대를 건설해야 한다"고 명시했다.

이런 배경에서 군 개혁과 강군전략은 군의 정치성과 전투력을 높여 새로운 대내외 압력과 도전에 대처하는 데 초점이 맞춰져 있다.

(2) 강군전략의 총체적인 목표

중국의 신시대 군사전략방침은 '방어와 자위, 그리고 상대가 먼저 공격하기를 기다려서 적을 제압하는(防禦, 自衛, 後發制人)' 원칙을 고수한다. 또한 적극적인 방어를 실시하며 '아무도 나를 공격하지 않으면 공격하지 않으나 누군가 공격을 가한다면 반드시 공격한다(人不犯我, 我不犯人, 人若犯我, 我必犯人)'는 철칙을 견지한다. 전쟁 억제와 전쟁 승리를 상호 통일하면서 전략상의 방어와 전투에서의 공격을 서로 통일할 것을 강조한다.

중국은 언제, 어떤 상황에서도 먼저 핵무기를 사용하지 않고, 비핵국가나 지역에 대한 핵무기 사용이나 사용 위협을 무조건 자제하는 핵 정책을 추구했다. 그러므로 중국은 궁극적으로는 핵무기의 전면 금지와 완전 파괴를 주장하며, 어느 나라와도 핵 군비경쟁을 벌이지 않고, 자국의 핵 역량을 국가안보를 위해 필요한 최소한의 수준으로 유지해왔다. 이러한 약속은 국제사회에서 중국의 정치적 자세를 보여주는 동시에 재래식 전쟁 수행 능력에 대한 요구도 더 높아지게 되었다.

분명히 해야 할 부분은 여기서 말하는 '강군(强軍)'이란 한편으로는 정치와 정신에 대한 것이며 다른 한편으로는 관리체제와 무기장비가 강하다는 의미이다. 군 개혁의 목적은 재래식 전쟁과 제한된 전쟁을 치르는 중국 군대의 능력을 제고하는 데에 있다. 또한, 이러한 개혁을 통해 국방과 군대 건설의 체제적 장애, 구조적 모순과 정책 문제를 해결하고, 전투 수행 능력에 초점을 맞추며, 승리할 수 있는 전투에 집중하고, 기계화 정보화 융합발전을 촉진한다. 더불어 군사 스마트화의 발전을 가속하고, 중국공산당의 영도력과 사회주의 제도를 공고히 하기 위한 전략적 지원 및 국가 주권·통일·영토보존을 수호하기 위한 전략적 지원, 그리고 국가의 해외 이익을 수호하기 위한 전략적 지원을 제공하는 데에 군 개혁의 목적이 있다.

구체적으로 제18차 중국공산당 전국대표대회 이후 국방 및 군 개혁은 군에 대한 당의 절대적 영도력을 강화한다는 전제 아래 2020년까지 다음의 3대 목표를 달성해야 한다. 먼저, 2020년까지 지도관리체제, 연합작전지휘체제 개혁에서 획기적인 진전을 이루어야 한다. 둘째, 규모와 구조를 최적화하고 정책 제도를 완비하며 민군(民軍)의 융합발전을 촉진하는 등 각 방면의 개혁에서 중요한 성과를 거두어야 한다. 셋째, 스마트화된 전쟁에서 승리하고 사명을 효과적으로 수행할 수 있는 중국 특색의 현대군사력체계를 구축하여 중국 특색의 사회주의 군사제도를 완비하도록 노력해야 한다.[34]

(3) 강군전략 배경하의 개혁 조치

제18차 중국공산당 전국대표대회 이후 국방 및 군 개혁의 초점은 군의 체제와 메커니즘에 있다. 가장 중요한 점은 군의 정치적 생태계를 재편하고, 군에 대한 당의 절대 영도를 강화하며, 정치건군 원칙을 다시 강화하는 동시에 이를 바탕으로 현대적인 군사 관리체제를 구축하는 것이다.

1) 군대의 정치 생태계 개조

1929년 「중국공산당 제4군 제9차 대회 결의안(中國共產黨紅軍第四軍第九次大會決議案)」, 일명 '구톈회의 결의(古田會議決議)'는 정치적 건군의 노선을 제시해 군에 대한 당의 절대적 영도를 명확히 했다. 또한 해당 결의안에서는 프롤레타리아 계급이 이끄는 신형 인민군에 대한 당의 사상, 대오, 기풍 순결의 중요성을 강조했다. 2014년 시진핑 주석은 구톈에서 열린 전군정치공작회의에서 군에 대한 당의 절대적 영도를 재확인하며 군이 당의 군대임을 분명히 했다.

정치적 건군을 다시 형성하는 일은 군대가 낡은 관습과 전통을 버리고 기민하게 싸우도록 하는 것이다. 이를 수행하기 위한 첫 번째 단계는 정치적 생태계를 정비하는 것이다. 중국공산당은 18차 전국대표대회 이후 많은 중대한 규율위반 사건을 조사, 처리하고 주요 공사건설, 장비 물자 구매 등 산업 분야에 대한 특별시정을 전개하고 기층풍토 감찰연락점제도(基層風氣監察聯系點制度)를 구축하여 장병 주변의 '경미한 부패(微腐敗)'와 부조리를 조사 및 시정하였다. 더 중요한 것은 정치 시찰을 계속 심화하고 군사위원회 기관부서,

대규모 단위 시찰과 재방문 시찰을 전면적으로 완료하는 것이다. 핵심 분야, 주요 프로젝트 및 중요 자금에 대한 감사를 강화하고, 간부들의 경제책임 감사를 엄격히 지도하며, 경비 성과 감사(經費績效審計), 전과정 추적 감사(全程跟蹤審計), 군 합동 감사(軍地聯合審計)를 적극적으로 시행하는 등 각 분야에서 전면적인 감사를 추진하였다. 2012년 이후 총 39,000개(회) 단위(부서)와 13,000명의 연대 이상 간부들을 감사했다.[35] 2019년 7월 중국공산당은 군부 부패와의 싸움에서 압도적인 승리를 거두었으며, 깨끗하고 정직한 분위기의 좋은 정치 생태계가 기본적으로 형성되었다고 볼 수 있다.

두 번째 단계로 군의 정신적 신뢰를 회복해야 한다. 그 가운데 집단군 번호를 바꾸는 것은 가장 상징적인 의미를 갖는다. 중국공산당 군대 번호는 역사상 1번에서 70번까지 매겨졌으며, 이들 번호는 빛나는 역사적, 정치적, 상징적 의미를 가지고 있다. 군 개혁 이전까지 7대 군구는 총 18개의 집단군을 보유했다. 그러나 이번 군 개편에서 70개의 군대 번호에 이어 71번부터 번호가 매겨졌으며, 동서남북중 5대 전구에 모두 13개의 집단군을 배치했다.

전체 인민해방군 군 역사상 처음으로 번호를 바꾼 것은 역사의 자부심, 역사적 과업을 내려놓으라는 요구와 함께 새로운 정치적 신뢰의 방향성과 정신적으로 의지할 바가 생겼음을 의미한다. 그런 의미에서 군 개혁과 중국공산당 핵심의 확립은 불가분의 관계다.

중국공산당은 항상 사상과 정치 양 방면의 건설을 군 각종 부문에서 최우선 순위로 두었다. 이를 통해 모든 군인이 시진핑 강군사상의 지도적 지위를 확립한다. 또한 시진핑 총서기는 당 중앙의 핵심, 전당의 핵심적 지위를 단호히 수호하며 당 중앙의 권위와 통일 영도를 단호히 수호하고 중앙군사위 주석 책임제를 관철하며 정치인식, 대국(大局)인식, 핵심의식, 같은 곳을 바라보는(看齊) 의식을 강화하도록 요구하고 있다. 2014년 12월 「새로운 정세하에서 군 정치 사업의 여러 문제에 관한 결정(關於新形勢下軍隊政治工作若幹問題的決定)」이 발표되어 정치 훈련이 추진되고 군은 다시 출발하였다. 2018년 8월 중앙군사위원회는 당 건설 회의를 개최하여 신시대 군·당의 영도력과 당 건설 사업을 전면적으로 강화하였다. 군인에게는 '정신, 능력, 혈기, 인품(有靈魂, 有本事, 有血性, 有品德)'을 갖출 것을 요구하고, 군대에는 '무쇠와 같은 신앙, 무쇠와 같은 신념, 무쇠와 같은 기율, 무쇠와 같은 책임(鐵一般信仰, 鐵一般信念, 鐵一般紀律, 鐵一般擔當)'이라는 목표를 제시했다. 그리고 '혁명'의 이데올로기적 표현인 '혁명군인'과 '혁명군대'에 중점을 두었다.

2) 관리 시스템의 재편

구톈 회의 이후 인민군에 대한 당의 절대적 영도는 중국군 건설의 핵심 원칙이 됐다. 「국방 및 군 개혁 심화에 관한 중앙군사위원회의 의견(中央軍委關於深化國防和軍隊改革的意見)」은 군 개혁이 군사위원회의 집중적이고 통일된 지도력, 특히 '군사위원회 주석 책임제' 강화에 초점을 맞춰야 한다고 강조했다. 군사위원회 주석 책임제가 이뤄져야 전군이 시진핑 주석의 호령에 단호히 따르며 최대의 구심력과 결속력을 발휘할 수 있다.

기능의 배치 과정을 보면 핵심의 강조, 유사 부문의 통합, 감독 및 조정 강화를 통해 군사위원회 기관의 설립을 조정 및 개혁하고 본부 시스템에서 다중 분야 시스템으로의 조정이 일어났다. 군사위원회 기관은 군대를 대신하여 군 건설 기능을 분권화하고, 특정 관리 기능을 매각하고 유사한 기능을 조정 및 통합하며 지도층을 줄이고 정원 및 직속 단위를 간소화한다. 또한 군사위원회 기관의 기능 배치와 기구 설치를 최적화하고 새로운 군사위 기관 부서를 조정, 구성하였다. 그리고 과거 총참모부, 총정치부, 총군수부, 총장비부의 4개 본부에서 군사위 기관 15개 기능 부서로 조정되었으며, 군사위가 집중영도하는 참모기관, 집행기관, 복무기관으로 삼는다.

　군대별로 영도 및 관리 체계를 개선하는 데 있어 군대별 기관의 기능 배치와 기구 설치를 최적화하고 군의 건설 관리 및 지원에서 중요한 역할을 한다. 또한 물류 지원의 영도 관리 시스템을 조정 및 개혁하고 기존의 합동 작전 지원 시스템을 기반으로 지원군의 구성과 영도, 지휘 관계를 조정 및 최적화한다. 동시에 공동 작전 지휘 시스템에 완전히 통합되고 전문화된 물류 지원 시스템을 구축한다. 장비 발전 지도 관리체제를 개혁하고, 군사위원회 장비부서의 중앙 집중 관리에 대한 시행이 이뤄진다. 더불어 군 지부가 구체적으로 건설 및 관리를 수행하며, 작전 구역을 합동으로 운용하는 체계를 구축하며, 장비 발전 및 건설에서 군 위원회의 장비 부문과 군 지부 장비 부문 체제를 실행한다. 장비 관리 및 건설 부문에서는 군 위원회의 장비 부문 및 군 지부 장비 부문, 부대 보장 부서 체제를 실시한다. 국방 동원 시스템에서는 통일된 영도를 강화한다.[36) 합동 작전 지휘 체계를 완비하고 현대 정보화 전쟁에서 승리하는 데 중점을 두고, 작전 구역 합동 지휘 기구를 설립하고, 세련되고 효율적인 전략 전투 지휘체계를 구축하며, 작전지구를 재조정 및 구획한다. 그리고 관련 부처가 합동 작전·합동 지휘의 요구에 따라 합동 작전 지휘 체제에 걸맞은 훈련체제를 구축·보완하도록 한다. 이처럼 지휘, 건설, 관리, 감독과 같은 경로가 더 명확하고 의사결정, 계획, 실행 및 평가와 같은 기능 구성이 더 합리적으로 되었다.

군별로 지도 및 관리체제를 완비하는 과정에서, 기존 네 개 본부의 지상군 건설 기능을 통합하여 육군 지도기구를 창설하고, 각 군마다 군사위원회 기관의 전략지원역량을 통합하여 전략지원부대를 창설한다. 또한 제2포병은 로켓군으로 개칭하고, 일반 경비를 주로 담당하는 전략 전투군을 통합해 합동군수보안군을 창설함으로써, '중앙군사위원회-각 군대별 분류(軍種)-부대'의 영도 및 관리 체계를 구축한다.

그림 11.1 군대 영도 관리 체계 구조도

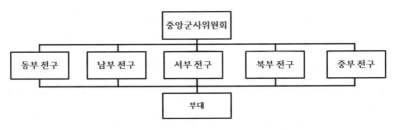

그림 11.2 군대 작전 지휘 체계 구조도

영도 지휘체계의 개혁은 현대군의 전문적 분업과 정보화 시대 전투에서 승리할 수 있는 요구 사항에 상응하는 것이며, 군대의 작전 효과와 건설 효율성을 향상하기 위한 주요 단계이다.[37] '군사위원회는 일반 행정을 담당하고 전구에서는 전쟁을 담당하며 각 군대는 건설을 담당한다(軍委管總, 戰區主戰, 軍種主建)'는 원칙에 따라 군사위원회의 집중 통일 영도와 전략 지휘, 전략 관리 기능을 강화하고, 장기간 시행된 총부(摠部) 체제, 대군구(大軍區) 체제, 대육군 체제를 타파해 새로운 군 영도 관리와 작전 지휘 체제를 구축하였다.

이 밖에 이번 군사개혁은 지도체제 개혁에 그치지 않고 인적자원정책과 후방자원정책이 동시에 포함되었다. 「국방 및 군 개혁 심화에 관한 중앙군사위원회의 의견(中央軍委關於深化國防和軍隊改革的意見)」에서는 군의 기능과 임무에 대한 요구가 국가의 정책과 제도 혁신의 요구에 부합하며, 군사 직업의 특성을 구현하고 군인의 명예와 자긍심을 높이는 정책 제도의 구축이 필요하다고 강조했다. 군 인원의 분류는 점차 계급 중심의 등급 제도를 따를 것이며, 국무원은 전문적으로 재향군인 사무부를 설립하여 연결할 것이며, 퇴역군인의 배치와 이들에 대한 관리 정책은 더욱 완벽해질 것이다.38)

법치 측면에서 중국공산당은 여전히 전면적인 법에 따라 군을 엄정하게 다스리는 방침(依法治軍, 從嚴治軍的方針)을 관철할 것을 주창하고 있다. 나아가 새로운 시대의 군사법제체계를 구축하여 행정명령에서 의법행정(依法行政)으로의 근본적인 전환을 실현하고 관련 군사제도를 개선하고자 한다. 당중앙, 중앙군사위원회, 시진핑의 통일된 지도력을 견지하고 각 급의 책임을 강화하여 각종 규율과 규정을 엄격히 집행해 국방과 군건설의 법제화 수준을 전면적으로 높이고자 한다. 새로운 군사위원회, 기율위원회와 정법위원회는 각각 기율검사조를 군사위원회 기관부서와 기관에 파견하고 지역별로 군사법원 및 군검찰원을 설치하는 일을 담당한다. 조정 및 설치된 군사위원회 감사서(審計署)는 모두 파견 감사를 실시하고 엄격한 권력 운영 제한 및 감독체계를 구축하여 군기율검사·순시·감사·사법 감독의 독립성과 권위가 부족한 문제를 중점적으로 해결하고자 했다.[39] 이를 바탕으로 의법치군과 종엄치군을 위한 제도와 구조의 이중적 기반을 마련하였다.

3) 개혁의 체계성

새로운 국방과 군 개혁의 특색은 체계성에 있다. 중앙정부는 군 발전전략과 중요 분야, 군 지부 및 무장경찰부대의 발전전략을 수립하고 전략계획과 계획체계를 형성하며 「군 건설발전 13차 5개년 계획요강(軍隊建設發展'十三五'規劃綱要)」을 공포하고 시행함으로써 '최상위급 설계'를 일정 정도 실현하였다. 군과 경찰 간의 분업과 민군 통합은 이런 최상위급 설계의 중요한 표현이다.

군경의 분업에 대해 이야기하자면, 중국공산당은 무장경찰의 국가에서의 지위를 명확히 하고 이를 군에 정식으로 포함시켜 관리함으로써 연합작전지휘체제, 군대의 규모 구조와 작전역량체계, 대학원·대학교, 무장경찰부대개혁 및 민군통합개혁이 점진적으로 추진되는 형태로 실현될 수 있도록 하였다. 「국방 및 군 개혁 심화에 관한 중앙군사위원회의 의견(中央軍委關於深化國防和軍隊改革的意見)」에서 무장경찰 개혁의 초점은 지휘 관리 체계와 역량 구조에 있다. 중앙군사위는 무장세력에 대한 집중적이고 통일된 영도력을 강화하고 무장경찰부대의 지휘·관리 체제를 정비해야 한다. 2018년 1월 1일, 중국 인민 무장경찰부대(中國人民武裝警察部隊)는 당 중앙과 중앙군사위원회의 중앙집권적 통일된 영도를 실현하고 '중앙군사위원회-무장경찰부대-군부대'의 지도 지휘체계를 시행하였다. 2018년 발표된 「당과 국가기관의 개혁 심화 방안(深化黨和國家

機構改革方案)」은 '군대는 군대, 경찰은 경찰, 인민은 인민'이라는 원칙에 따라 무장경찰 계열과 국무원 부문의 영도 관리하에 있는 모든 현역 병력을 무장경찰에서 철수시켰다. 그리고 공안변방부대, 공안소방부대, 공안경위부대는 더 이상 무장경찰대에 예속되지 않는다. 국가해양국(중국 국가해양경찰국, 中國海警局)이 관리하는 해경대와 관련되는 기능을 이양하고 개편하는 방식으로 모두 무장경찰부대로 이관되었다.40)

군과 민의 융합과 관련해 국가는 제18차 전국대표대회 이래 군민 분리의 이원구조를 타파하기 위하여 일련의 정책 제도를 잇달아 도입하였다. 이는 무기와 장비의 과학연구생산, 인재양성, 군대의 사회화보장과 국방 동원 등 여러 분야에 관련되었다.41) 국가는 군민융합의 발전을 추진하는 과정에서 모든 요소, 다양한 분야, 고효율 군민융합의 심층적 발전 구도를 형성할 필요가 있다. 이에 착안하여 군민융합의 발전은 통일된 지도력, 군과 지방정부 간의 조정, 원활하고 효율적인 조직관리체계의 구축을 필요로 한다. 또한 국가주도·수요견인·시장운영이 통합된 업무 운영체계, 체계적 완비·연계배치·효과적 인센티브를 갖춘 정책 제도체계 또한 중요하다.42) 2016년 3월 25일에 「경제건설과 국방건설의 통합발전에 관한 의견(關於經濟建設和國防建設融合發展的意見)」이 중국공산당 중앙정치국 회의에서 채택되었는데, 이 사실에서 군민통합이 국가전략으로 발전했음을 알 수 있다. 군민융합 영도기구 건설은 이미 '13차 5개년 계획'에 제시되어, 군민융합이라는 합리적 이념을 통해 경제와 국방건설을 관통하고, 개혁·창의적 발상으로 장애와 모순을 돌파하여, 중국 특색 사회주의 제도의 우수성을 당의 영도하에 충분히 발휘하였다.

18차 전국대표대회 이후 강군전략은 이데올로기 측면에서 군의 정신 부문을 재건하고, 당군관계를 명확히 하였다. 그리고 부패한 인사의 유입을 일소하고, 군대의 정치생태를 정화하며, 지도자의 위대한 인격 형성을 통해 군의 구심력과 응집력을 향상시켜 '정치건군' 이라는 기초에 중요한 보장을 제공하였다. 그리고 군사관리 체계를 재분할하여 현대 전쟁에서 요구되는 바를 더 충족하는 군대를 만들었고, 관리비용의 낭비를 줄이며, 군대의 제한전쟁과 재래식 전쟁에서의 능력을 효과적으로 향상시켰다.

제12장
협상 단결의 정치

인간과 사회의 전면적인 발전을 촉진하고 인민의 아름다운 삶을 창조하는 것은 사회주의 민주정치의 본질적 사명이다. 당의 영도, 인민주권과 의법치국의 유기적 통일은 사회주의 민주 정치발전의 기본원칙이자 기본전략이다. 중국공산당은 인민을 영도하여 인민주권을 실현하는 정치 실천에서 개개인의 자유로운 발전과 사회 전체의 화합과 단결을 긴밀하게 만들고, 당의 영도가 광범위하고 전면적이며 심도 있는 협상과 결합하여 영도, 협상, 단결의 세 가지 요소가 연동 및 발전하는 독특한 정치형태를 형성하였다. 이는 서구의 경쟁, 선거, 분화의 정치형태와 구별되는 것이다. 중국의 이와 같은 정치형태는 협상단결의 정치라고 칭할 수 있으며 그 근원은 인민민주에 있다.

1. 정치건설

(1) 대중이 운영하는 국가

마르크스는 인류 역사는 인간이 끊임없이 자유를 향해 나아가는 역사이며 역사의 모든 진보는 인류가 자유를 추구하는 과정에서 이룬 성취에서 나온 것이라 보았다. 이러한 논리에 따르면 "모든 종류의 해방은 인간 세계와 인간관계가 인간 자신에게 돌아가는 것"[1])이다.
"자유와 자기해방을 추구하는 인류"라는 관점에서 마르크스와 엥겔
스는 "부르주아 계급은 역사적으로 매우 혁명적인 역할을 했다."[2])고
인정했는데, 그것은 바로 군주제를 무너뜨리고 민주제를 수립한 것
이다. 그들은 "민주제는 군주제의 진리지만 군주제는 민주제의 진리
가 아니다"[3])라는 말을 남기기도 했다. 민주제와 군주제의 큰 차이점
은 사람이 더 이상 국가 제도에 종속되지 않고 국가 제도가 인간에게
종속되어 인간의 주체성을 확립했다는 것이다. "군주제에서는 국가
제도의 인민이 되고, 민주제에서는 인민의 국가 제도가 된다."[4]) "혜
겔은 국가에서부터 출발해 사람을 주체화한 나라를 개념화했다. 민
주제는 사람에서 출발해 국가를 객관화된 사람으로 바꾼다."[5]) 따라
서 "사람이 법을 위해 존재하는 것이 아니라 법이 사람을 위해 존재하
는 것이다."[6]) 인간의 주체성 확립은 인간을 봉건적 속박에서 벗어나
게 하고, 인간의 해방을 촉진하며, 인간의 전면적 자유를 실현하는
장도에 큰 걸음을 내딛게 했다. "이는 사람의 활동이 어떤 성취를
이룰 수 있는지를 보여주는 첫 번째 사례다."[7])

그러나 부르주아 민주제에 의해 이뤄진 인간해방은 뚜렷한 한계를
가지고 있었고, 그것은 오직 인간의 정치적 해방만을 실현하였다.
"정치적 해방은 한편으로는 인간을 시민사회의 구성원으로, 다른 한
편으로는 이기적이고 독립적인 개인으로, 또 다른 한편으로는 인간
을 공민으로, 법인으로 변화시켰다."[8]) 정치적 해방은 국가와 사회의
분립, 시민과 국가의 분립을 촉진했지만, 인간의 경제적 해방을 실현
하지 못하여 진정으로 인간의 자유롭고 전면적인 발전을 이루지 못
했다. 마르크스는 "인간해방은 현실 속 개인이 동시에 추상적 개념으
로서의 시민이며, 개인으로서 자신이 경험한 삶, 개인적 노동, 개인적

관계 속에서 한 계급의 존재가 될 때, 인간이 자신의 '본래적 권력'을 인식하고 이 권력을 사회적 권력으로 조직하여 정치적 권력으로서 자신과 분리하지 않을 때, 그때에만 비로소 완성되는 것"9)이라고 주장했다. 경험된 생활에서 정치력과 사회력을 유기적으로 통일하고, 인간의 정치해방과 경제해방을 유기적으로 통합해야 인류의 전면적 해방을 진정으로 실현할 수 있다는 것이다.

부르주아 계급은 부르주아 혁명이 일으킨 정치해방운동을 통해 프롤레타리아를 봉건적 족쇄에서 해방시켰다. "타고난 수직적 질서 등에 의해 묶여 있었던 사람들에게 가서 다양한 종류의 봉건적 족쇄를 끊어라."10)라고 선언한 후, 다시 프롤레타리아를 공장으로 내쫓는 방식을 통해 프롤레타리아가 부르주아 계급의 경제적 착취를 받아들이게 하고, 이를 바탕으로 자본주의의 생산방식과 부르주아의 정치통치를 수립하였다. 그리하여 마르크스는 다음과 같이 지적한다. "부르주아 사회의 진정한 대표자는 부르주아이다. 그래서 부르주아 계급은 자신의 통치를 시작하였다."11) "이와 함께 국가권력은 점점 더 본질적으로 자본이 노동을 억압하는 국가권력, 즉 사회적 노예를 위해 조직된 사회적 힘이며, 이 권력은 계급 독재의 기구가 되어가고 있다."12) 따라서 부르주아 계급이 자신의 통치 기초 위에 세운 "현대의 국가 정권은 전체 부르주아 계급의 공통 사물을 관리하는 위원회에 불과하다"13)는 것이다.

즉, 부르주아 민주제는 자유, 평등, 해방의 이름으로 부르주아 통치를 한다는 것이다. 표면적으로는 부르주아 민주제는 전체 인민대중을 대표하는 민주제이지만 보이는 것에 가려진 본질은 부르주아 통치이다. 엥겔스는 "영원한 정의란 부르주아적 정의에서 실현되고, 평등은 법 앞에서의 부르주아적 평등으로 축소되며, 가장 중요한 인권이라 선언되는 것은 부르주아적 소유권"이라고 지적했다.14) 따라서 부르주아 민주제는 위선적인 민주제이다. 레닌은 "부르주아 민주제는 집회, 결사, 출판의 권리 등의 권리를 모든 시민에게 형식적 평등으로 선언하며 제한한다. 가장 민주적인 부르주아 공화국은 기껏해야 이러한 영역에서 입법적 제한을 하는 것이다. 그러나 실제로 당국의 관행과 노동자들이 당하는 경제적 노예(라는 사실이 가장 중요하다)는 항상 부르주아 민주제하에서 노동자들이 자신의 권리와 자유를 조금 더 광범위하게 누리는 것조차 불가능하게 만든다"고 언급했다.15) 부르주아 민주제는 "자본주의 체제에서 편협하고 불완전하며 위선적이고 기만적인 민주제이다. 이는 부자들에게는 천국이고 가난한 사람들에게는 함정과 사기에 지나지 않는다."16)

인간해방을 향한 여정에서 부르주아 민주제는 진정한 민주제가 아니며, 인간의 자유와 해방을 제대로 실현하려면 부르주아 민주제를 둘러싼 허위를 없애고 부르주아 민주제를 전복시키며 프롤레타리아 민주제를 수립해야 한다. 레닌은 "프롤레타리아 민주제는 어떠한 형태의 부르주아 민주제보다 백만 배나 더 민주적"이라고 직설적으로 말했다.17) 이러한 역사적 임무를 완수할 수 있는 사람은 프롤레타리아밖에 없다는 것이다. "부르주아 계급은 자신을 사지로 몰아넣는 무기를 만들었을 뿐만 아니라, 그것을 사용할 현대 노동자, 즉 프롤레타리아를 낳았다."18) 프롤레타리아는 부르주아와 자본의 발전과 함께 발전했고, 프롤레타리아는 부르주아 계급의 무덤 파는 사람이 되었다.

마르크스는 부르주아 민주제의 허위성, 자본주의 사회국가와 사회의 대립을 비판할 때 자본주의 민주제의 대안으로 '사회공화국(社會共和國)'이라는 구호를 내세웠다. 사회공화국은 자산계급 민주제도하의 국가와 사회의 분립을 타파하고 국가를 사회에 통합하며 진정으로 국가에 대한 사회통치를 실현한다. "이러한 공화국은 자본가와 지주계급의 수중에 있는 국가기구(國家器械)를 빼앗아 코뮌(公社)으로 대체해야 하며, 코뮌은 '사회해방'이 공화국의 위대한 목표라는 사실을 공개적으로 선언함으로써 코뮌의 조직으로 이러한 사회개조를 보장해야 한다."[19] "코뮌 체제는 사회적 부양에 의존하면서 사회의 자유로운 발전을 저해하는 국가라는 기생적 종양이 지금까지 앗아간 모든 힘을 사회 유기체에 돌려줄 것이다."[20] 코뮌은 부르주아 계급의 경제기반을 제거해야 한다고 요구하며, "코뮌의 진정한 비밀은 그것이 실질적으로 노동자 계급의 정부이며, 생산자 계급과 점유자 계급 간의 투쟁의 산물이며, 마침내 발견된 노동을 경제적으로 해방시킬 수 있는 정치형태이다."[21] "코뮌은 다수의 노동을 소수의 부로 만드는 계급적 소유제를 없애려는 것이다. 이는 박탈한 것을 빼앗으려는 것이다."[22] 즉, 부르주아 지배를 프롤레타리아 지배로 바꾸고, 부르주아가 모든 인민의 이름으로 세운 질서를 뒤집고, 봉건적 지배를 전복하는 과정에서 부르주아가 뒤집은 질서를 다시 뒤집는 것이다.

코뮌은 노동을 해방시킬 뿐만 아니라 사회를 개조하여 궁극적으로 노동자 계급, 나아가 전 인류 자신의 해방을 실현한다. 코뮌이 "채택한 각종 구체적인 조치는, 인민에게 귀속되고 인민이 집권하는 정부로 향하는 방향성을 보일 뿐이다."[23] 코뮌의 입법, 행정 및 사법 기관의 직원은 더 이상 인민 위에 있는 중앙정부의 도구가 아니라 코뮌의 심부름꾼이다. "사회 공직은 더 이상 중앙정부의 사유재산이 아니라 그 부하들에게 보상되는 중앙정부의 사유재산이 될 것"[24]이며 오래된 정부기구처럼 사회 위에 있지 않고 시민에게 책임을 진다. 또한 공직자들은 언제든지 해임될 수 있으며 노동자의 임금보다 더 많이 받을 수 없는 인민의 종이 될 것이다. 요컨대 "정부의 억압적인 권력과 사회를 지배하는 권한은 순수한 억압적인 기관의 폐지와 함께 파괴되고, 정부가 수행해야 할 정당한 기능은 사회 위의 기관이 아니라 사회 자체의 책임 있는 하인들에 의해 수행된다."[25]

마르크스는 '사회공화국'이라는 슬로건에서 인민이 정권을 잡고 대중이 국가를 다스리는 정치이념을 표현하고자 했다. 그러나 파리 코뮌의 급속한 실패로 마르크스가 추앙한 해당 정치이념은 현실로 이어지지 않았다. 레닌은 마르크스의 정치이념을 바탕으로 소비에트 민주라는 새로운 프롤레타리아 민주 유형을 제시했고, 10월 혁명을 통해 소비에트 민주를 이념에서 현실로 바꾸었다. 레닌은 "노동자와 농민의 소비에트는 새로운 유형의 국가이며, 새로운 형태의 고도화된 민주 유형이다. 또한 이는 해당 소비에트는 프롤레타리아 독재의 한 형태, 부르주아 없이 부르주아에 대항하는 국가 운영 방식인 것이다. 노동자와 대중을 위한 첫 민주이며 더 이상 부자를 위한 민주가 아닌 민주제"[26]라고 말했다. "부르주아 민주제에서 자본가들은 대중이 경영에 참여하고 집회의 자유, 언론의 자유 등을 누리지 못하도록 배제하기 위해 가능한 모든 방법을 동원한다. (민주가 발전할수록 그 방법은 더욱 능숙하고 효과적이다.) 소련 정권은 착취당하는 대중을 행정부로 끌어들인 세계 최초의 정권(엄밀히 말하면 파리 코뮌이 시작한 이후 두 번째 정권)이었다."[27]

소비에트 민주와 그 정치사상을 확립한 소비에트 정권은 대중이 국가를 통치하는 정권으로 노동자 자신이 국가 기관을 점령하고 "프롤레타리아 및 반프롤레타리아의 방대한 대중이 국가를 운영하는 기술, 국가권력 전체를 장악하는" 국가 대중 행정 체제였다.[28] 소비

에트 정권은 "가장 민주적인 부르주아 민주공화국에서처럼 주로 부
르주아 계급의 대표가 아니라 대다수 노동자가 실제로 국가 운영에
참여하도록 했다."29) 소비에트 정권에서는 더 이상 부르주아 계급이
국가를 통치하는 것이 아니라 대중이 아래에서 위로 올라가 스스로
가능한 모든 방법으로 국가를 건설하고 운영한다. 군중이 운영하는
국가는 인민대중을 피지배자에서 통치자로, 피압박자에서 국가와 사
회의 주인으로 변화시키는데, 이는 참신한 정치의 한 형태이다.

(2) 대중의 안내자

소비에트 이전의 사회 유형에서 군중은 피압박자로서 국가를 다스
릴 권한이 없었다. 소비에트 사회에서 처음으로 군중이 국가를 다스
릴 수 있는 권한을 갖게 되었는데, 과연 그들이 국가를 다스릴 수
있는 능력을 가졌는지 물음을 던져볼 필요가 있다. 부르주아 계급과
그 이전의 서구사회의 역사문화적 전통은 오랫동안 대중을 '폭도(群
氓)' 내지는 '오합지졸(烏合之衆)' 정도로 간주하여 대중은 항상 무
의식적인 요인의 지배를 받으며, 충동적이고 변화하기 쉽고 조급하
며 경솔한 대상이라 여겼다. 또한 그들의 시각에서 대중은 암시를
쉽게 받아들이고 이성적인 추리력이 약하고 조작되기 쉽다.30) 즉,
대중이 자신의 뚜렷한 한계를 가지고 있으며 국가를 운영하는 능력
이 부족한 존재라 본 것이다. 권력과 능력 사이의 균형을 맞추고 대중
에 의한 국가 경영을 진정으로 실현하려면 어떻게 해야 하는가? 10월
혁명 이전에 레닌은 주로 마르크스주의 이론에 근거하여 대중의 국
가 운영을 실시해야 한다고 지적했다. 10월 혁명 이후, '대중에 의한
국가 운영'을 이론에서 실천으로 전환해야 하는 시점에, 레닌은 '군중

이 국가를 운영'하게 할 것인가 하는 현실적인 문제에 직면하였다.

우선 레닌은 "우리는 공상가가 아니다. 우리는 막일꾼이나 주방장이 바로 국가 운영에 참여할 수 없다는 것을 알고 있다. 이 점에서 우리는 입헌 민주당원, 브레슈코프스카야, 첼레테리와 의견을 같이한다."[31] "오늘날까지 우리는 노동자와 대중이 운영에 참여할 수 있는 경지에 이르지 못했다. 왜냐하면 법률 외에도 문화 수준이 요구되는데, 지금 상황에서 대중을 어떠한 법률에도 복종하도록 만들 수 없기 때문이다."[32] 당시 러시아에서는 대중문화 수준이 전반적으로 낮았고, 이는 단기간에 급속히 향상될 수 없는 것이었기에 대중 개개인이 국가를 운영하기에는 어려움이 따랐다. 이는 레닌이 직면한 현실적인 문제였으며 부르주아 계급이 오랫동안 대중의 능력에 비판을 가했던 지점이기도 하다.

그러나 레닌은 부르주아 계급이 생각하는 것처럼 대중문화 수준이 낮다고 해서 대중이 국가 운영에 참여하지 못하도록 하지 않았다. 그는 대중이 국가 운영에 직접 참여하지 않으면 "사회주의에 대해 논할 수 없으며,"[33] 엘리트만이 국가를 운영할 수 있다는 전통적인 관념을 깨뜨릴 필요가 있다고 믿었다. 또한 레닌은 "어떤 경우에도 소위 '상류층', 즉 부유층이나 부유층으로부터 교육을 받은 사람들만이 국가를 운영하고 사회주의 사회의 조직을 이끌 수 있다는 터무니없으며 기괴하고도 사악한 고정관념을 깨뜨려야 한다"[34]고 지적하기도 했다. 레닌은 노동자와 병사들에게도 관심을 돌려 "우리는 의식 있는 노동자와 병사들이 국가 운영을 배우기를, 이것이 한꺼번에 시작되기를, 즉 모든 노동자와 가난한 사람들을 끌어들여 이 일을 한꺼번에 시작할 것을 요구한다"[35]고 언급했다. 모든 노동자가 국가 운영에 참여해야만 관료들이 단순한 명령 집행자가 되어, 언제든지 해

고될 수 있는 위치에 놓인다. 또한 관료의 임금은 노동자의 평균 임금보다 높지 않게 하여 처지가 인민의 잡역부(勤務員)로 변경됨으로 인해, 관료주의에 맞서 끝까지 투쟁할 수 있다. 한마디로 말해 대중이 국가를 운영해야만 사회주의를 건설할 수 있다는 것이다.

구체적으로 말하자면, 레닌은 대중의 국가 운영 능력이 부족한 문제를 실천에서 해결해야 한다고 보았다. 그는 국가 운영을 실천하는 과정에서 대중이 재능을 키우고, 실천 과정 가운데 인재를 발견하며, 대중은 실질적인 운영에서 능력을 단련해야 한다고 본 셈이다. 레닌은 "투쟁에서 수완을 배워야 한다"[36]라고 했는데, 실제 운영 과정에서 운영을 배운다고 믿었다. 그는 다른 사람을 위해 일하던 노동자가 수천 년 만에 처음으로 자신을 위한 노동을 수행할 때, 노동자들이 주인이 되리라고 보았다. 또한 레닌에 따르면 이 과정에서 발생하는 주인의식은 필연적으로 대중 속에서 운영에 재능을 가진 인재 양산으로 이어진다는 것이다. 레닌은 다음과 같이 말했다. "글을 읽고 사람을 식별하는 능력이 있고 실무 경험이 있는 일반 노동자와 농민은 모두 조직가의 일을 할 수 있다. 부르주아 지식인들이 오만하고 멸시적인 태도로 이야기하는 '보통 사람들'에는 그런 역량을 가진 이들이 많다. 이런 재능 있는 사람들은 노동자 계급과 농민 사이에서 수없이 존재한다."[37] "그들은 이제서야 스스로를 깨닫고 각성해 활기차고 창조적이며 위대한 일에 뛰어들어 독립적으로 사회주의 사회 건설에 착수했다. 현재 가장 중요한 임무 중 하나가 아마도 창조적 조직 작업에서 모든 노동자와 착취 노동자의 독창적 정신을 최대한 널리 발전시키는 것이다."[38] 좋은 인재를 발굴하면 대중 가운데서도 국가를 운영할 수 있는 인재가 나온다.

그러나 이론이나 신념의 측면에서 대중이 국가를 잘 운영할 수 있다고 말하는 것과 현실에서 국가를 제대로 운영하는 일은 별개이며, '대중이 국가를 운영하는 것'은 결국 일정한 현실 조건 위에 세워져야 한다. 레닌은 숙고 끝에 다음과 같이 이야기했다. "대다수의 사람들이 실제로 국가 문제를 결정할 수 있도록 하려면 특정한 실제 조건이 충족되어야 한다. 즉, 대다수의 의지에 따라 문제를 결정할 수 있는 가능성이 있고 이러한 가능성이 현실이 되리라는 점을 보장하는 국가 시스템, 국가권력의 확립을 통합해야 한다. 다른 한편으로, 계급 구성 측면에서, 내부 (및 외부) 계급 간의 대조적 관계에서 이러한 다수가 협력하고 효과적으로 국가라는 마차를 조종할 수 있어야 한다. 마르크스주의자라면 이 두 가지 현실 조건이 대다수 인민과 이 다수의 의지에 따른 국가 업무 수행에 관한 문제에서 결정적인 역할을 한다는 점을 분명히 인지할 것이다."[39] 대중에 의한 국가 경영은 무엇보다도 다수의 의사를 보호할 수 있는 정치체제가 필요하며, 이는 인민의 의지를 중앙 집중화하여 제도적 총체로서 총체적 반영이 이뤄져야 한다. 또한 인민의 의지를 파편화하거나 인민의지의 파편화된 부분이 정치체제에서 서로 경쟁하거나 소모되지 않도록 해야 한다. 이러한 정치체제가 바로 소비에트 정치체제이다. 둘째로, 이 정치체제를 지배할 수 있는 계급구조가 있어야 하며 국가권력은 대다수 인민의 의지를 대표하는 계급의 손에 있어야 한다.

정치제도의 전체성과 계급구조의 다수성에서 출발하여 대중이 국가를 운영하는 것은 이론에서 실천에 이르기까지의 두 차원을 포함한다. 첫째, 대중의 국가 운영은 개인이 아닌 집단을 의미한다. 레닌은 "마르크스주의자는 객관적인 사실, 대중과 계급에 초점을 맞춰야 한다"[40]고 이야기했다. 대중은 한 개인으로서가 아니라 전체로서 통합되어 국가를 운영해야 한다. 개별 개체는 국가를 운영하는 데 한계가 있지만, 개별 개체가 통합될 때 개인의 한계를 극복할 수 있다. 이러한 전체로 통합된 사람(整體的人)은 사실상 계급의 대표를 말한다. 프롤레타리아가 사회의 대다수를 차지하는 상황에서 대중이 국가를 운영하는 것은 실제로 프롤레타리아가 국가를 운영하는 것으로 나타난다. 프롤레타리아 계급이 주로 노동자 계급으로 구성될 때 대중에 의한 국가 운영은 곧 노동자 계급에 의한 국가 운영을 가리킨다. 마르크스와 엥겔스는 주로 노동자 계급의 관점에서 프롤레타리아 혁명과 프롤레타리아의 국가 통치를 이해했다. 이들은 "노동자 혁명의 첫걸음은 프롤레타리아를 지배계급으로 끌어올려 민주를 쟁취하는 것"[41]이라고 말했다.

둘째, 대중이 국가를 운영하려면 안내자가 있어야 하며 안내자가 대중을 지도하여 국가를 운영해야 한다. 프롤레타리아가 사회의 다수계급인 상황에서 안내자는 프롤레타리아 계급의 선봉대이다. 그리고 프롤레타리아가 주로 노동자 계급으로 구성될 때 선봉대는 사실상 노동자 계급의 선봉대이며, 노동자 계급의 선봉대는 공산당이라 할 수 있다. 그래서 레닌은 "노동자 계급의 선진적인 부분만이, 노동자 계급의 신봉대만이 자신의 국가를 이끌 수 있다"[42]라고 말했던 것이다. "노동자 계급의 정당인 공산당만이 프롤레타리아와 모든 노동 대중의 선봉대를 단결시키고 교육하고 조직할 수 있다. 이 선봉대만이 이 대중의 피할 수 없는 프티 부르주아적 동요, 프롤레타리아 내부의 모든 종류의 편협함이나 편견, 전통과 악습이 불가피하게 재발하는 상황에 저항하고 전체 프롤레타리아를 이끌 수 있다. 더불어 이러한 선봉대는 전체 프롤레타리아의 단결된 행동을 이끌고—다시 말해 프롤레타리아를 정치적으로 이끌고, 프롤레타리아를 통해 전체 노동 대중을 이끌어야 한다."[43] 대중에 의한 국가 운영은 프롤레타리아 정당의 영도를 통해 이뤄져야 한다.

프롤레타리아 정당만이 국가 운영에서 대중의 능력 부족을 보충할 수 있고, "대중의 불확실성과 불안, 그리고 혼란(惶惑不安, 糊裏糊塗)"44)을 해소할 수 있으며, 부르주아 정치인의 기만으로부터 자유로울 수 있다. 그래서 레닌은 "군중만이 진정한 정치를 만들 수 있지만, 당적이 없고 강한 당을 따라가지 않는 군중은 자각도 없다. 자제력이 없는 오합지졸들이 지배계급에서 항상 '때맞춰' 나타나 적절한 시기를 이용하는 교활한 정치인들의 노리개로 변한다"45)고 지적했던 것이다.

이렇게 대중이 국가를 통치하는 현실적 조건에 따르면 공산당은 대중 지도와 국가 통치의 과정에서 두 가지 주요 역할을 한다. 먼저, 공산당은 흩어진 대중을 전체 대중으로 통합하고 국민의 총체적 의지를 형성하며 프롤레타리아 계급의 전체 이익을 대표한다. 마르크스와 엥겔스는 바로 이런 의미에서 공산당의 직책을 이해하고 있는데, 이들은 『공산당 선언』에서 이렇게 언급했다. "공산당이 다른 프롤레타리아 정당과 다른 점은 단지 다음과 같은 사실들이다. 먼저, 프롤레타리아가 벌이는 다른 민족의 투쟁에서 공산주의자들은 민족에 관계없이 전체 프롤레타리아의 이익을 공통적으로 강조하고 주장한다. 다른 한편으로 프롤레타리아와 부르주아 계급의 투쟁으로 거치는 모든 발전 단계에서 공산주의자들은 항상 전체 운동의 이익을 대표한다."46) 이들은 공산당에게 "전체 프롤레타리아 계급의 이익 외에 다른 어떤 이익도 없다"47)고도 말했다. 공산당이 프롤레타리아를 이끄는 것은 프롤레타리아 전체의 이익을 대표하기 때문이며, 그외에 공산당은 특별한 이해관계가 없다.

다음으로 살펴볼 공산당의 주요 역할은 프롤레타리아 계급의 전반적인 이익과 프롤레타리아 혁명 과정의 대표자로서 대중을 이끌고 국가를 운영하도록 지도하고 대중의 길잡이가 되는 것이다. 마르크스와 엥겔스는 『공산당 선언』에서 "실제로 공산주의자들은 모든 나라에서 가장 결단력 있고 항상 노동자 정당의 일부를 이끌고 있다. 이론적으로는 프롤레타리아 운동의 조건, 과정 및 일반적인 결과를 이해한다는 점에서 나머지 프롤레타리아 대중보다 뛰어나다"[48]고 말했다. 또한 해당 문건에서는 "공산주의자들은 노동자 계급의 당면한 목표와 이익을 위해 싸우지만, 동시에 현재의 운동에서 운동의 미래를 대표한다"[49]고 말하기도 한다. 대중은 자신이 국가를 운영하는 데 있어 여러 가지 부족한 점을 극복하기 위해 공산당의 지도력을 필요로 한다. 그리고 공산당이 발생하고 존재하는 데에는 군중을 영도하여 국가의 복무를 관리하기 위한 것이 목적이므로 이들은 군중의 길잡이라 할 수 있다.

위에서 언급한 마르크스주의의 기본 원리에 근거하여 우리는 "공산당 집권은 인민을 지도하고 지지하는 것이며 국가를 통치하는 권력으로 민주적 선거, 민주적 의사결정, 민주적 관리와 민주적 감독을 실시하여 인민이 법에 따라 광범위한 권리와 자유를 누리고 인권을 존중하고 보장한다"[50]는 것을 이해할 수 있다. '당의 성격과 인민 성격의 유기적 통일'이라는 중국 정치생활에 대한 판단을 이해할 수 있게 되는 것이다. 당의 성격은 인민의 성격에서 비롯된다. 인민주권으로 인도하지 못한다면 공산당은 필요 가치를 잃는다. 공산당 또한 인민주권을 지도하지 않으면 제 역할을 다하는 것이 아니다.

(3) 협상, 그리고 중국 정당의 정치적 직책

공산당의 직책은 바로 인민주권 실현으로 인도하는 것이다. 여기서 인도하는 것과 영도하는 것은 사실상 하나의 일이다. 영도하는 것이 곧 인도하는 일이고, 인도하는 것이 영도라는 의미이다. 그렇다면 공산당은 어떻게 대중을 인도하는 당의 기능을 실현할 수 있을까? 어떻게 대중이 전진하도록 인도할 것인가? 논리적으로 보면 공산당은 프롤레타리아 계급의 선봉대로서 프롤레타리아 계급의 전체 이익을 대표한다. 그리고 공산당은 인민을 전진시키고 주인이 되는 기능을 실현해야 하고, 효과적으로 당의 직무를 수행해야 한다. 이를 위해서는 공산당, 프롤레타리아 계급과 대중 사이의 관계, 즉 정당, 계급과 대중 사이의 관계 문제를 잘 처리해야 한다.

우선 공산당은 프롤레타리아 계급의 선봉대로 군중을 떠나 '고립된 군대(孤軍)'가 될 수 없다. 고립된 군대가 된 후에는 대중을 이끄는 임무를 효과적으로 수행하는 것이 불가능하다. 다시 말해 공산당의 직책은 인민주권을 유도하는 것이며, 선봉대가 주인이 되거나 인민대중 가운데 선봉대만 보이고 선봉대 뒤는 보이지 않는 형태를 만들어서는 안 된다. 레닌은 "프롤레타리아 정당의 의무는 대중과 함께하는 것"[51]이라고 말했다. 또한 "공산당의 가장 무서운 위험 중 하나는 군중으로부터 이탈하는 것, 즉 선봉대가 너무 앞서 달린 탓에 '배열을 가지런히 유지'하지 않고 전체 노동대군(勞動大軍), 즉 대다수 노동자, 농민, 대중과 굳건한 관계를 유지하지 못하는 것"[52]이다. 따라서 대중이 국가를 통치할 때 선봉대가 필요한 것은 맞지만, 다른 한편으로는 선봉대가 인민대중을 떠나 홀로 주인이 되어서는 안 된다. 공산당이 자신의 직책을 완수하기 위해서는 대중의 주체적 지위를 존중하고 대중과 긴밀히 접촉해야 한다. 또한 공산당은 인민들 밖에 있지 않고 인민들 위에 있지 않아야 하며, 인민 가운데에 있어야 한다. 중국공산당은 마르크스주의 고전 사상가의 위와 같은 관점을 대중노선으로 요약하고 있다. 따라서 공산당이 자신의 직무를 효과적으로 수행하려면 대중노선을 견지해야 한다. 대중노선은 공산당이 자신의 직무를 수행하기 위한 내재적 요구이자 실천방식이며, 공산당 집권과는 내생적 상관관계가 있다. 대중노선을 떠나면 공산당은 마땅히 해야 할 책무를 완수할 수 없고, 공산당이 될 수도 없는 것이다.

둘째로, 당과 당 외부 세력과의 관계에서 중국공산당이 자신의 책임을 완수하기 위해서는 두 가지 측면을 강화해야 한다. 하나는 당의 선진성을 강화하는 것이고 다른 하나는 당 영도의 핵심성을 강화하는 것이다. 당이 영도의 핵심이 되려면 통일전선이 필요하며, 협상을 통해 당 밖의 각 정당과 계급층, 집단과 정치적 연합을 맺어야 한다. 이 정치연합에서 중국공산당은 핵심으로 자리 잡게 되고 당외 세력을 중국공산당 주위에 결속시킴으로써 사회 전반에 걸쳐 중국공산당을 핵심으로 하는 정치적 동심원 구조를 만들어야 한다. 정치적 동심원 구조는 공산당의 영도력을 정치이념에서 정치 실천으로 구체화시켰다. 중국공산당은 통일전선을 사회혁명을 승리로 이끄는 중요한 비결로 삼는다. 마오쩌둥은 다음과 같이 언급했다. "우리 동지들은 공산당원과 당외 인원을 비교하면 언제나 우리가 소수라는 사실을 알아야 한다. 100명 중 한 명의 공산당원이 있다고 가정하면, 중국 전체 4억 5천만 명 중 450만 명의 공산당원이 있는 셈이다. 이런 큰 숫자에 도달한다 해도 공산당원은 1%에 불과하고 99%가 비당원이다. 우리가 비당원들과 협력하지 않을 이유가 있는가? 우리는 협력할 의향이 있고 우리와 협력할 가능성이 있는 모든 사람들에게 협력할 의무만 있을 뿐 그들을 배척할 권리는 없다."53) 또한 "공산당원들은 전체 민족의 일부에 불과하고, 당 밖에는 많은 선진분자와 적극분자들이 존재하므로 반드시 그들과 협동하여 일해야 한다"54)고 말하기도 했다. 그리고 그는 통일전선과 중국공산당 발전의 내적 관계를 정리하면서 "우리 당의 정치노선이 부르주아와의 통일전선 구축이나 분열을 강요받는 문제를 올바르게 다룰 때, 당의 발전과 공고화, 볼셰비키화는 진전이 생긴다. 반면 부르주아와의 관계를 제대로 다루지 못할 때, 해당 사안들에 대해서 한발 물러서야 한다"55)고 지적했다. 요컨대 중국의 정치형태에서 협상은 중국공산당의 지도력 실현과 정치적 책무 수행을 수반한다. 중국공산당이 효과적으로 자신의 역할을 수행하고 인민을 주역으로 이끌려면 통일전선에 의존해 협상과 단결을 이뤄야 한다.

2. 정치협력

(1) 전체성 사회와 전체성 정당

마르크스와 엥겔스의 시각에서 자본주의 사회의 가장 큰 문제는 표면적으로는 다수인이 지배하지만 실질적으로는 여전히 소수자가 지배하고, 부르주아 계급은 소수자로서 다수인을 대표하여 통치하는 척하는 것이다. 이 점에 대해 엥겔스는 다음과 같이 명료하게 분석한 바 있다. "이전의 모든 혁명은 한 계급의 지배가 다른 계급의 지배로 대체되는 결과를 가져왔지만, 이전의 모든 지배계급은 지배받는 대중에 비하면 소수에 불과했다. 따라서 지배계층인 소수가 전복되면 또 다른 소수의 지배계층이 권력을 장악한 뒤, 자신들의 이익에 따라 국가 시스템을 변화시킨다. 매번 경제 체제가 발전하는 과정에서 능력 있고 사명을 갖춘 소수의 통치 집단이 등장했고, 변혁이 일어났을 때 다수에 속하는 피지배층은 소수의 편에 서서 변혁에 참여하거나 그들의 통치를 내버려두기도 했다. 세부 사항을 제쳐두고 살펴보면, 이 모든 혁명의 공통적인 형태는 바로 모두 소수의 혁명이라는 것이다. 다수가 통치에 참여하더라도 의식적으로 또는 무의식적으로 소수를 위해 봉사할 뿐이다. 이러한 상황 때문에, 혹은 단순히 다수가 소극적으로 저항하지 않기 때문에 마치 이 소수가 전체 국민을 대표하는 듯 착각하는 상황이 발생한다."56) 따라서 자본주의의 민주제는 소수가 지배하는, 민주적 형태로서 위선적이면서도 불완전한 것이다. 레닌은 "자본주의 사회의 민주제는 불완전하고 빈약하며 위선적이다. 이러한 체제는 부자들만을 위한, 소수의 사람들만을 위한 민주제"57)라고 말했다. 자본주의 사회의 평등 또한 마찬가지로 거짓된 평등인 셈이다.

사회주의 사회와 이보다 진일보한 단계인 공산주의 사회에 이르러서야 인류사회는 처음으로 소수가 지배하는 사회에서 다수가 지배하는 사회로 전환된다. 레닌은 소비에트 정권이 들어서고 나서야 부자가 아닌 가난한 사람, 인민에 의한 민주제가 등장했다고 지적했다.58) "이 자리에서 민주제는 처음으로 대중과 노동자들을 위해 봉사한다. 모든 부르주아, 심지어 가장 민주적인 공화국에서도 항상 그랬듯 민주제는 부자들의 것이었으나 여기서는 더 이상 부자들의 민주제가 아니다. 처음으로 인민대중은 지금 수억 명의 인민을 위해 프롤레타리아와 반프롤레타리아의 독재를 실현하는 과제를 해결하고 있으며,

이 과제를 해결하지 않고서는 사회주의는 있을 수 없다."[59]

소비에트 국가 정권은 다수에 의한 통치를 실시하여, 다수 대중을 국가의 운영에 참여시켰다. 프롤레타리아 계급은 다수의 이익을 대표하는 계급으로서 인민을 지도하여 국가 정권을 장악한다. "대다수 이해관계가 일치하는 계급이 국가 정권을 운영한다면 진정 다수 의지에 따라 나라를 다스릴 수 있을 것이다."[60] 프롤레타리아 계급이 인민의 이익을 대표하여 국가 정권을 장악함으로써 구축된 사회는 본질적으로 대다수의 이익을 대표하는 전체성 사회이다. 사회의 전체성을 기준으로 볼 때, 다수가 같은 계급에 속하고 절대다수에의 위치에 있기 때문에 인민의 근본적인 이익은 일치한다. 루소는 그것을 인민의지의 전체성과 인민주권의 불가분성이라고 요약하였다.[61]

공산당은 프롤레타리아를 사회주의와 공산주의로 이끄는 과정에서 자신의 영도력을 실현한다. 공산당의 역할은 인민을 이끌고 정권을 장악하는 것이다. 이들은 인민을 영도하고, 주인이 되는 과정에서 전체 프롤레타리아 계급의 이익을 대표한다. 프롤레타리아 계급이 국가 정권을 장악하고 부르주아 계급이 이미 소멸되었을 때, 공산당은 사실상 전체 인민의 이익을 대표하고 전체 인민의 이익을 대표하는 총체적 정당이 된다. 부르주아 계급처럼 일부 인민들의 이익만을 대변하지 않는 것이다. 따라서 중국공산당은 전체 인민의 이익을 대표하는 전체성 정당에 속한다.

어원을 탐구해보자면, 정당은 근본적으로 '부분'이라는 의미를 갖는다. 즉 일부와 다른 부분을 '분리(分開)'하고 이들을 대표해 '참여(參與)'와 '나눔(分享)'을 행하는 것이다.[62] 일반적인 의미에서 정당은 일부 인민을 대표해 의정을 하고 나아가 국가권력을 장악하는 정치조직이다. 그러나 정당은 일단 국가 건설과 연계되면 '부분'을 뛰어넘어 '전체'를 대표해야 한다. 이와 관련하여 린상리(林尙立) 교수는 다음과 같이 설명한다. "현대 국가건설의 관점에서 보면 정당 제도가 어떤 상황에서, 어떤 형태로 확립되든 그 내재적 성향은 공통적으로 최대한 국가통합을 창출하고 무질서한 당파적 분쟁으로 인한 사회적 분열과 국가의 분리 사태를 줄이는 것이다."63) 정당은 정권을 잡은 뒤 '부분'이 아닌 '전체'를 대변해야 할 필요성이 커진다.

공산당은 전체성 정당으로서 그 자체로서 강한 전체적 성격을 갖고 있다. 또한 전체적 정당으로서의 공산당은 현대 국가건설을 추진할 수 있다. 서구 정당은 '부분'의 성격을 가진 것으로 간주되는데, 이러한 '부분'을 통해 '전체'를 대표하는 정치를 어떻게 실현할 수 있을까? 이는 서구 학자들이 서구 정당과 현대 국가의 관계를 연구할 때 답해야 할 중요한 질문이다. 서구의 저명한 정당 연구 전문가인 조반니 사르토리(Giovanni Sartori)는 전체성이라는 관점에서 전체로서의 정당 개념을 제시했다. 사르토리는 서구 정당이 부분적이긴 하지만 전체적이라는 점을 지적해 부분과 전체를 연결시켰다. "그러나 우리가 정당의 부분에 주목하면 그것은 우리가 다원적 전체를 생각하고 있다는 것을 암시한다."64) 또한 그는 "부분과 정당의 연계를 무시하는 것이 잘못이고, 또 한편으로는 정당이 전체와 무관한 부분이라고 생각하는 것도 매우 잘못이다. 정당이 전체를 위해 집권할 수 없는 부분(즉 보편적 이익을 고려한 부분)이라면 종파나 다름없다. 정당이 일부만 대표한다고 해도 그 부분은 전체적으로 편파적이지 않은 입장을 취해야 한다"65)라고 언급했다. 사르토리는 정당 전체성에 대한 현대 국가 건설의 요구에 대항하여, 서구 정당을 '부분'에서 '전체'로 끌어안는다는 논리로 서구 정당을 변호한 것이다.

'부분'과 '전체'의 관계로 볼 때, 공산당도 프롤레타리아 계급의 일부일 뿐 프롤레타리아 계급의 선봉대이지만 앞서 말한 바와 같이 프롤레타리아 계급과 전체 인민과 하나가 되어 전체 인민의 이익을 대변하는 전체성 정당이 되었다. 서구 정당들은 전체적인 접근을 위해 안간힘을 쓰고 있지만 결국 전체적 접근과는 거리가 멀다. 중국 정당은 '부분'이 '전체'에 융화되었다면, 서구 정당은 '부분'이 '전체'에 비집고 들어간 형국이다. 전자는 '통합'에 의해 전체성 정당이 형성되고, 후자는 '이탈'로 인해 '전체'로부터 분열되기 쉽다.

21세기 이후 서구 정당은 '부분' 및 '전체'의 탈피 경향이 점점 더 분명해지고 있다. 심지어 '부분'이 '전체'를 압도하는 현상이 나타나기도 한다. 이는 정당이 국익을 고려하지 않고 정당 간의 경쟁이 치열해져, 국가에 피해를 입히고 국가 건설에 차질을 빚는 상황으로 이어진다. 미국의 양당 정치를 예로 들어보자. 자오이닝(趙憶寧)은 미국의 양당 엘리트들과의 인터뷰에서 양당 간의 싸움이 너무 빈번하고 과도하여, 정당이 미국의 국익에 봉사할 수 없다는 것을 발견했다.[66] "양당 간의 반목과 미국 내부의 분열을 해결하지 못하면 근본적으로 더 강한 미국을 만들 수 없다."[67] 미국 정당의 '엘리트 정치(精英政治)', '금권 정치(金錢政治)', '부결 정치(否決政治)', '근시안적 정치(短視政治)'[68]에 비해 중국공산당은 전체 사회, 전체 정당, 국가 전반에 대한 정치 등의 우월성이 특히 두드러진다.

(2) 전체성 정치의 구조 및 정당의 협력

중국공산당은 전체성 정당으로서 인구의 절대다수를 차지하는 프롤레타리아 계급의 이익을 대변하는 정당에서 나아가 전체 인민의 이익을 대변하는 정당으로 거듭났다. 그럼에도 불구하고, 인민 내부의 근본적 이익은 일치하는 경향을 보이지만 구체적 이익, 집단적 이익, 계층적 이익, 사상적 개념 등에서는 여전히 차이가 존재한다. 또한 민주당파 역시 인민들 내의 일부 집단이나 사회 계층의 이익을 대변하고 인민들 간의 통일전선의 범위 내에서 나름의 역할을 수행할 수 있다. 중국은 특히 개혁개방과 사회 다원화를 추진한 후, 통일전선 속의 민주당파 및 사회 정치 세력을 통해 다원사회를 통합하고 다당협력으로 사회통합을 추진한 바 있다. 더불어 다당제 협력으로 사회통합을 추진하고 사회통합으로 사회의 다원일체(多元一體) 및 국가의 전체성을 보장하고 현대 국가건설을 추진함과 동시에 민주당파의 '부분' 기능을 더 잘 발휘한다.

다음으로, 민주당파는 당파와 인민정치협상회의 등을 통해 중국공산당의 정치 시행 강령·정책·국가법령 등의 제정 및 집행 상황에 대해 협상하고 토론한다. 그리고 이들은 국가기관의 업무 상황에 대한 의견을 건의하고, 간부의 위법 및 기율 문란 현상에 대한 고발하며, 대중의 의견과 요구와 건의를 항상 반영할 수 있다. 이는 중국공산당의 올바른 지도력 강화 및 개선 작업을 촉진하는 데 도움이 된다. 특히 중국 같은 초대형 국가·초대형 사회에서 공산당이 장기집권하는 상황에서는 민주당파의 고유 기능이 충분히 발휘되어야 한다. 민주당파는 직능별 대표, 과학적이고 민주적인 의사결정, 정책 수립 및 집행으로 제 역할을 할 수 있다. 따라서 '부분'은 '전체'를 더 잘 보완하고 '전체'에 봉사할 수 있게 된다. 즉, '부분'에 의해 '전체'가 부정되는 서구 정당의 방식이 아니라 '전체'가 '부분'을 포함하는 다원적 전체가 될 수 있는 것이다.

이론적으로 볼 때 중국공산당은 전체성을 가진 정당으로서 모든 면에서 민주당파와 상호보완적으로 '전체'와 '부분'을 결합해 '전체'

의 유기화를 추진할 수 있다. 그러나 '부분'인 민주당파는 조직 규모나 사상 선진성, 정권수립 여부, 사회기반, 사회정치력 등에서 '전체'인 중국공산당과 비교할 수 없다. 이로 인해 '전체'가 '부분'을 압도하는 현상이 일어나기 쉽고, 민주당파가 자신의 사상·조직·제도적 기능을 충분히 발휘하지 못하게 될 수 있다.

이로 인해 중국공산당은 중화인민공화국 수립 때부터 '전체'와 '부분' 사이의 유기적 균형을 중시해왔다. 특히 사회주의 개조가 완료되고 전체적 정당이 된 이후 공산당은 민주당파의 역할을 통해 '부분'으로서의 균형 기능을 실현하는 데 더욱 신경을 쓰고 있다. 1956년 사회주의 개조가 완료되자 마오쩌둥은 '장기 공존, 상호 감독(長期共存, 互相監督)'이라는 사상을 제시하면서 다음과 같이 말했다. "과연 하나의 당이 좋은가, 혹은 여러 개의 당이 좋은가? 지금 보기에 여러 개의 당이 좋을 것 같다. 과거에도 그랬고 앞으로도 그럴 수 있다. 오래도록 공존하며 서로를 감시하는 것이다."[69] 1957년 마오쩌둥은 「인민 내부의 모순을 올바르게 처리하는 문제에 대하여(關於正確處理人民內部矛盾的問題)」라는 담화에서 "왜 민주당파가 공산당을 감시하도록 해야 하는가. 같은 당에서 다른 목소리를 들을 필요가 있기 때문"[70]이라고 말했다. 저우언라이(周恩來) 역시 "우리는 착취 계급의 독재 체제인 자본주의 국가 체제에서 배울 수는 없지만, 서구 의회의 특정 형태와 방법에서 배울 수 있다. 이는 다른 측면에서 문제점을 찾을 수 있도록 해준다. 즉, 사회주의라는 '희극(戲)'에서 '경쟁적으로 공연을 벌이는 일(對台戲)'은 당연히 허용된다"고 말했다.[71] 사회주의의 '경쟁적 공연 무대(對台戲)'는 서구 정당 제도의 '실패극(拆台戲)'보다 강하다.

개혁개방 이후 중국공산당은 '장기공존, 상호감독'을 '장기공존, 상호감독, 간담상조, 영욕여공(長期共存, 互相監督, 肝膽相照, 榮辱與共)'이라는 16자 방침으로 발전시키고 민주당파를 야당으로 지목하고 일련의 문건을 만들어 민주당파가 제 기능을 충분히 발휘할 수 있도록 하고 새로운 정당제도의 내재적 유기적 균형을 보장했다.「중국공산당이 영도하는 다당협력과 정치협상제도를 견지하고 보완하는 것에 관한 중국공산당 중앙의 의견(中共中央關於堅持和完善中國共産黨領導的多黨合作和政治協商制度的意見)」(1989),「중국공산당이 영도하는 다당협력과 정치협상제도 건설에 관한 중국공산당 중앙의 의견(中共中央關於進一步加強中國共産黨領導的多黨合作和政治協商制度建設的意見)」(2005),「중국공산당 당외대표 인사대오 건설 강화에 관한 의견(中共中央關於加強人民政協工作的意見)」(2006),「중국공산당 당외대표 인사대오 건설 강화에 관한 의견(中共中央關於加強黨外代表人士隊伍建設的意見)」(2012) 등이 그러한 균형 보장을 위한 문서들이다. 위의 문서는 '연성법(軟法)'의 형식을 통해 민주당파의 정치 참여, 민주 감독 및 중국공산당 지도자의 정치 협상 참여 기능을 보장하고 중국 정당 시스템의 '전체'가 '부분'을 압도하는 현상을 방지한다.

　서구 정당은 '부분'이 '전체'를 압도하여 사회 분열을 초래하는 반면, 중국공산당은 18차 전국대표대회 이후 첫 중앙통전공작회의(中央統戰工作會議)를 열어 「중국공산당 통일전선 공작조례(中國共産黨統一戰線工作條例)」(시행)를 제정하고 사회주의 협상과 민주화를 추진하며 통일전선을 대대적으로 강화했다. 해당 조례에서는 사회주의 협상민주(協商民主)를 추진하고 통일전선을 적극적으로 강화했다. 또한 「사회주의 협상민주 건설 강화에 관한 중국공산당 중앙위원회 의견(中共中央關於加強社會主義協商民主建設的意見)」

(2015), 「정당 협상 강화에 관한 의견 실시(關於加強政黨協商的實施意見)」(2015), 「인민정치협상회의 협상민주 강화에 관한 의견 실시(關於加強人民政協協商民主建設的實施意見)」(2016), 「인민정치협상회의 민주적 감독 강화 및 개선에 관한 의견(關於加強和改進人民政協民主監督工作的意見)」(2016) 등 일련의 문서를 제정하여 중국공산당은 민주당파와의 협상 감독을 보장했다. '부분'과 '전체'의 유기적 결합을 촉진함으로써 중국공산당의 총체적 우위와 민주당의 상호보완적 기능이 충분히 발휘될 것으로 예상된다. 더불어 이러한 문서의 내용을 실시하여 신형정당제도(新型政黨制度)가 더욱 균형 잡히고 견고해지며 새로운 발전이 일어날 수 있다.

(3) 협력정치 : 중국정치의 전국가 체제

중국공산당은 전체성 정당으로서 집권 과정에서 모든 인민을 대표하여 전체성 사회를 구축한다. 전체성 사회란 인민 근본이익이 일치된 사회를 의미한다. 이러한 사회는 인민의 근본이익의 일치성에 기초하며, 인민은 국가의 기본이익과 관련된 문제에 고도의 일치성을 유지할 수 있다. 또한 이와 같은 전체성 사회에서는 각 방면에서 계책을 내놓고 성대한 일을 함께 추진하며 '세상 모든 사람들의 마음을 얻는(天下歸心)' 상황을 형성한다. 이러한 정치형태를 협력정치라 하는 것이다. 즉 중국공산당 이외의 모든 당파와 사회 각계각층의 대표가 근본이익의 일치를 바탕으로 중국공산당과 정치적 협력을 형성할 수 있다.

우선 중국공산당은 장기집권 정당으로서 사회 정치 현상을 집권당의 시각에서 보는 데 익숙하고, 각 당파단체와 사회 각계 세력은 야당과 사회 또는 제3자의 시각에서 볼 수 있도록 한다. 이들 세력은 중국 공산당의 집권 과정에서 누락된 점이나 부주의한 현상을 일깨워줌으로써 중국공산당이 집권의 맹점을 극복하고 부족한 점을 찾아내 국가 사회의 발전을 더욱 잘 추진할 수 있도록 돕는다. 덩샤오핑(鄧小平)은 "공산당은 항상 한 각도에서 문제를 보고, 민주당파는 다른 각도에서 문제를 보고, 의견을 낼 수 있다. 이렇게 하면 더 많은 문제가 포괄적인 방식으로 반영되고 처리되어 결정을 내리는 데 더 유리하다. 또한 지침과 정책은 더 적절하게 도출되며 문제가 발생하더라도 수정하기가 더 쉬워진다"고 했다.72) 다당제 협력의 역사에서 볼 때 민주당파 등 공산당 외부의 사회정치세력은 많은 전향적인 의견을 제시하여 중국공산당이 과학집정, 민주집정, 의법집정을 하는 데에 중요한 공헌을 하였다.

둘째로, 중국공산당이 장기집권이라는 목표를 달성하기 위해서는 안정적인 감독체제를 갖추어야 하며, 당과 당 외부, 당과 사회 간의 유기적인 균형을 이뤄야 한다. 주요 감독 채널인 중국공산당의 자체 감독과는 별도로 전국인민대표대회(전인대)와 정부는 당의 영도를 받지만, 집권당에 대한 감독 기능은 없다. 중국 정치체제에서 당의 집권을 감독하는 중요한 플랫폼은 통일전선과 인민정치협상회의이며, 각 당파단체와 각계각층의 인사들이 통일전선과 인민정치협상회의라는 정치플랫폼을 통해 정치협상, 민주 감독과 참정 및 의정활동을 전개하여 중국공산당을 감독한다. 인민정치협상회의 정치협상 및 정치 참여와 의정 기능은 모두 감독 기능을 포함하고 있으며 민주적 감독 기능(民主監督)을 통해 여당을 직접 감독한다. 그래서 통일전선과 인민정치협상회의는 중국공산당의 영도를 자각적으로 받아들이는 한편, 중국공산당의 과학적, 장기적 집권을 지원하는 협상 및 감독 역할을 한다.

통일전선에서의 정치협상이나 민주적 감독, 참정 의정은 모두 서구의 '상대가 궤멸해야 내가 살 수 있다(你死我活)'는 식의 경쟁식 감독이 아니라 '누락된 부분을 찾아내고 결점을 보충하는(查漏補缺)' 협력식 감독이나 협상식 감독이다. 이는 중국공산당의 더 나은 집권을 위한 것이다. 다시 말해, 전체성 사회와 협력 정치하에서 중국공산당이 중대한 의제를 제시하면, 민주당파와 당외 세력이 이를 둘러싼 조사연구를 전개하여 중국공산당의 제안을 보완한다. 당 안팎의 각종 사회 정치 세력이 이 중대한 의제에 관심을 갖고 보완하는 형국이 된다. 푸둥(浦東) 개발 개방, 산샤댐(三峽) 건설, 자유무역 시범구 건설 등 중대 의제에서 당 밖의 인사들이 이 같은 기능을 충분히 발휘해 정치의 주요 현안에 집중하는 상황을 만들었다. 이것이 바로 '정치에서의 전국가 체제(政治上的擧國體制)'라고 할 수 있다.

중국 민주연맹 중앙위원회의 전 주석 페이샤오퉁(費孝通)은 다음과 같이 말했다. "일당 영도와 다당 협력의 기본 의미는 내가 흔히 원이둬(聞一多) 동지의 이름을 가지고 예를 들어 자주 이야기했듯, '하나'와 '여럿'의 관계이다. 나는 이렇게 생각한다. 중국은 전체 세계 구도에서 비교적 약하고 낙후된 위치에 있으며, 지식이 적은 편이고 공업이 발달하지 않아 다른 국가를 따라잡기 위해 더 빨리 개발해야 하며 그렇지 않으면 큰 문제가 발생한다. 그러려면 한 무리의 사람들이 앞장서야 한다. 쑨원은 '먼저 깨달은 이가 뒤에 깨닫게 될 사람을 일깨워주는(先覺覺後覺)' 정신을 강조했다. 그렇다면, 누가 영도할 것이고 누가 선진적으로 먼저 깨달은 이란 말인가. 이 세기에는 노동자 계급이 선진화되었다. 그렇게 먼저 깨달은 이들이 공산당을 구성하였다. 당이 방향을 제시할 때 그들은 앞장을 서야 하며, 순수하고, 규율이 있어야 하며 높은 위신이 있어야 한다. 그러므로 공산당은 '하나'이다. 당은 선봉대이며 당의 주요 임무는 지도적 역할을 하는 것이다. 그런데 '하나'만으로는 '하나'를 가질 수 없으며, '하나'가 있으면 '여러 가지'가 있고, 순수함이 있으면 잡음이 있다. 여기서 말하는 '다수'는 '하나'의 영도하에 있다. 사회에는 여러 가지 이익이 있는데, 민주당파는 서로 다른 이익을 대표해야 한다. 민주당파의 다양한 의견, 시각은 지도부에 반영된다. 민주당파는 공산당과 달라야 하며 당 밖에 정당이 존재한다는 사실을 인정해야 한다. 이 당들은 공산당의 영도하에 있으며, 공산당을 지지한다. 공산당은 영도자의 위치에 있지만, 대중을 이탈해서는 안 된다. 대중을 총체적으로 동원하여 지도하고 한 방향으로 역량을 발휘해야 한다. 그렇기 때문에 민주당은 '다수'여야 하며 순수하지 않음을 두려워하지 않아야 한다."73)

셋째, 정치적 전국가 체제의 사회적 기반은 인민의 근본이익 일치와 그에 따른 전체적 사회 형성에 있다. 이러한 사회에서는 중국공산당을 중심으로 각 사회 정치 역량이 합심하여 협동한다. 해당 정치구조에서 야당과 여당은 없고 집권당과 참정당만 존재하며 당내 계파 활동은 허용되지 않는다. 레닌은 "어떤 파벌 활동이든 해롭고 용납할 수 없는 일"이라 했으며, "개별 집단의 대표들이 당의 단결을 유지하려는 의도가 있다고 하더라도 파벌 활동은 단결을 약화시키고 집권당에 침투한 적들이 활동을 강화하여 당의 분열을 심화시키고 반혁명 목적에 사용할 수 있도록 하기 때문"이라고 지적했다.74) 당내에 계파가 생기면 당내 분열로 이어져 사회 전체성이 훼손되고 협력이 이뤄지지 않는다. 이는 결국 정치의 방향성이 달라지는 형국을 초래하고 결국 국가발전의 방향마저 잃도록 만든다. 따라서 당의 단합과 통일은 정치적 협력을 창출하고 전국가 체제를 구축하는 토대가 된다. 당의 단합과 통일은 통일전선과 그 전체성 사회를 떠나서는 기반을 잃게 된다.

3. 통일전선

(1) 통일전선의 정치학

중국이 전통적인 형태의 제국에서 현대 국가로 변모하면서 국가와 사회를 운영하는 관료제가 무너졌고, 국가와 사회를 연결하는 메커니즘인 과거제 역시 사라졌다. 온 국가와 사회가 흩어진 모래 같은 상태가 된 것이다. 그러나 중국은 1911년 신해혁명 이후 사회 재건 과정에서 서구 국가의 이원적 사회 분립, 사회적 제약 국가의 모델을 따르지 않았다. 중국은 정당을 중심으로 국가와 사회를 통합하는 노선을 선택하였다. 정당은 과거제의 '선현임능(選賢任能, 어질고 유능한 이를 골라서 등용함)'을 이데올로기 교육, 제도 운영 유지 등의 기능으로 대체하였고, 정당 중심의 정치력 구축을 이뤄냈다. 서구는 정당이 국가에 끼워져 있고, 중국은 정당을 중심으로 국가를 재건했다.

이러한 국가 재건의 임무를 맡은 중앙 정당이 바로 중국공산당이다. 이들은 국가 재건과 중앙 기능 수행에 있어 통일전선을 핵심적인 무기처럼 사용하였다. 중국 정치체제에서 중국공산당은 민주집중제(民主集中制)의 원칙에 따라 조직된 선봉 조직이자 노동자 계급의 선봉대이며, 중화민족의 선봉대이다. 선봉대 조직 밖에는 각종 계급과 사회집단이 존재하며, 이들은 모두 당 외부의 사회적 역량이다. 당 외부의 역량은 당과 상당히 구별되며 당은 당 외부 세력에 비해 자체 발전이 있지만 당 밖의 세력을 배제할 수 없다. 또한 공산당은 혁명을 승리로 이끌기 위해 그들과 함께 통일전선을 구축했다. 1939년 초 마오쩌둥은 전 당원에게 다음과 같이 말했다. "중국 프롤레타리아는 자신들이 가장 계몽되고 조직된 계급이지만, 자기 계급의 힘에만 의존해서는 승리할 수 없다는 것을 이해해야 한다. 그리고 승리하기 위해서는 모든 다른 상황에서 가능한 한 모든 혁명계급과 계층을 단결시켜야 하고 혁명적 통일전선을 조직해야 한다."75) 여기서 마오쩌둥은 중국공산당이 중국사회의 혁명과 건설을 이끌 때 반드시 지켜야 할 기본 법칙을 분명히 보여주었다. 중국과 같은 사회에서 한 정당이나 계급은 사회 각계의 진취적 역량을 결집하지 않고는 혁명과 건설의 목표를 달성할 수 없다는 것이다. 중국공산당이 연이어 승리할 수 있었던 것은 이러한 기본 법칙을 고수했기 때문이다. 통일전선은 인민을 혁명의 승리로 이끄는 중국공산당의 비결과도 같았다. 통일전선은 중국에서 정치권력을 건설하는 중요한 방법이기도 하다. 중국 공산당은 통일전선을 통해 정당, 계급, 사회단체 등 사회세력을 당을 중심으로 결집하고 당을 핵심으로 하는 정치권력의 수립을 실현해냈다. 이렇게 구성된 정치권력은 통치 과정을 통해 국가에 통합되는데, 이는 중국의 정치권력 구성 방식인 집권화 또는 중앙집권화를 구성한다. 이렇게 구성된 정치권력은 공동의 정치적 과제를 달성하기 위해 신속하게 동원될 수 있는데, 이를 우리는 정치적 시너지, 즉 '역량을 집중하여 중대사를 다루는(集中力量辦大事)' 정치 시스템이라고도 부른다. 이는 중국공산당이 정당을 중심으로 당내외의 세력을 빠르게 통합하는 중국 정치체제의 중요한 특징이다. 통일전선은 중국의 정치적 역량이 결집하는 데에 쓰이는 중요한 방식이다.

중국공산당은 통일전선을 통해 각계각층의 사회 정치 역량을 당 주위에 결집시켰다. 이렇게 결집된 역량은 아래로부터 위로, 그리고 위에서부터 아래로 향하는 이중적 창구를 통해 정치적 소통 및 힘의 균형을 이루고 있다. 한편, 각 당파단체는 각 민족과 연계하여 자신들이 대표하는 계급 및 계층과 사회집단의 목소리를 내고 그들의 의견과 건의는 통일전선을 통해 중국공산당에 반영된다. 이러한 당파 및 사회단체들은 당이 자신들의 목소리를 경청하여 채택할 것을 요구한다. 이들은 또한 중국공산당을 감독하는 임무를 맡는데, 이러한 감시는 자신이 속한 계급 계층과 사회집단을 대표하므로 민주감독(民主監督)이라고 불린다. 이를 통해 인민주권과 인민이 주인이 되는, 즉 인민민주가 실현되는 것이다. 중국공산당은 이러한 감시를 수용하고 있으며, 이를 자기감독, 자기혁신, 자기정화, 자기완성의 중요한 방법으로 삼고 있다. 그리고 중국공산당은 통일전선을 통해 각 당파단체, 각계각층과의 정치협상을 이뤄낸다. 그리고 공산당은 인민의 의견을 수용하고, 상술한 플랫폼을 통해 당의 정책 및 주장을 사회에 공개한다. 이로써 공산당은 사회 각계가 당의 정책과 주장에 공감하고 자율적으로 따르도록 유도한다. 이러한 과정을 거쳐 공산당은 통일전선에서의 당 영도와 인민주권의 유기적 통일을 실현하는 것이다. 이런 협상 과정에서 중국공산당과 사회 각계각층, 당내와 당외 간의 효과적인 소통과 힘의 균형이 실현되었다. 이러한 소통과 균형이 유지되는 한 중국의 인민민주는 실재적인 민주의 형태라 볼 수 있으며, 중국공산당은 서구에서 소위 지칭하는 '일당전제(一黨專制)'가 아니다.

이러한 협상 과정은 상향 및 하향 두 가지 측면을 포함하고 있다. 중국공산당은 통일전선을 중시하고 고도의 협상적 기능과 민주적 제도를 가지고 통일전선의 민주적 감독을 자각적으로 수용한다. 또한 공산당은 통일전선으로 결집된 사회적 역량을 '포괄(囊括)'할 것을 요구한다. 이런 쌍방향성은 어느 하나 빠질 수 없다.

위에서 언급한 쌍방향 구조는 원활하지 못한 의사소통으로 인해 창구가 막힐 수도 있다. 한편 중국공산당은 장기집권 여당이자 지도당이기 때문에 국가자원과 정치자원을 장악하고 있다. 이는 통일전선과 당 외부의 역량 및 사회 각계의 목소리를 무시하는 상황, 즉 '대중으로부터 이탈하는 위험(脫離群眾的危險)' 상황으로 이어질 수 있다. 사회 각계각층의 목소리가 통일전선을 통해 제대로 전달되지 않으면 중국공산당과 사회 각계, 당내·외의 균형을 깨뜨리기 쉽다. 이는 통일전선이 진정으로 사회적 힘을 모으기 어려운 상황을 초래할 수 있음을 말한다. 따라서 통일전선에서 사회 역량을 결집하기 위해서는 중국공산당의 의식적인 자각과 역량 결집의 필요성이 인식되어야 한다. 자기감독, 자기혁신, 자기정화 및 자기완성을 실현하여 '군중으로부터 이탈하는 위험'을 방지하고 궁극적으로 장기집권을 달성해야 한다. 그런 의미에서 통일전선은 중국공산당의 정치학이다.

(2) 통일전선과 국체 및 정체

중국의 국체(國體)는 인민민주 독재이다. 인민 내부에서는 민주를 실행하고, 적에 대해서는 독재를 실시한다. 여기서 독재는 주로 두 가지 역할을 한다. 첫째, '국가 내의 반동계급과 반동파와 사회주의혁명에 항거하는 착취자들을 억압하고, 사회주의 건설을 파괴하는 이들을 억압하는 것은 바로 국내적 피아(彼我)의 모순을 해결하기 위함이다.'[76) 둘째, 독재는 '국가 외부 적의 전복 활동과 가능한 침략을 방어하는 것'[77)이다. 독재는 주로 적에게 적용되며, '독재는 인민 내부에 적용되지 않는다. 인민이 스스로에게 독재를 가할 수 없으며, 일부 인민에 의해 다른 일부 인민이 억압되어서는 안 된다.'[78) 인민 내부에서는 노동자 계급이 주도하고 노동자와 농민의 동맹을 기반으로 민주가 실행된다. 이는 인민이 국가를 운영하고 국가권력을 장악하는 것을 촉진한다. 독재의 대상은 극소수에 속하기 때문에 인민민주 독재에 내재된 인민의 전체성, 민주성 및 기본 이익의 단결은 통일전선이 그것과 양립할 것을 요구한다. 그리고 통일전선의 전체성과 협력 및 협상은 인민민주 독재의 전체성과 매우 양립할 수 있다.

중국의 정부 제도는 인민대표대회 제도로서 행정부와 입법부의 일치를 통한 권력 조직 원칙을 구현하고 있으며, 그 근원은 인민의 총체성과 그로부터 비롯된 인민주권의 불가분성에 있다. 루소에 따르면, "주권은 양도할 수 없으므로 같은 이유로 분할할 수 없다."[79) "그러므로 행정권과 입법권을 결합하는 것보다 인간이 가질 수 있는 더 좋은 제도는 없다."[80) 마르크스는 파리 코뮌을 논의하면서 "코뮌은 의회 기관이라기보다는 실천 기관이며, 동시에 행정부이자 입법 기관이다"[81)라고 언급하면서 루소의 대중 주권의 불가분성에 대한 발상을 계승했다. 레닌은 소비에트 국가권력 수립을 주도하면서 의회-행정부 권력의 조직 원칙을 이론에서 실천으로 전환하여 소비에트 국가 체제를 확립했다. 마오쩌둥은 신중국 건국 전 위의 마르크스주의 기본 원칙을 바탕으로 인민대표대회 정부제도의 원칙을 제시하면서 "중국은 이제 전국인민대표대회, 성 인민대표대회, 현 인민대표대회, 구 인민대표대회, 향(鄕) 인민대표대회까지 각급 인민대표대회가 정부를 선출하는 제도를 채택할 수 있다"82)고 밝혔다.

통일전선은 행정부와 입법부 합일의 인민대표대회 제도와 매우 부합한다. 통일전선의 정당 지도자는 인민대표대회의 정당 지도자와 맞물려 있고, 당은 인민대표대회 영도를 통해 당의 의지를 국가 의지로 승화시킨다. 그리고 당은 민주당파를 영도함으로써 정치단결을 이룩한다. 두 가지 방면 모두 인민의 전체성 형성과 국가 건설에 도움이 되며, 당의 지도력을 강화시키는 데 도움이 된다. 통일전선에서의 정당협력 협상은 의행합일(議行合一)을 내부적으로 뒷받침하고 인민의 전체성과 통일된 국가 의지를 더욱 부각시킨다. 인민대표대회에서 정당 간 경쟁을 하게 되면 행정부와 입법부의 합일을 해치고, 양권분립이나 삼권분립을 초래하여 인민주권의 불가분성과 인민의지의 전체성 파괴가 더욱 심화된다. 따라서 행정부와 입법부 분립의 정권조직 원칙은 경쟁적 정당제도에 맞춰야 하고, 양자를 통합하는 정권조직 원칙은 비경쟁적 정당에 맞춰야 한다.83) 통일전선은 인민대표대회 제도의 전체성을 강화하는 동시에 협력 협상을 통해 '부분'을 확보해 자신의 정치적 기능을 충분히 발휘할 수 있도록 보장한다.

마오쩌둥은 중국의 정체를 민주집중제라고 부른 적이 있다. 그는 「신민주주의론(新民主主義論)」에서 "국체(각 혁명계급의 연합독재), 정체(민주집중제)"84)라고 언급했다. 중국의 정치에서 민주집중제는 실제로 세 가지 차원을 포함하고 있다. 첫 번째 차원은 정체 차원의 민주집중제이다. 이는 다시 말해 인민대표대회의 민주적 의사결정과 정부의 집중집행이다. 인민의지의 전체성에 근거하여 인민대표대회는 이원구조가 아니라 일원구조이다. 마오쩌둥은 1945년 「연합정부를 논함(論聯合政府)」에서 "신민주주의 정권조직은 민주집중제를 채택하고 각급 인민대표대회가 국정 방침을 결정하며 정부를 선출해야 한다. 그것은 민주적이고 집중적이다. 즉, 민주의 기초 위에 집중된, 집중적 지도하의 민주이다. 이 제도만이 광범위한 민주제를 표현할 수 있을 뿐만 아니라 각급 인민대표대회도 높은 권력을 가질 수 있다. 또한 국가 업무를 집중적으로 처리하고, 각급 정부가 각급 인민대표대회로부터 위임받은 모든 사무를 집중적으로 처리할 수 있게 되고, 인민의 모든 필요한 민주적 활동을 보장할 수 있다."85)

두 번째 차원은 정당 차원의 민주집중제이다. 즉 당내 의사결정의 경우 그에 앞서 민주를 충분히 발휘하고 지혜를 모은다. 그리고 당내 의사결정 후에는 단호하게 집행하며, 개인의 의견을 유보하더라도 조직 결정을 집행하여 당의 집중 통일을 보장한다. 민주적 토대 위에서 고도의 집중력을 발휘하고, 조직적 규율을 강화하며, 당 전체의 행동을 일치시키고, 당의 결정이 신속하고 효과적으로 집행되도록 보장한다.86) 중국공산당은 또 이 차원의 민주집중제를 '민주적 토론, 개별 준비, 회의 결정, 통일적 집행'으로 요약했다. 세 번째 차원은 행정 차원의 민주집중제이다. 즉 중국공산당은 행정 권력을 행사하는 과정에서 집단 지도력을 견지해야 하며, 또 개인의 분업과 책임을 견지하여 집단지도와 개인의 분업 및 책임의 상호결합을 실시해야 한다.

통일전선은 민주집중제의 처음 두 차원과 맞물려 있다. 첫 번째 차원에서 언급한 통일전선의 전체성은 인민대표대회의 전체성 증진에 도움이 된다. 이는 체제 차원의 민주집중제를 유지하는 데 도움이 된다. 두 번째 차원에서는 중국공산당이 중대한 의사결정에 앞서 당 밖의 사람들의 의견과 건의를 경청하는 것을 언급한 바 있다. 이는 중국공산당의 과학적 의사결정과 민주적 의사결정에 봉사할 수 있어 정당 차원의 민주집중제를 유지하는 데 유리하다. 그런 의미에서 정치협상은 민주집중제를 실현하는 방식의 하나다.

(3) 통일전선이 배태한 협상민주

통일전선의 기본 원칙은 단결할 수 있는 모든 역량을 결집하여 광범위한 정치적 연맹를 만드는 것이다. 린상리 교수는 "통일전선에서의 단결의 연합은 권력의 위세가 아니라 공동의 정체성, 상호 존중과 이익의 호혜에 기초하기도 한다. 따라서 협상은 자연스럽게 그 내적 메커니즘이 된다. 협상의 토대가 없으면 통일전선도 없고, 조정의 메커니즘 없이는 통일전선을 유지하고 발전시킬 수 없다"[87]라고 말했다. 통일전선에서 주체의 평등은 그 안에 있는 양자 또는 다자 관계를 다루기 위해 협상이 필요하다는 것을 의미한다. 즉, 통일전선은 협상을 의미하며, 이는 통일전선에 대한 적절한 정의이다. 통일전선의 발전과 협상의 전면적 전개에 따라 통일전선은 일정한 조직형태가, 협상은 일정한 제도규범이 필요하게 되었다. 통일전선은 조직형태를 확정하고 제도규범을 세우는 과정에서 협상민주라는 민주적 형태를 배태한 것이다.

중국공산당의 역사에서 통일전선은 협상민주를 발전시키는 과정에서 다음과 같은 조직형태를 구축하였으며, 이러한 조직형태는 협상민주의 발전을 촉진하였다. 첫 번째 형태는 사회혁명 시기의 '3·3제도(三三制)'이다. 마오쩌둥은 다음과 같이 말했다. "항일민족 통일전선 정권의 원칙에 따라 인원 배분에서 공산당원 가운데 1/3, 비당(非黨) 좌파 진보주의자 1/3, 중도주의자 1/3로 규정해야 한다. 반드시 당 밖의 진보분자가 1/3을 차지하도록 해야 한다. 왜냐하면 그들은 광대한 소자산 계급 대중과 연결되어 있기 때문이다. 우리가 이렇게 하는 것은 소자산 계급을 쟁취하는 데 큰 영향을 미친다. 중도파에게 1/3 자리를 주는 것은 중산층 자산 계급과 개명한 유력인사를 쟁취하는 데 목적이 있다. 이러한 계층의 쟁취는 완고한 파벌을 고립시키는 중요한 단계이다. 그런 세력의 힘을 외면해서는 안 된다."[88] 중국공산당은 '3·3 제도'를 통해 다른 당파와 지주계급 대표들과 협상해 협력하였다. 또한 이들을 정치체제와 정치생활로 끌어들여 지주 부르주아 계급이 중국공산당의 영도와 해방구의 정치체제를 인정하게 하고, 그들과 긴밀한 통일전선을 구축했다. '3·3 제도'는 통일전선이 협상의 민주를 잉태하는 과정에서 등장한 첫 번째 조직 형태다.

두 번째는 협상에 의한 건국이다. 중화인민공화국은 전국인민대표대회의 선거를 통해 선출된 것이 아니다. 다시 말해, 선거를 통한 국가 설립이 아니라 중국인민정치협상회의 제1차 전체회의가 전국인민대표대회의 직권을 대행하여 선출하였으므로, 협상을 통한 건국이라고 하는 것이다. 마오쩌둥은 1949년 1월 신화사(新華社) 신년사에서 "1949년에는 반동분자가 참석하지 않는 인민혁명 임무를 완수하는 것을 목표로, 정치협상회의를 소집해 중화인민공화국의 성립을 선언하고 공화국의 중앙정부를 구성하겠다. 이 정부는 중국공산당의 지도 아래 각 민주당파와 인민단체의 적절한 대표자들이 참여하는 민주 연합정부가 될 것이다."[89] 1949년 9월 21일, 중국인민정치협상회의 제1차 전체회의가 정식으로 개막하여 「중국인민정치협상회의 공동강령(中國人民政治協商會議共同綱領)」, 「중국인민정치협상회의 조직법(中國人民政治協商會議組織法)」 및 「중화인민공화국 중앙인민정부 조직법(中華人民共和國中央人民政府組織法)」의 3대 강령 문헌과 국기, 국가, 수도, 기년법에 관한 4개의 결의안이 채택되었고, 중화인민공화국 중앙인민정부가 탄생되었다. 마오쩌둥은 개회사에서 "현재 중국인민정치협상회의는 완전히 새로운 토대 위에서 개최되고 있으며, 전 인민을 대표하는 성격으로 전 인민의 신뢰와 지지를 얻고 있다"90)고 언급하였다. 총 88명의 대표가 총회 연설을 했으며, 참석 대표들은 "전국 각계각층의 사람들의 목소리를 포함하여 전 인민 공동의 의지가 되었다"91)고 평가했다. 중앙인민정부의 6명의 부주석 공산당 3명, 민주당파 · 무소속 3명이며 56명의 위원 공산당 27명, 민주당파 · 무소속 29명이었다.92) 민주당파와 무소속은 새 정권에서 절반을 굳건하게 차지하였다. 신정협 전국위원회 제1차 회의는 "제1기 전국위원회 주석으로 마오쩌둥을 선출하고 부주석으로는 저우언라이, 리지선(李濟深), 선쥔루(沈鈞儒), 궈모뤄(郭沫若), 천수퉁(陳叔通)을 선출"93)했으며 비서장으로는 리웨이한(李維漢), 상무위원으로는 마오쩌둥 등 28명을 선출했다. 부주석 6명 중 당외 인사는 5명, 상무위원 28명 중 당외 인사는 17명으로 민주당파와 무당파가 인민정치협상회의 전국위원회의 대다수를 차지했다. "이번 정치협상회의는 모두가 만족하는 내용이다."라고 기록되어 있다.94) 협상을 통한 건국은 통일전선을 국가건설에 통합하고, 국가 정권 내부의 협상을 촉진하며, 국가 정권의 모든 측면을 통합하면서 협상민주의 발달을 크게 진전시켰다.

세 번째 형식은 인민정치협상회의 제도의 성립이다. 중국인민정치협상회의 제1차 전체회의 이후 인민정협제도가 공식 출범했다. 중국인민정치협상회의의 설립은 인민민주 통일전선의 최종적인 조직 구성을 의미했다.95) 통일전선의 조직적인 형태인 인민정협은 협상민주의 발전을 위한 제도적 플랫폼을 제공했다. 인민정협은 정치협상을 주요 기능으로 삼고 있다. 중국공산당은 인민정협을 통해 각 당파와 단체, 각계 사회 세력과 협의하고 협력하여 협상민주의 발전을 촉진하고 있다.

네 번째 형태는 사회주의 협상민주이다. 1987년 중국공산당 제13차 전국대표대회 보고서는 처음으로 사회적 협상 대화 시스템을 구축해야 한다고 다음과 같이 명시했다. "사회적 협상과 대화는 상호소통과 이해를 통해 아래에서 위로, 그리고 위에서 아래로 적시에 방해받지 않고 정확한 의사소통이 이루어질 수 있도록 제도화되어야 한다. 현재 먼저 사회적 협상대화(協商對話)제도에 대한 여러 규정을 제정하고 협상대화를 통해 어떤 단위와 단체가 어떤 문제를 해결해야 하는지 명확히 하는 것이 필요하다. 국가, 지방 및 기초 단위 내 주요 문제에 대한 협상 대화는 국가, 지방 및 기층 등 세 가지 다른 차원에서 수행되어야 한다."96) 중국공산당은 사회 협상대화제도를 통해 당과 국가, 사회가 종횡으로 교차하는 협상 대화 체계를 구축해야 한다. 이를 통해 공산당은 당과 국가가 사회에 진출할 수 있도록 전방위적이고 입체적인 협상 형태를 구축해야 한다. 중국공산당 제13차 전국대표대회 보고서에서 제안한 사회적 협상대화제도가 협상민주의 발전을 촉진한 것이다.

중국공산당 제18차 전국대표대회 보고서는 처음으로 사회주의 협상민주 제도를 제시하며 "사회주의 협상민주는 중국에서 인민민주의 중요한 형태이다. 협상민주의 제도와 운영 메커니즘을 개선하고 협상민주의 광범위하고도 다층적이며 제도화된 발전을 촉진할 필요가 있다"고 밝혔다.97) 2015년 중국공산당 중앙위원회는 「사회주의 협상민주 건설 강화에 관한 의견(關於加强社會主義協商民主建設的意

見)」을 발표하여 사회주의 협상민주의 7가지 협상 형식을 처음으로 제시하면서 "정당 협상, 정부 협상, 정협 협상을 계속 중점적으로 강화하고 인민대표대회 협상, 인민 단체 협상, 기층 협상을 적극적으로 전개하며, 사회조직 협상을 점진적으로 모색해야 한다"98)고 지적하였다. 그리고 "절차상에서 협력적이고 연결고리가 완전한 협상민주 체계를 구축해야 하며, 협상민주가 광범위하고 다층적인 제도화 발전을 이루도록 추진해야 한다"99)고 말했다. 이를 통해 7가지 협상 형태를 포함하여 당, 국가, 사회 각급, 각 방면을 포괄하는 사회주의 협상민주체제가 공식적으로 형성된 것이다. 이는 중국 사회주의 협상민주 건설의 웅대한 청사진이 정식으로 형성됨을 보여준다. 통일 전선은 중국공산당의 최근 100년 발전 과정에서 완전한 사회주의 협상민주 체계의 기본 틀로 발전했다.

중국공산당의 직책은 군중을 지도하여 국가를 운영하고 인민주권을 실현하는 것이다. 중국공산당은 자신의 직책을 완수하려면 영도력을 강화해야 한다. 영도력 강화의 중요한 측면은 통일전선을 고수 및 강화하며 당 밖의 인사들과 협력 협상을 하는 것이다. 따라서 통일 전선 및 협력 협상은 중국공산당이 자신의 책무를 완수하고 지도력을 강화하는 중요한 측면이며, 중국공산당의 영도와 집권의 전체 과정을 수반한다. 사회주의 사회는 인민의 근본이익이 일치하는 전체적 사회기반 위에 세워졌고, 중국공산당은 전체적 사회를 이끌며 전체적 정당을 형성했다. 전체 사회와 전체 정당은 중국공산당이 제시한 중대한 정치적 의제를 둘러싸고 각계각층의 사회정치세력이 조언하고 정책을 제시하여 정책 결정을 개선하고 최적화하였다. 이는 과학집정, 민주집정을 추진하여 '세상 모든 사람들의 마음을 얻고(天下歸心)' 큰 힘을 합치는 정치를 형성하여 중국정치에서의 '전국가 체

제'를 형성하였다. 통일전선은 이러한 '전국가 체제'를 구축 · 유지 ·
최적화하는 데 중요한 역할을 한 것이다. 그리고 통일전선은 중국의
국체 · 정체와 부합할 뿐만 아니라 사회주의 협상민주의 발달을 촉진
하였다.

제13장

자기혁명의 정치

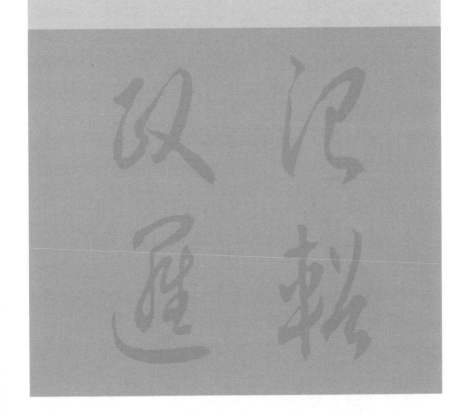

정치평론 특집 프로그램 〈개혁을 철저히 진행하자(將改革進行到底)〉의 제9화 '당의 자기혁신(黨的自我革新)'은 다음과 같은 해설로 시작한다. "새로운 상황에 놓인 중국공산당이 직면한 집권과정에서 비롯된 시련, 개혁개방에서 비롯된 시련, 시장경제에서 비롯된 시련, 외부 환경에서 비롯된 시련은 장기적이고 복잡하며 엄중한 성격을 띠고 있다. 아울러 당 전체의 눈앞에는 정신적 태만의 위험, 능력 미달의 위험, 인민대중으로부터 유리될 위험, 소극행정 부패의 위험이 적나라하게 펼쳐져 있다. 새로운 역사의 출발점에서 대내외 정세의 급격한 변화, 중국사회의 중대한 변혁, 사회사상의 심각한 변화, 불확실·불안정·불안전 요소의 증가, 예측불허의 리스크와 갈등이 중첩되는 상황을 마주한 중국공산당은 어떻게 13억 인민을 인솔해 (치란과 흥망성쇠를 반복하는) 역사적 주기율을 뛰어넘을 것인가? 장기집권 중인 거대 정당은 어떻게 그 생명력을 유지하는가? 이것은 일종의 범세계적 난제이며, 중국공산당은 이러한 난제를 해결하기 위한 피할 수 없는 시험대에 올라 있다."[1]

　　위의 해설은 그 어떤 이론적 논술보다 정확하게 본 장의 집필 의도를 대변하고 있다. 우리는 중국 사회주의 정치학 논리를 설명하기 위해 다음과 같은 질문을 제기할 수 있다. 중국공산당은 경쟁적 선거 체제에 놓인 서구의 정당과 다른 장기집권 정당으로서 어떻게 그 생명력을 유지하는가? 당 내부에서 부정과 타락의 현상과 위험이 발생했다면 어떻게 적시에 소극적 부패를 억제하고 부패한 세력을 일소하는가? 그 해답은 중국공산당이 구축한 자기혁명 시스템에서 찾을 수 있다. 시진핑 총서기는 "중국공산당의 초심과 사명에는 (공산당이라는) 당의 성격과 취지, 이상과 신념, 분투 목표가 압축되어 있다. 중국공산당은 오래 집권할수록 마르크스주의 정당의 본색을 잃어서는 안 되며, 당의 초심과 사명을 잊어서는 안 되고, 자기혁명의 정신을 상실해서는 안 된다"[2]고 강조한 바 있다. 자기혁명은 당내 정치의 정상화를 보장하는 근본 능력이며, 중국공산당 집권의 정치적 특질을 함축한다.

자기혁명이라는 정신적 특질을 보장하기 위해서는 자기정화(自我淨化), 자기완성(自我完善), 자기혁신(自我革新), 자기계발(自我提高)이라는 '4가지 자기실현'이 선행되어야 한다. 정치학적 관점에서 볼 때 이러한 '4가지 자기실현'은 당과 국가권력의 감독체계, 당이 영도하는 반부패 투쟁, 당내 법규와 국가 법률에 기초한 제도 건설이라는 3가지 정치적 실천을 통해 이루어진다.

1. 당정합일과 당정분업 : 권력 감시의 정치논리

(1) 당정체제와 초기 권력 감독체계의 건설

부패란 일반적으로 공권력을 이용해 사익을 도모하는 것으로 정의된다. 따라서 반부패의 핵심은 곧 공권력을 감독하는 데 있으며, 권력을 감독해야만 부패를 억제할 수 있다. 중국 또한 부정부패로부터 자유로울 수 없다. 장기집권 정당인 중국공산당은 공권력 감독을 줄곧 중시해왔다. 그러나 중국의 권력 감독은 여타 국가와 구별되는 고유한 정치논리를 가지고 있는데, 그 핵심은 중국공산당을 중심으로 권력 감독을 진행하는 제도 체계에 있다. 즉 중국은 타국의 제도를 답습하지 않고 고유의 정치논리에 입각한 권력 감독체계를 구축했다. 왕후닝(王滬寧)은 『반부패: 중국의 실험(反腐敗: 中國的實驗)』이라는 저서에서 "내가 중국의 반부패 투쟁을 실험이라고 부르는 까닭은 이 실험의 경험과 교훈이 향후 중국의 발전과 사회주의 국가의 정치, 나아가 일반적인 정치공동체의 발전에 매우 큰 의의가 있다고 보기 때문이다. 반부패 문제는 세계 각국이 공통으로 직면한 난제이며, 중국의 실험은 인류가 이러한 난제를 극복하는 데 반드시 기여할 수 있을 것"[3]이라고 주장했다.

고유의 권력 감독체계를 구축한 중국의 반부패 투쟁이 내포한 정치논리는 중국의 당정체제(黨政體制)를 중심으로 설정되어 있다. 이른바 당정체제는 "중국공산당이 인민을 영도해 중화인민공화국을 수립하고 중국의 기본 정치제도를 확립하는 과정에서 그 자신을 정치권력 구조에 착근을 시킴으로써"[4] 탄생했다. 당정체제는 중국정치를 설명하는 가장 핵심적인 구조적 특징으로, 다방면에서 중국정치의 향방을 결정한다. 이러한 특징은 반부패 투쟁과 권력 감독제도 구축 과정에서 또한 집중적으로 나타난다. 중국 권력 감독제도는 당내 감독에서 시작해 일정 기간 당정분리를 거쳐 당정합일로 나아갔으며 최종적으로 오늘날 당정분업 모델에 정착했다. 이것이 기본적인 맥락이다.

권력 감독은 중국공산당의 창당부터 발전까지 모든 역사적 과정에서 존재했으며 그 시작은 당내 감독이었다. 「탐오·부패 분자 청산에 관한 공고(堅決淸洗貪汚腐化分子的通告)」는 1926년 8월 4일

중공중앙 확대회의에서 발표한 첫 반부패 문건이다.5) 이어서 1927
년 중국공산당 제5차 전국대표대회(이하 제5차 당대회)에서 '감찰
위원회(監察委員會)'의 설립이 결정되었다. '감찰위원회'는 최초의
당내 감독 기구에게 부여된 명칭이었으며, 당장(黨章) 개정의 형식
을 통해 그 설립 목표와 성격, 기능이 확정되었다. '감찰위원회'는
중국공산당 역사상 최초로 등장한 감독 기구로, 당 내부에 기율 감찰
을 전문으로 하는 기구를 설립하기 시작한 중요한 선례이다.6) 제5대
당장은 감찰위원회의 독립성과 감독 기능을 보장하기 위해 다음과
같은 규정을 마련하였다. "감찰위원회는 중국공산당 전국대표대회
를 거쳐 구성된다. 감찰위원은 중앙위원 또는 성(省)위원회의 위원
을 겸직할 수 없다. 감찰위원은 중앙 및 성위원회 회의에 참석할 수
있으나, 발언권만 있을 뿐 표결권은 없다. 이 밖에 중앙 및 성위원회
는 감찰위원회의 결의를 취소할 수 없다. 그러나 감찰위원회의 결의
는 중앙 및 성위원회의 동의를 얻어야만 효력이 발생하고 집행이
가능하다. 감찰위원회와 상무위원회의 의견이 일치하지 않을 경우
감찰위원회와 상무위원회의 연석회의에 이관한다. 연석회의에서도
해결하지 못할 경우 다시 중국공산당 전국대표대회 또는 고급 감찰
위원회에 이관해 해결한다."7)

1928년 7월에 개최된 중국공산당 제6차 전국대표대회에서는 제
5대 당장의 '감찰위원회'장 4조항을 전부 삭제하는 등 대대적인
개정이 이루어졌다. 그 결과 기능이 재정회계 및 각 기관의 업무를
감독하는 데 국한된 낮은 급의 '심사위원회(審査委員會)'가 신설되
었다. "각급 당부(黨部)의 재정회계를 비롯한 각 기관의 업무를 감
독하기 위하여 당의 전국대표대회와 성·현·시 대표대회는 각각
중앙/성·현·시 심사위원회를 선출한다"8)는 것이 당장에 명시된

'심사위원회'와 관련된 내용의 전부였다. 이후 혁명 근거지 정권 내에서 당내 기율검사조직인 '중공중앙특수업무위원회'가 설립되었다. 1931년 11월에는 공농검찰부가 설립되었는데 해당 조직은 각급 정부와 동일한 수직적 조직체계를 가지고 있었다. 중앙정부 내부에는 공농검찰인민위원부가, 성·현·구에는 공농검찰부가, 도시에는 공농검찰과가 각각 설립되었다.9) 당시에는 당 내부와 정부를 분리해 감독하였는데, 공농검찰위원회는 상대적으로 독립된 정부 감독 부문이었다.

자료에 따르면 중앙공농검찰위원회는 두 달여에 걸쳐 중앙기관인 총무청, 재정부, 무역총국, 토지부 등 7개 청·국·부, 중앙 인쇄공장, 조폐 공장, 중앙 합작사 본사, 텅스텐 광석 회사 등 7개 중앙 소속 기업, 공농극단, 상호 구제 총회 및 투쟁 위원회 등 중앙급 대중 조직을 대상으로 철저히 수사를 벌였고, 그 결과 위의 17개 기관의 청장부터 과원까지 총 43명의 부패 행위가 적발되었다. 총 횡령금은 (당시 유통되던 1위안 은화) 대양(大洋) 2053.66위안, 면화 270근, 금반지 4개인 것으로 조사되었다. 총 29명이 재판에 회부되어 3명이 해임되었고 7명이 면직되었으며 2명은 엄중 경고 처분을, 4명은 경고 처분을 받았다. 조사가 진행되는 과정에서 횡령 관련자를 추가 적발하였고 중앙정부의 각 부문에서만 총 64명이 처분되었다.10)

(2) 기율검사와 행정감찰

중국공산당이 정권을 획득해 신중국을 수립하기 전부터 마오쩌둥은 간부들 사이에서 다양한 부정부패 문제가 발생할 것을 우려하였다. 그는 간부의 부패를 유발하는 다양한 요소를 '설탕 옷을 입힌 포탄(糖衣炮彈)'에 비유했다. 마오쩌둥은「중국공산당 제7기 중앙위원회 제2차 회의 보고(中國共產黨第七屆中央委員會第二次會議上的報告)」(1949년 3월 5일)를 통해 "아마도 이러한 공산당원들이 있을 것이다. 총을 든 적에게 굴복한 적이 없어 영웅이라 일컫기에 손색이 없으나, 설탕 옷을 입힌 포탄의 공격을 견디지 못하고 패배하는 이들 말이다. 우리는 이러한 상황을 반드시 예방해야 한다"11)고 강조했다.

중화인민공화국 수립 이후 당과 정부에는 각각 권력 감독 부서인 기율검사 부문과 행정감찰 부문이 설립되었다. 1949년 11월, 중공 중앙은 중앙 및 각급 당 기율검사위원회를 설립하기로 결정했다. 1949년 11월 9일, 중화인민공화국이 수립된 지 한 달 만에 중공 중앙은「중앙 및 각급 당 기율검사위원회 설립에 관한 결정(關於成立中央及各級黨的紀律檢查委員會的決定)」(이하「결정」)을 발표하였고 이윽고 중국공산당 중앙기율검사위원회가 설립되었다. 당시 위원회의 구성원은 총 11명으로 제1서기는 주더(朱德), 부서기는 왕충오(王從吾)와 안쯔원(安子文)이었으며, 위원으로는 류란타오(劉瀾濤), 셰줴짜이(謝覺哉), 리바오화(李葆華), 류징판(劉景範), 리타오(李濤), 쉐무차오(薛暮橋), 량화(梁華), 펑나이차오(馮乃超)가 있었다. 「결정」은 또한 각 중앙국과 지국, 성위원회, 구위원회, 시위원회, 지방위원회 및 현위원회 내부에 모두 일률적으로 기율검사위원회를 설립하고 해당 위원회가 상시적으로 업무를 수행할 수 있도록 반드시 실무기관을 설치해야 한다고 주문하였다. 1950년 중앙기율검사위원회는 현급 이하 기층 당 조직에 당 위원회를 설립할 경우 기율검사위원회 또는 기율검사위원을 두어야 하며, 당 총지부와 지부는 기율검사위원을 두어야 한다고 규정했다.12)

1949년 9월 29일 중국인민정치협상회의 제1차 전체회의에서 통과된 「중화인민공화국 정치협상회의 공동강령(中華人民共和國政治協商會議共同綱領)」 제19조는 "현·시 이상의 각급 인민정부 내에 인민감찰기관을 설립하여 각급 국가기관 및 공직자의 직무 수행 여부를 감독하고 기관 및 공직자의 위법 행위와 직무 태만 행위를 적발한다"고 규정하였다. 이어 '중화인민공화국 중앙인민정부 정무원 인민감찰위원회'가 설립되었다. 해당 부서는 주임 탄핑산(譚平山), 부주임 류징판(劉景範), 판전야(潘震亞), 첸잉(錢瑛), 왕한(王翰), 그리고 상기한 안쯔원을 포함한 15명의 위원으로 구성되었다.

　당정체제는 신중국 건국 이후 줄곧 권력 감독 기구의 설립에 영향력을 행사하였다. 중앙 차원에서는 당의 기율검사기관과 정부의 행정감찰기관이 각각 별도로 설립되었으나, 지방 차원에서 기율검사위원회와 감찰위원회는 완전히 분리되지 않았으며 1명의 책임자가 두 위원회를 관장했다. 신중국 건국 이후 반부패 제도 설계에서 당의 기율검사와 정부의 행정감찰이라는 두 기구는 줄곧 복잡하게 얽혀 분리와 통합을 반복해왔다. 안후이성(安徽省)의 기구 변천 과정이 그 전형적인 사례라 할 수 있다. 안후이성에 기율검사위원회와 감찰위원회가 설립된 이후 1952년에는 안후이성의 장강(長江) 이남 지역인 완난구(皖南區)와 이북 지역인 완베이구(皖北區)의 당 위원회가 통합되어 중공 안후이성 위원회(中共安徽省委)가 설립되었다. 같은 해 8월, 안후이성 인민감찰위원회가 설립되었고 10월에는 중국공산당 안후이성 위원회의 기율검사위원회가 설립되었다. 이 두 기구는 완난과 완베이 통합모델을 계승하였으나 구성원은 여전히 부분적으로 중첩된 상태였다. 구체적으로는 아래와 같다.

안후이성 기율검사위원회 서기: 리스눙(李世農, 1952.10~1954.8)

부서기: 쑹멍린(宋孟鄰, 1952.10~1954.8), 웨이젠장(魏建章, 1953. 12~1954.8), 천훙(陳洪,1953.12~1954.8)

안후이성 인민감찰위원회 주임: 리스눙(李世農, 1952.8~1955.3)

부주임: 위야눙(餘亞農, 1952.8~1954.3), 쑹멍린(宋孟鄰, 1952.8~1955.3), 웨이젠장(魏建章,1954.1~1955.3), 천훙(陳洪, 1954. 1~1955.3)[13]

1955년 3월은 중국의 기율검사 및 감찰기구의 개혁에 있어 매우 중요한 시기였다. 중국공산당 전국대표대회에서 중앙 및 지방 감찰위원회를 설립하여 기존의 중앙 및 지방 각급의 당 기율검사위원회를 대체할 것을 결정하였기 때문이다. 이는 사실상 당의 첫 감독 기구의 명칭, 즉 1927년 제5대 당장에 따라 설립되었던 당의 '감찰위원회' 명칭을 복원한 것이다. 이에 따라 지방에서도 기구 통합 개혁이 진행되었다. 안후이성을 예로 들면 다음과 같다.

1955년 11월, 중공 안후이성 제3차 대표회의에서 중공 안후이성 감찰위원회가 선출되었고, 중공 안후이성 감찰위원회는 안후이성 감찰청과 별도로 운영되었음.

1957년 10월, 중공 안후이성 감찰위원회는 안후이성 감찰청과 통합 운영 체제를 실시하였음.

1959년 1월, 중공 안후이성 감찰위원회는 안후이성 감찰청과 정식으로 통합되었으며, 당과 국가감찰 업무는 중공 안후이성 감찰위원회가 전적으로 책임지고 추진하게 되었음.[14]

'문화대혁명' 기간 동안 권력 감독체계는 발전 없이 정체되었고, 반부패 기구는 기본적으로 철폐되었다. 문혁 이후 비교적 중요한 변혁은 1978년에 이루어진 당 기율검사기구의 재건이다. 1978년 12월 16일~12월 24일에 걸쳐 개최된 중국공산당 제11차 3중전회에서 중앙기율검사위원회의 재건이 결정되었다. 중앙기율검사위원회 위원은 총 100명으로 구성되었으며 제1서기는 천윈(陳雲), 제2서기는 덩잉차오(鄧穎超), 제3서기는 후야오방(胡耀邦), 상무 서기는 황커청(黃克誠), 제1부서기는 왕허서우(王鶴壽)가 맡았다. 그러나 정부의 행정감찰 부서는 함께 복원되지 못했다. 이후 국무원(정부) 감찰부는 중앙기율검사위원회보다 8년 늦게 복구되었다. 1986년 12월 2일에 개최된 제6차 전국인민대표대회 상무위원회 회의에서 중화인민공화국 감찰부 설립이 결정되었으며, 웨이젠싱(尉健行)이 초대 부장으로 발탁되었다. 1987년 8월 국무원이 발표한 「현급 이상 지방 각급 인민정부의 행정감찰기관 설립에 관한 통지(關於在縣以上地方各級人民政府設立行政監察機關的通知)」에 따르면 국가 행정감찰기관의 감찰 대상은 국가행정기관 및 해당 기관에 소속된 공직자, 국가행정기관이 임명한 국영사업체의 지도 간부이다.

(3) 당정합일과 당정분업

1986년부터 1993년까지 7년간 권력 감독체계는 당내 기율검사와 정부 행정감찰을 분리해 추진하였다. 그러나 1993년에 이르러 권력 감독체계는 당정분리 구도에서 당정합일 구도로 전환되었다. 중앙기율검사위원회와 국무원 감찰부는 각각 기관의 명칭을 유지하면서 함께 업무를 진행하는 통합 운영 체제를 표방하였다. 통합 운영 체제하에서 중앙기율검사위원회는 당의 기율검사와 정부 행정감찰 두 가지 업무를 이행하면서 당 중앙에 대한 감찰에 전적인 책임을 지게 되었다. 국무원 감찰부는 헌법 규정에 따라 여전히 국무원에 소속되어 국무원의 지휘를 받았다. 지방의 각급 감찰기관의 경우 당의 기율위원회와 통합된 이후 현지 정부와 상급 기율검사·감찰기관에 의한 이중 지휘를 받았다.

이러한 통합 운영 체제는 중국의 반부패 업무에 지대한 영향을 미쳤다. 통합 운영 체제로 인해 정당과 행정이라는 두 가지 계통의 반부패 역량이 고도로 집중될 수 있었으며, 각급 당 위원회의 기율검사·감찰 업무를 통일적으로 지도하기에도 용이해 기율검사와 감찰이라는 두 기능이 한층 강화될 수 있었다. 당과 정부의 감독 체제가 분리된 구도에서는 동일한 부정부패 사안에 대한 중복 조사, 중복 대조, 중복 수사, 중복된 기관 설치와 같은 문제가 빈번하게 발생하였다. 아울러 사건을 처리하는 과정에서 기관 간 업무 협조가 원활하지 못하는 상황이 자주 빚어졌고, 때로는 일부 사건에 대한 책임 전가, 책임 소재 부재와 같은 문제가 발생했고 이를 절차적으로 조정하기도 어려웠다. 통합 운영 체제가 도입된 이후 (이러한 문제가 해결됨은 물론) 각급 기율검사위원회의 인적 역량 또한 향상되었다. 기구는 20% 이상 간소화되었으나 인력 자체는 증원되었는데 이는 각 부처의 역량이 확대되었음을 의미한다. 더 중요한 것은 기율검사위원회의 업무 범위와 기능도 확장되었다는 데 있다. 기율검사위원회는 당원 및 지도 간부에 대한 감독은 물론 모든 당정기관에 대한 감찰을 책임지게 되었다.

통합 운영 체제의 목적은 감찰 기능 약화가 아닌 기율검사와 행정감찰이라는 두 가지 기능을 동시에 강화하는 데 있다. 그러나 중국

정치체제에서 행정감찰은 당 위원회의 지지 없이 그 역할을 충분히 발휘하기 어렵다. 따라서 통합 운영 체제가 도입된 이후 권력 감독의 당정분업 국면이 차츰 형성되었다. 행정 계통은 반부패 투쟁에서 줄곧 중요한 역할을 담당하였다. 이러한 과정에서 특히 '법 집행 감찰(執法監察)'과 '업무 효율 감찰(效能監察)'이라는 두 가지 수단이 점차 발전하였다. 법 집행 감찰은 감찰 대상의 법률·법규 준수 여부, 정책 이행 여부를 감독·조사함으로써 위법행위를 적발하고 처벌하는데, 주로 명령을 이행하지 않고 금령은 오히려 계속하는 행위(有令不行, 有禁不止)의 문제를 해결하는 데 집중한다. 업무 효율 감찰은 근면 행정감찰(勤政監察)이라고도 하는데, 감찰기관은 법에 따라 국가행정기관 및 공직자의 각종 직무상 과실·과오 행위와 사건을 감독하고 조사하며 처벌한다. 업무 효율 감찰의 주된 임무는 정부와 국가 공무원의 행정 관리 업무의 효율성과 효과를 감독·조사하고 직무상 과실과 과오를 수사하여 정부의 각 부처 간 협업과 정상적인 업무 질서를 보장하고 공무원의 직무 수행, 책임 이행을 촉진하며 업무 효율성을 제고하는 데 있다.

요컨대 통합 운영 체제 이후 권력 감독체계는 기율검사와 행정감찰의 당정분업 구도로 재편되었다. (기율검사와 행정감찰이라는) 두 가지 유형의 권력 감독은 각기 다른 방법, 범위, 대상 및 법적 근거를 가지고 있다. 1997년 2월에 발표된 「중국공산당 기율 처분 조례(시행)(中國共產黨紀律處分條例(試行))」은 당 기율검사위원회의 기율검사 집행의 법적 근거가 되었으며, 석 달 후인 1997년 5월에 개최된 제8기 전국인민대표대회 상무위원회 제25차 회의에서 통과된 「중화인민공화국 행정감찰법(中華人民共和國行政監察法)」은 행정감찰의 법적 근거가 되었다. 해당 당내 법규와 국가 법률은 같은 시기에 초안이 마련된 핵심 문건으로서 당시에 조성된 비교적 합리적인 당정합일/당정분업 모델을 반영한다.

2. 발전보장과 본위회귀 : 반부패 투쟁의 정치논리

이제까지 중국공산당의 권력 감독체계가 구축된 역사적 맥락과 그 이면에 담긴 정치논리를 간략하게 논하였다. 지금부터는 반부패 투쟁의 주요 업무 내용의 변천과 그 이면에 반영된 정치논리를 되짚어보려 한다. 앞에서는 당정체제의 역사적 연원을 설명하기 위해서 부득불 중국공산당 창당 초기부터 소급해 서술했으나 본서가 주로 논하고자 하는 것은 중국 특색 사회주의 건설 단계의 정치논리이므로 이하부터는 그 시간적 범위를 개혁개방 이후부터 현재까지로 한정하려 한다. 개혁개방 이후에 진행된 권력 감독과 반부패 투쟁, 즉 1993년에 도입된 기율검사와 행정감찰의 통합 운영 체제를 중심으로 서술하고자 한다.

당 기율검사위원회가 재건된 뒤 가장 처음 착수한 업무는 (린뱌오 林彪·사인방四人幫) '두 가지 안건(兩案)'[15]에 대한 심리였다. 당시 관련인사의 회고에 따르면 "1978년 12월 24일 중국공산당 제11차 3중전회 공보 발표 후인 25일부터 중앙기율검사위원회에는 대중들의 서신이 쏟아져 들어왔다. 1979년 1월 11일까지 (대중들이) 천윈, 덩잉차오, 후야오방, 황커청 등 중앙기율검사위원회의 지도층과 중앙기율위원회에 보낸 고소장, 제소장, 건의서만 6,000여 건에 달했다. 심지어 수백 장에 달하는 서신도 있었다. 처리해야 할 사안은 산처럼 산적했고 대중의 서신 또한 산처럼 쌓였다."[16]고 한다. 이처럼 당시 중앙기율검사위원회는 그 업무 능력을 훨씬 초과하는 과중한 업무량에 직면했고 이로 인해 기타 부처와 기구에서 인원을 차출할 수밖에 없었다. 그 당시 '두 가지 안건' 심리팀 2조 부주임이었던 류리잉(劉麗英)의 회고에 따르면, 당시 중앙기율검사위원회는 초기에 설립한 사무실, 연구실, 기율검사실, 안건 심리실, 서신·방문민원실 등 사무기구 외에 세 사무기구를 추가로 설치했다고 한다. 1조는 린뱌오(林彪) 집단의 범죄 사안을 심사하였고, 중앙기율검사위원회 부서기 류순위안(劉順元)이 책임을 맡았다. 2조는 장칭(江青) 집단의 범죄 사안을 심사하였고 중앙기율검사위원회 부서기인 장치룽(張啟龍)이 책임을 맡았다. 3조는 캉성(康生), 셰푸즈(謝富治)의 범죄 사안을 심사하였고, 중앙기율검사위원회 부서기 장윈(章蘊)이 담당했다.[17)]

그러나 개혁개방이 심화됨에 따라 경제범죄가 대폭 증가하였다. 뇌물수수, 횡령, 투기거래와 같은 사건이 속출하면서 당 기율검사위원회의 핵심 업무는 '두 가지 안건' 처리에서 경제범죄 척결로 전환되었다. 1982년 1월, 중앙서기처는 회의에서 밀수·밀매, 횡령, 뇌물수수 등 위법·범죄 행위를 척결해야 한다는 중앙상무위원회의 지시를 검토하고 관철하기 위해 즉시 중앙과 국가기관의 각 부문 위원회 및 군 계통 책임자 회의를 소집하기로 결정했다. 또한 광둥, 푸젠, 저장, 윈난 등 연해 지역에 (반부패 활동을 지휘할) 중앙 인력을 파견하기로 결정하고 전국 각지에 이와 관련한 긴급 통지를 내렸다. 4월 13일, 중공 중앙과 국무원은 「경제 영역에서 발생한 엄중한 범죄 활동 척결에 관한 결정(關於打擊經濟領域中嚴重犯罪活動的決定)」을 발표해 "당의 각급 기율검사위원회는 당 위원회가 지휘하는 반부패 투쟁의 강력한 사무기구가 되어야 한다"[18)]고 강조했다.

중국공산당이 지휘하는 반부패 투쟁은 단순히 부패 척결에 국한된 활동이 아니라 중국공산당과 국가건설이라는 거시적 목표를 실현하기 위한 수단이다. 따라서 거시적 목표가 달라지면 반부패 업무의 중심도 변화한다. 1992년 이후 중국의 반부패 투쟁은 중요한 전환기를 맞게 되었는데 경제건설 중심에서 정치건설 중심으로의 이동이 그것이다. 좀 더 구체적으로 말해 경제발전과 개혁개방을 위한 장애물을 제거하는 '발전보장'식 반부패 투쟁에서 종엄치당(從嚴治黨, 엄격한 당 관리)과 정치건설에 기여하는 반부패 투쟁이라는 본위(本位)로 회귀한 것이다.

(1) 발전보장 : 경제건설 중심

1993년 10월, 기율검사·행정감찰의 통합 운영과 관련된 제도 개혁이 전반적으로 완성된 이후, 중공 중앙과 국무원은 「반부패 투쟁을 완수하기 위한 몇 가지 업무에 관한 중공중앙과 국무원의 결정(中共中央, 國務院關於反腐敗鬥爭近期抓好幾項工作的決定)(이하 「결정」)을 발표하였다. 이는 새로운 국면에서 진행되는 중앙 차원의 반부패 투쟁 업무에 대한 규정을 담고 있는 매우 중요한 문건이다. 「결정」에 따르면 "반부패 투쟁은 당의 건설과 정권 건설을 강화하고 당과 정부 및 인민대중의 관계를 긴밀히 하여 사회 안정을 유지하고 개혁개방과 경제건설이 순조롭게 진행될 수 있도록 보장하는 중요한 작업"19)이다. 또한 「결정」은 개혁개방과 경제건설이 안정적으로 추진될 수 있도록 하는 것이 반부패 투쟁의 목적 중 하나임을 강조하였고, 이러한 목적을 달성하기 위한 반부패 투쟁의 주된 내용을 세 가지로 간추려 제시하였다. 첫째, 당정기관의 지도 간부가 앞장서 자율적인 청렴을 실천해야 한다. 자율적인 청렴은 다음과 같은 사항을 포함한다. 1) (당정기관의 지도 간부의) 영리기업 설립을 금한다. 2) 경제체에서의 겸직을 금한다. 3) 주식 매매를 금한다. 4) 공무 활동 중 사례금이나 각종 유가증권을 수수하는 행위를 금한다. 5) 공금으로 다양한 형태의 사교클럽 회원 자격을 취득하는 행위를 금하고 고액의 오락 활동에 대한 참여 또한 금한다. 이것이 훗날 널리 알려진 '5가지 금지사항(五不準)'이다. 둘째, 규모가 크고 중대한 부패 사건을 조사하고 처벌한다. 셋째, 민심에 악영향을 끼치는 몇 가지 부정한 풍조를 척결한다. 이상이 중국공산당 제14차 전국대표대회(이하 제14차 당대회) 이후 중국의 반부패 및 권력 감독의 핵심 업무이다. 중국공산당 제15차 전국대표대회(이하 제15차 당대회) 이전까지 반부패 투쟁은 위의 세 가지 업무를 중심으로 전개되었다.

이러한 내용은 일견 개혁개방 및 경제건설과 그다지 관련이 없는 것처럼 보이나, 실상 거의 모든 규정이 경제건설에 기여하기 위한 목적에서 비롯되었다. 먼저 '5가지 금지사항'에서 앞의 3가지 금지사항은 지도 간부가 공권력을 이용해 경제 영역에서 이익을 획책하지 않도록 규제한다. 예컨대 1) 영리기업 설립을 금한다, 유료 중개 활동을 금한다, 직권을 이용해 배우자, 자녀 및 기타 친인척의 기업 경영에 대하여 어떠한 특혜도 제공해서는 안 된다는 규정, 2) 다양한 경제체에서 겸직(명예직 포함)을 금한다, 개별적으로 비준을 거쳐 겸직했다 하더라도 어떠한 보수도 수령해서는 안 된다, 개인이 지불해야 하는 각종 비용을 산하 기관 및 기타 사업체에 청구해서는 안 된다는 규정, 3) 주식 매매 금지[20]와 같은 규정이 그것이다. 둘째, 사법부문·법 집행 부문·경제부문에 소속된 공직자의 위법 사항과 기율 위반사항을 중점적으로 조사하고 처분한다. 이러한 조치 또한 경제건설의 연장선상에 있다고 할 수 있다. 셋째, 직권을 남용해 각종 명목으로 무분별한 수수료와 벌금을 부과하는 행위를 처벌한다. 즉 각급 당정기관이 영리기업을 설립하는 행위를 일괄적으로 금하며, 법 집행 부문의 각종 경비는 각급 정부 재정으로 지급한다.

중앙기율검사위원회 서기를 역임한 웨이젠싱은 중앙기율검사위원회 제2차 전체회의 보고에서 "중앙기율검사위원회와 국무원 감찰부를 비롯한 각급 기율검사와 감찰기관은 경제건설을 중심으로 그 기능과 역할을 십분 발휘하여 당풍염정건설(黨風廉政建設, 당내 간부의 부패를 척결해 청렴한 정치기풍을 건설하는 것)과 반부패 투쟁이 철저히 진행될 수 있도록 적극 추진할 것"21)이란 의지를 피력했다. 부패 척결을 위한 구체적인 업무와 관련해서는 "반부패와 경제건설을 통일적으로 추진하고 (⋯) 중점적으로 해결해야 할 문제를 정확히 파악하며, 시장경제 발전과 개혁이라는 명분하에 직권을 남용해 사익을 도모하거나 사복을 채우는 주요 문제를 전면적으로 척결해나갈 것"22)이라 강조했다. 이러한 발언들이 지닌 함의는 매우 명확하다. 바로 반부패는 개혁개방과 경제건설을 보장하고 경제발전을 저해하는 각종 장애물을 제거하는 작업이라는 메시지이다.

1993년에 '5가지 금지사항'이 공표된 후 지도 간부의 청렴 자율 '5조 규정'(領導幹部廉潔自律'五條規定') 또한 제도화되어 지도 간부의 자율적 청렴을 강조하는 시발점이 마련되었다. 이를 바탕으로 1994년 중앙기율검사위원회는 승용차 구매, 주택 구매, 공무 활동, 관혼상제와 공금 체납과 같은 다섯 가지 내용을 포함하는 '신(新) 5조 규정'을 내놓았다. 중국공산당 제14차 4중 전회에서는 국유기업 지도 간부의 자율적 청렴이 재차 강조되었고, 1995년에는 「국유기업 지도 간부 청렴 자율 '4조 규정'(國有企業領導幹部廉潔自律'四條

規定')」이 제정·시행되었다. 그 내용은 다음과 같다. "(기업을) 경영·관리하는 과정에서 할인 혜택을 받거나 중개 수수료, 사례금 등을 수수하는 행위를 금한다. 규정에 어긋나는 겸직 직무에 대한 보수나 상여금 수납을 금한다. 영리기업의 설립과 경영을 금한다. 직권을 남용해 가족이나 친인척이 경영하는 기업에 각종 편의를 제공하는 행위를 금한다. 다주택 소유를 금한다. 규정 기준을 초과한 주택을 공금으로 구매하거나 건축하는 행위를 금한다. 비정책적 요인으로 인해 기업에 비정상적 적손이 발생한 기간, 직원 임금 체불 기간에 승용차를 구매하는 행위를 금한다. 고급 외제차 구매를 금한다."[23] 기존의 5조 규정과 신(新) 5조 규정 모두 지도 간부를 대상으로 하는 특정 규제(專項治理)에 해당된다. 상기했듯이 모든 구체적인 사안에 세부 항목을 두어 관리하고 있으며, 새로운 규정에서는 승용차, 주택, 공금 회식, 관혼상제 등 보다 자세한 규정이 마련되었다.

그러나 특정 규제만으로 부정부패를 예방하기란 충분치 않다. 특정 규제는 기본적으로 '청산(淸理)'을 주된 방법으로 한다. "청산이란 일정 기간 동안 일정한 조직과 자원을 집중하여 사회적 문제가되는 특정 시기의 특정 현상을 집중적으로 관리"[24]하는 것이다. '청산'은 일정 부문에 한정된 캠페인식 관리 조치로, 다음과 같은 장점을 갖는다. 첫째, 관리 대상이 명확하고 부패 척결 효과가 매우 크다. 둘째, '청산'은 총체적 관리와 제도화된 관리를 구축하는 사전 작업으로, 이를 위한 경험과 기반을 제공할 수 있다. 예컨대 자율적 청렴에 관한 여러 준칙과 규정은 1997년에 이르러 마침내 제도적인 성과로 귀결되었는데, 「중국공산당 당원 지도 간부의 청렴한 공직 생활에 관한 몇 가지 준칙(시행)(中國共產黨黨員領導幹部廉潔從政若干準則(試行))」이 그것이다. 주요 내용은 '청렴한 공직 생활 행위 규범'

과 '실시 및 감독'으로 구성되어 있다. 행위 규범은 총 6개의 조항과 30가지의 '금지사항(不準)'으로 구성되었으며, 자율적 청렴에 관련한 기존의 규정을 포괄한다. 해당 준칙은 오랜 기간 시행되다 2010년에 개정되었다. 개정안에서 '행위 규범'은 기존 6개 조항에서 8개 조항으로 확대되었고, 구체적인 30가지 금지사항 또한 52가지로 늘어났다.

제14차 당대회와 제15차 당대회 기간에 경제건설을 중심으로 이루어진 부정부패 척결 기조는 중국의 반부패 감독 관리체계 제도화에 있어 매우 중요한 경험이었다고 할 수 있다. 후일 웨이젠싱은 중국공산당은 수년간의 노력을 거쳐 중국의 국가 상황에 적합하고 효과적으로 부패를 척결할 수 있는 방식을 초보적으로 모색해냈다고 당시의 반부패 사업을 회고했다. 웨이젠싱에 따르면 당시의 부패 척결은 여섯 가지 주요 내용을 포함하는데 그중 제2조는 "반부패는 반드시 경제건설을 중심에 두고 전개되어야 하며 개혁, 발전, 안정이라는 전체 국면에 순응하고 기여해야 한다"[25]는 것이다.

(2) 본위회귀 : 정치건설 중심

1990년대 초에 시작된 반부패 투쟁은 경제건설을 중심으로 이루어졌으며, 반부패의 정책·방법·영역 또한 경제발전 보장이라는 거시적인 목표를 중심으로 설정되었다. 그러나 경제발전, 특히 시장화와 개혁개방이 진행되면서 유입된 서구 자본주의의 생산, 생활방식, 가치 관념은 점차 중국공산당의 집권과 정권 안정에 위험 요소로 자리잡았다. 이에 따라 당과 국가는 정치건설 측면에서 반부패 투쟁을 전개해야 할 필요성과 중요성을 인식하기 시작하였고, 반부패 투쟁 사업의 중심 또한 차츰 경제건설에서 정치건설로 이동하였다.

당의 정치건설은 다양한 내용을 아우른다. 정치학적 기본 원리에 입각해 보았을 때 "정치건설은 중국(특유)의 개념이나, 현대화 발전의 필수적인 요소"[26]임에 틀림이 없다. 따라서 당의 정치건설은 실상 현대국가 건설의 한 축이다. 당의 정치건설은 주로 당 자체의 건설과 발전을 통해 실현되나, 중국의 현대 국가 건설과 유기적으로 통일이 이루어져야 한다. 정치건설을 중심으로 한 반부패 사업은 1998년과 1999년에 시작되었다. 1998년 중앙기율검사위원회 제2차 전체회의 공보(中紀委二次全會公報)에서 표명된 반부패 투쟁의 전략적 방향은 "당풍염정건설과 반부패 투쟁은 중국 특색 사회주의 사업을 건설하는 전체 국면에 위치하며 경제건설을 중심에 두고 긴밀히 진행해야 한다"[27]는 것이었다. 그러나 여기에 그치지 않고 웨이젠싱은 중앙기율검사위원회 제2차 전체회의 보고에서 부정부패의 근원적 문제를 해결해야 하며 이를 위해 권력 감독 및 제약 메커니즘을 확립해야 한다고 주장했다. 또한 "당의 노선, 방침, 정책의 이행 여부에 중점을 두고 각급 지도 간부의 권력 행사에 대한 감독을 강화해야 한다"[28]고 강조했다. 당의 "정치 기율을 강조한 해당 담화를 시작으로 정치 기율검사가 기율검사위원회의 주된 업무로 자리 잡게 되었다. 1999년 중앙기율검사위원회는 (부패) 사건 처리에 한층 힘을 싣기 위해 "정치 기율 위반 사안에 대한 조사·처벌을 최우선으로 하고, 지도기관과 지도 간부가 범하는 명령과 금지령을 무시하는 행위, 겉으로는 복종하나 속으로는 따르지 않는 행위, 당 중앙과 국무원의 정책 및 업무 불이행 등 엄중한 정치 기율 위반 행위를 중점적으로 조사·처벌해야 한다"[29]는 보다 명확한 주문을 하달하였다. 1993년과 비교해보면 반부패 사업의 중심이 경제에서 정치로 이동했음을 알 수 있다. 1993년 당시 중점적으로 조사·처벌했던 사안은 주로 경제 분야, 특히 직권을 남용해 시장경제 활동에 개입하고 부당한 이익을 취하는 시장 중심의 부패 문제에 집중되어 있었다.

중국의 반부패 투쟁과 현대 국가 건설이 심화됨에 따라 정치 영역에서의 부정부패 척결과 그 중요성이 나날이 부각되기 시작했다. 중국공산당 제18차 전국대표대회(이하 제18차 당대회) 이후 기율검사위원회의 반부패 투쟁 사업은 정치 기율 건설을 중심으로 전개되었다. 2013년 1월에 개최된 제18기 중앙기율검사위원회 제2차 전체회의에서 시진핑은 "당의 기율을 엄정히 하려면 우선 정치 기율을 엄정히 해야 한다. 당의 기율은 다양한 측면을 포함하나, 가장 중요하고 근본적인 핵심 기율은 정치 기율이다. 당의 정치 기율에 대한 준수는 당의 모든 기율을 준수하는 중요한 기초이다. 정치 기율은 각급 당 조직과 전체 당원이 정치적 방향·입장·토론·행동 측면에서 반드시 준수해야 하는 규칙이며, 당의 단결과 통일을 유지하는 근본적인 토대이다."30)라고 강조한 바 있다.

나아가 중국공산당 제19차 전국대표대회(이하 제19차 당대회) 보고에서는 당의 정치건설을 최우선으로 해야 한다고 다음과 같이 강조하였다. "분명한 정치적 태도는 마르크스주의 정당이 갖춰야 할 근본 요소이다. 당의 정치건설은 당의 건설 방향과 효과를 결정하는 근본적인 건설 과정에 다름 아니다. 정치건설의 최우선 과제는 당 전체의 중앙에 대한 복종과 당 중앙의 권위와 통일된 영도를 견지하는 데 있다. 당 전체가 당의 정치노선을 이행하고 정치 기율과 정치 규칙을 엄격히 준수하며 정치적 입장·방향·원칙·노선에 있어 당 중앙과 고도의 합치를 이뤄야 한다."31)

정치건설이라는 본위로 회귀하기 위해서는 '정치 기율'에 대한 제도화 수준을 한층 높여야 한다. 2012년까지만 해도 중국공산당 당헌 내 '당의 기율' 장에서 '정치 기율'이라는 용어는 찾아볼 수 없었다. 그러던 것이 2017년에 당헌이 개정되면서 "당의 기율은 주로 정치 기율, 조직 기율, 청렴 기율, 군중 기율, 업무 기율, 생활 기율을 포함한다."32)는 내용이 제40조항으로 명시되었다. 이처럼 정치 기율이 당헌에 명기되고 모든 기율의 우위에 놓이게 된 것은 실상 기율검사 위원회의 업무 중심이 정치 영역으로 회귀함과 동시에 가장 높은 수준으로 제도화되었음을 의미한다.

(3) 공권력 전면 포괄 : 새로운 시기의 새로운 목표

당내 감독은 중국 권력 감독 체계의 핵심이다. 그러나 중국의 권력 감독은 당내 감독에 국한되지 않는다. 제18차 당대회 보고는 "당내 감독·민주 감독·법률 감독·여론 감독을 강화하고, 인민이 권력을 감독하도록 해야 하며, 권력이 투명하게 운영되도록 해야 한다"고 주문했다. 이는 중국공산당이 '4중 감독(四種監督)'을 하나의 완전한 감독 체계로 정립한 최초의 사례로, 당이 권력 감독 업무를 중시하고 있음을 시사한다. 정당의 자기혁명 관점에서 볼 때, 그 핵심은 여전히 기율검사와 감찰체계하의 권력 감독에 있다.

기율검사 및 감찰기관의 통합 운영 체제는 현재까지 지속되고 있다. 20여 년간 축적된 경험은 당정합일의 반부패모델의 성공을 증명한다. 최근 몇 년간 진행된 국가감찰체제 개혁을 통해 해당 모델은 더욱 강화되었다. 2016년 11월, 중국정부는 베이징시·산시성·저장성을 국가감찰체제 개혁의 시범지역으로 선정하였고, 해당 성시에 각급 감찰위원회를 설립해 시범 운영하였다. 제19차 당대회에서는 집중 통일된, 권위 있고 효율적인 국가감찰체계 구축의 필요성이 제기되었고, 「당과 국가기관의 개혁 심화 방안(深化黨和國家機構改革方案)」의 제1조에 국가감찰위원회 설립이 삽입되었다. 2017년 11월 4일, 제12기 전국인민대표대회 상무위원회 제30차 회의에서는 국가감찰체제 개혁 시범사업을 전국적으로 확대 시행하는 방안이 결정되었다. 2018년 2월 11일 오전 칭하이성 감찰위원회 지도부가 선출되었고, 이에 따라 전국 31개 성(자치구, 직할시)과 신장생산건설병단 모두 법적 절차에 따라 선출된 감찰위원회 지도부를 갖추게 되었다. 국가감찰위원회는 중국 특색의 반부패 사업 기구로서, 기존의 행정 감찰 부서와 부패 예방 기구, 검찰기관이 분산해 맡았던 횡령 · 뇌물 수수 · 직무 유기 · 직무 범죄 예방 등 업무의 역량을 통합해 담당한다. 이로써 반부패 역량의 분산과 기능 중첩 문제가 완전히 해결되었다. 국가감찰위원회가 기존 행정감찰에서 국가감찰로 격상된 것은 감찰의 권력과 기능이 한층 더 강화되었음을 의미한다.

권력 감독 측면에서 볼 때 이러한 격상이 의도한 가장 직접적인 목표는 권력의 감독 범위를 공권력이 행사되는 전방위로 넓히는 데 있었다. 2018년 제13기 전국인민대표대회 제1차 회의에서 「중화인민공화국 감찰법(中華人民共和國監察法)」(이하 「감찰법」)이 표결을 거쳐 통과되었고, 국가감찰위원회의 감찰 범위는 「감찰법」 개정 이후 크게 확대되었다. 구체적인 내용을 간추리면 다음과 같다.

제15조 감찰기관은 아래 열거된 공직자 및 관련 인력에 대한 감찰을 진행한다.
(1) 중국공산당 기관, 인민대표대회 및 상무위원회 기관, 인민정부, 감찰위원회, 인민법원, 인민검찰원, 중국인민정치협상회의 각급 위

원회 기관, 민주당파 기관과 상공업연합회 기관의 공무원 및 「중화인민공화국 공무원법(中華人民共和國公務員法)」의 적용을 받는 모든 인력

(2) 법률·법규에 의해 권한을 위임받거나 국가기관으로부터 합법적 위탁을 받아 공공사무를 관리하는 조직에서 공무에 종사하는 자

(3) 국유기업 관리자

(4) 공립 교육, 연구, 문화, 의료위생, 체육 등 사업 단위에서 종사하는 관리자

(5) 기층 군중 자치 조직에서 종사하는 관리자

(6) 그 밖에 법에 따라 공무를 수행하는 자

개정된 「감찰법」에 따라 감찰 대상의 범위는 상기 제15조에 규정된 6가지 유형으로 확대되었다. 그러나 1997년에 제정된 「중화인민공화국 행정감찰법(中華人民共和國行政監察法)」에 따르면 당시의 감찰 대상은 정부 부처의 공직자에 한정되어 있었다. 구체적인 내용은 다음과 같다.

제15조 국무원 감찰기관은 아래 열거된 기관과 인력을 감찰한다.
(1) 국무원 각 부처 및 소속 국가공무원
(2) 국무원 및 국무원 각 부처에 임명된 기타 인력
(3) 성, 자치구, 직할시 인민정부 및 지도부
제16조 현급 이상 지방 각급 인민정부 감찰기관은 아래 열거된 기관과 인력을 감찰한다.
(1) 해당 인민정부 각 부처 및 소속 국가공무원
(2) 해당 인민정부 및 당급 인민정부 각 부처에 임명된 기타 인력

(3) 하급 인민정부 및 지도부

현(縣), 자치현(自治縣), 구(區)가 설치되지 않은 시(市) 및 시직할구(市轄區)의 인민정부 감찰기관은 또한 해당 관할구역에 속한 향(鄉), 민족향(民族鄉), 진(鎭) 인민정부의 국가공무원 및 향, 민족향, 진 인민정부가 임명한 기타 인력을 감찰한다.

위의 두 가지 감찰법을 비교해 보면, '행정감찰' 개념에서 감찰 대상은 '기관 및 인력'이었으나, '국가감찰' 개념에서 감찰 대상은 '공직자 및 관련 인력'으로 변화했음을 알 수 있다. 이러한 변화는 일견 사소해 보이나, 정작 중국의 권력 감독에 있어 대단히 중요한 변화라고 할 수 있다. 공직자는 실상 공권력을 장악한 이들을 가리키나, 공권력을 행사하는 인원은 공직자에 국한되지 않고 정부 부처 밖에 있는 대량의 인력을 포함한다. 따라서 모든 공권력을 제도의 울타리 안으로 편입시키기 위해서는 감찰 대상의 범위를 재정의할 필요가 있었던 것이다. 그 결과 기존의 행정감찰 범위에 포함되지 않았던 '국유기업 관리자', '공립 교육, 연구, 문화, 의료, 위생, 체육 등 사업 단위에서 종사하는 관리자', '기층 군중 자치 조직에서 종사하는 관리자'가 새롭게 포함되었다. 그러나 「감찰법」이 규정한 감찰 대상 중 다소 모호한 표현이 등장하는데 바로 '종사하는 관리자'가 그것이다. 국유기업, 공립교육, 연구, 문화, 의료, 위생, 체육 등의 사업단위 및 기층 군중 자치 조직에서 종사하는 모든 인력이 감찰 대상인 것은 아니다. 반드시 '종사하는 관리자'라는 조건에 부합하는 이라야 한다. 그렇다면 '종사하는 관리자'에 속하는 이들은 누구인가?

국가감찰위원회는 여기에 대한 보다 상세한 해석과 설명을 제공하고 있다. 여기서는 국유기업의 사례에 한해 살펴보겠다. 세 번째 감찰 대상으로 국유기업 관리자는 크게 두 집단을 포함한다. "첫째, 국유독자기업 · 국유자본 지주회사(국유독자 금융기업과 국유자본 지주 금융 기업 포함) 및 해당 기업 지사의 경영층이다. 이사회가 설치된 기업 중 국유지분 대표가 맡는 회장, 부회장, 이사, 사장, 부사장, 당 위원회 서기, 부서기, 기율검사위원회 서기, 노동조합 위원장 등이 여기에 포함된다. 이사회가 없는 기업의 감찰대상은 사장(총재), 부사장(부총재), 당 위원회 서기, 부서기, 기율검사위원회 서기, 노동조합 위원장 등을 포함한다. 둘째, 국유자산에 대한 경영관리 책임이 있는 국유기업의 중간 및 하부 관리자이다. 부서장, 부부서장, 총책임, 부총책임, 현장 책임자가 여기에 포함된다. 아울러 국유재산 관리 및 감독 등 중요한 직책에 있는 인력(회계 및 출납원 등), 국유기업 소속 사업 단위의 경영층, 국유자본 참여기업 및 금융기관 중 국유자산에 경영관리 책임이 있는 인력도 여기에 포함된다. 이들 또한 국유기업 관리자로 분류되기 때문에 직무상 위법 행위나 범죄 혐의가 있을 경우 감찰기관은 법에 따라 이에 대해 조사할 수 있다."[33]

3. 정치규율과 자체감찰 : 의규치당(依規治黨)의 정치논리

상술했듯이 중국공산당의 자기혁명은 권력 감독제도 및 체계의 구축과 이러한 체계를 통해 전개되는 반부패 투쟁으로 실현된다. 이러한 자기혁명 시스템의 핵심은 정당의 자기감독에 있다. 그렇다면 정당의 자기감독은 어떻게 실현되는가? 정당의 자기감독은 당의 정치 규율, 당의 정치 기율, 순시와 순찰 제도라는 세 가지 요소를 통해 이루어진다.

(1) 정치 규율과 정치 기율

그림 13.1은 1992년부터 2017년까지 당의 기율검사·감찰 계통에서 입건한 사건 수와 당의 기율 위반 처분을 받은 인원수를 나타낸다. 제14차 당대회 기간에만 총 73만 1,000건의 사건이 입건되었으며, 당의 기율 위반 처분을 받은 인원은 66만 9,000명에 달한다. 그중 성부급(省部級, 장·차관급) 간부는 78명이다. 제15차 당대회 기간에 이르러 사건 수와 인원수는 각각 86만 2,000건과 84만 6,000명으로 증가했으며, 처분을 받은 인원 중 성부급 간부는 98명이었다. 제16차 당대회와 제17차 당대회 기간에는 다소 감소하였다. 특히 제17차 당대회 때는 사건 수가 64만 4,000건으로 줄었다. 제16차, 제17차 당대회 업무 보고에서 기율 위반 처분을 받은 성부급 간부의 수는 집계되지 않았다. 그러나 제18차 당대회 기간에 기율 위반 사례가 대폭 증가했다. 2012년부터 2017년까지 전국 기율검사·감찰 계통에서 입건한 사건 수는 총 154만 5,000건에 달했고 기율 위반 처분을 받은 인원은 157만 3,000명이었다. 그중 440명이 성부급 간부였다.

중국공산당의 자기혁명은 당의 규율 수립에서 시작된다. 시진핑은 제18기 중앙기율검사위원회 제5차 전체회의에서 '정치 규율'이라는 개념을 제시하면서 다음과 같이 강조하였다. "규율 없이는 당이 성립될 수 없고 마르크스주의 정당은 더더욱 성립될 수 없다. 중국공산당의 당내 규율은 당의 각급 조직과 모든 당원이 반드시 준수해야 하는 행위 규범이자 규칙이다. 당의 규율은 무엇을 포함하는가? 첫째, 당

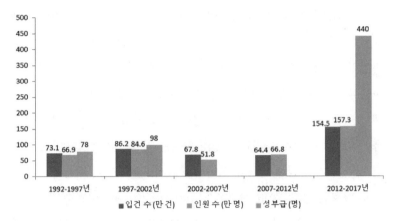

출처: 14-19차 당대회에서 발표된 중앙기율검사위원회의 업무보고

그림 13.1 기율검사 · 감찰시스템의 입건 및 처벌
인원수(1992~2017년)

헌은 당 전체가 반드시 준수해야 할 총체적 장정(章程)이자 총체적
규율이다. 둘째, 당의 기율은 경성적인 제약이며 그중에서도 정치
기율은 당 전체가 정치적 방향 · 입장 · 토론 · 행동 측면에서 반드시
지켜야 하는 경성적 제약에 해당한다. 셋째, 국가 법률은 당원과 간부
가 반드시 준수해야 하는 규율이다. 당은 인민을 영도해 법률을 제정
하며, 이렇게 제정된 법률은 당 전체가 모범적으로 집행해나가야 한
다. 넷째, 당이 오랜 실천 과정을 통해 형성한 우수한 전통과 업무
관례이다."34) 요컨대 정치 규율은 중국공산당이 제정한 모든 제도화
된 규칙을 통칭하며 여기에는 공식적인 당내 법규와 국가 법률은
물론 비공식적인 전통과 관례가 또한 포함된다.

2012년 이전 「중국공산당당헌(中國共産黨章程)」에서는 당 기
율검사위원회를 다음과 같이 규정하고 있다.

"제44조 당의 각급 기율검사위원회의 주요 임무는 당헌 및 기타 당내 법규를 수호하고 당의 노선 · 방침 · 정책 · 결의에 관한 집행 상황을 점검하며, 당 위원회와 협조하여 당의 기풍 건설을 강화하고 반부패 사업을 조직하고 조정하는 데 있다. 각급 기율검사위원회는 당원에 대한 기율 준수 교육을 수시로 진행하고, 당 기율의 수호에 관한 결정을 내리며, 당원 지도 간부의 권력 행사를 감독한다. 당 조직 및 당원이 당헌과 기타 당내 법규를 위반한 비교적 중대하거나 복잡한 사건을 조사 및 처벌하고, 관련 사건에 연루된 당원에 대한 처벌을 결정하거나 취하하며, 당원의 고소와 기소를 수리하고 당원의 권리를 보장한다."35)

이로 미루어 볼 때 당시 기율검사위원회의 임무는 교육 · 감독 · 검사 · 보장이었음을 알 수 있다.

해당 규정은 2017년에 다음과 같이 개정되었다.

"제46조 당의 각급 기율검사위원회는 당내 감독을 전담하는 기관으로, 그 주요 임무는 당헌 및 기타 당내 법규를 수호하고 당의 노선 · 방침 · 정책 · 결의에 관한 집행 상황을 점검하며, 당 위원회와 협조하여 전면적 종엄치당(從嚴治黨, 엄격한 당 관리)을 추진하고 당의 기풍 건설을 강화하며 반부패 업무를 조직하고 조정하는 데 있다. 당의 각급 기율검사위원회의 책무는 감독 · 기율 집행 · 문책이며, 당원에 대한 기율 준수 교육을 수시로 진행하고, 당 기율의 수호에 관해 결정을 내리며, 당 조직 및 당원 지도 간부의 직책 이행과 권력 행사를 감독하며, 당원의 고발 신고를 접수해 처리하며 상담과 면담, 조회를 진행한다. 당 조직 및 당원이 당헌과 기타 당내 법규를 위반한 비교적 중대하거나 복잡한 사건을 조사 및 처벌하고, 관련 사건에 연루된 당원에 대한 처벌을 결정하거나 취하하며, 문책과 책임 추궁을 건의하고, 당원의 고소와 기소를 수리하며 당원의 권리를 보장한다."36)

요컨대 현재 당 기율검사위원회의 핵심 기능은 감독에 있다. 반부패 투쟁 사업에 대한 감독 책임이 기율검사위원회에 있는 것이다.
한편 반부패 투쟁 과정에서 기율과 법률의 관계 정립의 문제가 두드러지는데, 이러한 문제는 18차 4중전회 이후 다음과 같은 단계를 거쳐 해결되었다. 첫째, 기율과 법률의 분리(紀法分開)가 이루어졌다. 즉 당의 기율 규정과 법적 조문을 차별화하였다. 당의 기율이 국법을 대체하거나 국법과 혼재될 수 없기 때문이다. 실제로 2016년 「중국공산당 기율검사 조례(中國共産黨紀律檢査條例)」 개정이 추진되면서 법적 조문 규정과 중복되는 부분은 삭제되었고 기율은 기율로, 법률은 법률로 귀속되게 되었다. 둘째, 법보다 한층 엄정한 당의 기율이 정립되었다. 「중국공산당 당원 지도 간부의 청렴한 공직 생활에 관한 몇 가지 준칙(中國共産黨黨員領導幹部廉潔從政若干準則)」에서 언급된 규정들이 기율검사 조례 개정안에 대거 포함되었다. 당초 지도 간부의 '자율적 청렴'에만 해당되었던 규정들이 당의 기율로 재편되면서 지도 간부는 물론 당원 전체가 기율의 적용을 받게 되었고 이로써 자율은 타율로 치환되었다. 셋째, 국가감찰 체제 개혁을 통해 기율과 법률의 연계, 기율과 법률의 융합이 실현되었다. 새로운 감찰법의 규정 아래 위법사안에 대한 감찰위원회의 조사·심의의 법치화 수준이 꾸준히 높아지고 있다. 감찰위원회가 취득한 증거자료는 형사소송 과정에서 직접 사용될 수 있다. 이로써 기율검사위원회와 사법부문 간 협력과 연계 과정에서 발생했던 업무 분할 및 갈등이 상당

부분 해소되었다.

이 밖에 업무 진행 과정에서 정착된 전통·관례에 대한 대처가 남아 있다. 당내 법규가 아무리 세밀해도 관료의 모든 행위를 통제할 수는 없고, 지도 간부의 활동을 과도히 제약하는 것 또한 바람직하지 않다. (간부에 대한) 신뢰가 감독을 대체할 수는 없으나, 이러한 감독에는 무한대한 비용이 발생하기 때문이다. 따라서 지도 간부에게 일정한 신임을 부여해 그들의 창의력이 발휘되도록 고무하는 편이 나을 수 있다. 그렇기 때문에 관료 사회에서는 비공식적 관행으로 당의 기율과 법률에 대항하는 바람직하지 못한 행태가 발생하고는 한다. 예컨대 패거리를 짓는 행위가 그것이다. 당의 기율은 당내 파벌을 조성하는 행위를 엄격히 금지하고 있음에도 불구하고 적지 않은 지도 간부가 향우회, 육성회, 오프라인 모임과 같은 다양한 형태로 인적 네트워크를 형성하고 이익을 교환하면서 장래 상부상조의 길을 닦는다. 또 일부 지도층은 내부 소식 탐문에 열중하며 일종의 '소식통'을 자처하는데, 특히 지도 간부의 발탁, 임명, 조직 심사와 같은 중요 정보를 자신의 정치적 자본으로 삼고 심지어 조직의 간부 발탁 또는 심사에 개입하기도 한다. 이러한 행위는 매우 은밀히 이루어지기 때문에 공식적인 당내 법규로 감독하기에는 한계가 있다. 이러한 관행적 부패는 당내 정치 규율뿐 아니라 정치 기율을 심각하게 훼손한다.

(2) 순시·순찰

제18차 당대회 이후 순시(巡視)는 반부패의 메스가 되었다. 중국 공산당의 순시 제도의 기원은 1990년까지 거슬러 올라간다. 제13차 6중전회에서 통과된「당과 인민 군중의 연계 강화에 관한 중공중앙의 결정(中共中央關於加强黨同人民群眾聯系的決定)」은 다음과 같은 내용을 포함한다. "중앙과 각 성·자치구·직할시 당 위원회는 필요에 따라 각 지역과 부문에 순시사업소조를 파견할 수 있다. 업무 진행에 필요한 권한을 부여받은 순시사업소조는 관련 문제에 대한 감독과 점검을 진행하고 중앙과 성·구·시 당 위원회에 현황을 보고한다. 경험이 풍부하고 명망 있는 원로 당원이 해당 사업에 참여할 수 있도록 한다."37) 이로 미루어 볼 때 순시는 당내 감독을 강화하는 방법이자 수단으로서 위로부터의 감독을 보완하기 위해 설립된 것임을 알 수 있다. 요컨대 순시제도는 당내 수직적 감독을 실현하는 기본 수단이다.

1996년에 이르러 중앙기율검사위원회는 당내 감독 메커니즘의 강화와 보완에 착수하였고 그 과정에서 순시 제도가 첫째가는 중점 사업으로 자리 잡았다. 사업상 필요에 따라 부급(部級) 간부를 지방과 부서에 파견해 순시하도록 하며, 이를 위해 「순시 제도 수립에 관한 중공중앙기율검사위원회의 시행법(中共中央紀委關於建立巡視制度的試行辦法)」(이하 「시행법」)이 제정되었는데 이것이 순시 제도를 전문적으로 다룬 최초의 규정이다. 「시행법」에 따라 퇴임한 정부급(政部級, 장관급) 간부와 부장급(副部級, 차관급) 간부를 선발해 순시 업무에 파견하는 방침이 결정되었다. 순시는 다음과 같은 주요 임무를 수행한다. "1) 성·자치구·직할시와 중앙·국가기관의 각 부와 위원회의 지도부 및 그 구성원의 정치 기율 준수 상황을 조사한다. 2) 성·자치구·직할시와 중앙·국가기관의 각 부와 위원회의 지도부 및 그 구성원의 청렴 여부를 조사한다. 3) (순시조는) 순시 상황을 중앙기율검사위원회에 직접 보고하고 그중 중요한 사항은 중앙기율검사위원회가 당 중앙에 보고한다."38)

비록 당시 순시 업무에 관한 더 많은 보도와 자료는 찾아볼 수 없지만 「시행법」으로 인해 당내 감독이 상당한 효과를 거둔 것만은 분명하다. 순시 제도는 수직적 계층 간 정보의 비대칭성을 효과적으로 해소하는 데 탁월해 현재까지 유지되고 있으며 매년 지속적으로 강화되고 있다. 순시 제도가 정착하기 시작한 후부터 중앙기율검사위원회는 해마다 지방에 순시조를 파견해 교대로 순시하도록 하였다. 성·자치구·직할시 또한 각각 순시 조직기구를 설립해 전문 인력을 배치하였고 이로써 순시 제도는 점차 제도화·규범화되었다. 순시 제도의 제도화·규범화의 주된 성과는 2003년에 제정된 「중국공산당 당내 감독 조례(시행)(中國共産黨黨內監督條例(試行))」이다. 이는 중국공산당 당내 감독에 대한 최초의 법규성 문건이다. 제3장 '감독 제도' 장에서 순시는 여섯 번째 제도로 규정되어 있다. 순시 업무의 주요 임무는 다음과 같다. "1) 3개 대표 사상(三個代表重要思想)의 이해와 관철, 당의 노선·방침·정책·결의·결정 및 사업 배치 이행, 민주집중제 이행, 당풍염정건설(黨風廉政建設, 당내 간부의 부패를 척결해 청렴한 정치기풍을 건설하는 것) 책임제와 청렴하고 근면한 공직 수행, 지도 간부의 선발 및 임용 상황을 순시하고 개혁의 안정적 발전 상황을 순시하며, 중앙이 요구하는 기타 사항을 순시한다. 2) 순시조를 파견한 당 조직에 순시를 통해 파악한 상황을 보고하고, 의견과 건의를 제시한다."39)

순시 업무가 더욱 중요해짐에 따라 2009년 당 중앙은 「중국공산당 순시 업무 조례(시행)(中國共産黨巡視工作條例(試行))」(이하 「순시 업무 조례」)를 공포해 순시 사업 기구의 설치, 사업 절차, 순시 인원 관리, 기율과 책임에 대한 보다 상세한 규정을 제시하였다. 제18차 당대회 이후 순시 사업의 강도가 한층 높아졌고 부패 척결에 있어 핵심적인 기능을 담당하게 되었다. 「순시 업무 조례」는 2015년과 2017년 두 차례에 걸쳐 개정되었는데 2015년에 개정된 「순시 업무 조례」를 통해 중앙기율검사위원회 내부에 중앙순시사업영도소조 판공실 설치가 결정되었다. 제18차 당대회 이후 순시 사업은 순시 기능의 효율성을 높이기 위한 변화를 거듭했다. 이를 간추리면 다음과 같다.

첫째, 순시의 범위가 다음과 같은 네 가지 방면으로 확대되었다. 1) 정치 기율과 정치 규율 위반, 당의 노선·방침·정책에 위배되는 언행, 명령과 금지령을 무시하는 행위, 겉으로는 복종하나 속으로는 따르지 않는 행위, 파벌의 형성과 같은 문제(에 대한 순시) 2) 청렴 기율 위반, 권력을 이용해 사익을 추구하는 행위, 횡령·수뢰, 부패와 타락과 같은 문제 3) 조직 기율 위반, 규정을 위반한 인력 동원·뇌물을 이용한 표 모으기·매관매직·전단행위·조직 기강 해이·단합 부족과 같은 문제 4) 군중 기율·업무 기율·생활 기율 위반, 형식주의·관료주의·향락주의·사치풍조와 같은 문제[40]가 그것이다. 이는 기존 순시 업무에 없던 내용으로, 순시 업무의 '네 가지 주력점(四個着力)'이라고도 한다.

둘째, 순시 업무가 보다 투명화되었다. 순시조장은 고정되지 않고 '1회 1권한 위임'의 방식으로 매 순시에 따라 임무가 확정되고 권한을 부여받는다.[41] 이로써 순시조장과 피순시 대상자가 장기간 접촉하면서 공모할 가능성이 일정 부분 차단되어 순시조의 독립성이 제고된다. 아울러 감찰 지역이나 기관에 순시조가 파견되면 순시조의 연락처나 순시 기한과 같은 정보를 사회에 공개하고 순시조의 진주와 (순시조가 진행한) 피드백, 정돈 상황을 사회에 공개함으로써 순시조가 당원, 간부와 인민대중의 감독을 받도록 한다.

셋째, 순시의 수단과 방식이 한층 다양해졌다. 정규 순시 외에도 중대한 문제에 관련한 전문 순시를 기민하고 능동적으로 진행할 수 있다. 순시 업무 수행 방식 또한 2009년에 규정한 5가지에서 "4) 지도 간부가 보고한 인적 사항을 무작위로 추출해 대조 5) 내부자 탐문 8) 순시 대상 지역(기관) 주관 회의 출석 9) 민주적 평가와 설문조사 진행 11) 특성 사안에 대한 전면 조사 전개 12) 관련 기관에 협조 요청"[42]과 같은 사항이 추가된 13가지로 확대되었다.

2017년, 중앙은 순시 업무의 제도화 및 상례화에 박차를 가하기 시작했다. 최근 개정된 「순시 업무 조례」는 "당의 시(지地·주州·맹盟)와 현(시市·구區·기旗) 위원회는 순찰(巡查) 제도를 수립하고 순찰기구를 설치하여 소관 당 조직에 대한 순찰과 감독을 진행한다"고 규정하였다.[43] 이로써 지난 몇 년간 성급 차원에서만 이루어졌던 순시 업무가 사실상 시·현으로 확대되었다.

(3) 자기감독

중국공산당의 자기혁명은 반부패 투쟁을 목적으로 설립된 다수의 조직·기구·제도를 통해 이루어진다. 그중 가장 핵심이 되는 것은 앞서 언급한 기율검사·감찰기구이다. 기율검사와 감찰을 통한 자기혁명에는 한 가지 조건이 따른다. 바로 기율검사와 감찰을 진행하는 기구가 충직하고 깨끗하며 신뢰할 수 있는 기구임을 보장할 수 있어야 한다는 조건이다. 학술적으로 요약하자면 감독자를 어떻게 감독할 것인가 하는 문제이다. 속담에 비유하자면 '쇠를 두들기려면 자신부터 단단해야 한다(打鐵還需自身硬)'는 것이다. 이러한 문제를 해결하기 위해 중국이 제시한 방안이 곧 '자기감독'이다.

자기감독은 광의(廣義)적 차원과 협의(狹義)적 차원으로 구분할 수 있다. 광의적 차원에서 자기감독은 주로 중국공산당의 당내 감독을 가리키며, 앞서 서술한 정치 규율 · 정치 기율 · 순시 순찰이 모두 광의적 차원의 자기감독 범주에 속한다. 협의적 차원에서 자기감독은 주로 당 기율검사위원회가 행사하는 감독자 권력을 제한 및 제약하는 일련의 메커니즘을 말한다. 이러한 메커니즘은 오랜 기간 탐색을 거쳐 정립되었다. 실제로 기율검사 · 감찰기구는 일찍이 기구 내부에 존재하는 여러 문제를 인식하고 줄곧 다양한 개혁을 감행해왔다. 그 성과는 크게 두 가지 측면에서 나타났다.

먼저 파견기구에 대한 통합 관리가 시행되었다. 기율검사위원회는 자체 조직 외에도 기타 국가기관과 행정사업기관에 기율검사 · 감찰기구를 파견하여 기율 감독 네트워크를 형성한다. 그러나 해당 제도가 설계된 초기에는 파견기구의 대우 · 복지 · 연말 심사 등이 모두 피감찰기관에 의해 결정되었기 때문에 독립성이 취약할 수밖에 없었고, 이 때문에 효과적인 감독을 진행하기에 많은 어려움이 따랐다. 이에 당 중앙은 2002년부터 파견기구에 대한 통합 관리를 시행하기로 결정하였고, 같은 해 중앙기율검사위원회와 국무원 감찰부는 위생의약부와 국가공상관리총국 내부의 기율검사 · 감찰기구에 대한 통합 관리를 시범 실시하였다. 이러한 조치는 2003년에 이르러 국가발전개혁위원회, 노동사회보장부, 국토자원부, 상무부와 신문출판총서 등 5개 부처에까지 확대되었다. 2004년에는 「중앙기율검사위원회와 감찰부의 파견기구 통합 관리 실시에 관한 의견(關於對中央紀委監察部派駐機構實行統一管理的實施意見)」이 공식 표명되었고, 아래와 같은 영역에서 개혁이 추진되었다.

첫째, 지도체제 영역이다. 지도체제 개혁은 개혁의 핵심으로, 기존의 이중 지도 체제에서 중앙기율검사위원회와 국무원 감찰부의 직접 지도로 전환하는 '수직화' 관리로 요약된다. 파견기구의 업무에 대해서는 중앙기율검사위원회와 국무원 감찰부에 직접 책임을 지고 중앙기율검사위원회와 국무원 감찰부가 파견된 간부를 통일 관리한다. 파견된 기율검사조장 또한 계속해 소속 부서의 당조 구성원을 맡는다.

둘째, 업무 직책 영역이다. 변화통합 관리 시행 이후 파견기구의 직책은 다음과 같은 여섯 가지를 포괄하게 되었다. "1) 피감찰부서의 당의 노선·방침·정책·결의 관철 여부와 국가 법률·법규 및 국무원의 명령 이행 상황을 감독·점검한다. 2) 피감찰부서의 지도부 및 구성원의 당의 정치 기율 준수 여부, 민주집중제 관철 여부, 지도 간부의 선발 및 임용, 당풍염정건설 책임제와 청렴하고 근면한 공직 수행 상황을 감독·점검한다. 3) 비준을 거쳐 피감찰부서의 지도부 및 구성원의 당 기율 및 행정 기율 위반 상황을 1차적으로 확인하고 관련 안건 및 기타 안건을 조사한다. 4) 피감찰부서 내 당 조직 및 행정 지도부와 협력하여 피감찰부서 및 계통의 당풍염정건설과 반부패 사업을 조직·조율한다. 5) 피감찰부서의 당 기풍 및 기율, 정치 풍조 및 행정 기율 문제와 관련한 고발·고소·기소를 수리한다. 6) 중앙기율검사위원회와 국무원 감찰부가 위탁한 기타 사항을 처벌한다."[44] 이처럼 파견기구는 직책상 이전에 비해 크게 달라진 점은 없으며 여전히 동일한 기능을 하고 있다고 할 수 있다.

셋째, 업무 관계 영역이다. 해당 영역의 개혁은 매우 중요한데 앞서 언급한 피감찰기관과의 소통 단절과 업무상 배제와 같은 문제가 주로 업무 관계 속에서 발생하기 때문이다. 통합 관리 시행 이후 파견기구는 "감찰·조사를 진행할 때 중앙기율검사위원회와 국무원 감찰부에 직접 보고하고 지시를 요청한다. 중앙기율검사위원회와 국무원 감찰부가 (파견기구의) 직무 수행을 심사한다."45) 이러한 업무 관계 조정을 통해 피감찰부서에 대한 파견기구의 의존도를 낮출 수 있었고, 피감찰부서가 파견기구의 업무성과를 심사한 탓에 (파견기구가 피감찰부서에 대한) 감독을 효과적으로 진행할 수 없었던 문제 또한 해결되었다. 동시에 "피감찰부서 내 당 조직과 지도부는 해당 부서 및 계통에서 추진하는 당풍염정건설과 반부패 사업을 전면적으로 지도할 책임을 가진다. 파견기구는 직책 규정에 따라 협조·협력하며 이와 관련해 수시로 피감찰부서의 당조 및 행정 지도부와 소통한다"46)는 규정이 마련되었다. 이 밖에 파견기구의 감독 능력을 강화하기 위한 목적에서 비롯된 파견 인력의 위상과 관련한 상세한 규정이 뒤따랐다. 주요 내용은 다음과 같다. "파견된 기율검사조장은 계속해 피감찰부서의 당조원을 맡으며 피감찰부서의 행정지도 관련 회의에 참석한다. 단, 피감찰부서의 업무에는 관여하지 않는다. 파견된 감찰국장은 피감찰부서의 행정지도 관련 회의를 참관한다."47)

넷째, 간부 관리 영역이다. 간부 관리는 실상 가장 핵심적인 영역이기 때문에 파견 간부 관리 측면에서의 개혁이 대대적으로 이루어졌다. 주된 내용은 다음과 같다. "중앙기율검사위원회는 파견 기율검사조장(인선)을 중앙조직부에 추천하고 심사하며, 중앙기율검사위원회를 통해 당 중앙에 보고된 뒤 임면된다. 파견 기율검사조장은 피감찰부서 내부에서 배출될 수 없다. 피감찰부서에서 새롭게 임명되는 기율검사조장 후보는 일반적으로 관련 부서의 예비 간부 중에서 추천되거나 의견 교환을 거친 후 임용된다. 파견 기율검사조장은 중앙기율검사위원회에 자신의 업무 태도와 청렴에 대해 보고하고, 여기에 대해 중앙기율검사위원회는 중앙조직부에 심사를 요청하거나 심사 상황을 중앙조직부에 보고하고 기록한다."[48] 아울러 파견기구의 기율검사조장을 제외한 기타 간부의 모집·채용·심사·임면·연도 심사·교육 및 훈련 등은 중앙기율검사위원회와 국무원 감찰부의 소관이다. 이 밖에 파견 인력과 피감찰기구 간 유착 관계가 형성되는 것을 방지하기 위해 파견 인력이 동일한 기관에서 장기간 근무했을 경우 중앙기율검사위원회와 국무원 감찰부 및 소속 부서의 간부와 교류하도록 하는 규정 또한 마련되었다. 그러나 이러한 규정들은 강제성을 띠지 아니하며 (이러한 규정이) 적용되는 기준 또한 상대적으로 모호하다.

파견기구의 통합 관리에 이어 (기율 집행을 감독·심사하는) 기율검사기관의 업무 절차를 엄격히 하는 과정에서 또한 제도적 성과가 두드러졌다. 가장 중요한 제도적 성과는 2017년에 제정된 「중국공산당 기율검사기관 기율 집행 감독 업무 규칙(시행)(中國共産黨紀律檢査機關監督執紀工作規則(試行))」이다. 해당 규칙은 2019년 1월 개정되었고 이로써 기율검사기관이 진행하는 모든 기율 집행 감독 업무 절차에 관한 상세한 규정이 마련되었다. 해당 규칙의 제8장 '감독 관리' 부분에서는 "기율검사·감찰기관은 응당 당내 법규와 국가 법률을 엄격히 준수해야 하며 권력 행사에 있어 거듭 신중을 기하고 자신을 한층 더 단속하며 자기감독을 강화해야 한다. 아울러 내부 통제 메커니즘을 갖추고 당내 감독·사회의 감독·군중의 감독을 스스로 수용함으로써 권력에 대한 엄격한 구속을 실현해 '등잔 밑의 어둠'을 철저히 방지해야 한다"[49]고 주문하고 있다. 현재 자기감독은 매우 다양한 측면에서 구현되고 있다. 가장 대표적인 제도적 혁신은 '심사 조사와 심리(審理) 분리 원칙'[50]에 있다. 현재 기율 위반 및 위법 안건에 대한 심사 조사와 심리는 각각 다른 부처와

인력에 의해 별도로 진행되고 있다. 안건 조사는 '심사 조사실' 소관
이며, 안건심리는 '안건 심리실'에서 이루어진다. 수사인력은 심사업
무에 관여할 수 없다. 가장 최근에는 안전 책임제와 질 높은 사건
처리 책임제와 같은 기율 집행 감독 규칙이 새롭게 수립되었다. 이로
써 사건 처리 과정에서 피조사인에게 안전사고가 발생하거나, 직권
남용이나 직무유기로 인해 사건 처리의 질이 떨어지는 문제가 발생
할 경우 종신 책임을 물을 수 있게 되었다.

제14장

중화민족의 위대한 부흥 실현

중국 특색 사회주의 사상과 시진핑 신시대 중국 특색 사회주의 사상의 지도 아래 중국 국가발전의 주요 목표는 국가 단결, 안정, 통일을 전제로 한다. 이를 바탕으로 전면적으로 소강 사회를 건설하도록 노력하여 사회주의 현대화 강국의 노정을 열고 중화민족의 위대한 부흥이라는 중국몽을 실현하는 것이다.

1. 민족 단결

중국의 사회주의 현대화와 중화민족의 위대한 부흥을 위한 전제이자 기초는 강력한 국가이다. 세계에서 유일하게 중화문명이 고대부터 현재까지 지속될 수 있었던 근본적인 이유는 강력한 중앙집권 국가가 존재했기 때문이다. 수천 년의 문명사에서 중국은 다민족 국가를 유지해왔으며, 다민족 간의 단결과 평등을 바탕으로 국가의 완전함과 통일을 이룰 수 있었다.

(1) 민족 문제 해결의 핵심인 민족 단결

근대 시기 민족국가가 건설된 이래 민족과 국가 간의 관계는 나날이 복잡해지고 있다. 국가 건설과 민족 건설이 복잡하게 얽혀 있지만,

전자가 후자보다 시기적으로 앞선다. 민족 건설의 과정인 '민족주의 단계'에서는 일반적으로 민족의 존재가 국가와 민족이 결합하는 중대하고 잔혹(血腥)한 과정에 정당성과 필요성을 부여하는 것으로 간주된다.[1] 민족을 기반으로 설립된 민족국가는 다민족 국가가 민족국가의 주류가 되는 등 다양한 발전 양상을 보여왔다.

1648년 유럽의 여러 정치체들이 베스트팔렌 평화 조약을 체결한 후, 현대 민족국가가 건설되기 시작했고 국가는 점차 근현대 정치발전의 주역이 되었다. 국가는 특정 인구를 통제하고 일정한 영토를 차지하는 조직으로 동일한 영토의 다른 조직들과 다르다. 국가는 자주성을 가지고 있고, 집권적이며, 조직의 구성 부분 사이에서 공식적인 협력관계가 존재한다는 측면에서 차이를 보인다.[2]

일반적으로 한 국가의 인민은 국가가 행사하는 공권력의 영향을 받는 것 외의 중요한 공통점을 갖고 있다. 인민은 단순히 한 무리의 사람들이 아니라, 정치의 기초 위에서 인종이나 민족으로 형성된 독특한 집단을 말한다. 인민의 역사적 발전 과정에서 민족은 그 내부의 군중들 사이의 원시적인 결합일 뿐만 아니라, 종교적, 언어적 공통성, 공동의 제도, 또는 공동의 역사적 경험이나 운명의식 등 모호한 특성을 포괄하는 형태로 형성되었다. 이러한 방식으로 민족은 더 넓은 영토의 더 많은 인구가 가진 특징에 귀속되었다. 통상적으로 보았을 때, 성공적으로 구축된 민족 정체성은 민족 내부의 구성원 간의 교류를 촉진하고 공통의 견해와 이해를 형성하기 위해 필요한 교류에 유리한 배경으로 작용한다.[3] 다민족의 발전과 국가발전은 연결되기 때문에 '다른 민족을 어떻게 대우하고 다민족의 정치공동체를 어떻게 구축하는가' 하는 국가건설의 중요한 과제가 된다. 다민족 국가에서 민족관계에 대한 마르크스주의 사상은 현대 중국 사회주의 국가관의 중요한 부분이 되었다. 마르크스는 일찍이 고전적 자유주의의 단일민족 국가관에 대해 비판한 바 있고 이는 다민족 국가에 대한 사상을 담고 있다. 이후 엥겔스는 국족(國族)과 민족(民族)을 구분하여 현대 민족정치이론을 발전시킨 바 있는데, 그는 민족 독립과 자결을 강조하고, 다민족 국가, 민족 다양성, 민족 간의 평등한 단결 관계의 유지라는 사상을 제시했다. 엥겔스는 "모든 민족(nationality)은 자기 운명의 주인이어야 하고, 어떤 민족(nationality)의 모든 개별적인 부분은 반드시 자신의 조국과 합치될 수 있어야 한다.—이보다 더 자유로운 것이 있는가? 하지만 참고해야 한다.—우리는 지금 Nations 가 아닌 Nationalities에 대해 이야기하고 있다. 유럽의 그 어느 나라도 한 국가가 여러 개의 다른 민족을 책임지지 않는다. (…) 어느 국가 경계선도 민족의 자연적인 경계선이나 언어의 경계선과 맞아떨어지지 않는다. (…) 그리고 이러한 상황은 최종적으로 적지 않은 이익을 가져다줄 것이다. 정치적으로 형성된 서로 다른 민족은 종종 어떠한 다른 민족의 속성을 포함하고 있는데, 서로 다른 특성을 가진 이웃 민족과의 관계를 통해 지나치게 단일했던 민족의 성격을 다양하게 만들 수 있다."[4]

마르크스와 엥겔스의 민족 독립, 민족 평등에 관한 사상은 레닌과 스탈린에 의해 더욱 명확해지고 실천으로 옮겨졌다. 세계의 모든 민족은 그 규모와 힘의 크기를 막론하고 모두 평등하며 고귀함과 비천함을 구분할 수 없다. 이와 관련하여 스탈린은 다음과 같이 지적한 바 있다. "모든 민족은 크든 작든 고유한 본질적인 특성을 갖고 있다. 모든 민족은 다른 민족에서는 찾아볼 수 없는 특수성을 갖고 있다. 이에 모든 민족은 세계 문화를 보완하고 풍요롭게 하는 데에 기여할 수 있다. 이러한 의미에서 모든 민족은 크든 작든 동등한 지위를 가지며, 개개의 민족은 다른 민족만큼이나 중요하다."5) 이는 모든 민족은 고유하고, 자유롭기 때문에 모든 민족 사이에 완전한 평등이 존재하고 어떤 민족에게도 특권이 없다는 것을 의미한다. 레닌은 "어떤 민족에게도 그 어떠한 특권도 허용하지 않을 것"이며, "우리는 국가 내 모든 민족의 절대적인 평등과 모든 소수민족의 권리를 무조건적으로 보호할 것을 요구한다."고 지적한 바 있다.6) 소비에트 권력이 수립된 이후, 사회주의 체제는 모든 민족에 동등한 권리를 부여했다. 스탈린은 "모든 민족과 인종은 과거와 현재의 상태에서 강하든 약하든 상관없이 사회의 모든 경제적, 사회적, 국가적, 문화적 생활에서 동등한 권리를 누려야 한다"고 말했다.7) 그러나 "비교적 발전한 민족과 문화적으로 발전하지 못한 민족 사이에 과거 부르주아 체제로부터 물려받은 (문화적, 경제적, 정치적)불평등이 여전히 존재한다. 이 때문에 민족 문제는 하나의 형식을 갖고 있는데, 이러한 형식은 모든 낙후된 민족과 부족(部族)의 노동대중이 경제적, 정치적, 문화적으로 번영하도록 돕는 조치를 규정할 것을 요구한다. 이를 통해 그들이 그들보다 앞서 있는 무산계급, 러시아의 중간층을 따라잡을 수 있도록 하였다."8)

중국의 사회주의 혁명과 건설 시기, 마르크스주의의 민족사상은 중국의 혁명가와 정치가에게도 깊은 영향을 미쳤다. 마오쩌둥은 중국이 민족관계를 처리하고 민족 문제를 해결하는 과정에 있어 탐구자이자 선구자였다. 혁명 근거지 시기에 마오쩌둥은 소수민족을 동원해 소비에트 정권의 아래 단결하도록 하여 해방을 이뤄내는 것의 중요성을 인식했다. 1934년 1월 중화소비에트공화국 제2차 전국대표대회에서 마오쩌둥은 다음과 같이 제안했다. "억압받는 모든 소수민족은 소비에트 주변에서 단결하여 제국주의와 국민당에 대항하는 혁명 역량을 강화해야 한다. 억압받는 모든 소수민족이 자유를 얻고 해방하는 것이 소비에트 민족정책의 출발점이다."[9] 항일전쟁 시기에 마오쩌둥은 중국공산당의 국내 민족 문제에 대한 총방침이 "모든 민족을 단결시키는 것"이라고 제시한 바 있다. 그는 또한, "한편으로 소수민족이 스스로 단결하여 실현해야 하고, 다른 한편으로는 정부가 주도적으로 시행해야만 국내 여러 민족 간의 상호관계를 완전히 개선할 수 있으며, 외부 세계와의 단결이라는 목표를 진정으로 달성해야 한다"고 지적했다.[10] 중화인민공화국 성립 직후, 마오쩌둥은 "국가의 단결, 인민의 단결, 국내 민족의 단결은 우리의 대의의 확실한 승리를 위한 기본 보장이다"라고 주장했다.[11] 그는 민족 단결을 위대한 조국이 "독립, 자유, 평화, 통일, 강성의 길"로 나아가기 위한 전제이자 정치적 토대라고 보았다. 또한, 그는 "전 계급과 전 민족의 단결을 통해서만 적을 물리칠 수 있으며, 민족과 민주주의 혁명의 임무를 완수할 수 있다"고 밝혔다.[12] 민족관계와 민족 문제에 대한 마오쩌둥의 기본 사상과 관점, 기본정책은 마르크스-레닌주의 민족이론을 풍부하게 발전시켰으며, 마르크스주의 민족이론의 중국화와 그 실천에서 얻은 실질적인 혁신적 성과이다.

개혁개방 이후, 덩샤오핑은 민족 문제에 대해 어떻게 하면 각 민족의 평등한 권리와 국가발전을 이룰 수 있을지에 대해 관심을 기울였다. 그는 사회주의 국가에서는 모든 민족이 전면적으로 평등한 권리를 누리고 있으며, 모든 민족의 인민들이 "정치적으로 중국 내 모든 민족이 진정으로 평등하고, 경제적으로는 그들의 생활이 개선되며, 문화적으로는 고양되는 것"을 충분히 느끼게 해야 한다고 지적했다.[13] 중국은 다민족 국가이고 대부분의 소수민족이 변경지역에 분포하여 거주하고 있기 때문에 민족 평등의 유지와 민족발전이 국가의 통일과 더욱 관련이 있다. 따라서 민족구역자치(民族區域自治)의 시행은 중국의 민족 문제를 해결하고 국가 통일을 유지하기 위해 불가피한 선택이다. 덩샤오핑은 이와 관련해 "중국은 민족 문제를 해결하기 위해 민족공화국 연방제도가 아니라, 민족구역자치제도를 채택하고 있다. 우리는 이 제도가 비교적 좋고, 중국의 실정에 적합하다고 생각한다"라고 밝힌 바 있다.[14]

제18차 중국공산당 전국대표대회 이후, 시진핑은 중화민족의 위대한 부흥을 위한 전략적 고지에 서서 통일된 다민족 국가의 민족문제에 대해 새로운 시대에 민족 단결을 강화하는 새로운 이념과 새로운 사상을 제시했다. 2018년 3월, 시진핑은 전국인민대표대회 제13기 1차 회의 내몽골 대표단 심의에 참석해 "우리나라는 통일된 다민족 국가로, 민족 단결이 모든 민족의 생명선"이라고 강조했다. 민족 단결을 강화하는 것은 근본적으로 민족구역자치제도를 고수하고 완성하는 데 있다. 민족구역자치제도는 중국공산당이 장기간 탐구하여 형성한 민족 문제를 해결하고, 민족 평등과 민족 단결을 수호하기 위한 기본 정치제도이며, 국가의 정치제도 체계와 거버넌스 체계의 중요한 부분이다. 국가 통일과 민족 단결을 수호하는 기초 위에서 법에 따라 민족자치지역의 자치권 행사를 보장하고 자치구가 해당 지역의 특수한 문제를 해결하도록 지원한다. 동시에, 시진핑은 "민족 단결의 강화는 민족단결진보교육(民族團結進步敎育)을 잘 진행하고 모든 민족이 공동의 정신적 고향을 건설하는 데 있다. 수망상조(守望相助, 서로 지키고 도와준다)*의 개념을 깊이 실천하고, 민족

---

* 손자병법 구지편(九地篇)에 언급된 수망상조 동주공제(守望相助, 同舟共濟)에서 비롯된 표현이다. 같은 배를 타고 함께 강을 건너듯, 모두 힘을 합하여 서로 도와주면서 어려움을 극복해나간다는 뜻이다.

단결진보교육을 심화하며, 중화민족의 공동체 의식을 공고히 해야
한다. 각 민족이 석류 씨처럼 서로 달라붙어 조국의 변경을 함께 지키
고 더 나은 삶을 함께 만들어가도록 촉진해야 한다"고 강조했다.[15]

민족 평등과 민족 단결은 마르크스주의가 민족 문제를 처리하는
기본입장이자 근본원칙이다. 또한, 이는 중국공산당 민족정책의 지
도원칙으로, 다민족 국가의 통일과 단결, 사회주의 현대화, 중화민족
의 위대한 부흥을 실현하는 기본전제이다.

(2) 민족 단결의 기본 정치제도

민족구역자치제도는 사회주의 국가가 다민족 국가를 수립한 후,
국가통일을 수호하고 민족 문제를 처리하여 민족 평등과 민족 단결
을 실현하는 기본정치제도이다. 첫 번째 사회주의 국가인 소비에트
러시아와 그 이후의 소련에서는 모든 민족에게 높은 수준의 민족자
결권을 부여했다. 레닌은 민족자결권을 민족의 억압과 민족 배외주
의에 대항하는 투쟁의 기본 원칙으로 삼았으며, 민족자결권은 정치
적 의미에서 일종의 독립권이라 여겼다. 이러한 억압받는 민족이 억
압하는 민족으로부터 정치적으로 자유 분리를 실현할 수 있는 권리
는 민족의 독립을 수호하고 평등을 실현하기 위한 중요한 전제이
다.[16] 형식적으로 소비에트 러시아와 소련은 민족자치와 연방제를,
각 민족은 지역자치를 실행했고, 자치기관을 설립하여 자치권을 행
사했으나, 이 제도는 이후 효과적으로 실천되지 못했다. 소련이 해체
되면서 연방제는 사회주의 다민족 국가에서 성공하지 못한 것으로
입증되었다.

중국공산당은 처음에 소비에트 러시아와 소련의 영향을 받아 이론

적으로 연방제와 민족자치를 주장했다. 하지만 혁명의 실천 과정에서 중국공산당은 점차 각 민족의 역사적, 문화적 다양성을 깨닫고 민족구역자치로 민족 문제를 해결하고 국가 통일을 실현하기 위한 기본전략으로 삼았다. 중화인민공화국 성립 이후, 중국공산당은 단일제의 국가구조 형식을 선택했다. 1954년 중화인민공화국 제1부 「헌법(憲法)」에서 중화인민공화국은 통일된 다민족 국가이며, 모든 민족이 평등하고 소수민족이 모여 사는 곳은 지역 자치를 실시하고 각 민족자치지역은 모두 중화인민공화국의 분리할 수 없는 한 부분임을 명확히 밝혔다. 1984년 전국인민대표대회 상무위원회는 「민족구역자치법(民族區域自治法)」을 제정하고 공포하여 중화인민공화국은 모든 민족이 공동으로 건국한 통일된 다민족 국가임을 명확히 하였다. 민족구역자치는 중국공산당이 마르크스주의를 이용하여 중국의 민족 문제를 해결하는 기본정책이자, 국가의 기본 정치제도이다. 민족구역자치란 국가의 통일된 지도 아래 모든 소수민족이 거주하는 곳에서 지역자치를 실시하고 자치기관을 설립하여 자치권을 행사하는 것이다. 민족구역자치의 실시는 국가가 소수민족이 자신의 문제를 관리할 권리를 전적으로 존중하고 보장하며, 모든 민족 집단의 평등, 단결 및 공동 번영의 원칙을 준수한다는 정신을 구현한다. 민족구역자치제도의 실시는 다음과 같은 장점을 가진다. ① 국가 통일과 영토 보전을 수호하고, ② 소수민족이 주인이 되어 자신의 일을 관리할 수 있는 권리가 실현되도록 보장하며, ③ 민족 평등, 민족 단결, 상호조화의 민족관계를 발전시키고, ④ 사회주의 현대화와 각 민족의 공동번영을 촉진하고, ⑤ 중화민족의 위대한 부흥을 실현하는 데에 도움이 된다.

장기간의 실천 과정에서 중국의 민족구역자치제도는 그 고유한

특성을 발전시켰다. 먼저, 중국공산당의 영도를 견지하여 민족구역
자치제도를 근본적으로 보장한다. 시진핑 총서기는 "민족 사업을 잘
할 수 있는지 없는지 여부의 가장 근본적인 부분은 당의 영도가 강하
고 힘이 있는가 하는 것이다."[17] 중국공산당의 영도를 견지하는 것
은 중국 특색 사회주의의 가장 본질적인 특징이자 가장 큰 정치적
이점이며, 중국의 민족 사업을 잘 수행하기 위한 근본적인 보장조건
이다. 민족구역자치제도는 중국공산당의 혁명과 건설 시기에 민족
문제를 해결하고 민족관계를 촉진하며 민족 간의 평등과 단결을 발
전시키기 위해 탐구하여 만들어진 중요한 정치제도이다. 오랜 기간
에 걸쳐 중국이라는 다민족 국가의 역사적, 실제적 발전과 일치한다
는 것이 입증되었으며, 민족 단결을 수호하고 민족관계를 공고히 하
며 다민족의 발전과 공동번영을 실현하는 데 큰 의의가 있다. 개혁개
방 이후 중국공산당은 소수민족의 정당한 권익을 존중하고 보장하
며, 소수민족 지역의 발전과 소수민족 간부의 양성 및 선발을 촉진하
고자 했다. 또한, 소수민족의 종교, 언어, 문화를 보호하고 발전시키
는 다양한 정책을 제정하여 민족구역자치제도의 효과적인 실현을
위한 충분한 조건을 제공했다. 2014년 9월에 개최한 중앙민족공작
회의(中央民族工作會議)는 시진핑 주석을 핵심으로 하는 당 중앙이
신시대 당의 민족이론과 정책을 전면적으로 발전시키고 혁신하는
것을 의미했다.

둘째, 민족구역자치제도는 중국의 단일제 국가구조의 중요한 부분
이다. 단일제 국가구조는 국가 전체와 부분, 중앙과 지방 사이에 형성
된 지도자와 피지도자의 관계를 말한다. 중국의 단일제 구조는 국가
의 다양한 구성요소가 국가의 분리할 수 없는 부분이며, 민족자치
지방정부를 포함한 모든 지방정부는 중앙정부의 영도를 받는다. 전

국의 모든 민족은 중앙정부의 권위와 국가정령(國家政令)의 통일을 유지하고, 중앙정부의 통일된 영도와 국가정책이 지방에서 효과적으로 시행되도록 보장해야 한다. 민족구역자치지역은 자치권을 향유하지만 이러한 자치권은 국가의 통일된 영도를 견지해야만 실현될 수 있다. 중앙의 통일된 영도에서 벗어나는 행위는 자치라 볼 수 없고, 이는 분리와 분열로 보아야 한다.

셋째, 민족구역자치제도는 민족자치와 지역자치의 결합이며, 민족문제와 국가구조 문제를 처리하는 효과적인 결합이다. 중국의 모든 민족은 고유한 문화적 가치, 종교적 관습 및 생활습관을 가지고 있으며, 역사적으로 민족의 분포와 관련해 중국 전역에 여러 민족이 뒤섞여 거주(大雜居)하고 작은 규모로 모여 사는(小聚居) 특징을 형성했다. 어떻게 각 민족의 고유성을 존중하고 모든 민족이 독자적으로 발전할 권리를 향유하면서 동시에 단일제 국가구조를 실현하는지는 중화인민공화국이 수립될 당시 당과 국가가 직면한 중요한 과제였다. 민족구역자치제도를 통해 소수민족은 자신의 문제를 처리할 자치권을 누릴 수 있다. 뿐만 아니라, 중앙정부의 민족자치지역에 대한 통일된 영도를 보장하면서 이를 바탕으로 민족 평등과 민족 단결, 국가의 권위를 효과적으로 수호하였다. 2017년 말 현재 중국의 5개 자치구, 30개 민족자치주, 120개의 민족자치현(기)에 거주하는 총인구는 1억 8940만 3300명이며, 그중 소수민족의 인구는 9804만 5500명으로 자치지역 전체 인구의 51.76%를 차지한다.[18] 민족자치지역의 소수민족 인구는 꾸준히 증가하고 있다.

(3) 각 민족의 사회경제 발전과 민족 단결

사회경제발전은 민족 문제의 해결에서 매우 중요하다. 예로부터 각 민족은 오랜 역사적 발전에서 그들만의 독특한 문화와 풍습을 형성했으며, 서로 다른 민족 사이에는 생산 방식, 경제생활, 언어, 문화, 종교, 관습 등의 측면에서 큰 차이가 있었다. 이러한 차이는 종종 민족 간의 교류 과정에서 약간의 차이점, 모순, 충돌을 불러왔다. 서로 다른 민족이 하나의 정치공동체로 결합할 때, 민족 간의 관계는 미묘해진다. 서로 다른 민족 간의 뚜렷한 차이는 종종 민족 간의 관계에 영향을 미치고 나아가 사회경제발전과 국가의 안정, 통일에도 영향을 미친다. 특히 서로 다른 민족 간의 경제발전의 격차가 너무 현저할 때, 일부 민족은 때때로 경제발전이 뒤처지는 원인을 민족 불평등의 탓으로 돌린다. 이는 민족주의 정서를 불러일으켜 국가의 통일과 사회 안정에 부정적인 영향을 미친다. 다민족 정치공동체에서 사회경제발전 수준의 차이는 민족 간의 평등과 단결에 영향을 미치는 주요 요인이다. 민족자치지역의 사회경제발전을 촉진하고 민생개선에 주력하며 민족구역자치제도의 발전과 개선을 지속적으로 추진하여 모든 민족이 함께 사회주의 현대화를 달성할 수 있도록 하는 것이 민족 단결을 보장하는 중요한 요소이다. 역사적으로 소농경제와 자연경제의 지배적인 위치로 인해 중국의 많은 민족의 사회경제발전의 수준은 일반적으로 낙후되었으며, 여러 민족 간의 발전 불균형도 뚜렷했다. 중화인민공화국 건국 초기에 여전히 전통적인 농경사회에 속해 있는 소수민족이 많았으며, 생산 방식이 낙후되어 다른 민족과의 격차가 비교적 컸다. 많은 소수민족은 천연자원조건과 교통조건이 낙후된 환경에서 장기간 생활했으며, 집단으로 거주하는 경향이 있다. 일상생활에서 서로 다른 민족 간의 발전 차이는 민족 간의 교류에 불편을 초래하고 오해와 갈등을 유발한다. 사회경제적 발전의 후진성은 일부 소수민족의 고립, 나아가 민족관계의 긴장을 초래하여 국가 통일과 안정에 부정적인 영향을 미치고 있다.

모든 민족의 공동번영과 발전을 견지하는 것은 중국 민족정책의 기본입장이다. 헌법은 국가가 중국 내 모든 민족의 공동번영을 촉진하기 위해 모든 노력을 기울여야 한다고 규정하고 있다. 국가는 소수민족과 소수민족 지역의 경제사회발전을 가속화하기 위해 다양한 조치를 취해왔다. 특히 중국 개혁개방 이후 소수민족 지역에 수립된 각종 빈곤구제정책을 통해 소수민족 전반의 현대화 수준을 촉진했다. 수년에 걸쳐 국가는 빈곤퇴치기금을 설립하여 소수민족 지역의 인프라시설 건설과 중점프로젝트 건설을 가속화했다. 예를 들어, 1980년 저개발 지역의 발전을 지원하기 위한 자금의 설립과 1992년 소수민족 발전기금 등을 설립하고, 발전한 지역(省市)을 조직하여 소수민족 지역에 대한 1:1지원(對口支援)과 경제 및 기술협력을 전개했다. 1996년 국무원은 서부의 11개 성(자치구, 시)을 지원하기 위해 동부의 발전한 15개 성(省)과 시(市)를 선정했다. 동시에 중앙의 각 부서를 동원하여 빈곤지역을 돕게 했으며, 신장 및 티베트 공작 좌담회(新疆, 西藏工作座談會)와 1:1지원공작회의(對口支援工作會議)를 여러 차례 개최하였다. 또한, 우대 금융정책과 우대 재정정책을 시행했는데, 티베트와 신장 등의 지역에서 '세제일치, 적정변통(稅制一致, 適當變通, 일관되고 적절하게 조정 가능한 세금시스템)'의 국가 조세 정책과 우대 대출 이용률, 이차보조금 등과 같은 금융우대정책을 시행했다. 인구가 적은 민족의 경제발전을 중점적으로 지원했으며, 2000년 제15기 5중전회에서 중서부 지역의 발전을 가속화하기 위해 '서부대개발전략(西部大開發戰略)'을 제안하고 시행한 바와 같이 특별계획을 수립하고 이를 시행했다.

국가의 적극적인 지원으로 민족자치지역은 사회경제발전의 큰 진전을 이루었다. 중국 전체 지역총생산에서 민족자치구가 차지하는 비중은 1995년 기준 8.52%에서 2016년 9.45%로 상승했다.[19] 제18차 중국공산당 전국대표대회 이후 중국공산당 중앙위원회와 국무원의 지도하에 빈곤구제 전략이 적극적으로 추진되어 민족자치지역의 온포(溫飽, 의식주) 문제가 해결되었다. 하지만 서부지역에서 국가 빈곤선(國家貧困線) 아래에 있는 민족인구가 약 1,100만 명에 달하며, 주로 신장, 윈난, 구이저우 등의 지역에 집중되어 있다. 국무원의 빈곤구제개발영도소조(扶貧開發領導小組) 판공실의 2016년 통계에 따르면 서부지역의 소수민족 빈곤인구비율이 전국 빈곤인구의 28.6%를 차지했다.[20] 2021년 2월까지 현행 기준에 따라 농촌 빈곤 인구는 모두 빈곤에서 벗어나고, 경제적으로 어려운 현(縣)은 모두 빈곤에서 탈피하며 지역 전체의 빈곤 문제가 해결되고 전면적인 소강 사회 건설의 목표는 예정대로 달성될 것이다.

제19차 중국 공산당 전국대표대회 보고서는 "중국 특색의 사회주의가 신시대에 접어들었고, 중국사회의 주요 모순이 인민의 커져가는 삶의 질에 대한 요구와 불균형 및 불충분한 발전 사이의 모순으로 전환되었다."라고 지적했다.[21] 여기서 '불균형 및 불충분한 발전'은 민족집단 및 민족 지역 간의 불균형하고 불충분한 발전과 밀접한 관련이 있다. 중국의 소수민족이 점차 빈곤에서 벗어나고 전면적인 사회경제발전을 이루면 민족 평등과 민족 단결이 효과적으로 보장되고 다민족 국가의 통일과 안정이 효과적으로 유지될 것이다.

2. 국가 통일

(1) 유기적 정치통일의 전제인 국가 통일

근대 이후 모든 민족국가의 발전은 정치적 일체화(政治一體化)의 과정을 거쳤다. 정치적 일체화란 정치체제 내부의 각 구성요소가 점차 유기적인 전체로 결합하는 과정을 말하며, 그 과정은 다음과 같다. 국가 일체화(國家一體化)는 문화적으로나 사회적으로 분리된 집단이 하나의 영토 단위로 결합되고 국가 정체성이 만들어지는 과정을 말한다. 영토 일체화(領土一體化)는 하위 정치 단위 또는 지역에 대한 국가의 중앙 권위가 확립되는 과정이다. 엘리트와 대중의 일체화(精英和群眾一體化)는 정부와 피지배층을 연결하는 과정을 말하며, 가치의 일체화(價值一體化)는 사회질서의 유지에 필요한 계층과 집단 간의 최소한의 가치 수렴을 말한다. 마지막으로 국가역량은 공동의 목표를 달성하기 위해 국가가 스스로를 조직하는 능력을 말한다.22) 국가통합은 국가 일체화의 중요한 구성요소로, 중앙정부가 지방에 대한 영토적 지도력을 확보하는 과정이다. 국가통합은 국가 경계 내부에 있는 사람들이 민족, 집단, 계급에 관계없이 상위정치기관인 국가에 충성해야 한다는 것을 의미한다. 국가는 사회, 지역에 대해 일정한 중앙집권적 성격을 가져야 한다. 국가는 단일조직이어야 하며, 모든 정치 활동은 국가로부터 시작되거나 국가와 관련되어야 한다. 개인이든, 집단이든, 혹은 다른 공공조직이든, 공권력을 행사하려면 국가로부터 얻을 수밖에 없으며, 이는 국가가 폭력의 합법적 행사를 독점했다는 뜻이다. 반대로 사회구성원 및 조직은 국가의 공권력

독점을 합법적으로 인정하고 지원한다.

　역사적으로 중국은 국가 내부가 분열되어 왔지만, 국가통합은 항상 역대 통치자와 민중들의 공통된 열망이었다. 중화인민공화국 수립 후에도 중국은 여전히 국가통합이라는 문제에 직면했다. 1951년 티베트의 평화적 해방과 함께 중국은 타이완, 홍콩, 마카오를 제외하고 기본적으로 영토 통합과 통일을 달성했다. 1956년 중국은 본격적인 사회주의 건설 시기에 접어들었다. 1956년 1월, 최고 국무원 회의에서 마오쩌둥은 "지금 우리가 애국심을 가지고 있는 한, 단결할 수 있는 국내외 일부 사람들은 단결할 것이며 과거에 대한 비난은 없을 것이다"고 지적했다. 1957년 4월 16일 신화사(新華社)는 마오 주석이 3차 국공합작을 준비하고 있다고 보도했다.23) 이후에도 당과 국가 지도자들은 여러 차례 국공합작 문제를 거론했지만 사회주의 사업의 발전 과정에서 우여곡절을 겪으면서 국가 통일 문제는 당분간 유보되었다.

　개혁개방 이후 중국의 현대화는 급속하고 전면적인 발전의 시기로 접어들었고, 국가통합 문제를 해결해야 하는 시기가 도래했다. 덩샤오핑으로 대표되는 혁명가와 지도자는 줄곧 국가 통일에 대해 집요하게 노력해왔다. 덩샤오핑은 "국가 통일을 이루는 것은 민족의 염원이며, 백 년 안에 통일을 이루지 못하면 천 년 안에 통일을 이룰 것"이라고 말한 바 있다.24) 덩샤오핑은 국제 및 국내 정세에 대한 깊은 이해와 1세대 지도자들의 통일사상을 바탕으로 "평화통일(和平統一)과 일국양제(一國兩制)"라는 개념을 제시했다. 1979년 새해에, 전국인민대표대회(이하 전인대) 상임위원회는 「타이완 동포에게 고하는 문서(告台灣同胞書)」를 발표하여 국가 통일의 길이 공식적으로 시작되었음을 알렸다. 1981년 예젠잉(葉建英) 전인대 상임위원회 위원장은 신화사와의 연설에서 타이완의 평화통일에 대한 '9가지 방침(九條方針)'을 보다 구체적으로 천명하고 국민당 정부가 민족을 중시하여 대륙과의 협력을 통해 조국통일의 대업을 실현하기를 희망한다고 밝혔다. '9가지 방침'은 ① 국공양당이 대등한 협상을 하고, 3차 국공합작을 실시하여 조국 통일의 대업을 공동으로 완수할 것, ② 통일 후, 타이완은 특별행정구로 고도의 자치권을 누리고 군대를 보유할 수 있을 것, ③ 중앙정부가 타이완의 내정에 간섭하지 않을 것, ④ 타이완의 현행 사회적, 경제적 제도, 생활방식, 외국과의 경제적, 문화적 관계가 변하지 않을 것, ⑤ 사유재산, 주택, 토지 및 기업소유권, 합법적인 상속권과 외국인 투자가 침해되지 않을 것 등의 내용을 제시했다. 이 지침을 통해 일국양제 개념이 구체화되었다. 1997년 중국이 홍콩에 대한 주권 행사를 재개하고 1999년 마카오에 대한 주권 행사를 재개하면서 일국양제는 개념에서 현실로 바뀌었다. 통일 이후 지난 20년 동안 홍콩, 마카오와 대륙 간의 사회경제적 교류는 더욱 긴밀해졌고, 사회경제적 발전은 안정적이고 번영을 유지해왔다. 일국양제의 방침은 전적으로 옳고 강력한 생명력을 갖고 있음을 증명했으나, 타이완 문제는 아직 해결되지 않아 국가 통일을 위한 노력이 필요하다. 중국공산당 제19차 전국대표대회 보고서는 일국양제에 대해 다음과 같이 밝혔다. 일국양제를 견지하고 국가 통일을 신시대 중국 특색 사회주의를 고수하고 발전시키는 제14조 기본 전략 중 하나로 포함했으며, '두 개의 백 년(兩個一百年)'의 목표 중 하나로 삼았다. 홍콩과 마카오의 장기적인 번영과 안정을 유지하고 조국의 완전한 통일을 실현하는 것을 중화민족의 위대한 부흥을 실현하기 위한 불가피한 요구 사항으로 간주했다. 마지막으로 일국양제의 원칙이 변함없이 흔들리지 않도록 하고, 일국양제의 실천이 왜

곡되거나 그 형체를 잃지 않도록 보장해야 한다고 제시했다.25) 국가 통일에 대한 집념은 모든 중국인들의 잠재의식이다. 완전하고 통일 된 국가는 국가 현대화 발전의 기초이다. 국가 통일을 실현하는 것은 중화민족의 위대한 부흥의 기본 전제이다.

(2)중국 국가 통일의 구조적 형태로서의 복합단일체제

국가 통일의 실현과 유지를 위해서 국가는 국가의 구조적 형태에 대해 과학적이고 효과적인 준비를 해야 한다. 국가의 전체와 구성요 소, 중앙과 지방, 각 부분 간의 관계가 어떤 패턴을 나타내는지에 따라 국가의 완전하고 통일된 결과가 크게 달라진다. 국가구조의 형 태는 국가를 행정구역으로 나누는 지리적 구분, 중앙정부와 지방정 부 간의 권한 분담, 그에 따른 권한과 책임 관계에 반영된다. 일반적 으로 국가구조의 형태는 역사적, 지리적, 정치적, 경제적, 민족적, 종교적, 문화적, 사회심리적 요인들이 복합적으로 작용한 결과이다. 또한, 다양한 현실 정치력이 결합하여 장기간의 정치적 게임, 타협, 협상을 거쳐 최종적으로 헌법과 법률로 정립되었다. 혈연이 아닌, 지역에 따라 국민을 구분하는 이러한 조직형태는 현대 국가와 전통 국가를 구분하는 중요한 특징이기도 하다.

기존 연구에 따르면 국가구조는 단일제와 복합제로 나뉜다. 단일 제는 단일한 주권을 가진 여러 행정구역으로 구성된 국가구조의 한 형태이다. 해당 형태에서는 국가가 통일되고 중앙집권화되어 통일된 헌법과 단일한 국적을 가진다. 하나의 중앙정부와 입법부만 존재하 고, 국가는 지리에 따라 행정구역을 나누어 지방정부가 설립되고 지 방 국가권력이 행사된다. 중앙정부는 각급 지방정부에 권한을 행사할 때, 통일된 영도력을 제공하며 지방정부는 중앙정부에 종속되어야 한다. 복합제는 공화국, 주(州), 방(邦) 등 개별 구성원이 연합을 구성하는 국가구조의 한 형태이다. 복합제하에서 연합의 중앙국가기관이 설립되는 것 외에, 개별 연합구성원도 자체적인 중앙국가기관을 가지고 있으며, 연합의 합의에 따라 권한을 행사하는 것 외에 각 구성원도 자체적인 헌법과 법률을 갖고 있다. 연합정부에 위임되지 않았거나 개별 구성원이 행사하는 것이 금지되지 않은 모든 권한은 개별 구성원에 귀속된다. 개별 구성원은 자체 입법부, 행정부 및 사법부를 보유하고 있으며, 자체 관할권 내에서 입법권, 행정권, 사법권을 행사한다. 연합의 결합 정도에 따라 복합체제는 연방제와 연합제로 나눌 수 있다.

중앙정부가 국가를 대신하여 국가 주권을 독점적으로 행사하는 것이 단일제 국가와 복합제 국가의 가장 근본적인 차이점이다. 단일제 국가는 국가 공공 문제에 대한 최고 및 최종 결정권이 중앙정부에 있다. 다만, 단일제를 실행하는 국가에서도 일정 정도의 차이를 발견할 수 있다. 국가권력의 특성과 중앙정부와 지역구성단위 간의 권한 행사의 구성 및 적용 상태에 따라 단일제는 중앙집권적 단일제와 지방자치형 단일제로 구분할 수 있다. 중앙집권적 단일제 국가에서는 지방정부의 자주권이나 자치권이 작거나, 헌법상 지방에 광범위한 자치권을 부여하고 있음에도 불구하고 중앙국가기관의 허가 없이는 지방은 그에 상응하는 권한을 행사할 수 없다. 실제로 중앙행정기관은 지방행정기관을 직접 통제하고 지방대의기관을 감독하며 중앙을 대표하여 지방업무를 관장하는 관원을 임명하거나 지방선거에서 선출된 관원을 파견한다. 지방행정장관은 중앙행정기관에 대해서만 책임을 지거나, 지방대표기관의 지도와 감독을 받고 동시에 중앙행정기관의 직접지도도 받는다.

지방자치형 단일제 국가에서는 중앙과 지방 사이에 어느 정도의 권력분립이 이루어진다. 지방행정기관이 주권기관이 아니며 중앙국가기관의 감독을 받지만, 자신의 사무를 처리하는 데 있어 상급행정기관의 직접적인 지휘 및 명령을 받지 않고 직접 법률에 대한 책임을 지며 법률의 규정에 따라 자기 지역의 사무를 처리할 자치권을 누린다. 즉, 해당 형태에서 지방은 비교적 광범위한 자율성을 누리게 된다. 영국은 이러한 지방자치형 단일제의 대표적인 사례이다. 역사적으로 단일제는 국가발전의 자연스러운 흐름으로 인식되었다. 민족국가가 수립되기 전에 일반적으로 국가의 지역 범위는 작고 인구도 많지 않았는데, 이때 국가는 기본적으로 고대 그리스, 고대 로마공화국과 같은 단일 시스템을 기반으로 했다. 고대제국도 단일제 형태를 취했는데, 이는 일종의 무력정복, 무력위협, 혹은 다른 방식으로 여러 지역을 통일하면서 형성된 일종의 정치적 실체로 보통 중앙집권적 형태를 취했다. 근대 서유럽에 등장한 절대군주제도 비교적 통일된 영토에 세워진 중앙집권적 국가로, 단일제 구조형태에 속한다.

대부분의 역사에서 중국은 중앙집권형 단일제 국가였다. 중화인민공화국 성립이후, 민족구역자치제도가 시행되었으나 단일제의 특성을 바꾸지 않았다. 자치지역과 자치정부는 국가성립 이후에야 설립된 지방정부 형태로 국가의 행정구역이 설치된 결과이기 때문이다. 민족자치지역의 자치권은 중앙정부에서부터 하향식으로 승인받은 것이며, 민족자치지역의 권한 역시 중앙정부에서 비롯된다. 연방제와 달리, 행정구역으로서의 자치구는 본래 의미에서 독립된 정치단위가 아니다. 이는 정치적 실체로서 국가에 합류하지 않고 국가 전체의 일부로 결합된다. 홍콩과 마카오의 반환으로 일국양제가 시행되었다고 해서 중국의 단일국가 구조가 근본적으로 바뀌지는 않았다. 홍콩과 마카오는 원래 중국 전체의 일부였으며, 통일 이후에도 중국의 한 지방 단위이다. 이에 홍콩, 마카오 특별행정구 정부는 지방정부의 성격을 계속해서 유지했다. 홍콩, 마카오 특별행정구 제정의 법적 근거가 되는 「홍콩특별행정구 기본법(香港特別行政區基本法)」과 「마카오특별행정구 기본법(澳門特別行政區基本法)」은 전국인민대표대회에서 「중화인민공화국헌법(中華人民共和國憲法)에 의거하여 제정, 통과되었다. 이 두 기본법은 홍콩과 마카오에서 시행되는 정치제도, 경제제도, 사회제도를 규정하여 홍콩과 마카오에 대한 국가의 기본방침과 정책의 이행을 보장한다. 따라서 중앙과 홍콩, 마카오의 관계는 국가 전체와 부분적인 관계이며, 중앙정부와 특별행정구 정부는 중앙정부와 지방정부의 관계에 있다. 그러나 중앙정부와 특별행정구 정부의 관계는 단순히 지도자와 피지도자의 관계가 아니라 복잡한 중앙-지방관계이며, 이는 현재 중국 국가구조 형태가 전통적인 의미의 단일제가 아니라는 것을 보여준다.

중국은 대부분의 역사에서 중앙집권적 단일제 국가였으며, 이 단일제는 내용이 풍부하고 뛰어난 유연성과 포용성을 그 특징으로 보여주었다. 현재 중국의 중앙-지방관계에는 다음과 같은 세 가지 유형이 있다. 첫째, 중앙정부와 일반행정구역 지방과의 관계가 있다. 이는 중앙정부가 영도하고 성 및 직할시가 영도에 따르는 관계를 말한다. 둘째, 중앙과 민족자치지방의 관계를 말한다. 이는 중앙과 자치구, 및 기타 자치지역의 관계는 첫 번째 유형의 특징에 자치지역이 사회경제발전, 국가정책, 인사 등의 분야에서 일정 수준의 자치권을 가진 것을 말한다. 셋째, 중앙정부와 특별행정구의 관계를 말하는데, 특별행정부는 일반 지방정부가 아닌 중앙인민정부에서 직할한다. 특별행정구 제도는 중국의 국가구조형식의 복잡성을 구성하고, 고도의 자치권을 향유한다. 이러한 자치권은 내용과 범위의 측면에서 일반적인 국가 내의 지방자치권의 내용을 초월한다. 주로 특별행정구는 원래의 제도와 생활방식을 유지하는 것을 말하며, 국가의 법률정책은 일반적으로 특별행정구에서 실시되지 않는다. 외교와 국방은 중앙정부가 통일적으로 관리하고, 이외 특별행정구의 내부사정에 중앙정부는 관여하지 않는다. 이것이 일국양제이며, 일국양제라는 중국의 국가구조형식은 더 이상 중국이 단순한 중앙집권형 단일제 국가가 아니라 복합단일제 국가임을 보여준다.

(3) 국가 통일 실현의 유효한 형식인 일국양제

중국의 복합단일제 국가구조 형태는 국가 통일과정에서 특정한 제도적 안배에서 비롯되며, 복합단일제 구조를 형성하는 주요 요인은 일국양제이다. 일국양제는 중국공산당과 국가가 국가영토보전과 통일의 대업을 실현하기 위해 중국의 현실과 세계발전 추세에 맞추어 내놓은 과학적 구상이다. 일국양제는 한 국가에서 헌법과 법률의 규정에 의거하여, 국가 내 일부 지역에서 다른 지역과는 상이한 정치제도, 경제제도, 사회제도를 시행한다. 하지만 이들 지역은 여전히 국가의 구성 부분으로 이들 지역의 정부는 국가의 지방정부이므로 국가주권을 가지지 않는다.

중국은 역사적으로 오랫동안 남아 있는 통일 문제, 홍콩 및 마카오 문제를 해결하기 위해 이들 지역에서 그동안 시행되어온 정치, 경제, 사회제도 및 독특한 생활방식을 고려하지 않을 수 없으며, 전통적인 단일제 국가형식이나 연방제 형식으로 문제를 간단하게 처리할 수도 없다. 이에 따라 중국공산당은 국가 통일 이후 홍콩과 마카오에 특별행정구를 설치하여 고도의 자치를 실시하면서 대륙과 다른 제도를 시행할 수 있는 방안을 창조적으로 제시했다. 일국양제의 구상은 단일제 국가의 실질적, 지배적 위치를 견지하면서 동시에 홍콩, 마카오 문제를 유연하고 혁신적인 방식으로 해결했다. 일국양제 구상은 과학적이며 성공적이었으며, 이는 홍콩과 마카오 반환 후의 모습에서도 입증되었다.

일국양제 구상은 「홍콩특별행정구 기본법(香港特別行政區基本法)」과 「마카오특별행정구 기본법(澳門特別行政區基本法)」을 통해 구체화되어 특별행정구 제도를 형성했다. 특별행정구 제도의 기본적인 내용에 따르면, 통일된 중화인민공화국에서 대륙은 사회주의 제도를 시행하고, 홍콩과 마카오에는 특별행정구를 설립한다. 또한, 해당 특별행정구에서는 고도의 자치권을 누리고 사회주의 제도와 정책을 시행하지 않으며 기존의 자본주의 제도와 생활방식을 유지한다. 특별행정구 제도의 구체적인 내용은 다음과 같다.

먼저, '하나의 중국(一個中國)'이라는 원칙을 고수해야 하며, 특별행정구는 중국의 지방행정구역이다. 일국양제의 전제는 하나의 중국이다. 중화인민공화국 중앙인민정부는 중국을 대표하는 유일한 합법적인 정부이며 최고 국가권력기관이다. 이는 국가 주권의 독립성과 완전성의 전제이자, 중화민족의 통일을 위한 전제이기도 하다. 이 전제는 홍콩과 마카오 문제를 해결할 때 반드시 고수되어야 한다. 홍콩과 마카오가 통일된 후 국가는 헌법의 규정에 따라 이들 지역에 특별행정구역을 설립했다. 특별행정구는 중화인민공화국의 지방행정구역이며, 해당 정부는 중앙정부 산하의 지방정부이다. 특별행정구에는 특별행정구 입법부의 입법의 기초가 되는 자체 기본법이 있을 수 있으며, 이는 전국인민대표대회에서 제정한다. 특별행정구의 행정수반은 선거 또는 협의를 통해 현지에서 선출된 후, 중앙정부에서 임명한다. 특별행정구의 국방과 외교 업무는 중앙정부의 통합관리하에 있으며, 해당 지역에 주둔하는 중앙정부는 특별행정구의 내정에 간섭하지 않는다. 국제사회에서 중화인민공화국 중앙인민정부는 국가를 대신하여 주권을 행사하고 국제의무를 이행하며 국제적 권리를 누리는 반면, 특별행정구는 외교적 권리를 누리지 못한다.

둘째, 하나의 중국 원칙에 따라 두 종류의 제도가 시행된다. 대륙본토가 사회주의 제도를 고수한다는 전제에서 특별행정구는 자본주의 제도를 실천하며, 두 제도는 장기적으로 공존하며 함께 발전한다. 홍콩과 마카오는 면적과 인구의 측면에서 중국의 일부에 불과하며, 자본주의 제도가 시행된다고 해서 중국의 사회주의 제도가 바뀌지는 않을 것이다. 해당 지역에서 자본주의 제도를 유지하는 것은 지역주민들에게 이익이 되고 지역주민들의 상황에 적합하기 때문이다. 국가 통일이 이루어진 후에도 홍콩과 마카오의 기존 경제 및 사회 시스템, 생활방식은 변하지 않을 것이다. 특별행정구에서 기존에 시행되던 법률, 법령 및 기타 규범적 문건은 기본법에 위배되거나 특별행정구 입법부의 개정대상이 되는 것을 제외하고는 그대로 유지된다. 홍콩과 마카오가 기존의 경제 및 사회 시스템을 유지하는 것은 장기적이고 안정적인 정책이다. 이러한 특징은 홍콩과 마카오의 각 기본법에 명시되어 있다. 즉, 특별행정구는 사회주의 제도와 정책을 시행하지 않으며, 기존의 자본주의 제도와 생활방식을 50년 동안 변함없이 유지해야 한다.

거듭 말하지만, 특별행정구는 높은 수준의 자율성을 누리고 있다, 홍콩특별행정구와 마카오특별행정구는 중앙인민정부의 관리하에서 외교 및 국방 사무를 제외하고는 높은 수준의 자치권을 누리고 있다. 홍콩특별행정구와 마카오특별행정구는 행정관리권, 입법권, 및 독립적인 사법권과 최종판결권을 부여받는다. ① 홍콩특별행정구 기본법과 마카오특별행정구 기본법의 규정에 따라 홍콩과 마카오 특별행정구는 행정관리권을 부여받으며, 기본법의 관련 규정에 따라 해당 지역의 행정업무를 자체적으로 수행한다. ② 홍콩과 마카오는 독립적인 재정 및 과세 권한을 누리고 독립적인 금융, 통화, 무역 및 기타 경제제도를 실행한다. 홍콩과 마카오는 자유항과 개별 관세 구역의 지위를 계속해서 시행하고 자국 법률에 의해 규정된 통화 및 금융시스템과 함께 자유무역정책을 지속한다. ③ 특별행정구는 경제, 무역, 금융, 해운, 통신, 관광, 문화, 스포츠 등의 분야에서 '중국 홍콩(中國香港)'과 '중국 마카오(中國澳門)'라는 이름으로 세계 각국, 지역 및 관련 국제기구와 단독으로 관계를 유지하고 발전시키며 관련 협약을 체결하고 이행할 수 있다. ④ 특별행정구는 독자적인 교육, 의료, 과학, 문화, 체육, 종교, 노동과 사회 서비스 등의 정책을 실시한다.

홍콩과 마카오는 사회경제발전의 번영과 안정을 20년 이상 유지했다. 1998년 금융위기 당시 홍콩이 중앙정부의 전폭적인 지원과 도움을 받았다는 사실은 국가통합과 주권완정의 긍정적인 효과를 입증했다. 홍콩과 마카오 특별행정구 제도의 실천은 일국양제가 현재 중국의 영토 보전과 통일을 해결하는 가장 좋은 방법임을 보여준다. 현재 타이완 문제는 아직 해결되기 않았다. 중앙인민정부는 타이완의 평화통일을 위한 기본 정책으로 일국양제를 고수하고 있으며, 하나의 중국을 전제로 모든 문제를 협상할 수 있다고 주장한다. 동시에 양안 간 경제, 무역 및 인적 교류를 적극적으로 발전시켜왔다. 물론 중앙인민정부는 타이완독립(台獨)의 세력을 억제하기 위해 타이완 문제를 해결하기 위한 최후수단으로 '무력 사용 포기 불가(不放棄武力)'를 계속 주장하고 있다.

3. 소강 사회

(1) 소강 사회의 전면적 건설

소강 사회(小康社會)는 중국 고대 사상가의 이상이며 현대 중국 사회주의 현대화의 특정 단계의 목표이기도 하다. 중국 전통문화에서 소강과 소강 사회는 평화롭고 만족스럽게 생활하고 일하며 안전하고 안정된 삶을 살기를 바라는 사람들의 열망이었다. '소강'이라는 단어는 『시경(詩經)』에 나오는 "백성들이 힘들게 일했으니 이제는 조금 편안하게 쉬어도 된다(民亦勞止, 汔可小康)"라는 구절에서 유래했다. 『예기(禮記)』는 다음과 같이 설명한다. "대도가 행해지면, 천하는 모두의 공유물이다. 유덕하고 유능한 사람이 지도자로 선발되고, 신의와 화목이 이루어진다. 따라서 사람들은 자기 부모만을 부모로 여기지 않고 자기 자식만을 자식으로 여기지 않는다. 모든 노인들은 여생을 편히 보낼 수 있고, 젊은이에게는 각기 알맞은 일자리가 주어지며, 어린이들은 보살핌을 받을 수 있다. 홀아비, 과부, 고아, 무의탁 노인 및 온갖 난치병자들은 모두 부양받을 수 있다. 남자들은 각자의 직분이 있으며 여자들은 본분이 있다. 재화는 버려져서는 안 되는 것이지만 꼭 사적인 이익만을 도모하지도 않는다. 그러므로 각종 음모는 없어져 생겨나지 않았고, 각종 절도와 반란의 행위도 일어나지 않아, 바깥 문을 잠그지 않아도 되었다. 이런 사회가 바로 대동(大同)이다." 이 이상적인 대동사회는 고대 중국인들이 추구한 최고의 목표였지만 현실에서는, 특히 소농경제사회에서는 실현되기 어려웠다. 따라서 소강 사회야말로 사람들이 현실조건에 따라할 수 있는 선택이며 일반인의 '중국몽'의 기본 내용이다. 이는 오랫동안 가난하게 살아온 사람들이 의식주를 갖춘 안정적인 삶을 추구하는 현실적인 추구를 반영한다.

소강 사회는 중국공산당이 여론에 대응하여 만들어낸 주요 전략적 선택이다. 인민의 물질적, 문화적 수준을 제고하는 것은 중국공산당의 모든 업무의 출발점이자 목적지이며, 사회주의 현대화의 중요한 목표이기도 하다. 개혁개방 이후, 중국은 경제건설을 중심으로 한 현대화 과정을 시작했다. 경제가 성장하고 생활여건이 개선되면서 미래의 삶에 대한 인민의 열망은 현대화 발전의 중요목표가 되었다. 인민의 열망을 어떻게 가시적이고 확인할 수 있는 목표로 전환할 수 있는지는 당과 국가지도자들이 고려해야 할 사항이 되었다. 1970년대 후반, 덩샤오핑은 중국의 현대화 경로를 설계할 때 '소강'이라는 개념에 현대적 의미를 부여하여 비교적 체계적인 소강 사회 사상으로 발전시켰으며 중국의 현대화 발전을 이끄는 중요한 지침이 되었다. 1979년 12월 덩샤오핑은 오히라 마사요시(大平正芳) 일본 총리와의 회담에서 다음과 같이 말했다. "우리가 달성하고자 하는 4개의 현대화는 중국식 현대화이다. 우리의 4개의 현대화 개념은 당신들의 현대화 개념이 아니라 '소강지가(小康之家)'를 말한다."[26] 1987년 덩샤오핑은 외빈과의 회담에서 사회주의 발전의 '3단계 발전전략'을 제안했다. 첫 번째 단계인 1981년부터 1990년까지 국민총생산을 두 배로 늘려 인민의 먹고사는 문제를 해결하고, 두 번째 단계부터 20세기 말까지 국민총생산을 다시 두 배로 늘려 인민 생활이 소강 수준에 도달한다. 세 번째 단계부터 21세기 중엽까지 1인당 국민총생산이 중진국 수준에 이르러 인민 생활이 비교적 부유하고 기본적으로 현대화를 실현한다.[27]

　소강 사회는 이후 중국공산당의 사회주의 현대화 추진의 중요한 목표가 되었으며, 점차 중국 사회주의 현대화 건설의 전체 계획에 포함되었다. 2002년 중국공산당 제16차 전국대표대회 보고에서 소강 사회에 대한 보다 포괄적인 정의가 내려졌다. 첫째, 2000년까지 "우리는 현대화 3단계 전략의 1단계와 2단계 목표를 성공적으로 달성했고, 인민 생활은 대체적으로 소강 수준에 이르렀다."라고 말했지만 "현재 도달한 소강은 여전히 낮은 수준이고, 전면적이지 않으며, 매우 불균등한 발전의 소강"이라고 말했다. 제15차 전국대표대회가 제시한 발전목표에 따르면, "우리는 금세기 첫 20년 동안 10억 명 이상의 인민에게 혜택을 주는 더 높은 수준의 소강 사회를 전면적으로 건설하기 위해 힘을 모아야 한다"[28]라고 강조하고 있다. 둘째, 보고서는 전면적인 소강 사회 건설에 대한 구체적인 목표를 제시했다. 구조 최적화와 효율성 향상을 바탕으로 2020년까지 국내총생산을 2000년 대비 4배 수준으로 끌어올리고, 종합적인 국력과 국가경쟁력을 크게 강화할 것이다. 기본적으로 산업화를 달성하고 완전한 사회주의 시장경제 체제와 더 역동적이고 개방적인 경제체제를 구축한다. 도시 인구의 비율이 크게 증가하고, 공업과 농업의 차이, 도시와 농촌의 차이 및 지역 차이가 확대되는 추세는 점차 역전되었으며 구체적으로 다음과 같은 변화가 일어났다. 사회보장제도가 비교적 건전하고 사회고용이 더 풍부하여 가족재산이 일반적으로 증가했으며, 사람들은 더 풍요로운 삶을 살고 있다. 사회주의 민주주의와 사회주의 법제가 더 발전하면서 법에 따라 국가를 통치하는 기본전략이 구현되고 국민의 정치적, 경제적, 문화적 권익이 효과적으로 존중되고 보호된다. 기층민주가 더욱 건전하고 사회질서가 양호하며 인민들이 편안하게 생활하며 즐겁게 일한다. 전체 민족의 사상 및 도덕적 자질, 과학문화적 자질, 건강자질이 크게 향상되어 비교적 완전한 현대 국가의 국가교육시스템, 과학기술 및 문화혁신 시스템, 국민 건강 및 의료보건 시스템이 형성되었다. 인민들이 좋은 교육을 받을 기회를 누리고 기본적으로 고등학교 교육을 대중화하며 문맹을 줄여 나갔다. 전 국민이 배우고 평생 학습하는 학습형 사회가 되어 인간의 전면적인 발전을 촉진했다. 지속 가능한 개발의 능력이 지속적으로 향상되고 생태환경이 개선되며 자원 이용 효율이 현저히 향상되었다. 인간과 자연의 조화를 촉진하고 사회전체가 생산 발전, 풍요로운 생활, 좋은 생태를 가진 문명화된 발전의 길로 나아가도록 촉진한다.29) 보고서가 제시한 전면적인 소강 사회 건설의 목표는 중국 특색 사회주의 경제, 정치, 문화의 전면적인 발전 목표이며, 현대화를 가속화하는 것과 통일된 목표이다. 중국의 국가 상황과 현대화 건설의 실제에 부합하고 인민의 염원에 부합하며 중대한 전략적 의미를 갖는다.

중국공산당 제16차 당대회 보고서「전면적인 소강 사회 건설로 중국 특색 사회주의 사업의 새로운 국면을 열자(全面建設小康社會 開創中國特色社會主義事業新局面)」에서 전면적인 소강 사회 건설의 목표를 통해 중국 특색 사회주의 사업의 새로운 국면을 개척하는 전략적 결정을 내렸다. 이후, 제17차 당대회 보고서「중국 특색 사회주의의 위대한 가치를 높이고 전면적인 소강 사회 건설의 새로운 승리를 쟁취하기 위해 분투하자(擧中國特色社會主義偉大旗幟爲奪 取全面建設小康社會新勝利而奮鬪)」에서 개혁개방과 사회주의 현대화 건설을 추진하고 전면적인 소강 사회 건설을 실현한다는 목표를 전면적으로 배치했다. 제18차 당대회 보고서는「중국 특색 사회주의 노선을 따라 전면적인 사회건설을 위해 확고히 분투하자(堅定不移沿著中國特色社會主義道路前景爲全面建成小康社會而奮鬥)」며 예정대로 2020년에 전면적인 소강 사회를 건설한다는 목표에 대한 새로운 요구 사항을 제시했다. 제19차 당대회 보고「전면적인 소강 사회의 필승으로 신시대 중국 특색 사회주의의 위대한 승리를 쟁취하자(決勝全面建成小康社會 奪取新時代中國特色社會主義偉大勝利)」는 신시대의 역사적 조건하에서 중국 특색 사회주의의 위대한 승리를 계속 쟁취하는 목표를 계승하고 있으며, 이 새로운 시대는 전면적인 소강 사회를 건설하고 나아가 전면적인 사회주의 현대화 강국을 건설하는 시대라고 밝혔다. 제19차 당대회 보고서는 신시대 중국 특색 사회주의 사상을 명확하게 제시했다. 중국 특색 사회주의를 견지하고 발전시키는 총체적 임무는 사회주의 현대화와 중화민족의 위대한 부흥을 달성하는 데 있다. 또한, 전면적인 소강 사회 건설을 바탕으로 두 단계를 걸쳐 21세기 중반까지 부강하고 민주적이며 문명화되고 조화롭고 아름다운 사회주의 현대화 강국을 건설하는 데 있다.

개혁개방 40여 년 동안, 소강 사회는 중국 특색 사회주의 사업의 전략적 목표로 중국 사회주의 초급 단계의 특정한 역사적 발전 과정이면서, 부강하고 민주적이며 문명화되고 사회주의 현대화 국가건설 과정에서 중요한 발전단계이다.

(2)소강 사회와 민족부흥의 길

전면적인 소강 사회 건설은 중국 사회주의 현대화 건설을 가속화하는 행동강령이며, 개혁개방 이후 역대 당과 국가지도자들의 일관된 전략적 선택이다. 이는 '삼개대표(三個代表)', 과학적 발전관, 중화민족의 위대한 부흥을 실현하기 위한 주요한 계획이다. 중국은 전면적인 소강 사회 건설을 통해 인민 생활의 질을 향상시키고, 부강하고 민주적이며 문명화되고 조화롭고 아름다운 사회주의 현대화 강국을 실현할 것이다. 또한, 사회주의가 낙후되고 불완전한 초급단계에서 보다 상위단계로의 전환을 촉진하고, 중국 사회주의 현대화와 발전의 역사적인 도약을 달성하며, 중화민족의 위대한 부흥을 위한 토대를 마련할 것이다.

소강 사회의 이상은 고정된 목표가 아니라 사회경제발전의 수준이 향상되면서 이에 따라 끊임없이 변화한다. 덩샤오핑은 개혁개방 초기 중국 인민의 생활발전 목표를 설명하면서 인민 생활과 밀접한 구체적인 지표로 이를 정의했다. 그는 "이른바 소강은, 1인당 국민소득 800달러를 달성하는 것"이라고 밝혔다.30) 이때의 소강 개념은 인민의 먹고사는(溫飽) 문제를 해결하는 데 그쳤다. 먹고사는 문제가 점차 해결되자 소강 사회에 대한 인민의 기대는 경제지표에만 머무르지 않았다. 덩샤오핑은 "우리는 20세기에 4대 현대화의 최소 목표를 소강 수준에 다다르게 할 것"이라고 말했다.31) 이는 소강 사회의 보다 포괄적인 발전목표, 즉 4대 현대화 발전이 달성하는 목표를 포함한 것이다. 덩샤오핑은 "20세기에 1인당 국민총생산을 800달러로 4배 늘리게 될 때, 중국은 소강 사회를 건설했다고 할 수 있다. 이 소강 사회를 중국식 현대화라고 한다. 4배의 성장, 소강 사회,

중국식 현대화 이 모든 것은 우리에게 새로운 개념이다."라고 말했다.[32] 덩샤오핑은 어느 정도 소강 사회를 중국 사회주의 현대화 발전의 특정 단계로 간주하고 그 달성시기를 20세기 말로 설정했다. 20세기 말 중국 인민의 생활수준이 '총체적인 소강(總體小康)'에 도달한 후, 제16차 당대회는 '더 높은 수준의 소강 사회(更高水平的小康社會)', 즉 '전면적인 소강 사회 건설(全面建設小康社會)'을 제시했다. 먹고사는 문제를 해결(解決溫飽)하는 단계에서 '소강 수준(小康水平)'으로, '총체적인 소강(總體小康)'에서 '전면적인 소강(全面小康)'에 이르기까지 소강 사회의 내포는 끊임없이 변화하고 있으며, 이는 중국의 현대화와 발전 수준이 지속적으로 향상되고 있음을 보여준다.

소강 사회는 중국 현대화 경로의 출발점이다. 소강 사회 건설은 중국 사회주의 현대화 발전 전략의 초기 특징이며, 소강 사회의 전면 건설은 현대화 발전이 새로운 단계에 진입했다는 것으로, 사회주의 현대화의 전략체계는 지속적인 조정과 변화를 겪고 있다. 중국 사회주의 현대화의 초기 단계의 발전목표로서 소강 사회는 전략적 단계이며, 중화민족의 위대한 부흥을 실현하기 위해 반드시 거쳐야 하는 길이다. 19차 당대회 보고서는 "창당 100년이 되면 경제가 더욱 발전하고, 민주가 더욱 건전해지며, 과학과 교육은 더욱 진보하고, 문화는 더욱 번영하며, 사회는 더욱 조화롭고, 인민 생활은 더욱 풍요로운 소강 사회가 될 것이다."라고 밝혔다.[33] 소강 사회의 목표는 곧 실현될 것이며, 사회주의 현대화는 더 높은 발전목표를 요구하는 새로운 시대로 접어들었다. 이는 소강 사회가 주로 민생과 경제발전에 대한 인민들의 요구를 충족시켰고, 더 많은 사회적 수준에서 현대화 발전을 이루었으며, 오늘날 이 목표가 기본적으로 실현되었기 때문이다.

소강 사회의 토대 위에서 중국 인민이 가진 더 큰 장기목표와 꿈은 중화민족의 위대한 부흥이다. 제19차 당대회 보고에는 "30년을 다시 분투하여 중화인민공화국 건국 100주년이 되면 기본적으로 현대화를 실현하고 중국을 사회주의 현대화 국가로 건설할 것이다."라고 제시했다.[34] 전면적인 소강 사회 건설은 중국공산당이 정한 첫 100년의 목표이자 중화민족의 위대한 부흥을 실현하는 핵심단계이다.

전면적인 소강 사회 건설은 중국 현대화 발전 과정의 중요한 과도기이며, 현대화 3단계의 전략목표를 실현하는 단계이자, 사회주의 초기 단계의 중요한 발전단계이다. 전면적인 소강 사회 건설부터 현대화의 기본적 실현, 나아가 사회주의 현대화 강국의 전면적 건설은 신시대 중국 특색 사회주의의 전략적 안배이다. 이는 중화민족의 위대한 부흥을 실현하기 위한 장기적 계획으로 점차 현실화되고 있다.

(3) '오위일체', '4개의 전면'과 전면적인 소강 사회 건설

전면적인 소강 사회 건설은 중화민족의 위대한 부흥을 실현하는 길이며, 사회주의 현대화 강국을 전면적으로 건설하기 위한 전제이자 기초이다. 제16차 당대회 보고에서 전면적인 소강 사회를 어떻게 건설할 것인가에 관해 구체적인 경로를 제시했는데, 그 내용으로 경제건설, 정치체제의 개혁, 문화건설, 문화체제개혁 등을 포함한다. "전면적인 소강 사회 건설 및 중국 특색 사회주의의 신국면 전개(開創中國特色社會主義事業新局面)는 중국공산당의 강한 영도 아래 사회주의 시장경제, 사회주의 민주정치, 사회주의 선진문화를 발전시키고 사회주의 물질문명, 정치문명, 정신문명의 조화로운 발전을 끊임없이 촉진하여 중화민족의 위대한 부흥을 추진하려는 것이다."라

고 밝혔다.35)

제17차 당대회는 '삼개건설(三個建設)'을 바탕으로 각 방면의 조화로운 발전을 더욱 강화하고 "중국 특색 사회주의 사업의 총체적인 배치에 따라 경제건설, 정치건설, 문화건설, 사회건설을 전면적으로 추진한다. 현대화 건설의 각 단계, 각 방면에서의 조정과 생산관계와 생산력, 상부구조와 경제기반의 조정을 촉진해야 한다."36)고 제안했다. 또한, 보고서에 사회건설의 언급을 추가하여, 전면적인 소강 사회의 내용을 보다 포괄적이고 심층적으로 설명했다.

전면적인 소강 사회의 목표가 점차 가까워짐에 따라 당의 18차 전국대표대회는 기존의 경제건설, 정치건설, 사회건설, 생태문명 건설의 내용을 경제건설, 정치건설, 사회건설, 문화건설, 생태문명건설로 발전시켰다. 또한, 전면적인 소강 사회 건설과 사회주의 현대화와 중화민족의 위대한 부흥의 '오위일체(五位一體)'의 전체적인 구조를 제시했다. 즉, '중국 특색 사회주의 건설은 사회주의 초급단계에 기초하고, 전체 구조는 오위일체이며, 총 목표는 사회주의 현대화와 중화민족의 위대한 부흥을 실현하는 것'이라는 의미이다. 따라서 '전면적인 조정과 지속 가능성을 보다 의식적으로 과학적 발전관을 철저히 관철시키기 위한 기본 요구사항으로 삼아야 한다. 경제건설, 정치건설, 문화건설, 사회건설, 생태문명건설의 오위일체의 총구조를 전면적으로 실시해야 한다. 더불어 현대화 건설의 각 방면에서의 조정과 생산관계와 생산력, 상부구조와 경제기반의 조정을 촉진해야 하고, 생산의 발전, 부유한 생활, 생태가 양호한 문명발전의 길을 계속해서 개척해야 한다'고 요구하였다.37)

'삼개건설'과 '사개건설'에서 '오위일체'에 이르기까지, 전면적인 소강 사회 건설의 전체적인 구조는 중점에서 전면으로 확대되고 심화되었다. 제16차 당대회 이후, 네 차례에 걸친 중국공산당 전국대표대회는 모두 소강 사회를 중심으로 주요 전략구조를 언급했다. 이는 중국공산당의 사회주의 현대화 전략 계획이 실천적 발전에 따라 점진적으로 발전하고 개선되는 과정을 반영하고 있다.

'삼개건설'과 '사개건설' 그리고 '오위일체'는 전면적인 소강 사회의 건설의 구체적인 내용을 제시한다. 전면적인 소강 사회 건설을 어떻게 보장할 것인가 하는 문제는 중국 특색 사회주의 사업을 구축하고 중국 특색 사회주의 사업의 위대한 승리를 쟁취하는 열쇠가 된다. 중국 특색 사회주의의 위대한 승리를 거두기 위해, 제18차 당대회 이후부터 점진적으로 '4개의 전면(四個全面)'이라는 정책방향을 구성했다. 이는 '전면적인 소강 사회 건설(全面建成小康社會)', '전면적인 개혁 심화(全面深化改革)', '전면적인 의법치국(全面推進依法治國, 법에 의한 통치)', '전면적인 종엄치당(全面推進從嚴治黨, 엄격한 당 관리)'의 네 가지를 말한다.

'4개의 전면' 중에서 전면적인 소강 사회 건설은 중국 특색 사회주의 사업의 단계별 전략적 목표이며, 나머지 세 가지 '전면'은 전면적인 소강 사회 건설을 위한 주요 전략적 조치들이다. 전면적인 개혁심화는 현대화 발전에서 직면한 체제적 방해와 모순을 해결하기 위한 효과적인 조치를 취하고, 이를 바탕으로 중국 특색 사회주의 현대화 사업을 더욱 적극적으로 추진할 수 있는 근본적인 동력을 제공한다. 전면적인 의법치국은 국가의 사회경제 및 정치생활 운영을 표준화, 제도화, 질서화하는 전제조건으로, 소강 사회와 중국 특색 사회주의 현대화를 보장하는 중요한 조건이다. 전면적인 종엄치당은 당을 중국 특색 사회주의 대의의 핵심으로 삼는 것으로, 이는 집정당의 자체적인 당 건설을 강화하기 위해 필요한 조건이다. 전면적인 종엄치당은 당의 선진성과 순수성을 보장하고 당 지도자의 정확성과 효율성을 유지하기 위함이다. 이를 통해 전면적인 소강 사회 건설, 전면적인 개혁 심화, 전면적인 의법치국을 위한 근본적인 조건을 제공한다. '4개의 전면'은 상호보완, 상호촉진, 상부상조, 유기적 통일이라는 내재적인 논리 관계를 갖고 있다.

현재 중국은 전면적인 소강 사회 건설이라는 중요한 단계에 있으며 사회주의 현대화 강국을 여는 새로운 여정에 있다. 개혁, 발전, 안정은 중국공산당 국정 운영의 주요 임무이다. '4개의 전면'의 전략적 구조는 중국 특색 사회주의 현대화의 길을 체계적으로 고려한 것이다. 또한, 이는 개혁과 발전을 심화하는 전면적인 포석이자, 질서 있는 사회 안정을 위한 장기적 전략이다.

제18차 당대회 이후, 중국공산당은 '오위일체'의 총체적인 구조와 '4개의 전면'의 전략적 배치를 영도하고 추진하였다. 이를 통해 당과 국가의 사업이 새로운 국면에 접어들었으며, 사회주의 현대화가 안정적으로 발전하였다. 전면적인 소강 사회의 건설과 중국 특색사회주의의 신시대에 진입한 지금, 중국공산당은 계속해서 중국 인민들을 영도하여 중국 특색 사회주의를 견지하고 발전시키고 이를 바탕으로 중화민족의 위대한 부흥을 실현하는 길에 앞장설 것이다.

4. 중국 노선

(1) 현대화 발전방법의 공통성과 다양성

중화인민공화국 건국 70여 년과 개혁개방 40여 년이 지나는 동안 중국의 현대화는 세계가 주목하는 큰 성과를 거뒀다. 가난하고 낙후된 저개발국의 모습이 송두리째 바뀐 것이다. 중국은 이미 세계 2위의 경제 대국의 지위로 올라섰고, 중국의 경제 총량은 미국의 2/3가 넘는 세계 1위 상품무역국의 규모가 되었다. 또한, 중국은 세계 최대 외환보유국으로 세계경제 성장에 대한 높은 기여도를 유지하고 있다.

중국의 사회경제 발전성과는 세계의 현대화 및 발전 경험과는 다른 새로운 길을 열었다. 현대화 연구자 시릴 블랙(Cyril E. Black)은 현대화의 지도자들이 권력을 얻고 강령을 이행할 때 직면하는 정치적 문제의 특징에 따라 각 사회의 발전 경로를 비교했다. 이러한 특징적인 요인은 다음과 같다. 첫째, 한 사회에서 발생하는 정치적 권력의 전환 속도, 즉 전적인 지도자에서 현대화된 지도자로 전환되는 속도가 다른 사회에 비해 빠른지, 느린지에 대한 것이다. 둘째, 한 사회의 전통적인 지도자에 대한 현대성의 직접적인 정치적 도전이 내부에서 비롯되는지 혹은 외부에서 비롯되는지에 대한 것이다. 셋째, 현 시대의 사회가 국가의 영토적 경계와 인구의 연속성을 중시하는지, 아니면 영토와 인구의 근본적인 재조직을 겪고 있는지 여부이다. 넷째, 현 시대의 사회가 자치인지, 아니면 지연된 식민통치를 겪고 있는지 여부이다. 다섯째, 한 사회가 성숙한 제도를 바탕으로 현 시대에 진입했는지, 아니면 실질적으로 미성숙한 제도를 바탕으로 현 시대에 진입했는지 여부이다. 이러한 조건과 기준에 따라 블랙은 영국-프랑스 모델, 영국-프랑스 파생모델, 유럽모델, 유럽 파생모델, 상대적인 자주모델, 식민지국가모델 등 근대화의 여러 유형을 구체적으로 분류하였다.[38] 슈무엘 아이젠슈타트(Shmuel Noah Eisenstadt)는 발전 시기의 순서를 기준으로 분류했는데, 현대화의 제1단계 모델로 서유럽, 미국 및 영국 자치령, 일본 및 기타 국가의 다원화된 현대화 모델을 포함했다. 제2단계 모델로 라틴 아메리카, 혁명적 민주주의와 공산당 정권, 그리고 식민지 사회를 포함한다.[39]

현대화의 역사적 출발점, 발전 동력, 발전의 시기적 순서, 현대화의 지도역량 등에 근거하여 각 국가의 현대화 방식은 조발(早發)-내생형과 후발(後發)-외생형의 두 가지 기본 유형으로 나눌 수 있다. 전자는 현대화 시기가 빠를 뿐만 아니라 주로 내재적 요인에 의해 변화가 발생한 것을 말한다. 후자는 상대적으로 늦게 이뤄진 현대화로, 이는 주로 초기 현대화 국가의 영향을 받아 외부 요인에 의해 주도되었으며 외부에서 유입된 변화를 가리킨다. 구체적으로 영국과 미국모델, 독일모델, 라틴아메리카모델 및 동아시아모델과 같은 몇 가지 전형적인 발전모델을 구별할 수 있다.

초기 현대화 국가의 경험을 살펴보면, 대다수 서구 국가의 현대화 발전은 세 단계를 거쳤다. 첫 번째는 국가건설 단계로, 이 시기는 군주집권과 절대주의를 통해 봉건주의, 제후 할거에서 현대 민족국가의 수립에 이르는 과정이다. 두 번째는 민주화 단계로, 부르주아 혁명과 점진적 개혁을 통해 시민적, 정치적 권리가 확립되고 정치참여가 확대되어 민주적인 정치체제가 확립되는 시기이다. 대의제, 보통선거제, 정당제, 현대관료제, 사법권의 독립 등이 이 단계의 예이다. 마지막은 복지화 단계로, 자본주의 발전이 심화되면서 국가의 기능과 정부의 개입이 확대되었고 국가가 많은 사회적 기능을 담당하여 현대적인 의미의 복지국가가 건설되는 것을 말한다. 비록 구체적인 상황과 발전 기간은 다르지만, 초기 현대화 국가는 일반적으로 이 세 단계의 발전단계를 대부분 거쳤다.

현대화 발전에는 일정한 보편성 또는 공통성이 있다. 이러한 보편성은 발전단계, 순서, 방식, 수단 및 경로 측면에서 일정한 일관성과 유사성을 가지며 개발 법칙의 공통적인 특성을 반영한다. 아이젠슈타트는 역사상 모든 국가의 현대화 과정이 정치 분야에서 보여준 몇 가지 공통적인 특징을 다음과 정리했다. ① 정치생활 영역이 점점 더 확장되고 있다. 특히 이는 사회센터, 법률과 행정, 정치기관의 권력 강화로 나타난다. ② 정치권력이 더 넓은 사회 집단으로 지속적으로 확장된다. 모든 성인 시민에게까지 확장되어 사회가 하나의 조화로운 도덕질서를 형성하게 된다. ③ 현대 사회는 어떤 의미에서 민주적이거나 혹은 적어도 포퓰리즘적인 사회이다. 사회의 외적인 힘(예를 들어, 신과 이성)으로 통치자를 합법화하는 전통이 약화되었다는 특징이 있다. 또한, 통치차는 잠재적인 정치권력을 가진 것으로 인식되는 피통치자에 대해 어떤 이데올로기적인 책임과 일반적으로 제도화된 책임을 지고 있다. ④ 전제독재, 전체주의, 민주제 등 어떤 현대적인 정체이든 간에 국민을 이익의 대상이자 정책을 합법화하는 주체로 인정한다.40) 근대 이후 각 국가의 정치 분야의 현대화 발전은 기본적으로 위와 같은 특징에 부합한다.

현대화 발전의 규칙성은 발전 추세의 통일성에도 반영된다. 사회역사적 발전의 법칙은 사회역사적 발전의 필연적인 추세와 최종결과의 통일성을 결정한다. 마르크스와 엥겔스는 『공산당 선언』에서 근대역사상의 현대화 운동에 대해 정치발전 경향의 통일성을 다루고 있으며, 자본주의의 발달로 인해 "과거의 지역과 민족의 자급자족과 고립적인 상태가 모든 측면에서 민족 간의 상호작용과 상호의존으로 대체되었다. (⋯) 각 민족의 정신적 생산물이 공공재산이 되었다."라고 밝혔다.41) 마찬가지로, 마르크스는 인류사회의 역사적 발전 과정을 연구하는 과정에서 한 단계 높은 수준의 사회경제의 형태가 낮은 수준의 경제형태를 대체하는 것은 역사발전의 필연이라고 생각했다. 마르크스는 자신이 속한 시대에 대해 자본주의 사회가 더 높은 형태의 경제형태인 공산주의 사회로 대체되는 것은 역사적 필연이라고 주장했다. 공산주의 사회는 사회생산과정에서의 대립적 형태인 계급적 대립을 완전히 종식시키고 생산수단의 전부를 사회가 점유하는 것이다. 마르크스는 이를 바탕으로 계급과 국가를 함께 소멸시키고 자유인의 연합체를 만들 것을 제시했다. 따라서 마르크스주의에서는 공산주의를 실현하고 인류의 완전한 해방과 자유를 실현하는 것이 현대화 발전의 가장 높은 이상이다. 서로 다른 사회의 발전은 결국 이러한 이상으로 향하게 될 것이며, 이는 인류사회의 현대화 발전의 공통법칙에 의해 결정되는 것이다.

그러나 현대화 발전의 보편성이 다른 민족과 국가에서 모두 같은 형태의 발전모델을 가져야한다는 의미는 아니다. 반대로, 서로 다른 민족과 국가의 현대화 발전은 일정한 경제, 사회, 문화적 조건에서 전개되며, 자신만의 특성과 개성을 가질 수밖에 없다. 모든 민족과 국가의 발전은 자국의 상황에 부합해야 하며, 그래야만 진정한 의미의 현대화로 가는 길을 찾을 수 있다. 레닌은 러시아 혁명에 대해 "세계 역사발전의 일반법칙은 개별 발전단계가 발전의 형식이나 순서에서 특수성을 보이는 것을 배제하지 않고 오히려 이를 전제로 한다"고 언급했다.42) 서로 다른 역사적 시기에 개별 사회는 상이한 사회발전의 모습을 보여준다. 인류사회의 발전은 보편성과 특수성의 변증법적 통일을 구현했다. 서로 다른 국가와 사회는 모두 동일하게 발전의 보편적인 과제에 직면해 있으며, 어떠한 경우에도 모두 역사발전의 일반법칙에 따라 전개되어 공통된 발전 경향을 갖고 있다. 하지만 각 국가의 사회적, 역사적, 문화적, 현실적 조건 등의 차이로 인해 개별 국가는 특수한 형식과 경험으로 현대화를 진행하여 개별적인 민족성과 역사성을 보여주고 있다. 각 역사적 시기마다 인류사회의 현대화 발전의 보편성과 공통성은 개별 민족과 국가발전의 차이와 다양성에 반영된다.

초기 현대화 국가들의 성공적인 경험의 결과로 서구는 현대화 및 발전 경로의 선택에 있어 점진적으로 현대화 발전 경로의 헤게모니를 발전시켜왔다. 이 헤게모니적 개념은 개발도상국으로 하여금 서구의 초기 근대화 및 발전 경로를 따를 것을 요구한다. 그러나 중화인민공화국 수립 이후의 현대화 발전 경로는 독립적이고 자주적이며, 끊임없는 자강(自强不息)의 특징을 보여왔다. 개혁개방 이후에도 서구가 제시한 의존적인 발전의 경로를 걷지 않고, 현대화의 중국식 노선을 연 것이다.

근대 이후 중국의 현대화 발전은 구망(救亡), 혁명, 민족해방, 사회주의 혁명과 건설 등 일련의 중대한 변천을 거쳤다. 20세기 말이 되어서야 중국은 비로소 급속한 개혁시대로 접어들었고 수많은 우여곡절을 겪은 후에 세계가 주목하는 성과를 거두었다. 마오쩌둥으로 대표되는 중국공산당은 마르크스주의의 지도하에 중국혁명의 길을 모색해 민족 독립과 해방을 이루어 사회주의 중국을 세웠다. 덩샤오핑과 그 이후의 당 지도자는 마르크스주의를 개혁개방 시대에 활용하여, 중국 특색 사회주의 현대화의 노선을 모색하는 데 성공했다.

(2) 중국 노선의 본질

중국 노선은 서구 초기 국가들이 걸어온 자본주의 현대화의 길과 다른 후발 국가들의 현대화 노선과는 달리, 개혁개방 이후 형성되고 발전된 마르크스주의와 중국의 실제를 결합한 중국 특색 사회주의 노선이다. 중국 노선은 인민의 이익을 최고원칙으로 삼고 명확한 현대화 발전 목표를 설정해 인민의 적극성을 최대한 동원했다. 중국은 자주 발전을 고수하고 자국의 국정에 입각하여 개혁개방이 가져온 기회를 발전 동력으로 전환했다. 실용적인 접근 방식을 고수하면서 사회주의 현대화를 계획적이고 점진적이며 단계적으로 추진했다. 개혁, 발전, 안정의 유기적 결합을 견지하면서 이 세 가지의 관계를 과학적으로 처리하면서 현대화 발전의 연속성을 유지했다.

중국 노선이 독특한 이유는 중국 현대화 발전의 지닌 함의 때문이다. 중국 노선의 본질은 다른 현대화 경로와 다르다는 데 있다. 중국 노선의 본질은 중국 특색 사회주의이며, 중국 특색 사회주의의 이론체계와 제도체계를 주로 포함한다.

2011년 7월 1일 후진타오는 중국 공산당 창건 90주년 기념대회에서 90년간의 분투, 창조, 축적을 통해 당과 인민이 더욱 관심을 갖고 오랫동안 견지하며 끊임없이 발전해야 할 성과로 중국 특색 사회주의의 노선을 개척하고 중국 특색 사회주의 이론체계를 형성하며 중국 특색 사회주의의 제도를 확립했다고 지적했다.[43]

중국 특색 사회주의 이론체계는 마르크스-레닌주의, 마오쩌둥 사상, 덩샤오핑이론, '삼개대표' 중요 사상, 과학발전관, 시진핑 신시대 중국 특색 사회주의 사상 등 중요한 전략사상을 포함한 과학적 이론체계이다. 이 이론체계는 마르크스주의를 견지하고 발전시키며 마르크스주의와 중국의 구체적인 경험과 시대적 특징을 결합한 산물이다. 그 정수는 사상의 해방, 실사구시, 시대와 더불어 발전(與時俱進)하는 것이다. 이 이론체계의 핵심은 인민을 근본으로 하는 것이며, 이는 당의 근본적인 취지이자 집정원칙이다. '인민의 지지, 승인, 동의, 반응(人民擁護不擁護, 人民贊成不贊成, 人民高興不高興, 人民答應不答)'이 당의 방침과 정책의 출발점이자 귀결점이다. 인민을 위해, 인민에 의해, 인민이 발전의 성과를 공유하고, 인민의 중요한 이익 문제를 해결하는 것을 최우선으로 삼아 모든 인민이 공동 번영의 방향으로 전진할 수 있도록 한다. 전체 인민의 이익을 현대화 발전의 근본적인 목표로 삼는 것은 소수 엘리트의 이익을 위한 자본주의의 길과 분명히 다른 중국 특색 사회주의 길의 가장 본질적인 특징이다. 바로 이 점에서, 중국 현대화 발전의 길의 지속 가능성과 강한 생명력이 결정된다. 중국 특색 사회주의 이론체계의 지도 아래에서 중국은 일련의 중국 특색 사회주의의 제도체계를 구성했다. 이는 경제, 정치, 사회, 문화 등 각 분야에서 상호연계되고 유기적으로 연결되는 제도체계이다. 여기에는 구체적으로 중국 특색 사회주의의 경제제도, 중국 특색 사회주의의 정치제도, 중국 특색 사회주의의 법률제도, 중국 특색 사회주의의 사회제도 및 중국 특색 사회주의의 문화제도를 포함된다. 그중, 중국 특색 사회주의의 본질적 특징을 가장 잘 나타내는 것은 중국 특색 사회주의 경제제도와 정치제도이다.

사유제를 중심으로 하는 국제사회의 경제제도와 달리 개혁개방 이후 중국은 항상 공공부문이 주축이 되고 다양한 소유제가 함께 발전하는 기본 경제제도를 고수해왔으며, '공공부문 경제를 확고하게 발전(毫不動搖地鞏固和發展公有制經濟)'시키고 '비공공부문 경제를 확고하게 장려 및 지원(毫不動搖地鼓勵, 支持和引導非公有制經濟)'해왔다. 공공 소유를 중심으로 다양한 종류의 소유가 공동으로 발전하는 것은 중국 특색 사회주의 경제제도의 본질적인 특징이며, 이 특징은 시장경제와 모순되지 않는다. 중국 특색 사회주의의 경제제도는 사회주의 시장경제의 발전 방향을 고수하고 경제의 지속 가능하고 건전한 발전을 촉진하였다. 이를 통해 사회의 생산력을 해방하고 발전시키는 목표를 실현한다. 사회주의 시장경제의 발전을 고수하는 것은 통일되고 개방적(統一開放)이며 경쟁적이고 질서 있는 (競爭有序) 시장체계를 구축하는 것이다. 이를 통해 시장은 자원 배분에서 결정적인 역할을 할 수 있으며, 동시에 정부도 그 역할을 더 잘 수행할 수 있다.

중국 특색의 사회주의 정치제도의 핵심은 당의 영도, 인민주권, 의법치국을 견지하는 것이다. 당의 영도는 인민주권과 의법치국의 근본적인 보장이다. 「중국공산당장정(中國共産黨章程)」은 "당이 당정군민학과 동서남북중 일체를 영도한다(黨政軍民學, 東西南北中, 黨是領導一切的)"라고 규정했다. 중국 특색 사회주의의 가장 본질적인 특징이자 중국 특색 사회주의제도의 최대 장점은 중국공산당의 영도이다. 즉, 당은 최고의 정치적 영도역량이다. 중국공산당은 방향을 조정하고 전반적인 정세를 모색하고 정책을 수립하며 개혁을 추동하는 능력과 결정력을 갖고 있다. 이를 바탕으로 전반적인 상황을 총괄하고 모든 당사자를 조정하며 현대화 발전을 효과적으로 추진할 수 있다. 이는 다른 나라의 현대화 길과는 비교할 수 없는 강점이다. 인민주권(人民當家作主, 인민이 국가의 주인이 됨)은 사회주의 민주정치의 본질적인 특징이다. 간접민주의 형식으로 인민대표대회제도, 중국공산당이 영도하는 다당협력과 정치협상제도, 민족구역자치제도가 있으며, 직접민주의 형식으로 기층민중자치제도(基層群衆自治制度), 사회주의협상민주(社會主義協商民主) 등이 있다. 이를 바탕으로 민주제도를 개선하고 민주의 형태를 풍부하게 하며 민주적 경로를 확대하여 인민주권이 국가의 정치 및 사회생활에 구현되도록 한다. 의법치국(依法治國, 법에 의해 나라를 다스리는 것)은 당이 인민을 지도하고 국가를 통치하는 기본 방식이다. 중국 특색사회주의 법치의 길을 걷고 사회주의 법치 국가를 건설하는 것을 말한다. 이는 법에 따라 나라를 다스리고, 집정하며, 행정을 집행한다는 의미이다. 또한, 이는 법치 국가, 법치 정부, 법치 사회의 건설을 목표로 한다. 그리고 이를 통해 의법치국과 이덕치국(以德治國, 덕으로 나라를 다스림), 마지막으로 의법치국과 의규치당(依規治黨, 규율에 따라 당을 다스림)의 유기적 통일을 실현하고자 한다. 중국 특색 사회주의 경제제도와 정치제도는 다른 제도와 함께 중국 특색 사회주의 제도를 구축하였다. 중국 특색사회주의제도는 개혁개방 이후, 중국의 현대화 발전이 큰 성과를 거두었다는 근본적인 제도 보장이며, 중국 특색 사회주의의 특징과 장점을 반영하고 있다.

중국공산당은 인민을 영도하여 현대화 발전 과정에서 중국 특색 사회주의를 성공적으로 실천하였다. 개혁개방 이후, 역대 당의 영도 집단은 당 건설을 중시했다. 당은 중국의 현대화 발전을 위한 과학적 결정과 장기적인 계획을 진행했다. 특히 경제발전, 정치발전과 사회발전 사이의 조정과 병진에 중점을 두었다.

중국은 다음과 같은 특징들을 통해 개혁개방 40여 년의 현대화 실천에서 중국 노선이 효과적이고 성공적임을 증명했다. ① 사명형(使命型) 영도당, ② 중앙정부의 상향식 지도와 거버넌스와 지방의 유연하면서 적응력 있는 지방 통치가 상호결합한 국가 거버넌스 체계, ③ 정부, 시장, 사회 간의 효율적인 상호작용을 통한 고도의 대응성과 책임성을 가진 정부, ④ 민주집정제, 의법치국, 협상민주, 책임정부, 서비스정부, 경쟁정부, 정책실험 등 체계화된 제도와 메커니즘을 통해 알 수 있다.

(3) 중국 노선과 중국방안

개혁개방 이후 중국의 현대화는 현재까지 성공을 거두었으며, 전세계 인구의 1/4을 차지하는 중국이 빈곤에서 벗어났다는 사실 자체가 세계발전에 큰 공헌을 한 것이다. 중국의 개혁개방은 중국을 사회경제 현대화의 세계화 과정에 편입시켰고, 중국의 대규모 수출입 상품은 전 지구적 교역을 촉진하여 세계경제의 성장을 촉진했다. 중국은 세계무역기구(WTO) 가입 이후, 전방위적인 개방 구도를 형성해 세계경제와 더 크고 높은 수준에서 협력하고 있다. 세계경제의 성장이 침체되자 중국은 아시아개발은행(ADB)과 일대일로 이니셔티브(BRI)를 시작했으며, 세계 150여 개국을 이끌어 국제기구에 함께 참여하여 세계경제의 발전을 촉진했다. 동시에 중국은 세계 최대의 개발도상국이며 유엔 창설국이자, 안보리 상임이사국 중 하나로 국제사회에서 중요한 발언권을 갖고 있으며 세계 평화와 안정을 유지하는 데 중요한 역할을 하고 있다.

중국 현대화 발전의 이면에는 계속해서 형태가 갖추어지는 중국의 경험과 노선이 있다. 중국 현대화 발전의 성공은 분명히 국제사회의 현대화 발전에 긍정적인 시사점이 있다. 현대화를 위한 중국 노선은 중국의 것일 뿐만 아니라 세계의 것이며, 이는 특수성을 가질 뿐 아니라, 보편성도 가진다.

중국 노선은 세계 사회주의 운동을 일정 수준에서 구제했다. 중국 노선의 본질은 중국 특색 사회주의이며, 이 길은 무엇보다도 사회주의가 먼저이며, 그 이후 중국적인 특성을 갖고 있다. 소련과 동유럽의 극적인 변화 이후, 세계 사회주의 운동은 썰물처럼 사라진 바 있다. 사회주의 국가가 15개에서 5개로 줄어들면서 많은 국가의 공산당이

해산되고 당원의 수가 급격히 감소했다. 이에 사회주의 운동은 심각한 좌절을 겪었고, 사회주의 신념은 전례 없는 도전을 직면했다. 개혁개방 이후 중국 특색 사회주의는 국가 내외부의 위협과 도전을 성공적으로 방어했을 뿐만 아니라 사회경제발전의 큰 성과를 거두었다. 이를 통해 세계 사회주의 운동의 불리한 국면을 반전시켰으며 세계 인민의 사회주의에 대한 신념을 크게 고무시켰다. 중국 노선은 마르크스, 엥겔스 등 전통적 사회주의 사상가들이 주창한 기본 가치와 이념을 견지하고 이를 충분히 발양시켰다. 실제로 소련의 사회주의 모델이나 다른 지역의 사회주의와는 달리 중국 사회주의는 시장경제, 전통문화, 현실적인 국가 상황을 결합하여 중국 특색 사회주의의 길로 나아갔다. 다른 사회주의 국가와 그 인민은 중국의 현대화 성과에서 사회주의가 지닌 강한 생명력과 우월성을 보았다. 중국은 세계 사회주의 운동이 좌절에 빠졌을 때, 버텨냈을 뿐만 아니라 큰 성공을 거두었고, 결정적인 순간에 세계 사회주의 운동의 사기를 북돋아주었다. 2000년대 초반 글로벌 자본주의가 위기를 맞으면서 중국 노선은 사회주의가 여전히 거대한 생명력을 가지고 있음을 증명했다. 또한, 이를 통해 세계 사회주의의 영향력이 확대되어 인류사회의 현대화 과정에 큰 영향을 미칠 것이다.

중국 노선은 개발도상국의 현대화 과정의 본보기이다. 세계 1위의 인구대국이자 과거 가난한 후진국이었던 중국은 후발주자의 열세 속에서 일어서고(站起來), 부유해지고(富起來), 강해지는(強起來) 과정을 거쳤다. 중국의 길은 똑같이 가난에서 벗어나 현대화의 길을 가고 싶어 하는 국가와 사회에 배울 만한 경험을 제공한다. 중국의 현대화는 그 자체로 세계 현대화 운동의 일부이자, 현대화를 위해 거쳐온 경로는 국제사회의 현대화 발전이 직면한 거의 모든 난제와 도전을 포함하고 있다. 중국의 현대화 경로는 인류사회의 현대화 발전의 실천으로, 발전 과정에서 형성된 많은 경험은 고유한 특성을 가질 뿐만 아니라 현대화 발전에 대응하는 보편적 특성도 갖고 있다. 중국의 현대화 경험은 전통에서 현대로, 폐쇄에서 개방으로, 고립에서 세계화로 나아가는 모습 등 국제사회의 현대화 발전의 보편적인 내용을 포함하고 있다. 중국의 현대화 발전의 방법, 메커니즘, 방식 및 구체적인 과정에는 보편적인 경험이 포함되어 있으며, 이러한 내용은 후진국들이 이해하고 배울 가치가 있다.

중국 노선은 서구 선진국들이 현대화 발전을 위해 연구하고 참고할만한 가치가 있다. 21세기 이후 서구 국가들은 다양한 경제, 금융, 부채 위기를 겪으며 경제발전이 더디고 소득이 정체되는 시기에 빠졌다. 경제위기로 인한 재정위기는 서구 국가에서 빈번하게 발생했으며, 정부의 인프라 건설, 공공서비스, 치안 및 사회보장의 영역에서 결함이 발생했다. 경제불황보다 더욱 심각한 문제는 서구 국가 내 불평등이 심화되고 있다는 점이며, 경제적 불평등과 빈부격차는 이미 민주정치의 기능을 위협하고 있다. 빈곤은 정치과정에서 저소득층이 영향력을 행사할 수 없도록 소외시켰다. 이러한 요인들이 정치제도의 안정성을 약화시키며, 현재 서구사회 내의 불만은 팽배하다. 최근 몇 년 동안 각종 거리 시위와 테러리즘이 빈번하게 일어나면서 포퓰리즘이 서방세계를 휩쓸고 있다. 좋은 국가 거버넌스(國家善治)에 대한 인민들의 요구와 정부 거버넌스 비효율성 사이의 모순이 더 두드러지고 있으며, 유권자가 정부에 기대하는 것과 정부가 실제로 충족시킬 수 있는 것 사이의 불일치가 더 커지고 있다. 반면, 중국은 현대화 과정에서 강력한 거버넌스 역량을 갖춘 완벽한 국가 거버넌스 시스템을 구축했으며, 사회 인프라, 치안, 사회보장 등 사회 공공재 제공 능력은 서방 국가와 비교할 수 없을 정도로 뛰어나다. 국가 거버넌스의 현대화에 대한 풍부한 경험 측면에서 중국이 걸어온 길은 서방 국가들에게도 배울 만한 의미를 가진다.

구체적인 내용에서도, 중국 노선이 가진 특수성은 다른 국가들이 현대화를 추진하는 데 참고할 만한 가치가 있다. 중국은 사회주의 경제체제와 시장경제를 결합한 사회주의 시장경제를 실천하고 있는데, 이는 시장경제가 자원분배에 결정적인 역할을 하고 정부는 지도 및 규제 역할을 한다는 점에서 서구의 자유경쟁 시장경제와는 다른 경제모델이다. 사회주의 시장경제는 시장을 사회화된 생산과 근대화의 극복할 수 없는 단계로 인식한다. 또한 시장경제가 경제적 분업과 협동의 산물임을 인정한다. 이 모델에 따르면, 시장경제가 수요와 공급, 가격, 경쟁의 메커니즘을 통해 사회의 자원배분에 결정적인 역할을 하지만, 계획이라는 수단은 여전히 국가가 시장과 경제를 통제하는 가장 중요한 수단 중 하나로 남아있다. 이는 공공소유가 주축이 되고 계획이 지침이 되며 공동번영을 목표로 하고, 이 점에서 자유시장경제모델과 차이를 보인다. 개혁개방 이후, 중국의 사회주의 시장경제모델의 성공적인 실천은 자본주의 사회와 사회주의 사회 모두에서 시장경제를 실천할 수 있으며, 자유시장경제모델과 사회주의 시장경제모델이 모두 존재할 수 있음을 증명했다.

중국 노선의 또 다른 핵심적인 특징은 중국공산당이 영도하는 사회주의 민주정치이며, 이는 민주정치를 다당경쟁으로만 보는 자유민주적 모델의 신화를 깨는 모델이다. 근대 이후 대의제 민주정치가 확립되면서 민주는 점차 전국적인 차원에서의 정치적 방법이나 제도적 안배를 형성했다. 이러한 방법에서 민주의 핵심은 지도자가 정기적이고 자유로운 선거운동에서 경쟁을 통해 인민의 표를 얻는 것이다. 그중에서도 선거는 민주의 핵심요소인데, 이는 선거를 통해 사람들이 그들의 지도자를 통제할 수 있기 때문이다. 선거를 중심으로 구축된 선거민주, 다당경쟁, 권력분립과 통제, 법치주의는 민주의 표준모델이 되었으며, 이 중 하나라도 조건을 충족하지 못하면 민주로 인정받지 못한다. 서방 국가들은 자유시장경제모델과 함께 이러한 일련의 민주의 표준을 세계 현대화의 표준모델 또는 유일한 모델로 삼았다. 하지만 중국 노선은 이러한 신화를 깨뜨렸다. 중국은 중국공산당의 영도에 따라 발전 방향을 바꾸지 않았을 뿐만 아니라, 선거민주와 협상민주를 유기적으로 결합하여 점진적으로 인민민주를 실천했다. 시진핑 총서기는 이와 관련해 "중국 사회주의 민주정치는 강력한 생명력을 가지고 있으며, 중국 특색 사회주의 정치발전의 길은 중국의 실정에 부합하고 인민이 주인이 될 수 있도록 보장하는 올바른 길"이라고 지적한 바 있다.[44]

현대화된 중국 노선은 독특한 특징을 갖고 있으면서도 국제사회 현대화의 보편적인 요소도 많이 갖고 있다. 현대화된 중국 노선은 중화민족의 것이면서 또한 세계의 것이다. 국제사회의 중요한 구성원이자, 인류운명의 역사가 가장 오래된 국가, 그리고 20세기 후반 현대화 과정에서 가장 성공한 사회로서 중국은 인류사회에 당연히 기여하고 책임을 다할 것이다. 현대화 과정에서 인류사회의 현대화 발전의 일반법칙을 따를 뿐만 아니라 중국 특색 사회주의의 노선을 견지하여 중국은 새로운 발전 이념과 실천을 바탕으로 전 세계에 중국 경험(中國經驗), 중국 방안(中國方案), 중국 지혜(中國智慧)를 제공했다. 또한, 현대화된 중국의 길은 중국뿐 아니라 최근 국제사회에도 긍정적인 영향을 미치고 있다. 중국은 아시아인프라투자은행(AIIB), 일대일로 이니셔티브(BRI), 국제경제신질서(國際經濟新秩

序) 건설 추진, 글로벌 거버넌스 참여, 새로운 국제질서 수립과 인류사회의 새로운 비전 제창, 인류운명공동체 구축 등을 제안하며 현대화된 중국 발전과 인류사회의 전체 발전을 연계했다. 즉, 중국은 세계와 호흡하고 운명을 함께한다. 이것이 인류사회가 발전하는 중국 노선이다.

중국 특색 사회주의의 노선은 인류사회를 현대화하는 중국 노선이며, 이 길을 통해서만 중국을 진정으로 현대화하고 중화민족의 위대한 부흥을 실현할 수 있다.

제15장
인류운명공동체를 향하여

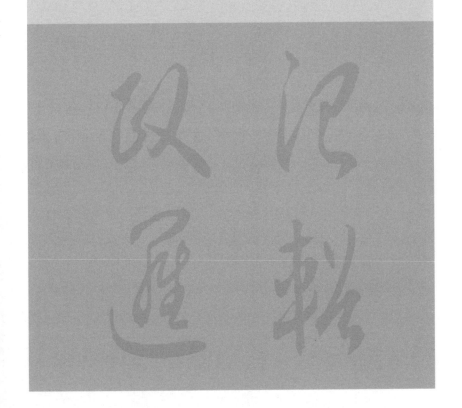

인류운명공동체는 중국이 신시대에 접어들면서 중국과 세계의 관계, 세계질서에 관한 위대한 구상이다. 인류운명공동체 개념은 중국 공산당 제18차 당대회에서 제기되었다. 이후 5년의 발전과 탐색과정을 통해 제19차 당대회에서 인류운명공동체의 추진과 건설은 신시대 중국 특색 사회주의를 견지하고 발전시키기 위한 14개 기본방침의 수준으로 격상되었고, 시진핑 신시대 중국 특색 사회주의 사상의 중요한 구성 부분이 되었다. 다시 말해, 인류운명공동체의 건설은 중국 국가 거버넌스의 중요한 한 범주가 되었다.

중국은 이미 세계와의 관계에서 새로운 역사적인 위치에 놓여 있다. 신시대 중국 국제질서 구상의 일환인 인류운명공동체는 외교 범주에 그치는 것이 아니라, 해당 개념의 등장과 발전은 이미 중국과 세계의 정치, 외교, 문화 관계에서 발생하고 있는 근본적인 변화를 나타내고 있다. 중국의 국가 거버넌스와 글로벌 거버넌스가 새로운 논리를 바탕으로 상호작용하고 있기 때문이다. 신시대 중국에 있어서 국가 거버넌스와 글로벌 거버넌스 간의 관계는 단순한 상호영향, 상호의존의 관계가 아니다. 글로벌 거버넌스는 이미 나날이 국가 거버넌스의 중요한 범주가 되고 있으며, 국가 거버넌스는 인류사회가 보다 보편적으로 연결되는 조건과 상태에서 진행될 것이다. 국가 거버넌스의 주제는 점차 국내정치주도형에서 국내외통합형으로 전환될 것이며, 국가 거버넌스의 패러다임 또한 갈수록 국가 거버넌스 위주에서 국가 거버넌스와 글로벌 거버넌스가 유기적으로 통일되는 형태로 전환될 것이다. 이와 동시에, 국가 거버넌스는 국가의 효과적인 거버넌스에 더욱 의존하게 될 것이다. 국가의 효과적인 거버넌스란 인류사회 발전과 거버넌스의 규율을 탐색하는 새로운 경험과 경로를 제시하고, 글로벌 거버넌스상에서 공공재(물질, 제도, 가치의 공급)를 생산하는 국가 능력과 소프트 파워의 근본적인 자원을 목적으로 한다. 이에 중국에서 인류운명공동체는 일종의 거버넌스 범위, 거버넌스 이념, 거버넌스 주제, 거버넌스 모델의 근본적인 전환을 나타낸다.

인류운명공동체는 일종의 새로운 세계질서를 말한다. 이는 이전과 동일하게 주권국가의 토대 위에서 구축되는 것으로 주권을 초월한 세계정부가 계급과 국가를 없애는 '자유인의 연합'을 추구하지 않는다. 다만, 패권적, 냉전적, 위계적 질서를 거부하고 초월한 새로운 질서를 말하는데, 이는 기존 질서를 전복하는 방식으로 이루어지는 것이 아니라 일종의 점진적인 개혁을 통해 이루어질 것이다. 인류운명공동체의 실현 측면에서 기존 국제관계와의 근본적인 차이점은 협력 공영을 중심으로 한 신형국제관계라는 것이다. 이 새로운 질서의 개념은 중국의 현대 국가 거버넌스와 대외관계 경험뿐만 아니라, 중국 문화의 자신감 회복을 바탕으로 한 중국 경험의 발전, 중국 가치와 인류공동가치의 동등한 상호 구조로부터 영감을 받았다. 따라서 세계에 있어 인류운명공동체는 중국의 인류사회의 새로운 질서와 가치에 대한 공헌을 나타낸다. 이는 이상주의적이면서도 현실주의적이며, 그 실질적인 기반은 중국 국가 거버넌스의 발전과 문화적 자신감의 회복에 있으며, 이를 통해 공동체의 일원인 중국과 세계의 관계를 새로운 의미에서 규정지을 수 있다.

1. 인류운명공동체 외연의 확장

인류운명공동체 사상은 18차 당대회 이후 시진핑을 핵심으로 한 당중앙이 중국 특색의 대국 외교를 시작하는 실천 과정에서 점진적으로 발전하여 형성되었다. 이 사상은 신중국의 서로 다른 시기에 제기된 외교사상을 계승하고 발전시키는 기초 위에서 형성되었다.[1] 신중국 성립 이후의 대외전략이념(가령, 평화공존 5개 원칙, 국제정치경제 신질서의 수립, 이데올로기적 노선에 대한 부정, 평화발전의 길, 조화세계 등)을 자양분으로 삼았는데,[2] 이 사상의 직접적인 발단은 '이익의 수렴 지점(利益匯合點)'과 '이익공동체(利益共同體)'이념이다.

(1) '이익공동체'에서 '운명공동체'로

2000년대 중국의 부상 이후, 중국은 국제사회, 특히 미국, 유럽과 같은 국제체제에서 기존 강대국과의 관계를 어떻게 처리할 것인지에 관한 중요한 전략적 문제에 직면했다. 평화굴기 전략 사상을 형성하는 과정에서 중국은 먼저 미국, 유럽, 일본 등 강대국 전략계와의 대화에서 '이익의 수렴 지점'을 확대하고 '이익공동체를 구축'하는 구상을 제시했다.[3] 나아가 중국이 대외관계를 다룰 때, 다양한 분야와 수준에서 '이익의 수렴 지점'과 '이익공동체'를 전방위적으로 구축해야 한다는 제안으로 발전했다.[4] 평화발전의 길에 대한 중국 관료들과 학자들의 논의에서 볼 수 있듯이, '이익의 수렴 지점'과 '이익공동체' 개념은 중국의 평화발전 노선을 위한 전략 사상의 중요한 이론적 토대가 되었다.[5] 2010년 「국민경제 및 사회발전의 제 12차 5개년 규획 제정에 관한 중공중앙의 건의(中共中央關於制定國民經濟和社會發展第十二個五年規劃的建議)」[6]와 2011년 중국정부가 발표한 「중국의 평화발전(中國的和平發展)」백서[7]에 이 개념이 명시되어 중요한 대외정책이 되었다.

'이익의 수렴 지점'과 '이익공동체' 개념의 제기는 사실상 중국이 이데올로기와 사회제도의 차이를 넘어 공동의 이익을 바탕으로 한 대국관계를 구축하려는 이론적, 실천적 탐구를 시도한 것이다. 이익공동체 이념은 인류운명공동체 사상의 초기 단계로 볼 수 있다. 어떤 의미에서 이 개념은 여전히 현실주의 국제관계이론에 기초하고 있으며, 주로 양자관계와 대국관계에 중점을 두고 있다. 이데올로기와 사회제도를 초월해 공동의 이익을 추구해야한다는 점을 강조한 데서 의의가 있으며, 따라서 이익공동체라는 이념은 지정학 개념에 대응하면서도 이를 초월한다.[8]

2011년 9월, 「중국의 평화발전」백서에 '운명공동체'라는 개념이 등장했다. 백서는 국제사회가 운명공동체라는 새로운 관점으로 같은 배를 타고 협력공영(合作共贏)이라는 새로운 개념을 가져야 한다고 지적한다. 구체적으로 다양한 문명 간의 교류와 상호 이해의 새로운 국면, 인류의 공동이익과 공동가치의 새로운 의미, 다양한 도전과제를 해결하고 포용적인 발전을 달성하기 위해 각국이 협력할 수 있는 새로운 방법을 모색해야 한다고 주장한다.[9] 이 개념은 공통 이익의 기초에 공통 가치의 범주를 추가한다. 1년 후 발표된 중국공산당 제18차 전국대표대회 보고서에는 '인류운명공동체'라는 개념이 명확하게 제시되어 있다. 중국공산당 18차 전국대표대회 보고서에 따르면, 협력공영은 인류운명공동체 의식을 고취하고, 자국의 이익을 추구하는 과정에서 다른 국가의 합리적인 우려를 고려하고, 자국의 발전을 추구하면서 모든 국가의 공동발전을 촉진하고, 보다 평등하고 균형 잡힌 파트너십을 구축하고, 같은 배를 타고 협력하여 인류의 공동 이익을 위해 힘과 책임을 공유하는 것을 의미한다고 지적했다.10) 백서와 중국공산당 제18차 전국대표대회 보고서에 이르기까지, '인류운명공동체'의 개념은 주로 중국 대외정책의 범주이며, 전체 국제질서에 대한 체계적인 구상은 아직 형성되지 않았다.

(2) 국가 거버넌스의 중요한 범주로서의 인류운명공동체

중국공산당 제18차 전국대표대회 이후 중국외교는 실천과 이론 모두에서 새로운 시기로 접어들었다. 중국 특색 대국외교의 실천과 시진핑 외교사상을 형성하는 새로운 역사적 과정에서 '인류운명공동체'는 하나의 개념에서 끊임없이 심화, 발전 및 체계화되었다. 2013년 3월, 시진핑 주석은 모스크바 국제관계학원 강연에서 세계 각국의 상호의존도가 그 어느 때보다 깊어졌으며, "당신 속에 내가 있고, 내 안에 당신이 있다(你中有我, 我中有你)는 운명공동체가 되어가고 있다"고 말했다.11) 새로운 세계질서에 대한 중국의 설명 가운데 상호의존의 운명공동체는 중요한 특징으로 간주된다. 이후 몇 년 동안 시진핑은 중국-아세안 운명공동체, 주변 운명공동체, 아시아태평양 운명공동체, 중국-아랍 운명공동체, 중국-라틴아메리카 운명공동체, 아시아 운명공동체, 중국-아프리카 운명공동체 등 지역별로 역내 운명공동체를 구축해야 한다고 주장했다.12) 이러한 지역 운명공동체의 주장에서 몇 가지 구체적인 내용과 구축방법이 제시되기 시작했다.

2015년 9월, 유엔 창립 70주년을 기념하는 제70차 유엔총회 일반토론에서 시진핑은 「협력공영의 새로운 파트너 구축, 동심으로 인류운명공동체 조성(攜手構建合作共贏新夥伴同心打造人類命運共同體)」이라는 제목의 연설을 발표했다. 해당 연설을 통해 인류운명공동체의 '오위일체(五位一體)'의 함의를 다음과 같이 설명했다. ① 각국이 서로를 동등하게 대하고 상호 협의하고 상호이해를 보여주는 파트너십을 구축, ② 공정하고 정의로우며 공동으로 기여하고 공동으로 이익을 얻는 안보구조를 구축, ③ 모두에게 혜택을 주는 개방적이고 혁신적이며 포용적인 발전을 추진, ④ 문명 간의 교류를 확대하여 조화와 포용, 차이에 대한 존중을 강화, ⑤ 자연과 녹색발전을 우선하는 생태계를 구축해야 한다는 점을 강조했다.13) 이는 사실상 국제질서에 관한 중국의 기본 구상을 비교적 체계적으로 제시한 것이다. 이후 시진핑은 제2차 세계 인터넷 대회(World Internet Conference, WIC)와 워싱턴 핵안보정상회의(Nuclear Security Summit, NSS)에서 연이어 '사이버 공간 운명공동체(網絡空間命運共同體)', '핵안보 운명공동체(核安全命運共同體)' 등 분야별 운명공동체를 구축하자는 주장을 제기했다. 2017년 1월 시진핑은 유엔의 제네바 본부 연설에서 인류운명공동체의 '오위일체'에 대한 해석을 더욱 심화하여 구체적인 실현 경로를 제시했다.14) 2017년 2월, '인류운명공동체 구축'이 유엔사회개발위원회(Commission for Social Development, CSOCD)의 '아프리카 개발을 위한 새로운 협력 관계의 사회적 측면(Social Dimension of New Partnership for Africa's Development(NEPAD))'결의에 포함되었다. 이는 처음으로 인류운명공동체 이념이 유엔 결의에 포함된 것이다. 인류운명공동체는 중국의 대외정책 범주에서 세계질서와 인류사회의 발전 경로에 대한 범주로 발전했으며, 점차 세계적으로 광범위한 반향을 불러일으켰다.

중국공산당 제19차 전국대표대회에서 신시대 중국 특색 사회주의 이론과 실천을 체계적으로 정리할 때, '인류운명공동체 구축 추진을 견지해야 한다'는 내용은 중국 특색 사회주의를 발전시키기 위한 14개 기본 방침 중 하나로 언급된다. 이로 인해 인류운명공동체 구축은 신시대 중국 특색 사회주의의 기본 특징과 연계될 뿐만 아니라, 신시대 중국 특색 사회주의를 건설하기 위한 목표와 경로의 일환으로 중국 국가 거버넌스의 중요한 범주가 되었다.

2. 국가 거버넌스와 글로벌 거버넌스의 유기적 통일

인류운명공동체는 초기에 양국관계, 특히 대국관계를 다루는 이념으로 시작하여 점점 포괄적인 대외정책 개념으로 확장되었다. 이는 국제질서에 대한 중국의 체계적인 구상과 구체적인 주장을 형성하고 신시대 중국 특색 사회주의의 기본 방침이 되었는데, 중국의 부상을 배경으로 국가 거버넌스 논리와 글로벌 거버넌스 논리의 상호작용을 드러낸 것이다. 국가와 국제체제 간의 관계가 조정되는 과정에서 국가 거버넌스와 글로벌 거버넌스 간의 관계도 본질적으로 조정된다. 인류운명공동체의 정치 논리는 국가 거버넌스와 글로벌 거버넌스의 건전한 상호 구축과정에서 양측의 유기적 통일이 형성된다는 것이다. 중국의 정치적 실천은 근대 이후 서방 국가로 대표되는 강대국의 국가 거버넌스와 글로벌 거버넌스 간의 긴장관계를 타파하고 국가와 세계의 관계 방면에서 정치의 유기적 통일과 조화로운 공생을 실현했다.

(1) 중국과 세계 관계의 새로운 좌표

인류운명공동체가 제시할 수 있는 조건은 중국과 세계 관계의 새로운 역사적 좌표이다. 중국공산당 제19차 전국대표대회 보고서는 장기적인 노력 끝에 중국 특색 사회주의가 새로운 시대에 진입했으며, 이는 중국 발전의 새로운 역사적 좌표라고 밝혔다. 이 역사적 방향은 국내적 함의와 세계적 함의 모두를 가지고 있는데, 여기서 그 세계적 함의란 중국과 세계 관계의 새로운 역사적 방향을 말한다. 중국공산당 제19차 전국대표대회 보고서는 중국이 세계 평화의 건설자, 전 지구적 발전의 기여자, 국제질서의 수호자 역할을 수행했다고 제시한다. 1949년 신중국 성립에서 1978년 개혁개방, 그리고 중국 특색 사회주의의 신시대로 접어들기까지 중국과 세계의 관계는 큰 변화와 조정을 겪어왔다. 국제체제의 혁명가이자 구(舊)국제질서의 반대자에서 국체체제와 국제질서에 대한 적응자이자 통합자, 참여자, 개혁자[15]로 변화했으며, 이후 수호자, 건설자, 기여자, 선도자가 될 때까지 중국과 세계의 관계는 근본적인 변화를 겪었다. 중국 특색 사회주의의 신시대는 다음과 같은 특징을 가진다. ① 선인들의 위업을 이어받아 미래를 개척하고 새로운 역사적 상황 속에서 계속해서 중국식 사회주의의 위대한 승리를 이룩하는 시대이다. ② 소강(小康, 중산층) 사회를 전면적으로 실현하는 데 있어서 결정적 승리를 이룩하고 나아가 사회주의 현대화 강국을 전면적으로 건설하는 시대이며, ③ 각 민족이 단합 분투하여 끊임없이 아름다운 삶을 창조하며 모든 인민의 공동 번영을 점진적으로 실현하는 시대이며, ④ 모든 중화인들이 일심협력으로 중화민족의 위대한 부흥이라는 중국의 꿈을 실현하기 위하여 분투하는 시대이다. 마지막으로, ⑤ 중국이 날로 세계 무대의 중앙으로 다가서며 끊임없이 인류를 위해 더 큰 공헌을 하는 시대이다.[16]

'중국이 나날이 세계 무대의 중앙으로 다가서며 끊임없이 인류를 위해 더 큰 공헌을 하는 시대'라는 것은 새로운 시대의 중국과 세계 관계의 새로운 역사적 좌표를 말한다. 세계 무대의 중앙에 갈수록 가까워진다는 것은 중국의 국력과 국제적 위상이 전례 없이 높아졌고, 근대 이후 오랜 시련을 겪은 중화민족이 일어서고(站起來) 부유해지며(富起來) 강해지는(強起來) 위대한 도약을 맞이했다는 의미이다. '끊임없이 인류를 위해 더 큰 공헌을 한다'는 것은 중국의 국제적 책임과 국제적 공공재를 제공할 의지와 능력이 이전보다 향상되었음을 의미한다. 중국의 이익, 중국의 주장, 중국의 방안, 중국의 행동은 국제사회의 주목을 받고 있으며 국제적 형세의 발전과 흐름에 점차 더 큰 영향을 미치고 있다.[17] 이러한 새로운 역사적 조건에서만 중국은 글로벌 거버넌스에서 진정한 발언권과 주체적인 역할을 갖게 되며, 중국이 제시한 글로벌 질서에 대한 구상과 주장도 실질적인 의미를 갖게 될 것이다. 중국이 일어서고, 부유해지고, 강대해지는 위대한 도약 없이, 그리고 중국 특색 사회주의가 개척한 현대화 경로와 사회주의 현대화 강국의 건설 없이 중국과 세계 관계의 새로운 역사적 방향도 노정할 수 없다. 그런 의미에서 중국의 강대함, 중국식 현대화라는 새로운 길의 개척과 인류 문명의 새로운 형태의 개척이 없었다면, 인류운명공동체를 제시하고 실천하는 현실적인 기반도 없다.

중국공산당의 역사적인 사명은 중국 인민을 지도하여 민족 독립, 인민해방과 국가의 부강, 인민의 행복을 도모하는 것에서 나아가 중국식 현대화의 새로운 길과 인류 문명의 새로운 형태를 창조하고 인류사회의 거버넌스와 행복을 탐구하는 것으로 확장되었다. 이는 중국공산당의 국가 거버넌스와 글로벌 거버넌스에 대한 탐구가 새로운 단계에 이르렀고 인류사회의 발전 법칙에 대한 이해와 파악이 새로운 단계에 이르렀음을 의미한다.

(2) 중국 국가 거버넌스 경험의 발전

인류운명공동체 구상은 중국 국가 거버넌스 관행과 이론에서 영향을 받았으며, 중국 국가 거버넌스 경험의 발전 결과이다. 인류운명공동체의 사상 발전과 심화 과정을 보면 이 체제적 구상은 신중국, 특히 개혁개방 이후 중국의 국제질서에 대한 주장을 계승하고 창조적으로 발전시킬 뿐만 아니라 새로운 역사적 단계에서 중국의 거버넌스 체계와 관련 이념에 대한 새로운 인식과 새로운 경험을 반영하고 있음을 알 수 있다.

인류운명공동체는 항구적인 평화, 보편적인 안전, 공동 번영, 개방적이고 포용적이며 깨끗하고 아름다운 세계가 건설된 것이다. 정치, 안보, 경제, 문화 및 생태의 '오위일체' 시스템 구축은 중국의 국가 거버넌스 탐색에서 형성된 경제건설, 정치건설, 문화건설, 사회건설, 생태문명건설의 '오위일체'의 종합적인 구조에서 영향을 받았다. 중국은 지속적인 시행착오 속에서 발전모델과 거버넌스 방식을 조정하였고, 이를 통해 국가 거버넌스 시스템의 기본적인 틀이 개선될 수 있었다. 중국공산당 제18차 전국대표대회 중국 경제성장 방식의 변화는 글로벌 경제 거버넌스에 대한 중국의 개념적 제안에 변화를 가져왔다. 국가 거버넌스에서의 생태문명건설 차원의 도입과 이에 대한 강조는 중국이 글로벌 생태 시스템의 건설을 옹호하는 더욱 직접적인 주장으로 전환되었으며, 중국은 글로벌 생태 거버넌스에서 점차 더욱 두드러진 역할을 수행했다.

또한, 중국 국가 거버넌스의 발전과 성공은 글로벌 거버넌스에 대한 중국의 주장을 더욱 설득력 있고 매력적으로 만들었다. 서구 국가들은 그들의 국가 거버넌스 측면에서의 성공을 통해 그동안 그들의 발전모델, 정치체제, 국제질서에 대한 주장을 공고히 해왔으며, 이를 바탕으로 비서구 국가들의 거버넌스 경험과 국제질서에 대한 주장을 경시하고 과소평가하거나, 심지어 이를 왜곡하고 훼손하기도 했다. 2008년 글로벌 금융위기 이후, 특히 최근 몇 년 동안 서구사회의 거버넌스 영역에서의 결함이 점차 관찰되면서 국가와 지역 거버넌스 및 글로벌 거버넌스의 위기가 자주 발생했다. 이에 반해, 중국과 같은 신흥국가의 발전과 진보는 이와 극명한 대조를 이루었다. 천즈민(陳志敏)은 중국 국가 거버넌스 모델의 특수성으로 인해 다른 국가들의 이에 대한 모방 가능성은 낮지만, 중국의 성공이 보편적인 교훈을 가져왔다고 주장한다. 그는 이러한 거버넌스 모델을 "책임 있는 국가 거버넌스"로 개략적으로 표현했다. 이는 국가가 먼저 자국 내부의 일을 잘 처리하고, 내부 발전과 세계 발전 간의 유기적인 조정을 통해 대내외 정책으로 인해 부정적인 외부효과가 외부로 수출되는 것을 방지하는 것을 의미한다.[18] 쑤창허(蘇長和)는 서방 국가의 적대적인 제도 시스템의 불확실성이 조약을 준수하는 데 있어 부정적인 영향을 미치고 국제협력의 효율성을 크게 떨어뜨리며 글로벌 거버넌스의 비용을 증가시킨다고 지적했다.[19] 중국과 서구의 국가 거버넌스 경험을 비교했을 때, 중국의 효율성은 국제사회에서 점차 인정받고 있는 상황이다.

중국 국가 거버넌스의 발전과 성공적인 경험은 중국 특색 사회주의의 경로, 이론, 제도 및 문화가 계속 발전하여 개발도상국이 현대화를 향해 나아갈 수 있는 선택지를 넓혔고, 독립성을 유지하면서 발전을 촉진시키고자 하는 전 세계의 국가와 민족에게 새로운 가능성을 제공했다. 인류의 발전문제에 대한 중국의 지혜와 중국식 해결책을 제공한 것이다.[20]

(3) 국가 거버넌스에 포함된 글로벌 거버넌스

글로벌 거버넌스는 중국 국가 거버넌스에서 더욱 중요한 영역이되고 있으며, 이에 중국 국가 거버넌스의 개념, 주제 및 패러다임이변화하고 있다. 중국에 있어서 지난 40년의 개혁개발과정은 중국이지속적으로 외부 세계에 개방하고 중국과 세계 간의 상호의존성을심화시키는 과정 중 하나였다. 전면적인 개방 구도가 전방위적이고다층적이며 광범위한 분야에서 형성되면서 한편으로는 중국 국가이익의 시공간적 범위가 확대되었으며, 다른 한편으로는 외부 세계가중국의 경제 및 사회에 미치는 영향력이 심화되었다. 경제, 사회, 안보, 문화, 생태환경의 대내외 연계와 상호영향력이 깊어졌고, 내정과외교의 연계와 상호작용 또한 그 어느 때보다 긴밀해져 대내외의기회와 도전이 얽혀 있는 상황이다. 이러한 맥락을 고려하여 중국은대내와 대외라는 두 가지 큰 구조를 통합적으로 고려할 것을 제안한다. 해당 이해는 국내와 국외로 구분되어 고려되던 시장과 자원, 관련규칙들을 총괄하고 운용하는 것으로 발전했다.[21] 중국 국가 거버넌스의 규모와 의미는 근본적으로 변화했으며, 글로벌 거버넌스는 중국 국가 거버넌스에서 중요한 범주가 되었다.

글로벌 측면에서 중국의 국력이 지속적으로 상승하고 세계에 미치는 영향이 증가하면서 국제 문제 및 글로벌 거버넌스에 대한 중국의 참여 범위가 확장되고 그 깊이가 심화되었으며 중국이 부담하는 국제적인 책임과 의무도 증가했다. 중국 거버넌스가 직면한 시공간적 범위와 문제는 이미 한 국가의 범위를 넘어섰다. 이러한 측면은 외부 세계의 기대에서 비롯되었다. 특히 미국과 유럽과 같은 전통적인 강대국들의 공공재 제공 능력과 의지가 상대적으로 감소하고 보호주의와 포퓰리즘이 제기되면서 글로벌 거버넌스 공공재의 적자 문제가 발생하고 있기 때문이다. 물론 미국과 유럽 국가들은 글로벌 문제에서 한때 지배적이었던 위치를 포기하지 않으려 하기 때문에 중국의 역할 확대에 대한 양면적인 태도를 취하고 있다. 반면에 이는 중국이 주도적으로 국제적인 책임을 지고 글로벌 문제에 적극적으로 참여하며 글로벌 거버넌스 시스템의 변화를 촉구한 긍정적인 결과이기도 하다. 글로벌 거버넌스의 후발 주자인 중국은 융합, 학습, 변화라는 쉽지 않은 과정을 통해 점차 글로벌 거버넌스의 주역으로 성장했다. 이 과정에서 전지구적 문제에 참여하고 글로벌 거버넌스 역량을 강화하며 글로벌 거버넌스 시스템의 변화를 촉진하는 것이 중국 국가 거버넌스의 새로운 과제가 되었다.

중국 국가 거버넌스는 규모와 함축성, 사명과 책임, 도전과 기회의 측면에서 모두 근본적인 변화를 겪었다.22) 국가 거버넌스 시스템과 거버넌스 능력의 현대화 목표는 중국의 새로운 역사적 위치, 새로운 목표와 사명, 새로운 공간적 환경을 기반으로 한다. 이런 의미에서 글로벌 거버넌스 역량은 국가 거버넌스 역량의 현대화에 필수불가결하며, 글로벌 거버넌스는 국가 거버넌스 시스템의 현대화에서 중요한 위치를 차지해야 한다. 이를 바탕으로 국가 거버넌스 시스템과 역량을 현대화한 중국이 '끊임없이 인류를 위해 더 큰 공헌'을 할 수 있을 것이다.

인류운명공동체 사상의 등장은 중국의 폐쇄적인 국가 거버넌스 개념이 개방적으로 바뀐 것을 의미한다. 또한, 국가 거버넌스의 패러다임이 국가 주도의 형태에서 국가 거버넌스와 글로벌 거버넌스의 유기적인 통합의 형태로 전환되었음을 나타낸다.

(4) 대내외 거버넌스의 유기적 통합

국내 정치의 토대 없이는 국가 및 글로벌 거버넌스의 유기적 통합을 달성할 수 없다. 중국과 세계 간의 유기적이고 통일된 거버넌스는 '천하위공(天下為公, 공동선을 위한 세계)'이라는 정치철학,* 다당협력과 정치적 협의의 정당체제, 공정성(公道)의 원칙에 따라 조직된 정부, 사회주의 민주 정치와 협력 및 협의의 제도적 시스템을 기반으로 한다.23) 중국의 정치철학, 정치 및 제도 시스템은 국가 거버넌스와 글로벌 거버넌스가 유기적으로 통합될 수 있는 기반을 구성한다.

중국의 강대국 외교 이상은 본질적으로 중국 정치사상과 일치하는데, 그 기원은 '위공(為公, 공동선을 위한다)'이라는 관점에서 세계를 이해하고 변화시키는 데 있으며, 궁극적으로 전 세계가 공동선을

---

* 천하위공(天下爲公)은 『공자가어(孔子家語)』 제32편 「예운(禮運)」의 운용에 "大道之行, 天下爲公"의 내용을 바탕으로 한다. 이는 대도가 행해지던 때에는 천하 사람들이 모두 공정한 것으로 해석될 수 있으며, 본문에서는 '공동선 혹은 공공을 위한 세계'의 의미로 해석했다.

위한 질서를 확립하는 것을 목적으로 한다. 천하위공의 관점에서 세계를 이해하고 변화시킬 것인지, '천하위사(天下爲私, 사적 이익을 위한 세계)'의 관점에서 세계를 이해할 것인지에 따라 서로 다른 정치 및 외교 철학을 보여준다. 인류운명공동체를 구축하기 위해서는 천하위공이라는 국제질서를 확립해야 한다. 더 많은 국가가 외부 세계와의 관계에서 공도(公道, 공정한 방식)를 따를수록 이들 사이에 형성된 공동체 질서는 운명공동체가 형성될 때까지 점차 확장될 것이다. 중국공산당의 지도하에 다당협력과 정치적 협의가 진행되는 정당체제는 중국이라는 새로운 유형의 강대국에 있어 서구에 비해 일관된 외교정책의 기반과 안정적인 기대치를 제공한다. 이는 중국이 새로운 유형의 정당체제를 통해 서구 국가의 당파싸움이 외교정책과 그 일관성에 미치는 부정적 영향을 피할 수 있기 때문이다. 중국 정부는 공도에 따라 국가 거버넌스를 운영하고 국제무대에서 국익과 국제사회의 공동이익에 부합하는 원칙에 따라 국제적 사안의 시비를 판단한다. 공도라는 중국정부의 본질적인 속성은 중국 대국외교의 이익관, 역할관, 책임관으로 규정하는데, 이는 외교에서 공정과 정의를 견지하고 공인된 지침을 준수하며 국제적 책임을 지는 것을 의미한다. 중국의 사회주의 민주정치는 국제관계의 민주화에 새로운 함의를 가진다. 구체적으로 이는 국제적 사안에 있어 각국이 함께 의논하여 처리해야 하며, 민주적인 국제관계는 특정한 정체를 바탕으로 해야만 이루어지는 것이 아니라 주권국가의 책임을 기초로 해야 한다고 강조한다. 적대적인 제도 시스템에 비해 중국의 협력적 협의의 제도 시스템은 국제협력의 지속 가능한 발전을 위한 보다 신뢰할 수 있는 국내 시스템의 지원을 제공한다. 중국 대국외교의 발전경로와 정치발전의 길은 논리적으로 일관되며, 상호 연결되어 있다.[24]

따라서 천하위공을 통해서만 국가이익과 국제사회의 이익 간의 조정과 균형과, 국가 거버넌스와 글로벌 거버넌스의 유기적인 통합을 진정으로 실현할 수 있다.

3. 주권국가 간 협력과 공영의 글로벌 거버넌스

인류운명공동체는 중국이 새로운 역사적 위치에서 가진 세계질서에 관한 구상이자, 중국이 참여하고 선도하여 글로벌 거버넌스 시스템의 변혁을 추진하는 현실적인 방안이기도 하다. 인류운명공동체라는 질서의 이상을 글로벌 거버넌스로 전환하는 새로운 계획은 중국 특색 정치체제의 국제적인 사명이다. 세계가 지난 100년 동안 볼 수 없었던 큰 변화를 겪고 있는 지금 시점에 이러한 계획은 현재와 미래의 국제질서 구축을 위해 패권 논리를 초월하는 일련의 개념과 경로를 제시한다. 국제체제에서 부상하고 있는 국가 행위체인 중국이 옹호하는 국제질서와 그 실현방식은 기존 질서를 초월하는 것이지, 기존의 국제체제와 국제질서를 완전히 전복시키려는 것이 아니다. 인류운명공동체의 외교 논리는 주권국가에 기반을 두고 상호의존적인 국제체제에서 점진적인 개혁을 통해 협력과 공영의 방식으로 글로벌 거버넌스를 실현하는 데 있다. 인류운명공동체는 글로벌 거버넌스에서 유기적인 정치를 열어준다.

(1) 인류운명공동체와 세계화

인류운명공동체의 전제조건은 세계화이다. 세계화는 인류사회와 국가 간의 관계를 긴밀하게 만들었다. 세계화 없이 인류사회는 '당신 속에 내가 있고, 내 안에 당신이 있다'는 운명공동체가 되지 못했을 것이다. 마찬가지로, 인류운명공동체는 인류사회가 연결되어 있고 상호의존적인 환경에서만 실현될 수 있다. 인류운명공동체의 개념은 중국이 세계화를 인정하고 받아들이는 현실에 기초하고, 중국이 세계화의 반대자, 방관자, 배회자에서 세계화의 수용자, 참여자, 선도자 및 관리자가 되어 주도적으로 세계화를 추진하고 조성하는 과정을 시작하는 데에 기반을 두고 있다. 급속한 세계화로 인해 전 지구적 문제가 점점 두드러지고, 세계화의 시작점인 미국과 유럽의 선진 자본주의 국가에서 세계화에 대한 의문과 반대가 시작되고 보호무역주의와 포퓰리즘이 대두되고 있을 때, 인류운명공동체 개념이 제시되었다. 세계화의 긍정적인 효과와 부정적인 효과는 인류 발전의 기회를 제공했을 뿐만 아니라, 전 지구적 문제를 더욱 첨예하게 만들어 세계화와 반세계화라는 두 가지 선택 사이의 대립으로 이어졌다.[25] 이러한 논쟁에서 중국은 세계화 발전의 역사적 흐름에 따라 경제적 세계화에 대해 다음과 같이 인식했다. "경제적 세계화는 사회 생산성 발전의 객관적인 요구 사항이자, 과학기술의 진보에 따른 필연적인 결과로 어떤 사람과 국가가 인위적으로 만든 결과가 아니다. 경제적 세계화는 세계 경제의 성장에 강력한 원동력을 제공하고 상품과 자본의 흐름, 과학기술과 문명의 발전, 각국 인민의 교류를 촉진했다. (…) 여러 나라 경제에서 자본, 기술, 제품, 산업, 사람의 흐름을 인위적으로 차단하고 세계 경제라는 바다가 하나의 고립된 호수나 강으로 되돌아가도록 하는 것은 불가능하며, 역사의 흐름과도 일치하지 않는다"고 보았다.[26] 세계가 직면한 혼란에 대해서 세계화를 비난해서는 안 된다. "현재 세계를 괴롭히는 많은 문제는 경제 세계화로 인한 것이 아니다. 예를 들어, 지난 몇 년 동안 중동과 북아프리카에서 시작된 난민 물결이 전 세계를 휩쓸었고, 수백만 명의 사람들이 이주하고 심지어 적지 않은 어린아이들이 길을 가다가 바다에 빠져 목숨을 잃기도 해 우리를 안타깝게 했다. 이 문제의 원인은 전쟁과 충돌, 지역 불안정이다. 이 문제를 해결하는 방법은 평화를 찾고, 화해를 촉진하고, 안정을 찾는 것이다. 또 다른 예로, 국제금융위기는 경제 세계화의 불가피한 결과물이 아니라, 금융자본의 과도한 이익 추구와 금융감독의 심각한 부족으로 인한 결과물이다. 세계를 괴롭히는 문제를 단순히 경제 세계화 탓으로 돌리는 것은 사실과 다르며, 문제 해결에 도움이 되지 않는다."27)

이러한 상호 연결(互聯互通)의 상태는 국제관계에서 권리, 이익, 책임의 개념도 재정의하고 있다. 국가 주권의 기본 원칙이 변하지 않는 조건에서 권리, 이익, 책임 등은 이전보다 상호 연결성을 그 특징으로 하며, 이에 국제관계 영역에서 점점 더 많은 관련 권리(關聯權利), 관련 이익(關聯利益), 관련 책임(關聯責任)이라는 표현이 등장하고 있다. 약육강식, 제로섬 게임, 배타적 동맹, 독점과 같은 낡은 개념과 방법은 이미 시대의 흐름과 맞지 않고, 상호 연결 시대의 국제관계 발전에 저해요소로 작용한다.28)

(2) 인류운명공동체와 전 지구적 문제에 대한 해결책

인류운명공동체라는 개념은 세계화로 인해 제기된 문제에 대한 해결책을 제시하려는 시도이다. 세계화가 가져온 보편적 상호의존성은 국제관계에서 권리, 이익, 책임을 재정의했고, 국가들의 권리, 이익, 책임은 점점 더 상호 연관되어 있으며, 이것이 바로 인류운명공동체라는 개념의 출현을 촉진하고 있다.29) 국가 간 자본, 기술, 제품, 산업, 사람의 흐름을 인위적으로 차단하고 고립과 폐쇄로 돌아가는 것은 세계화에 의해 발생한 문제를 해결할 수 없고 역사의 흐름에도 부합하지 않는다.30) 인류운명공동체 개념은 인류사회가 보편적으로 연결된 본질에 따른다. 정치, 경제, 안보, 생태가 상호 연결된 시스템에서 세계화에 적응하고 이를 인도하며, 세계화의 부정적인 영향을 제거하여 모든 국가와 국민에게 혜택을 주는 것을 목표로 한다.

중국은 현재 전 지구적 문제 해결과 글로벌 거버넌스에 있어서 거버넌스 적자(治理赤字), 신뢰 적자(信任赤字), 평화 적자(和平赤字), 발전 적자(發展赤字)라는 네 가지 결핍이 있다고 지적하며, 이를 해결하기 위한 방안을 제시한다.31) 먼저 공동논의, 공동건설, 공동향유의 글로벌 거버넌스 가치관(共商共建共享的全球治理觀)으로 거버넌스 적자 문제를 해소하고자 한다. 구체적으로 모든 국가의 국민들이 참여한 협의를 통해 전 지구적 문제를 해결하며 글로벌 거버넌스 규칙의 민주화를 적극적으로 추진하자는 내용이다. 공동논의(共商)는 결책민주(決策民主)를, 공동건설(共建)은 책임민주(責任民主)를, 공동향유(共享)는 분배민주(分配民主)를 말하는 것으로 글로벌 거버넌스에 대한 중국의 관점은 결책, 책임 및 분배의 전 과정에서의 민주를 구현하는 것이다. 다음으로 서로 평등하게 대우하고 의리와 이익을 겸비하고 의리를 우선으로 하는 신의리관(新義利觀)과 서로 평등하게 살피고 대화하고 포용하는 신문명관(新文明觀)을 통해 신뢰 적자를 해결할 수 있다. 상호 존중의 태도와 함께 대화와 협상을 견지하여 전략적 상호 신뢰를 높이고 상호 불신은 줄일 수 있다. 다양한 문명 간의 교류와 대화를 강화하여 모든 국민이 서로를 인식하고 존중할 수 있다. 협의와 대화의 방법을 통해 국가 간의 관계, 문명 간의 관계, 전 지구적 문제를 처리하는 것은 중국이 옹호하는 기본적인 행동 방식이다. 또한, 평화 적자는 냉전적 사고와 제로섬 게임, 약육강식의 법칙을 버리고 무력을 사용하거나 무력으로 위협하는 방법보다 평화적인 방법을 통한 분쟁 해결을 고집하는 신안보관(新安全觀)을 통해 해결될 수 있다. 중국은 스스로의 발전과 대내외 정책을 통해 평화발전의 길을 실천할 뿐만 아니라 각국이 함께 평화발전의 길을 걸어 세계의 장기적인 안정을 추구해야 한다고 주장한다. 마지막으로, 개방, 포용, 보편, 균형 및 공영을 특징으로 하는 글로벌 발전관(全球發展觀)을 통해 발전 적자가 해결될 수 있다고 주장한다. 구체적으로 개방형 세계 경제와 다자간 무역 체제를 견지하고, 혁신 주도의 발전모델과 보편적 혜택의 분배모델을 강조하며, 세계경제의 성장을 촉진하고 공동발전을 실현할 것을 그 내용으로 제시한다.

(3) 인류운명공동체와 주권국가의 거버넌스

인류운명공동체는 주권국가의 효과적인 거버넌스를 기반으로 하는 시스템이다. 인류운명공동체와 이전의 글로벌 거버넌스는 거버넌스 주체의 측면에서 근본적인 차이가 있다. 이전의 글로벌 거버넌스 논리에서는 다양한 전 지구적 문제가 주권국가의 관할권과 거버넌스 역량을 넘어선다고 보고, 본래 주권국가가 수행해야 할 관리 기능을 비정부기구와 초국가적 네트워크에 의존해야 한다고 인식하는 경향이 있었다. 국가 주권의 배타성을 문제의 근원으로 보고 주권을 대체할 새로운 시스템을 만들거나 지역 정부와 세계 정부를 만들어 주권을 대체해야만 오늘날 세계가 직면한 일련의 전 지구적 문제를 해결할 수 있다고 생각했다.32) 이와 대조적으로 인류운명공동체는 주권 국가가 핵심 통치 기관이 되는 시스템이다. 인류운명공동체는 국가 주권을 초월하는 세계 정부를 구성하려고 하지 않으며, 주권보다 개 인의 권리를 우선시하지 않는다. 또한, 계급이 없어지고 국가가 사라 진 '자유인의 연합체(Association of free people)'와도 구별된다.33)

인류운명공동체는 주권국가를 거버넌스 주체로 삼는 체제이지만, 주권의 평등을 강조하고 주권국가의 효과적인 거버넌스에 기반을 둔다는 두 가지 점에서 이전의 주권국가 체제를 넘어설 것이다. 인류 운명공동체가 주창하는 국제질서는 주권 평등이라는 기본 원칙에 기초하고 있으며 패권주의 질서, 냉전 질서, 위계질서와는 근본적으 로 다르다. 인류운명공동체는 패권체제나 세력권을 구축하는 방식으 로 국익을 실현하는 것을 부정한다. 강권 정치와 패권주의를 부정하 고 국제 문제에서 있어서 국가들은 규모와 상관없이 평등한 주체이 며, 전 지구적 문제는 각 국가의 인민이 상의하여 처리해야 한다고 강조한다. 또한, 모든 인민이 자주적으로 사회제도와 발전의 길을 선택할 권리를 주장하며, 이른바 '인권'을 기치로 내정간섭과 정권교 체를 통해 '거버넌스'를 실현하는 것을 부정하고 국제관계의 기본 규범으로 평화공존 5원칙을 주장한다.

동시에 인류운명공동체는 주권국가의 효과적인 거버넌스가 글로 벌 거버넌스의 기초임을 강조한다. 국가 거버넌스의 수준과 범위는 글로벌 거버넌스의 수준과 범위를 결정하는 가장 중요한 요소다. 현 재 시점의 글로벌 거버넌스가 어려움에 직면한 데에는 여러 가지 이유가 있겠지만, 가장 중요한 것은 국가 거버넌스의 수준과 정도이 다.34) 한편으로 개발도상국과 저개발국의 발전과 거버넌스 문제를 해결하고, 다른 한편으로는 선진국이 수출하는 부정적인 외부효과의 문제를 해결해야 한다. 발전 문제는 오래된 문제이지만, 최근 몇 년 동안 선진국의 거버넌스 효율성이 저하되고 갈등을 외부로 수출하는 모습은 새로운 문제이다.

주권국가를 주체의 핵심으로 삼는다고 해도 국제협력은 일어날 수 있다. 오히려 인류운명공동체는 국가 간 협력을 통한 거버넌스의 실현과 진정한 다자주의를 견지한다. 전 지구적 문제와 글로벌 거버넌스에서 유엔의 권위적 지위와 세계무역기구(WTO), 국제통화기금(IMF), 세계은행(WB), G20, EU 등 글로벌 및 지역 거버넌스에서 정부 간 다자 메커니즘의 역할을 강조한다. 인류운명공동체는 국제제도가 국가에 미치는 일정 수준의 제한적인 역할을 인정하고, 국가의 대내외 문제에 대한 배타적인 관할권을 침해하지 않는 선에서 국가 간의 협력을 구축한다.35)

(4) 국제질서의 점진적 개혁

인류운명공동체는 국제질서와 체제에 대한 점진적 개혁을 말한다. 이는 국제질서에 대한 중국의 생각을 제시하는데, 기존 국제질서와 체제를 완전히 전복하는 것이 아니라 기존 질서를 기반으로 한 개혁이 그 내용이다. 중국은 국제체제에서 자신의 역할을 '세계 평화의 건설자, 전 지구적 발전의 기여자, 국제질서의 수호자 역할'로 명확하게 정의한 바 있다.36) 국제질서의 '수호자'로 중국의 역할은 명확한 방향을 가지고 있으며, 그 핵심은 '중국은 유엔을 핵심으로 하는 국제체제, 유엔 헌장의 목적과 원칙에 기초한 국제관계의 기본 규범, 유엔의 권위와 지위, 국제 문제에서 유엔의 중심 역할을 확고히 수호하는데 있다.'37) 즉, 소위 단극체제와 미국 주도의 국제질서를 지지하지 않는다. 중국의 발전과 부상은 기존 국제질서의 혜택을 받았으며, 중국이 기존 국제질서의 개혁을 지속적으로 추진한 결과이다. 40여 년간의 개혁개방은 중국이 국제체제에 지속적으로 통합되는 과정이면서 중국이 국제체제에 지속적으로 기여하는 과정이기도 하다. 중국의 부상은 '체제 내에서' 실현되었으며, 중국의 이익은 국제체제의 깊은 곳에 내재되어 있다. 세계 2위의 경제대국이자 최대상품교역국인 중국은 경제 세계화와 자유무역의 굳건한 수호자이다.[38] 동시에 체제의 기능과 질서 유지는 중국의 역할에 점점 더 의존하고 있다. 중국과 국제체제 및 질서 사이에는 상호의존과 긍정적인 상호작용의 관계가 발전해왔다. 그러나 제2차 세계대전 이후 형성된 국제질서에서 탄생하여 냉전을 거쳐 지금까지 이어져온 현재의 국제질서는 여전히 역사의 관성과 많은 비합리성으로 인한 문제를 겪고 있다. 특히 국제 권력구조와 규칙체계는 국제권력 분포의 변화과정을 반영하지 못하고 있다. 글로벌 거버넌스에는 민주 적자, 거버넌스 적자, 신뢰 적자, 평화 적자, 발전 적자라는 문제가 산재하고 있다. 인류운명공동체라는 개념을 도입하여 중국이 국제질서와 체제의 혁명보다는 점진적인 개혁을 추구한다는 것을 보여준다.

이러한 점진적인 개혁은 다음 네 가지 영역에서 진행된다.[39] 먼저, 기존 국제제도의 내부 개혁에 집중하고자 한다. 이를 통해 거버넌스 정책 결정의 민주화, 거버넌스 규칙의 공정화 및 거버넌스 역량의 현대화를 점진적으로 실현한다. 거버넌스 정책 결정의 민주화는 신흥국이 거버넌스 정책 결정 과정에서 지위에 상응하는 발언권을 얻고, 소수의 전통적인 강대국이 기존 체제를 주도하거나 심지어 지배했던 불합리한 구조를 바꾸는 것을 목표로 한다. 거버넌스 규칙의 공정성을 확보하기 위해서는 국제 시스템의 핵심규칙이 소수의 전통

적인 선진국의 이익과 가치뿐만 아니라 세계 대다수 국가의 일반적
인 의지와 이익을 보다 포괄적이고 균형적으로 반영할 수 있어야
한다. 마지막으로 거버넌스 역량의 강화는 거버넌스 자원의 공급을
늘리고 다양한 이해관계자의 협력을 통해 기존 시스템의 거버넌스
능력을 향상시켜 다수의 국가가 직면한 공통의 문제에 더 잘 대처하
는 것을 의미한다.

둘째, 기존 국제체제 밖에서 경시되거나 통제될 수 없었던 분야에
서 지역 및 다자주의 틀을 발전시켜 국가 간 협력을 도모하고 새로운
국제 메커니즘을 구축한다. 중국은 중앙아시아에서 상하이협력기구
(SCO)의 설립을 추친하고 신흥대국 간의 브릭스(BRICS) 협력을
촉진했으며, 아세안(ASEAN), 걸프협력회의(GCC), 아프리카 및 라
틴아메리카 국가들과의 협력도 계속해서 심화시켰다. 이러한 신생국
제제도에서 형성된 컨센서스와 정책 결정은 새로운 제도의 민주화를
보여준다. 공영발전의 개념은 새로운 규칙의 공정성을 강조하고 개
발도상국의 상호이익협력은 거버넌스 역량 강화를 촉진한다.

셋째, 새로 구축된 국제 메커니즘은 기존 메커니즘과 상호보완적
인 관계를 형성한다. 새로 구축된 제도는 세 가지 방법으로 기존 제도
를 보완할 수 있다. 첫째, '병행보완형 제도(平行補缺型制度)'이다.
기존 시스템과 병행하여 발전하며 주로 지역제도가 불완전한 곳에서
구축된다. 개발도상국 간의 관계에서나 새로운 의제 분야와 같은 기
존 제도의 사각지대를 말한다. 이러한 새로운 제도는 상호협력을 강
화하고 거버넌스 능력을 향상시키기 위해 관련국의 필요에 따라 자
주적으로 설계될 수 있다. 둘째, '접목 및 상호보완형 제도(嵌套補强
型制度)'이다. 기존 시스템에 접목하여 거버넌스 역량을 강화하고
결함을 보완하는 것을 목표로 한다. 셋째, '미래 선도형 제도(未來引

領型制度)'이다. 지역 내, 다자간, 글로벌 차원에서 보다 진보적인 국제관계모델을 모색하는 것을 말한다. 가령, 상하이협력기구는 '상하이 정신'을 기초로 동맹을 맺지 않고 제3자를 겨냥하지 않으면서도 회원국 간의 협력과 안보를 도모하는 새로운 국제관계의 모습을 보여주고 있다.

넷째, 새로운 제도의 점진적인 제도적 효과를 활용하여 기존 국제제도의 개혁을 강제하고 주도할 것이다. 기존 체제의 주요국들이 신사적인 방식으로 권력을 양보하도록 강제하는 것은 쉽지 않으며, 이를 내부적으로 추진하면서 동시에 외부의 압력을 형성해야 한다. 상호보완적인 외부 제도를 구축하면서 이러한 제도에 경쟁적이고 대체적인 잠재력을 부여할 필요가 있다. 신개발은행(NDB BRICS)과 아시아인프라투자은행(AIIB)이 이러한 잠재력을 갖고 있다. 기존 체제의 개혁이 더디다면, 새로운 국제제도에 더 많은 대안적 잠재력을 부여하여 관련국들이 기존 제도에 필요하고 시기적절한 개혁을 수용하도록 촉구할 수 있다.

(5) 인류운명공동체의 실현 방법

인류운명공동체의 실현 방법은 협력공영이다. 이는 낡은 국제관계의 방식을 정리하고 반성하는 데에 기초하여 제안된 것으로, 중국이 주창하는 신형국제관계의 핵심적인 방법은 협력공영이다. 신형국제관계가 겨냥하고 있는 구식 관계는 패권적 방식, 냉전적 방식으로 제로섬 게임과 승자 독식을 그 특징으로 가진다. 시진핑 주석은 제2차 세계대전의 역사적 교훈을 요약하면서 다음과 같이 언급했다. "제2차 세계대전의 교훈은 약육강식이 인류의 공존을 위한 방법이 아니

라는 것을 알려준다. 군사주의와 힘의 지배는 인류 평화를 위한 길이
아니다. 승자독식과 제로섬 게임은 인류 발전의 길이 아니다. 전쟁
대신 평화, 대결 대신 협력, 제로섬 대신 공영이 인류사회의 평화와
진보, 발전의 영원한 주제다."40) 인류운명공동체라는 개념의 도입은
중국은 패권이나 동맹을 통해 권력을 획득하는 것과 국제관계에서의
이와 같은 행동양식에 반대했음을 보여준다. 중국의 평화적 발전은
'국강필패(國强必霸)'를 타파했는데, 이는 식민지 체제의 구축, 세력
권 쟁탈, 대외무력 확장을 통한 강대국 부상의 전통적인 모델을 말한
다. 중국은 평화발전과 협력공영을 국가 현대화, 국제 문제에 대한
참여, 국제관계 처리의 기본 방법으로 선택했다. 이는 수천 년의 역사
와 문화전통, 경제 세계화와 21세기 국제관계 및 국제안보환경 변화
에 대한 인식, 인류의 공동이익과 공동가치에 대한 인식에 기초하고
있다. 중국은 경제 세계화와 과학기술혁명이 더 많은 국가에 경제발
전과 상호호혜적 협력을 통해 발전을 실현할 수 있는 강력한 역사적
인 조건을 제공했다고 평가한다. 중국의 평화발전은 이러한 세계 발
전의 일반적인 추세를 따르고 있으며, 중국은 점점 더 많은 개발도상
국이 평화발전을 통해 자신의 운명을 변화시키고 선진국이 계속해서
평화적으로 발전하는 것을 지지한다.41)

협력공영은 또한 중국 국내 거버넌스의 협상민주의 방식이 국제관
계에서 구현된 것으로, 이는 국가 대 국가의 관계를 다루는 원칙일
뿐만 아니라, 다자간 글로벌 거버넌스에서 지켜야 할 원칙을 포함한
다. 중국이 제창한 '공동논의, 공동건설, 공동향유(共商共建共享)'는
결책, 책임 및 분배의 모든 측면에서 협력공영의 원칙을 관철시키는
것이다. 그 본질은 결책민주, 책임민주 및 분배민주가 형성되는 전과
정 민주(全過程民主)에 해당한다. 협력공영에 대한 강조는 인류운명

공동체에서 경쟁과 모순의 존재를 부정하는 것이 아니다. 이는 전통적인 강대국의 악의적인 경쟁, 궁극적으로 전쟁과 대결구조로 치달아 승자가 독식하고 약하고 작은 상대를 업신여기는 상황에서 벗어나고자 하기 위함이다. 평화와 협력을 목표로 하면서 국익을 실현하고 문제와 갈등을 해결할 수 있는 수단이라 볼 수 있다.[42]

협력공영은 중국이 주창하는 신형국제관계의 핵심이다. 신형국제관계는 국가 간의 관계에 대한 행위준칙뿐만 아니라 전 지구적 문제 및 글로벌 거버넌스에 관한 기본 행위준칙과 문명 간의 관계를 다루는 기본 행위준칙을 포함한다. 첫째, 강대국 간의 관계에서 비분쟁, 비대결, 상호 존중, 협력공영의 신형강대국 관계를 옹호한다. 둘째, 대국과 소국 간의 관계에서 서로 평등하게 대우하고 의리와 이익을 겸비하고 의리를 우선으로 하는 신의리관을 주장한다. 셋째, 전 지구적 문제 및 글로벌 거버넌스에서 공동논의, 공동건설, 공동향유의 글로벌 거버넌스 가치관을 옹호해야 한다. 넷째, 문명과 이데올로기의 관계에서 문명의 다양성을 존중한다. 문명 교류를 통해 문명 간 격차를 초월하고 문명 간 상호이해를 통해 문명의 충돌을 초월하고 문명 공존을 통해 문명의 우월성을 초월하는 신문명관을 옹호한다. 이는 주권국가의 평등에 기초하면서도 편협한 국가이익과 이념적 분쟁을 초월하는 국제관계의 행위준칙을 제공한다. 이것이 인류운명공동체와 패권 질서, 냉전 질서, 위계적 질서, 동맹 등의 국제관계와 행위방식 간의 근본적인 차이이다.

4. 인류운명공동체의 가치지향

인류운명공동체 제안은 중국과 세계 관계의 새로운 방향만 아니라 문화적 자신감의 회복에 기반을 두고 있다. 문화적 자신감의 회복 없이는 중국의 거버넌스 및 대외관계 실천에서 얻은 경험과 깨달음은 인류사회의 수준에 적용할 수 없었다. 현대적 실천, 역사적 전통, 이데올로기에서 응축된 중국의 가치지향도 국제사회의 기존 가치체계와 긍정적으로 상호작용하거나 국제사회에서 수용할 수 없었다. 따라서 중국 가치의 세계성을 보여주는 것이 인류운명공동체의 가치논리이다. 인류운명공동체의 가치관은 우수한 중국 전통문화, 마르크스주의 이상, 현대 중국 정치사상 및 인류 공통 가치의 유기적 통합을 실현하고 있다.

(1) 인류운명공동체와 문화적 자신감(文化自信)

국제정치의 관념구조는 종종 이익구조와 권력구조를 반영하지만, 권력구조의 변화에 상대적으로 뒤처져 있다. 근대 이후 국제체제에서 서구의 지배적 지위는 서구의 지식체계, 개념구조, 가치지향을 바탕으로 압도적인 우위를 점했고, 이는 심지어 '역사의 종말'이라는 평가를 받기도 했다. 중국은 약자이자 주변부로서 현대의 문화체계와 가치체계에 휩쓸렸다. 근대 이후 서구에 대한 학습은 전반적으로 중국의 개념구조에서 지배적인 위치를 차지했으며, 가치지향으로 작용하기도 했다. 문화적으로는 서구문화에 대한 총체적인 동경, 전통문화에 대한 부정 혹은 비하로 나타났다. 국제체제에서 중국의 부상은 이러한 상황을 변화시키기 시작했고 중국인들은 당대의 관행과 문화적 전통을 재검토하기 시작했으며 문화적 자신감을 회복하는 과정을 시작했다. 중국의 부상으로 인한 국력 강화는 중국이 대외교류에서 문화적, 문명적 가치 차원의 단점을 더욱 인식하게 만들었다. 다른 한편으로는, 중국의 부상에 따른 문화적 자신감의 회복은 중국인들에게 자신의 문화적, 문명적 가치를 재고하고 중국의 신형국제관계에 대한 이해와 구축에 있어서 '인간(人)'과 '문화(文)'의 가치를 강조하게 했다.[43]

옛날부터 지금까지 모든 강대국의 발전 과정은 경제력, 군사력 등 하드파워를 증가시키는 과정일 뿐만 아니라 가치관, 사상문화 등 소프트 파워를 향상시키는 과정이다.[44] 문화적 자신감은 중대한 국내정치적 의미를 가지고 있고, 이는 노선자신(道路自信), 이론자신(理論自信), 제도자신(制度自信)의 다음으로 제시되지만, 이는 상대적으로 기본적인 자신감이며 근본적이고 지속적인 힘으로 정의된다.[45] 또한, 문화적 자신감은 중국이 자신의 실천 경험과 가치지향을 바탕으로 국제질서와 체제를 관찰하고 인식하며, 지배 질서의 결함과 실수를 부정하는 기초 위에서 국제질서에 대한 자신의 구상을 과감하게 제시할 수 있게 하는 등 국제정치적으로도 큰 의미를 가진다.

(2) 중국 가치의 세계성

문화적 자신감의 회복으로 중국의 가치지향이 인류 공통의 가치와 동등하게 긍정적인 상호작용을 이룰 수 있게 되었다는 점이 더 중요하다. 이는 인류 공통의 가치에 대한 서구의 독점적 실천과 독점적 해석을 타파하는 기초 위에서 이루어져야 한다. 이러한 타파와 추월

없이 중국이 주장하는 가치는 부정되거나, 서구가 주장하는 가치가 내재되어 주체성을 상실하게 된다. '평화, 발전, 공정, 정의, 민주, 자유'라는 인류 공통의 가치를 추구하는 것도 마찬가지로 문화적 자신감의 회복 없이는 중국의 제안은 새로운 질서의 내포가 될 수 없고, 구질서의 주석(註釋)이 될 뿐이다. 문화적 자신감을 바탕으로 해야만 이러한 공통 가치에 대한 자신의 실천 경험의 검증과 발전을 인간 사회의 높은 수준으로 발전시킬 수 있었다. 샤오허(肖河)가 설명한 바와 같이, 서구에서 제창하는 비슷한 개념과 달리 중국은 평화와 발전을 실현시키기 위한 모든 가치를 추구하는 데 우선적인 지위를 부여했으며, 동시에 평화와 발전 간의 내재적 연계를 강조했다. 중국은 국가 간의 교류에 있어서 공정과 정의의 원칙을 견지할 뿐만 아니라, 도의를 우선(道義為先)하고 이익보다 의리를 우선(先義後利)하는 도덕 원칙을 강조했다. 중국은 각국과 그 국민의 국내 민주와 자유를 수호하는 것을 지지할 뿐만 아니라, 국제정치의 민주화를 주장하고 민주와 자유의 물질적, 제도적 보장을 강조한다.[46] 세계가 계속 발전하고 진보하며 협력이 확대되고 심화됨에 따라 인류의 공동가치는 전 세계의 점점 더 많은 국가에서 이해하고 수용하게 될 것이다.

인류운명공동체의 기여는 약육강식, 이원적인 대립관, 식민주의 문화, 강권정치 문화의 비판과 부정과 같은 서구가 주도하는 국제질서에 대한 잘못된 낡은 관념을 '파괴(破)'[47]할 뿐만 아니라, 중국의 당대 실천, 우수한 전통문화와 마르크스주의의 기반이 '세워진(立)' 것을 구체적으로 구현했다. 중국 인민을 혁명, 건설, 개혁으로 이끈 장기적인 역사 실천에서 중국공산당은 항상 중국의 우수한 전통문화를 충실하게 계승하고 선양했다. 중국 인민의 이상과 분투, 중국 인민의 가치관과 정신세계는 항상 중국의 전통문화라는 옥토에 뿌리를

두고 있으며, 동시에 역사와 시대가 진행됨에 따라 끊임없이 새로워지고 시대와 함께 진보하고 있었다.[48]

인류운명공동체가 내포하고 있는 인류의 운명에 대한 궁극적인 배려와 공동체 의식은 국제질서와 국제관계에 대한 인문주의적 의미와 민본적인 가치를 불어넣었다. 이는 중국 전통문화의 핵심가치 이념, 현대 중국의 '인민 중심(以人民爲中心)' 발전 사상, 그리고 마르크스주의의 '전 인류 해방의 실현(實現全人類解放)'이라는 숭고한 이상, 통일된 인류 공동의 가치추구라는 네가지 통일을 실현하는 것과 일치한다. 이런 의미에서 인류운명공동체는 진정으로 보편적인 중국의 가치이자 인류 공동의 가치에 대한 중국의 공헌이라고 말할 수 있다.

(3) 인류운명공동체와 인류가치체계의 변혁

중화민족은 강한 정신과 문화적 창의력을 가진 민족이며, 인류 문명의 발전과 진보에 큰 공헌을 했다. 주요한 역사적 고비마다 문화는 국운의 변화를 감지하고 시대적 흐름의 선두에 서서 수억 명의 인민과 위대한 조국을 옹호해왔다. 중화민족은 지속적으로 정도를 지키고 혁신하여 민족적 자신감과 강력한 회복력을 유지했고 공통의 정서적 가치관과 이상적인 정신을 길러왔다.[49] 동시에 중화민족의 역사적인 과정과 문명의 실천은 인류사회의 다원적인 문화에 기여했으며, 다른 문명과 함께 인류의 가치체계를 구축했다. 중화민족의 문명 실천과 가치추구는 인류문화와 가치체계의 중요한 구성 부분이며, 인류 문명의 결정체이다.

근대 이후 서구 문명은 '권력'과 '이익'의 개념과 강권의 실천으로 현대 국제관계의 역사적 흐름을 열었고, 중국은 피해자로 현대 국제관계체제와 가치체계에 휘말렸다. 그러나 중국이 민족의 생존을 도모하고 국가의 부강을 꾀하면서 현대 국제체제에서 부상했을 때, 중국은 강권과 대외식민의 방법을 통하지 않았고 이러한 방법을 원하지도 않았다. 중국의 현대 국제관계 초월은 '인류운명공동체'라는 개념을 중심으로 이루어진다. 이러한 초월은 권력정치에 대한 초월일 뿐만 아니라 근대 문명에 대한 초월을 말한다. 먼저 권력정치에 대한 초월은 중국이 평화적 부상의 길을 선택하여 평화적인 방법으로 자신의 발전과 국제질서의 긍정적 변혁을 꾀하는 것이다. 근대 문명에 대한 초월은 국제관계에서 '권력'과 '이익' 외의 '인문'이라는 개념과 차원을 부각시키는 것이다.

수천 년 동안 중국의 문화전통에 깊은 뿌리를 둔 '화(和)'와 '문(文)'이라는 단어는 국제관계에 대한 중국인의 독특한 이해와 가치지향을 반영한다. 중국이 글로벌 강국으로 성장해야만 국제관계에서 이러한 독특한 이해와 가치지향을 실천할 수 있는 현실적인 기반을 갖게 될 것이다. '화(和)'와 '문(文)'을 말하는 것은 중국이 '무(武)'력을 행사할 수 없다는 의미가 아니라, 오히려 '권력', '이익', '충돌'에 대한 초월을 의미한다. 중국인들이 감히 그리고 선의로 국제관계가 야만에서 벗어나고 문명으로 향해가야 한다고 주장할 수 있는 이유는 수천 년에 걸쳐 발전해온 문명과 문명화 교육, 강권에 대한 저항과 자립의식 때문이다.

중화민족은 학습에 능한 민족이다. 중화문명은 다른 문명과 끊임없이 교류하고 상호인식 속에서 형성된 개방된 체계다.50) 중화문명의 발전사와 현대 중국의 혁명사 모두 다양한 문명으로부터 끊임없이 영양분을 섭취하고 교류와 상호인식의 과정을 통해 발전하고 진보한 역사이다. 오늘날 중국이 문명대화, 문명교류를 강조하는 것은 교만하게 자신의 모델을 수출하고자 하는 것이 아니다. 이보다 양방향 교류를 주장하여 더 큰 자신감과 평등을 바탕으로 개방과 교류를 확대하고 상호 이해 속에서 혁신과 발전을 이루기 위한 것이다.

문명 간의 대화와 교류의 촉진은 근본적으로 중국 문명의 발전에 달려 있다. 문명의 부흥 없이는 진정한 의미에서 중화민족의 위대한 부흥이 있을 수 없으며, 중화민족이 인류에 더 큰 공헌을 할 수도 없다. 대국의 크기는 국력의 크기에 달린 것이 아니라 민심과 문명의 크기에도 영향을 받는다. 국가 간의 경쟁은 단순히 경제력과 국방력을 둘러싼 경쟁이 아니다. 문화적 소프트 파워, 문명적 매력, 가치 매력의 경쟁이기도 하다.

오늘날 세계는 큰 발전, 큰 변혁, 큰 조정의 시기에 있다. 인류사회가 직면한 도전에 마주하고 포퓰리즘 사상과 역세계화 사상이 팽배하여 거절하고 문을 닫는 소리가 끊이질 않고 있다. 문명의 편견, 문명의 차별, 문명의 대립, 문명의 충돌 현상이 만연하고 서로 다른 문명이 조화롭게 공존하는 상황이 형성되지 않았다. 세계에 대한 중국의 공헌은 더 많은 중국제조(中國製造), 중국주장(中國主張), 중국방안(中國方案)에 그치는 것이 아니라, 세계 각국이 직면한 문제와 도전, 인류사회가 직면한 혼란과 당혹감에 더 많은 중국의 사상, 중국의 지혜, 중국의 가치를 제공하는 것이다. 이를 위해서 중국의 전통문명을 계승하고 발양할 뿐만 아니라, 당대 중국의 세계를 향한 새로운 문명을 열어나가야 한다.

인류운명공동체의 구축에서 중국은 인문 분야의 글로벌 거버넌스에 더욱 적극적으로 참여하고 이끌어나갈 것이다. 다자간 인문협력에 더 깊이 참여하고 이를 효과적으로 이끌어야 하며, 인문분야 국제

기구와의 협력을 심화하여 더 큰 공헌과 역할을 해야 한다. 국제사회에 더 나은 인문 분야 공공재에 많이 기여하고 빈곤퇴치, 교육, 보건 등 분야에서 중국의 성공경험을 공유해야 한다. 주변 국가와 일대일로 연선국가, 개발도상국에 교육, 과학기술, 보건, 문화 및 유산 보호, 스포츠, 인적자원 개발, 여성과 청소년 등의 분야와 관련된 지원을 늘려야 한다. 서로 다른 국가, 지역, 문명 간의 교류와 상호 이해의 플랫폼을 구축하여 인문분야의 글로벌 구조를 긍정적인 방향으로 전환하도록 추진해야 한다.

제19차 중국공산당 전국대표대회 보고서에 따르면, "중국공산당은 일관되게 인류를 위하여 더욱 새롭고 더 많은 공헌을 하는 것을 자신의 사명으로 여겨왔다." 인류운명공동체를 건설하기 위해서는 인류가 직면한 공통 문제에 대한 새로운 사상과 지혜, 인류의 정신적 족쇄와 근본적인 어려움을 타파하기 위한 새로운 가치지향, 마지막으로 인류가 미래로 나아가는 피안에 대한 새로운 이상을 제공해야 한다.

옮긴이의 말

중국에서 통용되는 말로 '체제 내(體制內)'라는 표현이 있다. 예컨대 취업을 준비하는 청년들 대다수가 "'체제 내'에 있는 일자리를 원한다"고 하고 그런 청년들을 지켜보는 기성세대들도 "아무래도 '체제 내'가 낫다"며 고개를 끄덕인다. '체제 내'는 좁게는 국가 공무원 조직, 넓게는 학교와 연구기관, 의료기관, 국유기업, 군대를 두루 포함한다. 예나 지금이나 나랏밥은 배불리 먹을 수 없는 법이다. 고소득과는 거리가 멀다. 어느 나라나 마찬가지이고 중국도 예외는 아니다. 그럼에도 불구하고 중국에서 '체제 내'에 대한 선호는 세대를 아우른다. 여기서 우리는 중국에서 체제가 제공하는 안전감과 귀속감의 메리트가 어떠한지 어렴풋이 짐작할 수 있다. 중국에서는 '체제 내'에 속한다는 것만으로 일종의 무형자산이자 상징자본을 확보하게 되는 셈이다.

이 '체제 내'가 제공하는 다양한 메리트는 다름 아닌 체제가 확보한 공신력에서 비롯된다. 체제에 대한 인민의 굳건한 신용이 체제를 안정시키고, 체제는 안정을 바탕으로 인민에게 다양한 보상을 제공할 방법을 강구하고 실행함으로써 그 신용에 답한다. 즉 체제의 매력과 체제에 대한 신용은 상호 인과관계에 있다고 하겠다. 인민은 체제가 매력적이기에 신용하는 것이고, 체제는 인민으로부터 신용을 받기에 매력적일 수 있는 것이다. 매력과 신용을 주고받는 공생관계인 중국의 국가와 사회, 이것이 립셋 가설이 현대 중국에서 설득력을 잃은 까닭이다.

이 책은 중국의 정치체제가 어떻게 자신의 매력과 공신력을 구축하고 획득하는지 그 내부의 원리와 특성에 대해 논하고 있다. 이념과 현실, 이론과 실천을 넘나드는 중국정치의 콘텍스트를 일목요연하게 제시하고 있다는 것이 이 책의 특징이자 장점이다. 이 책의 한국어판 제목으로 채택한 '중국식 현대화'란 중국의 발전과 성장의 원인을 캐묻는 질의에 중국 체제가 내놓은 대답이며, 이 책은 그러한 대답이 제시되기까지의 과정과 그 대답에 내재한 논리에 대한 체계적인 설명을 제시하는 일종의 해설서이다.

현대 중국에 대한 막연한 공포와 혐오는 많은 경우 이해의 문제, 즉 몰이해에서 기인한다. 혹자는 이러한 지적에 의문을 제기할지도 모른다. 현재 중국 관련 연구 및 사업과 여기에 종사하는 인력은 나날이 확대되는 추세에 있고, 시중에는 상당수의 중국 관련서가 나와 있으며 각종 매체에서 중국을 다루는 빈도 또한 잦아졌기 때문이다. 사실 서적이나 매체를 통할 필요도 없이 간단한 포털 검색만으로도 중국의 행정구획과 민족구성, 음식과 경제, 최신 아이템과 유행어 등 다양한 정보를 손쉽게 얻을 수 있다. 문제는 스낵컬처처럼 소비되는 단편적인 정보의 축적이 아닌, 중국을 움직이는 핵심인 중국공산당과 이를 중심으로 형성된 중국의 사회주의 정치문화에 대한 이해가 매우 일천하다는 것, 이 때문에 몰이해에 기초한 편견과 혐오를 좀처럼 해소하기 어렵다는 데 있다.

정치체제는 정치권력을 조직하는 하나의 형식이다. 인류 역사는 마땅히 그렇게 되어야 하는 '당위(當爲)'를 전제로 진행되지 않는다. 그러므로 각국의 역사적 경험과 현실에 따라 다양한 형태의 체제가 성립하고 발전할 수 있는 가능성은 늘 존재한다. 비록 다수의 국가가 채택하고 있는 소위 보편적인 제도라고 할지라도 특정 국가가 그것을 운영하는 과정에서 또 나름의 특수성이 발생하게 된다. 이처럼 보편과 특수는 획일적으로 적용하기 어려운 표준임에도 불구하고 우리는 습관적으로 보편과 특수의 이분법으로 중국을 비롯한 세계를 재단하고, 심지어 이를 우월과 열등/정상과 비정상/도덕과 부도덕의 이분법으로 치환하고는 한다.

예컨대 중국은 하나의 당이 통치하기 때문에 정상적이지 않고 선거를 통해 최고 지도자를 선출하지 않기에 도덕적이지 못하며, 이러한 체제를 수용하는 중국인들은 민도가 성숙되지 못한 우민이라는 시선과 이를 문제시하는 태도가 그것이다. 중국은 한국과 다른 역사적 경험을 했고 중국공산당의 집권과 이를 중심으로 형성된 정치문화는 그러한 역사적 경험의 산물이다. 따라서 특정한 이념에 입각한 규범적인 잣대로 이 자체를 문제시하면서 단죄 또는 계몽하려는 태도를 취하게 되면 중국의 반감만 야기할 뿐 제대로 된 관계를 맺을 수 없다. 이는 곧 중국의 과거와 현재에 대한 부정으로 받아들여질 수 있기 때문이다.

지금처럼 한중의 상호 혐오가 심각한 상황에서는 무엇보다 양국 간 교류의 질적 심화를 도모하는 일이 중요하다고 생각한다. 교류의 질적 심화는 결국 서로의 차이를 인정하는 관용에서 시작되며, 민간에서 물꼬를 터야 순리대로 흐를 수 있다. 번역은 민간이 할 수 있는 공공외교 영역에 속한다. 중국 본토에서 높이 평가받는 양서를 소개함으로써 중국의 사회주의 정치문화에 대한 몰이해를 극복하고 관용으로 나아갈 수 있는 토대를 다지는 것, 이것이 이 책의 공역을 결심한 계기이다.

앞서 말했듯 이 책은 중국공산당과 현대 중국의 사회주의 정치에 대한 해설서이다. 여기에서는 역자의 노파심에서 중국정치의 문법에 익숙하지 않은 독자들이 의문이나 생소함을 느낄 법한 몇 가지 문제에 대해 간단히 부연하고자 했으니, 이 해설서에 대한 '하우투(HOW-TO)'로 보아주시면 좋을 듯하다. 모쪼록 독자들이 이 책을 이해하는 데 도움이 되었으면 한다.

첫째, 이 책은 왜 줄곧 정치 지도자의 담화를 인용하는가? 이유는 간명하다. 중국에서 정치 지도자의 담화는 사회주의 체제의 정치적 정보, 즉 '정책신호(Policy Signal)'를 담지하고 있기 때문이다. 일례로 1996년 7월 23일 장쩌민(江澤民) 당시 총서기가 해외에서 유학 중인 일부 고급 인재들과 가진 세미나에서 발표한 「21세기 중국과 유학인재(21世紀中國與留學人員)」라는 담화는 1995년 리덩후이(李登輝) 당시 대만 총통의 미국 방문으로 야기된 대만해협 위기로 인해 급속도로 냉각된 미중관계를 해빙시키는 결정적인 '신호'를 내놓기도 했다. "현재 우리는 개혁개방 정책과 사회주의 시장경제를 실행하고 있고 (…) (따라서) 적어도 회계제도에서는 서구와 같은 언어를 사용하는 것이 충분히 가능하다"는 장쩌민의 발언은 글로벌 경제 질서에 편입하겠다는 중국의 정책적 의지를 표명한 것이나 다름없었고, 이러한 의지는 해당 세미나에 참석했던 재미 중국 유학생들의 인터뷰를 통해 미국 매체에 전해져 경색되었던 미중관계가 완화되기 시작했다.

이처럼 중국에서 고위층 담화는 국정의 방향과 청사진 그 자체일 뿐 아니라, 그것을 실현할 수 있는 안팎과 민관의 협조를 '조성'하는 힘을 가진다. 덧붙여 사회주의 조직체계에서 고위층의 발언과 행보가 갖는 권위와 무게는 대의제 환경에서 선출직 공직자가 갖는 그것과 사뭇 다르다. 당과 국가가 부여한 직책을 수행하는 한 이들은 개인이 아닌 조직을 대표하는 조직인격으로서 말하고 행동한다. 요컨대 중국 본토의 정치학자들이 정치 지도자의 담화를 인용하고 이것을 담론화한 이른바 '사상'을 연구하는 까닭은 지도자 개인의 인격을 신격화하거나 숭배하기 때문이 아니라, 당과 국가를 대표하는 조직인격이 전달한 신호를 해석해 정치의 동향을 제시하기 위해서이다.

둘째, 유가 등 고전의 인용이 왜 이리도 많은가? 이 문제는 결국 현대 중국과 중국인에게 전통과 역사라는 유산은 어떠한 의미인가라는 질문으로 치환될 수 있다. 이 책에서 언급하고 있듯이 중국에서 전통이 지양의 대상이었던 시기는 분명 존재했다. 그러나 신유가(新儒家), 신전통주의(新傳統主義)라는 사조가 증명하듯 중국은 이미 상당히 오래전에 전통과 근대라는 이분법적 단절의 시각에서 탈피해 전통의 가치를 재발견하는 입장으로 선회했다. 지금 중국의 위정자들은 중화민족의 우수한 전통문화를 자긍하는 발언을 쏟아내고 전통 전반을 연구하는 학문인 국학(國學)을 강조하기 바쁘다. 전통문화에 대한 긍정은 현대 중국이 하나의 '문명체'로서 자신감을 가지기 시작했다는 방증이기도 하다. 전통과 역사는 중국 자체에 '묻어 들어' 있는 정신적 자원으로서 스스로의 행보에 함축된 '중국적' 관성—"중국에는 그러한 전례가 있다", "중국은 역사적으로 그렇게 해왔다"—을 설명하거나, 외부에서 유입된 개념이나 제도의 '중국적' 맥락—"(그러한 제도나 발상은) 과거 중국에도 존재했었다"—을 규명하는 지적 원천으로 기능하고 있다.

이처럼 이른바 부회론(附會論)이라고 하는, 전통을 바탕으로 근대적 관점이나 개념을 재구성하는 습관은 특히 정치영역에서 더 두드러진다. 이 책에서 때로는 거버넌스로, 때로는 국정운영으로 번역한 치리(治理)가 대표적이다. 현대 중국정치 전반을 수놓고 있는 치리라는 개념에는 국가 주도로 많은 것을 보살피고 관리해왔던 전통시대 중국의 정치철학과 역사적 경험, 다양한 행위자를 상정해 문제를 해결하고자 하는 현대 거버넌스의 취지가 복합적으로 얽혀 있다. 이로써 해당 개념은 시대에 걸맞은 현대성을 갖는 동시에, 그것을 '중국적'으로 운용할 수 있는 실용성을 또한 획득하게 된다. 이렇게 보면 중국정치 특유의 유기성과 유연성은 전통과 역사를 적극적 · 창조적으로 활용하는 데서 비롯되었다고 해도 무리가 아닐 것이다.

셋째, 중국은 왜 이토록 강하게 서구를 의식하는가? 독자들은 이 책을 읽어나가며 책 전체에서 줄기차게 이르집는 서구란 결국 영미식 자본주의와 대의제를 채택하고 있는 일련의 국가를 통칭하는 것임을 어렵지 않게 발견할 수 있을 터이다. 그런 의미에서 한국과 일본 또한 중국에게는 동아시아 내부의 '서구'로 인식될 수 있다. 중국이 이처럼 서구와 자신을 차별화하는 것은 일견 '열폭'이나 호승심의 발로로 비치기도 한다. 그러나 한 국가가 '대안'을 자처하는 일이 그리 단순하게 이루어질 리는 없다. 삼국시대 제갈량(諸葛亮)의 다섯 차례에 걸친 북벌을 단순한 전쟁광의 극성으로 치부할 수 있을까? 제갈량에게 북벌은 조위의 안티테제인 촉한이라는 나라의 대외적 정체성을 지키고 내부의 분열을 잠재우는 국가사업에 다름 아니었다. 현대 중국이 서구, 그중에서도 미국과 대비되는 '특색'을 주장하는 일도 제갈량의 북벌 시도와 크게 다르지 않다. 중국은 서구의 안티테제를 표방함으로써 자신의 체제와 제도가 안팎에서 경쟁력과 정당성을 가질 수 있다는 점을 매우 잘 알고 있다. 주류에 대한 문제 제기, 보편이론에 대한 도전은 성취 여부와 상관없이 그 자체로 일정한 주목과 기대를 이끌어낼 수 있다. 이 책은 이를 학술적으로 견인하는 역할을 충실히 해냈다.

　다만 중국이 도전에서 성취로 도약하기 위한 실질을 갖추려면 지금까지와는 다른 차원의 노력이 요구된다. 이 책을 관통하는 사회주의와 전통문화라는 가치는 중국의 '특색'을 강조하기에는 충분해도 세계와 접점을 구축하는 또 다른 보편의 내용으로는 다소 모자란다. 역자가 보기에 향후 중국이 세계와 '통(通)'하는 하나의 표준으로 자리매김하고자 한다면 서구 내부에서 그것을 극복하고자 하는 움직임과 소통하는 일이 무엇보다 중요하다. 구체적으로 말해 중국은 서구세계 전체를 일반화하고 여기에 대한 적대시, 문제시로 일관할 것이 아니라 (한국과 일본 등 동아시아 내부의 '서구화'된 국가를 포함한) 서구 내부에서 이른바 '비주류'로 불리는 다양한 갈래의 모색을 예의주시하고 더 나은 세계를 만들기 위해 더불어 할 수 있는 일이 무엇인가를 고민해야 한다. 여기까지 미처 나아가지 못했다는 것이 이 책과 작금 중국 주류 학술계의 한계라고 하겠다.

　현대 중국 연구의 매력은 중국의 가능성을 발견하고 그 귀추를 주목하는 데 있다고 해도 과언이 아닐 것이다. 이 책의 출간이 과거 역자들이 느꼈던 중국의 매력을 궁구하고자 하는 지적 호기심을 자아내는 데 일조할 수 있다면 그보다 큰 보람이 없으리라. 김용의 무협소설에 자주 등장하는 '인재강호, 신불유기(人在江湖, 身不由己)'라는 구절만큼 유학의 고충을 잘 함축하는 말도 드문 것 같다. 사람이 강호에 있으면 제 뜻대로 하지 못한다는 뜻인데, 하물며 그 강호가 모국이 아니라면 어떻겠는가? 타국에 머물다 보면 어느 정도의 성취도 일말의 좌절과 울분을 상쇄하기 어려울 때가 많다. 이럴 때 오직 조건 없이 전해지는 온정만이 이방에서 받은 크고 작은 상처를 달래줄 수 있다. 우리 4인의 역자는 각자의 스승으로부터 바로 그러한 국적을 초월한 아낌없는 사랑과 가르침을 받았다. 4인 역자의 스승인 류젠쥔(劉建軍), 쑤창허(蘇長和), 판중치(潘忠岐), 천저우왕(陳周旺) 교수의 사심 없는 은혜에 깊은 감사와 존경을 표한다. 아울러 대승적 안목으로 이 책의 출판을 허락해주신 산지니 출판사에 진심으로 감사한다.

이 책의 서문과 머리말, 1장, 4장, 5장, 7장, 8장은 김미래가, 3장, 6장, 10장은 구성철이 각각 옮겼다. 11장, 12장, 14장, 15장은 강애리가 맡아 번역했으며, 2장과 9장, 13장은 정혜미가 맡아 번역한 뒤 김미래가 고치고 다듬었다. 원의를 해치지 않으면서 독자들과 '통'하는 번역을 하려 노력하였으나, 분명 미진한 점이 있으리라 생각한다. 부디 기탄없는 질정을 바란다.

2024년 갑진년 벽두
옮긴이를 대표하여 김미래(金美來) 사룀

주

제1장 현대 중국 사회주의 정치학의 양상과 특징

1)　王滬寧主編：《政治的邏輯》, 上海人民出版社1994年版, 第1頁.

2)　陳明明：《調適中國政治學的知識資源》,《社會科學報》第1764期第5版, 2021年7月15日.

3)　參見王滬寧主編：《政治的邏輯》.

4)　參見王海峰：《幹部國家》, 復旦大學出版社2012年版.

5)　參見錢穆：《現代中國學術論衡》, 九州出版社2012年版, 第185—203頁.

6)　〔美〕多蘿西 · 羅斯：《美國社會科學的起源》, 王楠等譯, 生活 · 讀書 · 新知三聯書店2019年版, 第3—5頁.

7)　同上書, 第211頁.

8)　陳明明：《調適中國政治學的知識資源》.

9)　《馬克思恩格斯選集》第1卷, 人民出版社1995年版, 第84頁.

10)　《馬克思恩格斯全集》第3卷, 人民出版社1965年版, 第6頁.

11)　《〈黑格爾法哲學批判〉導言》, 載《馬克思恩格斯文集》第1卷, 人民出版社2009年版, 第11頁.

12)　《馬克思恩格斯文集》第2卷, 人民出版社2009年版, 第33頁.

13)　參見查爾斯 · 蒂利為約瑟夫 · R.斯特雷耶《現代國家的起源》一書所撰寫的序言, 華佳等譯, 格致出版社, 上海人民出版社2011年版, 第4—5頁.

14)　〔美〕保羅 · 薩繆爾森, 威廉 · 諾德豪斯：《薩繆爾森談財稅與貨幣政策》, 蕭琛譯, 商務印書館2012年版, 第90頁.

15)　〔美〕瑪格麗特 · 利瓦伊：《統治與歲入》, 周軍華譯, 格致出版社, 上海人民出版社2010年版, 第1頁.

16)　《習近平談治國理政》, 外文出版社2014年版, 第8—9頁.

17)　習近平：《習近平答金磚國家記者問：增進同往訪國人民友好感情》,《人民日報海外版》2013年3月21日第2版.

18)　《習近平談治國理政》, 第21頁.

19)　許倬雲：《歷史大脈絡》, 廣西師範大學出版社2009年版.

20）〔美〕費正清，賴肖爾：《中國：傳統與變革》，江蘇人民出版社1992年版，
　　第500頁.

21）〔美〕費正清主編：《劍橋中華民國史》（第二部），章建剛等譯，上海人民出
　　版社1992年版，第884頁.

22）〔美〕巴林頓·摩爾：《民主與專制的社會起源》，拓夫，張東東等譯，華夏
　　出版社1987年版，第391頁.

23）〔法〕謝和耐：《中國社會史》，耿昇譯，江蘇人民出版社1995年版，第559
　　頁.

24）〔美〕奧利弗·A.約翰遜，詹姆斯·L.霍爾沃森編：《世界文明的源泉》（第三
　　版）（下卷），北京大學 出版社，第255頁.

25）〔美〕費正清主編：《劍橋中華民國史》（第二部），第299頁.

26）《習近平談治國理政》，第22頁.

27）《鄧小平思想年編》，中央文獻出版社2011年版，第719頁.

28）《鄧小平文選》第三卷，人民出版社1993年版，第172頁.

29）2014年9月5日習近平在慶祝全國人民代表大會成立六十周年大會上的講
　　話；2016年7月1日習近平在慶祝中國共產黨成立九十五周年大會上的講
　　話.

30）2015年12月11日習近平在全國黨校工作會議上的講話.

31）2015年2月2日習近平在省部級主要領導幹部學習貫徹黨的十八屆四中全
　　會精神全面推進依法治國專題研討班上的講話.

32）《習近平談治國理政》，第9—10頁.

33）同上書，第29頁.

34）《毛澤東選集》第二卷，人民出版社1991年版，第652頁.

35）《鄧小平文選》第二卷，人民出版社1994年版，第187頁.

36）《鄧小平文選》第三卷，人民出版社1993年版，第220頁.

37）《習近平在貴州召開部分省區市黨委主要負責同志座談會》，人民網，2015
　　年6月19日，http://politics.people.com.cn/n/2015/0619/c70731-2
　　7183846.html.

38）《習近平強調：推進國家治理體系和治理能力現代化》，中國政府網，2014
　　年2月17日，http://www.gov.cn/ldhd/2014-02/17/content_261075
　　4.htm.

39）習近平：《關於〈中共中央關於全面深化改革若幹重大問題的決定〉的說明》，
　　《〈中共中央關於全面深化改革若幹重大問題的決定〉輔導讀本》，人民出版
　　社2013年版，第87頁.

40) 參見劉世軍, 劉建軍等:《大國的複興》, 上海人民出版社2014年版.

41) 參見王紹光, 胡鞍鋼:《中國國家能力報告》, 遼寧人民出版社1993年版.

42) 馬克思, 恩格斯:《共產黨宣言》, 人民出版社2014年版, 第30頁.

43) 參見梁亞濱:《稱霸密碼：美國霸權的金融邏輯》, 新華出版社2012年版.

44) 馬克思, 恩格斯:《共產黨宣言》, 載《馬克思恩格斯文集》第2卷, 人民出版社2009年版, 第51頁.

45) 馬克思, 恩格斯:《神聖家族, 或對批判的批判所做的批判》, 載《馬克思恩格斯文集》第1卷, 人民出版社2009年版, 第286頁.

46) 馬克思, 恩格斯:《德意志意識形態》, 載《馬克思恩格斯文集》第1卷, 人民出版社2009年版, 第550—551頁.

47) 馬克思, 恩格斯:《德意志意識形態》, 載《馬克思恩格斯文集》第1卷, 人民出版社2009年版, 第509頁.

48) 〔加拿大〕梁鶴年:《西方文明的文化基因》, 生活·讀書·新知三聯書店2014年版, 第73頁.

49) 《習近平談治國理政》, 第170頁.

50) 恩格斯:《社會主義從空想到科學的發展》, 載《馬克思恩格斯文集》第3卷, 人民出版社2009年版, 第561頁.

51) 同上.

52) 謝遐齡:《砍去自然神論頭顱的大刀》, 雲南人民出版社1989年版.

53) 習近平:《習近平談治國理政》, 第367—368頁.

54) 中共中央文獻研究室:《論群眾路線———重要論述摘編》, 中央文獻出版社, 黨建讀物出版社2013年版, 第117頁.

55) 《鄧小平文選》第三卷, 人民出版社1993年版, 第111頁.

56) 參見王紹光:《雙軌民主：群眾路線與公眾參與》, "復旦大學制度論壇2011學術研討會"(2011年11月2日).

57) 中共中央宣傳部:《習近平新時代中國特色社會主義思想學習綱要》, 學習出版社, 人民出版社2019年版, 第127頁.

58) 習近平:《堅持多黨合作發展社會主義民主政治為決勝全面建成小康社會而團結奮鬥》, 《人民日報》2018年3月5日, 第1版.

59) 林尚立:《當代中國政治：基礎與發展》, 中國大百科全書出版社2017年版, 第130頁.

60) 中共中央宣傳部:《000新時代中國特色社會主義思想學習綱要》, 第105—106頁.

61) 曹沛霖:《制度的邏輯》, 上海人民出版社2019年版, 第329頁.

62)《毛澤東文集》第六卷,人民出版社1999年版,第350頁.

63)馬克思,恩格斯:《共產黨宣言》,載《馬克思恩格斯選集》第1卷,人民出版社2012年版,第274頁.

64)許倬雲:《許倬雲說美國:一個不斷變化的現代西方文明》,上海三聯書店2020年版,第209—217頁.

65)《鄧小平文選》第三卷,人民出版社1993年版,第195頁.

66)〔美〕弗朗西斯·福山:《政治秩序與政治衰敗:從工業革命到民主全球化》,毛俊傑譯,廣西師範大學出版社2015年版,第445—460頁.

67)王紹光:《政體與政道:中西政治分析的异同》,載胡鞍鋼主編:《國情報告(第十四卷·2011(下))》,黨建讀物出版社,社會科學文獻出版社2012年版.

68)Elizabeth j, Perry, "Is the Chinese Chinese Communist Regime Legitimate?" in Jennifer Rudolph and Michael Szonyi eds., *The China Questions: Critical Insights into a Rising Power*, Cambridge and London: Harvard University Press, 2018, pp.11—17.

69)王蒙:《中華傳統文化博大精深"不可說"?不妨抓住"道通為一"來解讀》(2019年5月5日),原文鏈接:https://wwwj.fdaily.com/news/detail?id = 148878,最後瀏覽日期:2021年9月20日.

70)〔加拿大〕查爾斯·泰勒:《公民與國家之間的距離》,載汪暉,陳燕穀主編:《文化與公共性》,生活·讀書·新知三聯書店2005年版,第213—214頁.

71)劉建軍:《社區中國》,天津人民出版社2020年版,第44頁.

72)列寧:《國家與革命》,載《列寧選集》第三卷,人民出版社1972年版,第257頁.

73)Anthony Arblaster, *Democracy*, Minneapolis: University of Minnesota Press, 1994, p.96.

74)〔法〕米歇爾·福柯:《規訓與懲罰》,劉北成,楊遠嬰譯,生活·讀書·新知三聯書店2012年版,第19—25頁.

75)習近平:《中國的民主是一種全過程的民主》(2019年11月3日),原文連結:http://www.xinhuanet.com//politics/leaders/2019-11/03/c_1125186412.htm,最後瀏覽日期:2021年9月29日.

76)習近平:《在慶祝中國共產黨成立100周年大會上的講話》,人民出版社2021年版.

77)錢穆:《國史大綱》(上冊),商務印書館2010年版,"引論",第23頁.

78)《習近平:脫貧,全面小康,現代化,一個民族也不能少》(2020年6月9日),

原文連結：http://www.gov.cn/xinwen/2020-06/09/content_55181
64.htm, 最後瀏覽日期：2021年9月29日.

79) 〔德〕馬克斯·韋伯：《新教倫理與資本主義精神》, 康樂, 簡惠美譯, 廣西
師範大學出版社2010年版, 第182頁.

80) 〔英〕傑克·古迪：《偷竊歷史》, 張正萍譯, 浙江大學出版社2009年版, 第3
00—310頁.

81) 〔美〕伊曼紐爾·沃勒斯坦：《現代世界體系》, 郭方, 夏繼果, 顧寧譯, 社會
科學文獻出版社2013年版.

82) 馬克思：《1844年經濟學哲學手稿》筆記本Ⅲ《私有財產和共產主義》,《馬
克思恩格斯文集》第1卷, 人民出版社2009年版, 第187頁.

83) 錢穆：《國史大綱》, "序言".

84) 2015年2月2日習近平總書記在省部級主要領導幹部學習貫徹黨的十八屆
四中全會精神全面推進依法治國專題研討班上的講話.

85) 錢穆：《國史大綱》, "序言".

86) 張東明：《鄧小平如何講政治》,《學習時報》2017年5月31日.

87) 《習近平談治國理政》第三卷, 外文出版社2020年版, 第77頁.

88) 王滬寧主編：《政治的邏輯》, 上海人民出版社2004年版, 第25—26頁.

89) 同上書, 第27—30頁.

90) 馬克思：《道德化的批評和批評化的道德》, 載《馬克思恩格斯選集》第1卷,
人民出版社1972年版, 第180頁.

91) 王滬寧主編：《政治的邏輯》, 第29頁.

92) 習近平總書記2015年1月23日在十八屆中央政治局第二十次集體學習時的
講話.

93) 錢穆：《國史大綱》, "序言".

94) 習近平：《習近平談治國理政》, 第105頁.

제2장 정치 : 아름다운 인간생활을 실현하는 기본 방식

1) 亞里斯多德：《政治學》, 吳彭壽譯, 商務印書館1965年版, 1253a. 譯文
有改動.

2) 同上書, 1253a10. 譯文有改動.

3) 〔加拿大〕查爾斯·泰勒：《承認的政治》, 載汪暉, 陳燕穀主編：《文化與公
共性》, 生活·讀書·新知三聯書店1998年版, 第290—337頁.

4) 〔美〕弗朗斯·德瓦爾:《黑猩猩的政治》,趙芊裏譯,上海譯文出版社2009年版.

5) 亞里斯多德:《政治學》,1257b30.

6) 同上書,1260b.

7) 〔美〕埃裏克·沃格林:《城邦的世界》,陳周旺譯,譯林出版社2009年版,第428—430頁.

8) Fred Block, "The Ruling Class Does not Rule: Notes on the Marxist Theory of the State', *Socialist Revolution Review*, May 1977.

9) 〔法〕皮埃爾·馬南:《城邦變形記》,曹明,蘇婉兒譯,廣西師範大學出版社2019年版,第14—15頁.

10) 〔德〕費徹爾:《馬克思與馬克思主義:從經濟學批判到世界觀》,趙玉蘭譯,北京師範大學出版社2009年版,第38頁.

11) 馬克思:《1844年哲學經濟學手稿》(單行本),人民出版社2000年版,第52頁.

12) 同上.

13) 〔德〕黑格爾:《歷史哲學》,王造時譯,上海書店出版社1999年版,第459頁.

14) 《馬克思恩格斯選集》第2卷,人民出版社1995年版,第2頁.

15) 〔英〕霍布斯:《利維坦》,黎思複,黎廷弼譯,商務印書館1985年版,第95頁.譯文有改動.

16) 同上書,第128頁.譯文有改動.

17) 〔美〕艾倫·布魯姆:《走向封閉的美國精神》,繆青等譯,中國社會科學出版社1994年版,第177頁.

18) 〔英〕約翰·洛克:《政府論》(下篇),葉啟芳,瞿菊農譯,商務印館1964年版,第二,三章.

19) 〔美〕漢娜·阿倫特:《極權主義的起源》,林驤華譯,生活·讀書·新知三聯書店2008年版,第595頁.

20) 〔法〕盧梭:《論人類不平等的起源和基礎》,李常山譯,商務印書館1962年版,第75頁.

21) 同上書,第83頁.

22) 同上書,第125頁.

23) 同上書,第125頁.

24) 〔法〕盧梭:《社會契約論》,何兆武譯,商務印書館1980年版,第23頁.

25）同上書，第30頁.

26）同上書，第35頁.

27）〔美〕查爾斯·泰勒：《承認的政治》，第293頁.

28）《馬克思恩格斯全集》第3卷，人民出版社2002年版，第167頁.

29）同上書，第175頁.

30）同上書，第196頁.

31）同上書，第189頁.

32）同上書，第188頁.

33）同上書，第186，187頁.

34）同上書，第183，184頁.

35）同上書，第189頁.

36）《馬克思恩格斯全集》第46卷（上），人民出版社1979年版，第483頁.

37）同上書，第494頁.

38）同上書，第486頁.

39）參見〔美〕西摩·馬丁·李普塞特：《政治人：政治的社會基礎》，張紹宗譯，上海人民出版社1997年版.

40）〔英〕洛克：《政府論》（下卷），葉啟芳，瞿菊農譯，商務印書館1996年版，第48—58頁.

41）〔德〕康德：《歷史理性批判文集》，何兆武譯，商務印書館1990年版，第1—21頁.

42）〔法〕盧梭：《社會契約論》，崇明譯，浙江大學出版社2018年版，第27—32頁.

43）〔英〕亞當·弗格森：《文明社會史論》，林本椿，王紹祥譯，浙江大學出版社2010年版，第251—259頁.

44）〔德〕黑格爾：《法哲學原理》，範揚，張企泰譯，商務印書館1979年版，第1—40頁.

45）《馬克思恩格斯文集》（第1卷），人民出版社2009年版，第54頁.

46）吳曉明：《1978年之後中國出現了"市民社會"嗎？》，《中華讀書報》2014年12月10日.

47）Sheri Berman, "Civil Society and the Collapse of the Weimar Republic,' *World Politics*, Vol.49, No.3, 1997, pp.401-429.

48）吳志成：《中國公民社會：現在與未來———與德國著名中國問題研究專家托馬斯·海貝勒教授學術對談》，《馬克思主義與現實》2006年第3期.

49）參見〔古希臘〕柏拉圖：《法律篇》，張智仁，何勤華譯，商務印書館2016年

版，第五卷；〔古希臘〕亞里斯多德：《政治學》，吳壽彭譯，商務印書館201
6年版，第七卷.

50) Weiner, Myron, and Michael S. Teitelbaum, *Political Demograph
y, Demographic Engineering*, New York: Berghahn Book, 2001,
pp.10-22.

51) 參見〔法〕米歇爾·福柯：《1978年1月11日》，載《安全，領土與人口》，錢
翰，陳曉徑譯，上海人民出版社2010年版.

52) 〔加拿大〕梁鶴年：《西方文明的文化基因》，生活·讀書·新知三聯書店20
14年版，第73頁.

53) Amitai Etzioni, *The Spirit of Community*, New York: Simon&Sch
uster, 1993, pp.163-164.

54) Mark Gottdiener, Leslle Budd and Panu Lehtovuori, *Key Concep
ts in Urban Studies*(Second Edition), London: Sage Publication
Ltd., 2016, p.21.

55) 〔加拿大〕查爾斯·泰勒：《現代性的隱憂》，程煉譯，南京大學出版社2020
年版，第162—164頁.

56) 中共中央宣傳部：《習近平總書記系列重要講話讀本》，學習出版社，人民
出版社2014年版，第104頁.

57) 習近平：《人民對美好生活的向往就是我們的奮鬥目標》，《人民日報》(海外
版)2012年11月16日.

58) David Easton, *The Political System*, New York: Knopf, 1953, p.
129.

59) 參見〔美〕哈樂德·D.拉斯韋爾：《政治學：誰得到什麼？何時和如何得
到？》，楊昌裕譯，商務印書館1992年版.

60) 〔法〕孟德斯鳩：《論法的精神》(上卷)，許明龍譯，商務印書館2008年版，
第18頁.

61) Ralph Waldo Emerson, "Politics', in *Emerson's Essays*, New Yor
k: Harper Perennial, 1995, p.402.

제3장 유기적 통일의 사회주의 정치

1) 《馬克思恩格斯選集》第3卷，人民出版社1995年版，第475頁.

2) 同上書，第483頁.

3) 《馬克思恩格斯選集》第2卷，人民出版社1995年版，第268—269頁.

4)《列寧選集》第3卷，人民出版社1995年版，第169頁.

5) 列寧:《馬克思主義論國家》，人民出版社1964年版，第52頁.

6)《毛澤東選集》第4卷，人民出版社1991年版，第1480頁.

7)《馬克思恩格斯全集》第3卷，人民出版社2002年版，第41頁.

8)《江澤民文選》第3卷，人民出版社2006年版，第553頁.

9)《馬克思恩格斯選集》第2卷，人民出版社1995年版，第33頁.

10) 王滬寧主編:《政治的邏輯》，上海人民出版社2016年版，第64頁.

11)《習近平談治國理政》第二卷，外文出版社2017年版，第18頁.

12)《馬克思恩格斯選集》第3卷，人民出版社1995年版，第95頁.

13) 林尚立:《複合民主:人民民主在中國的實踐形態》，載《複旦政治學評論》
    第九輯，上海人民出版社2011年版，第29頁.

14)《鄧小平文選》第三卷，人民出版社1993年版，第116頁.

15)《鄧小平文選》第二卷，人民出版社1993年版，第146頁.

16)《江澤民文選》第二卷，人民出版社2006年版，第17頁.

17) 同上書，第18頁.

18) 同上書，第29頁.

19)《江澤民文選》第三卷，人民出版社2006年版，第553頁.

20)《胡錦濤文選》第二卷，人民出版社2016年版，第634頁.

21) 習近平:《決勝全面建成小康社會 奪取新時代中國特色社會主義偉大勝
    利》，人民出版社2017年版，第36—37頁.

22) 同上書，第20頁.

23)《江澤民文選》第三卷，人民出版社2006年版，第555頁.

24) 林尚立:《論人民民主》，上海人民出版社2016年版，第60頁.

25) 林尚立:《複合民主:人民民主在中國的實踐形態》，載《複旦政治學評論》
    第九輯，上海人民出版社2011年版，第29頁.

26)《習近平談治國理政》第二卷，外文出版社2017年版，第18頁.

27)《胡錦濤文選》第二卷，人民出版社2016年版，第635頁.

28)《習近平談治國理政》第二卷，外文出版社2017年版，第291—292頁.

29) 同上書，第292頁.

30) 同上.

31) 中共中央文獻研究室編:《十八大以來重要文獻選編》中卷，中央文獻出版
    社2016年版，第158頁.

32) 俞可平:《論國家治理現代化》，社會科學文獻出版社2015年版，第214頁.

33）陳明明：《發展邏輯與政治學的再闡釋：當代中國政府原理》,《政治學研究》2018年第4期, 第26頁.

34）王滬寧主編：《政治的邏輯》, 上海人民出版社2016年版, 第40頁.

35）《馬克思恩格斯選集》第1卷, 人民出版社1995年版, 第71—72頁.

36）《馬克思恩格斯選集》第4卷, 人民出版社1995年版, 第532頁.

37）《胡錦濤文選》第二卷, 人民出版社2016年版, 第523頁.

38）同上書, 第522—523頁.

39）同上書, 第294頁.

40）習近平：《決勝全面建成小康社會 奪取新時代中國特色社會主義偉大勝利》, 人民出版社2017年版, 第11頁.

41）《江澤民文選》第三卷, 人民出版社2006年版, 第539頁.

42）劉德厚：《廣義政治論》, 武漢大學出版社2004年版, 第80頁.

43）《馬克思恩格斯選集》第1卷, 人民出版社1995年版, 第293頁.

44）《習近平談治國理政》, 外文出版社2014年版, 第78—79頁.

45）中共中央文獻研究室編：《十八大以來重要文獻選編》上卷, 中央文獻出版社2014年版, 第515頁.

46）《〈中共中央關於堅持和完善中國特色社會主義制度, 推進國家治理體系和治理能力現代化若幹重大問題的決定〉輔導讀本》, 人民出版社2019年版, 第20頁.

47）《毛澤東選集》第二卷, 人民出版社1991年版, 第676—677頁.

48）《毛澤東選集》第四卷, 人民出版社1991年版, 第1475頁.

49）路易斯·亨金：《憲政·民主·對外事務》, 鄧正來譯, 生活·讀書·新知三聯書店1996年版, 第12頁.

50）逄先知, 金沖及主編：《毛澤東傳1949—1976》, 中央文獻出版社1999年版, 第320頁.

51）《胡錦濤文選》第二卷, 人民出版社2016年版, 第635頁.

52）《胡錦濤文選》第三卷, 人民出版社2016年版, 第633頁.

53）習近平：《決勝全面建成小康社會 奪取新時代中國特色社會主義偉大勝利》, 人民出版社2017年版, 第37頁.

54）林尚立：《當代中國政治：基礎與發展》, 中國大百科全書出版社2017年版, 第84頁.

55）何俊志：《作爲一種政府形式的中國人大制度》, 上海人民出版社2013年版, 第103頁.

56）林尚立：《中國共產黨與國家建設》, 天津人民出版社2017年版, 第203頁.

57) 中共中央文獻研究室編：《十八大以來重要文獻選編》中卷，中央文獻出版社2016年版，第179頁.

58) 虞崇勝：《堅持"有機統一"：新時代國家治理現代化的黃金法則》，《當代世界與社會主義》2018年第4期，第33頁.

59) 習近平：《決勝全面建成小康社會 奪取新時代中國特色社會主義偉大勝利》，第21頁.

60) 《習近平談治國理政》，第71頁.

61) 汪仕凱：《先鋒隊政黨的治理邏輯：全面從嚴治黨的理論透視》，《政治學研究》2017年第1期，第26—39頁.

제4장 중국공산당 : 정치를 주도하는 가장 핵심적인 역량

1) 《列寧全集》第19卷，人民出版社1958年版，第207頁.

2) 《馬克思恩格斯選集》第4卷，人民出版社2012年版，第202頁.

3) 《陳獨秀文集》第一卷，人民出版社2013年版，第10頁.

4) 《毛澤東文集》第一卷，人民出版社1993年版，第12頁.

5) 《中國共產黨第三次對於時局宣言》(一九二四年九月十日)，載《建黨以來重要文獻選編》(1921—1949) 第2冊，中央文獻出版社2011年版，第109頁.

6) 《毛澤東文集》第二卷，人民出版社1993年版，第403—404頁.

7) 惲代英：《造黨》，載《建黨以來重要文獻選編》(1921—1949)第2冊，中央文獻出版社2011年版，第24頁.

8) 《毛澤東選集》第一卷，人民出版社1991年版，第183—184頁.

9) 《毛澤東選集》第二卷，人民出版社1991年版，第652頁.

10) 同上書，第605頁.

11) 《列寧專題文集·論馬克思主義》，人民出版社2009年版，第95頁.

12) 《馬克思恩格斯選集》第4卷，人民出版社1995年版，第389頁.

13) 《毛澤東早期文稿》，湖南出版社1990年版，第508頁.

14) 《馬克思恩格斯選集》第1卷，人民出版社1995年版，第285頁.

15) 《毛澤東選集》第三卷，人民出版社1991年版，第1093頁.

16) 《梁啟超全集》第11卷，北京出版社1999年版，第3335頁.

17) 《毛澤東選集》第一卷，人民出版社1991年版，第3頁.

18) 《毛澤東選集》第二卷，人民出版社1991年版，第606—608頁.

19) 同上書，第608頁.

20）《馬克思恩格斯選集》第1卷，人民出版社2012年版，第411—412頁.

21）《毛澤東選集》第二卷，第542頁.

22）同上書，第544頁.

23）同上書，第610頁.

24）習近平：《在"不忘初心，牢記使命"主題教育總結大會上的講話》，《人民日報》2020年1月9日.

25）《毛澤東選集》第二卷，第613—614頁.

26）《毛澤東選集》第一卷，人民出版社1991年版，第137頁.

27）《毛澤東選集》第四卷，人民出版社1991年版，第1428頁.

28）《毛澤東文集》第三卷，人民出版社1996年版，第305—306頁.

29）《毛澤東選集》第一卷，第77頁.

30）《毛澤東文集》第五卷，人民出版社1996年版，第305—306頁.

31）《中國共產黨第二次全國代錶大會宣言》，載《建黨以來重要文獻選編》第1冊，中央文獻出版社2011年版，第133—134頁.

32）《馬克思恩格斯全集》第3卷，人民出版社2002年版，第39—40頁.

33）習近平：《在紀念毛澤東同志誕辰一百二十周年座談會上的講話》（2013年12月26日），載《十八大以來 重要文獻選編》（上），中央文獻出版社2014年版，第697—698頁.

34）習近平：《在慶祝中國共產黨成立100周年大會上 的講話》，人民出版社2021年版，第11頁.

35）《毛澤東文集》第二卷，人民出版社1993年版，第395頁.

36）《馬克思恩格斯選集》第1卷，人民出版社2012年版，第434頁.

37）參見《毛澤東選集》第三卷，人民出版社1991年版，第864頁.

38）《毛澤東選集》第四卷，人民出版社1991年版，第1357頁.

39）《鄧小平文選》第二卷，人民出版社1994年版，第170頁.

40）《習近平談治國理政》第二卷，外文出版社2017年版，第18頁.

41）《習近平新時代中國特色社會主義思想學習綱要》，學習出版社，人民出版社2019年版，第230—231頁.

42）《毛澤東選集》第一卷，人民出版社1991年版，第86頁.

43）《宣傳問題議決案》（一九二五年十月），載《建黨以來重要文獻選編》（1921—1949）第2冊，中央文獻出版社2011年版，第527頁.

44）《毛澤東選集》第一卷，第65—66頁.

45）江澤民：《全面建設小康社會，開創中國特色社會主義事業新局面》，人民出版社2002年版，第53頁.

46)《習近平新時代中國特色社會主義思想學習綱要》,第231頁.

47)《江澤民文選》第三卷,人民出版社2006年版,第282頁.

48) 習近平:《在慶祝中國共產黨成立100周年大會上的講話》,人民出版社2021年版,第4—7頁.

49)《中共中央關於黨的百年奮鬥重大成就和歷史經驗的決議》,人民出版社2021年版,第8—62頁.

50) 習近平:《決勝全面建成小康社會 奪取新時代中國特色社會主義偉大勝利———在中國共產黨第十九次全國 代錶大會上的報告》,人民出版社2017年版,第13頁.

51)《毛澤東文集》第三卷,人民出版社1996年版,第394—395頁.

52)《馬克思恩格斯選集》第1卷,人民出版社2012年版,第434頁.

53)《毛澤東選集》第二卷,人民出版社1991年版,第742頁.

54) 參見《毛澤東選集》第一卷,人民出版社1991年版,第262—263頁.

55)《列寧選集》第四卷,人民出版社1972年版,第457頁.

56)《習近平談治國理政》,人民出版社2014年版,第367頁.

57) 參見《毛澤東文集》第七卷,人民出版社1999年版,第19—21頁;參見習近平:《在紀念毛澤東同志誕辰120周年座談會上的講話》,《人民日報》2013年12月27日.

58)《毛澤東選集》第二卷,人民出版社1991年版,第528—529頁.

59)《毛澤東選集》第二卷,人民出版社1991年版,第528頁.

60)《馬克思恩格斯全集》第29卷,人民出版社1972年版,第413頁.

61) 同上書,第540頁.

62)《列寧選集》第四卷,人民出版社1995年版,第134—135頁.

63)《列寧全集》第14卷,人民出版社1988年版,第121頁.

64)《江澤民文選》第一卷,人民出版社2006年版,第96—97頁.

65) 習近平:《堅持,完善和發展中國特色社會主義國家制度與法律制度》,《求是》2019年第23期.

66)《毛澤東選集》第三卷,人民出版社1991年版,第1057頁.

67)《毛澤東文集》第六卷,人民出版社1999年版,第13—14頁.

68) 參見《新政治協商會議籌備組織條例》,載《建黨以來重要文獻選編(一九二一——九四九)》第二十六冊,中央文獻出版社2011年版,第470—471頁.

69) 習近平:《堅持多黨合作發展社會主義民主政治 為決勝全面建成小康社會而團結奮鬥》,《人民日報》2018年3月5日;參見《江澤民文選》第二卷,人民出版社2006年版,第412頁.

70) 習近平:《堅持多黨合作發展社會主義民主政治 為決勝全面建成小康社會而團結奮鬥》,《人民日報》2018年3月5日.

71)《鄧小平文選》第一卷, 人民出版社年1994年版, 第273頁.

72)〔英〕肯尼思 · 麥克利什:《人類思想的主要觀點———形成世界的觀點》(中), 查常平等譯, 新華出版社2004年版, 第707頁.

73)〔美〕邁克爾 · 羅斯金等:《政治科學》(第九版), 林震等譯, 中國人民大學出版社2009年版, 第106頁.

74) 同上書, 第106頁.

75)〔法〕馬太 · 杜甘:《國家的比較》, 文強譯, 社會科學文獻出版社2010年版, 第248頁.

76)〔英〕羅德 · 黑格, 馬丁 · 哈羅德:《比較政府與政治導論》, 張小勁等譯, 中國人民大學出版社2007年版, 第271頁.

77) 參見〔美〕唐斯:《民主的經濟理論》, 姚洋等譯, 上海世紀出版集團2010年版.

78)〔加〕弗蘭克 · 坎寧安:《民主理論導論》, 談火生等譯, 吉林出版集團有限公司2010年版, 第138—139頁.

79) 毛澤東:《中國社會各階級的分析》, 載《毛澤東選集》第一卷, 人民出版社1991年版, 第3—6頁.

80) 胡喬木:《胡喬木回憶毛澤東》, 人民出版社1994年版, 第4—5頁.

81)〔英〕羅德 · 黑格, 馬丁 · 哈羅德:《比較政府與政治導論》, 第268頁.

82)〔法〕馬太 · 杜甘:《國家的比較》, 第248頁.

83) 參見〔德〕羅伯特 · 米歇爾斯:《寡頭統治鐵律》, 任軍鋒等譯, 天津人民出版社2003年版.

84)〔美〕大衛 · 科茲, 弗雷德 · 威爾:《來自上層的革命》, 曹榮湘等譯, 中國人民大學出版社2008年版, 第119頁.

85)〔匈牙利〕雅諾什 · 科爾奈:《社會主義體制》, 張安譯, 中央編譯出版社2007年版, 第40頁.

86)〔美〕裏亞 · 格林菲爾德:《民族主義: 走向現代的五條道路》, 王春華等譯, 劉北成校, 上海三聯書店2010年版, 第237—243頁.

87) 鄭永年:《中國模式: 經驗與困局》, 浙江人民出版社2010年版, 第69頁.

88)〔意〕G.薩托利:《政黨與政黨體制》, 王明進譯, 商務印書館2006年版, 第74頁.

89) 參見趙鼎新為《統治史》一書所寫的序言.〔英〕芬納:《統治史: 古代的王權和帝國: 從蘇美爾到羅馬》(第一卷), 馬百亮等譯, 華東師範大學出版社20

10年版.

90)《〈中共中央關於堅持和完善中國特色社會主義制度, 推進國家治理體系和治理能力現代化若干重大問題的決定〉輔導讀本》, 人民出版社2019年版, 第6頁.

91) 江澤民:《論黨的建設》, 中央文獻出版社2001年版, 第7頁.

92) 習近平:《切實把思想統一到黨的十八屆三中全會精神上來》,《求是》2014年第1期.

93) 這裡的"政府"是大政府概念, 與政權機關範圍相同.

94)《鄧小平文選》第一卷, 人民出版社1994年版, 第13頁.

95) 參見《毛澤東選集》第一卷, 人民出版社1991年版, 第73頁.

96)《中共中央文件選集》第4冊, 中央黨校出版社1991年版, 第408頁.

97)《習近平談治國理政》, 人民出版社2014年版, 第146頁.

98)《毛澤東選集》第二卷, 人民出版社1991年版, 第666—668頁.

99) 習近平:《在紀念馬克思誕辰200周年大會上的講話》,《人民日報》2018年5月5日.

100)《馬克思恩格斯選集》第1卷, 人民出版社2012年版, 第164頁.

101)《馬克思恩格斯選集》第3卷, 人民出版社2012年版, 第559—560頁.

102)《〈中共中央關於堅持和完善中國特色社會主義制度, 推進國家治理體系和治理能力現代化若干重大問題的決定〉輔導讀本》, 人民出版社2019年版, 第6—8頁.

103)《馬克思恩格斯選集》第1卷, 人民出版社2012年版, 第202頁.

104) 同上書, 第146頁.

105)《毛澤東選集》第3卷, 人民出版社1991年版, 第1097頁.

106) 同上書, 第1081頁.

107)《鄧小平文選》第3卷, 人民出版社1993年版, 第373頁.

108) 同上書, 第225頁.

109)《鄧小平文選》第二卷, 人民出版社1994年版, 第236頁.

110)《鄧小平文選》第三卷, 人民出版社1993年版, 第148頁.

111) 同上書, 第367頁.

112) 同上書, 第373頁.

113) 參見《鄧小平文選》第二卷, 第114頁.

114)《陳雲文選》第三卷, 人民出版社1995年版, 第281—282頁.

115) 同上書, 第250頁.

116) 中共中央文獻研究室編:《全國農村工作會議紀要》(一九八一年十二月),

《三中全會以來重要文獻選編》(下)，人民出版社1982年版，第1062—1063頁．

117）中共中央文獻研究室編：《中共中央關於經濟體制改革的決定》，《十二大以來重要文獻選編》(中)，人民出版社1986年版，第568頁．

118）參見《鄧小平文選》第三卷，人民出版社1993年版，第367頁．

119）中共中央文獻研究室編：《加快改革開放和現代化建設步伐，奪取有中國特色社會主義事業的更大勝利》，《十四大以來重要文獻選編》(上)，人民出版社1996年版，第568頁．

120）《鄧小平文選》第三卷，人民出版社1993年版，第354頁．

121）習近平：《把改善供給側結構作為主攻方向 推動經濟朝著更高質量方向發展》，《人民日報》2017年1月23日．

122）習近平：《決勝全面建設小康社會 奪取新時代中國特色社會主義偉大勝利———在中國共產黨第十九次全國代錶大會上的報告》，人民出版社2017年版，第33頁．

123）《習近平談治國理政》第二卷，外文出版社2017版，第176頁．

124）同上書，第258頁．

125）習近平：《決勝全面建設小康社會 奪取新時代中國特色社會主義偉大勝利———在中國共產黨第十九次全國代錶大會上的報告》，第33—34頁．

126）習近平：《在慶祝海南建省辦經濟特區30周年大會上的講話》，《人民日報》2018年4月14日．

127）習近平：《在十八屆中央政治局第二十八次集體學習時的講話》(2015年11月23日)，載《000關於社會主義經濟建設論述摘編》，中央文獻出版社2017年版，第64頁．

128）《中共中央，國務院關於完善產權保護制度依法保護產權的意見》，載《十八以來重要文獻選編》(下)，中央文獻出版社2018年版，第467—468頁．

129）《習近平談治國理政》第二卷，第115頁．

130）《馬克思恩格斯選集》第1卷，人民出版社2012年版，第199頁．

131）胡錦濤：《在省部級主要領導幹部社會管理及其創新專題研討班上的講話》，載中共中央文獻研究室編：《十七大以來重要文獻選編》(下)，中央文獻出版社2013年版，第149—150頁．

132）習近平：《在慶祝中國共產黨成立95周年大會上的講話》，《人民日報》2016年7月2日．

133）江澤民：《論"三個代錶"》，中央文獻出版社2001年版，第11頁．

134）習近平：《在中共十八屆四中全會第二次全體會議上的講話》(2014年10月23日)．

135）《習近平談治國理政》，外文出版社2014年版，第367頁．

136) 參見習近平：《決勝全面建成小康社會 奪取新時代中國特色社會主義偉大勝利———在中國共產黨第十九次全國代表大會上的報告》，人民出版社2017年版，第49頁.

제5장 인민민주

1）　林尚立：《大一統與共和：中國現代政治的緣起》，載陳明明主編：《勞工政治》，復旦大學出版社2016年 版，第4頁.

2）　《毛澤東選集》第二卷，人民出版社2009年版，第634頁.

3）　費正清，費維愷主編：《劍橋中華民國史》下卷，劉敬坤等譯，中國社會科學出版社1994年版，第86頁.

4）　《毛澤東選集》第一卷，人民出版社2009年版，第263頁.

5）　《毛澤東選集》第一卷，人民出版社2009年版，第263頁.

6）　《毛澤東選集》第一卷，人民出版社2009年版，第263頁.

7）　汪仕凱：《先鋒隊政黨的治理邏輯：全面從嚴治黨的理論透視》，《政治學研究》2017年第1期，第28—31頁.

8）　《列寧選集》第一卷，人民出版社1995年版，第526頁.

9）　《毛澤東選集》第二卷，人民出版社2009年版，第677頁.

10）《毛澤東選集》第四卷，人民出版社2009年版，第1480頁.

11）同上書，第1475頁.

12）《江澤民文選》第三卷，人民出版社2006年版，第539頁.

13）《胡錦濤文選》第三卷，人民出版社2016年版，第653頁.

14）林尚立：《論人民民主》，上海人民出版社2016年版，第60頁.

15）習近平：《決勝全面建成小康社會 奪取新時代中國特色社會主義偉大勝利》，人民出版社2017年版，第62頁.

16）《馬克思恩格斯選集》第1卷，人民出版社1995年版，第71—72頁.

17）林尚立：《論人民民主》，第6頁.

18）王滬寧主編：《政治的邏輯：馬克思主義政治學原理》，上海人民出版社2016年版，第67頁.

19）《馬克思恩格斯全集》第3卷，人民出版社2002年版，第39—40頁.

20）林尚立：《論人民民主》，第49頁.

21）何俊志：《作為一種政府形式的中國人大制度》，上海人民出版社2013年版，第101—112頁.

22）林尚立：《論人民民主》，第60頁.

23）《馬克思恩格斯選集》第3卷，人民出版社1995年版，第56頁.

24）汪仕凱：《不平等的民主：20世紀70年代以來美國政治的演變》，《世界經濟與政治》2016年第5期，第12—13頁.

25）習近平：《決勝全面建成小康社會 奪取新時代中國特色社會主義偉大勝利》，第37—38頁.

26）盧梭：《社會契約論》，何兆武譯，商務印書館2003年版，第35頁.

27）習近平：《決勝全面建成小康社會 奪取新時代中國特色社會主義偉大勝利》，第38頁.

28）同上書，第20頁.

29）《習近平談治國理政》第二卷，外文出版社2017年版，第289頁.

30）《〈中共中央關於堅持和完善中國特色社會主義制度，推進國家治理體系和治理能力現代化若幹重大問題的決定〉輔導讀本》，人民出版社2019年版，第6，8頁.

31）習近平：《決勝全面建成小康社會 奪取新時代中國特色社會主義偉大勝利》，第35—36頁.

32）《習近平談治國理政》，外文出版社2014年版，第4頁.

33）習近平：《決勝全面建成小康社會 奪取新時代中國特色社會主義偉大勝利》，第11頁.

34）同上.

35）《馬克思恩格斯選集》第3卷，人民出版社1995年版，第95頁.

36）同上書，第107頁.

37）同上書，第105頁.

제6장 사회주의 법치 국가

1）《馬克思恩格斯選集》第2卷，人民出版社2012年版，第2頁.

2）同上書，第128頁.

3）〔美〕龐德：《通過法律的社會控制———法律的任務》，商務印書館1984年版，第88—89頁.

4）《馬克思恩格斯全集》第1卷，人民出版社2002年版，第277頁.

5）《毛澤東選集》第四卷，人民出版社1991年版，第1475頁.

6）如"政法機關""政法工作""政法院校"等.

7) 習近平：《在省部級主要領導幹部學習貫徹黨的十八屆四中全會精神全面推進依法治國專題研討班上的講話》(2015年2月2日)，載中共中央文獻研究室編：《習近平關於全面依法治國論述摘編》，中央文獻出版社2015年版，第34頁.

8) 《馬克思恩格斯全集》第21卷，人民出版社1965年版，第567—568頁.

9) 《馬克思恩格斯選集》第4卷，人民出版社2012年版，第592頁.

10) 《黨政主要負責人履行推進法治建設第一責任人職責規定》(中共中央辦公廳、國務院辦公廳2016年.11月30日印發).

11) 《中國共產黨政法工作條例》.

12) 《鄧小平文選》第三卷，人民出版社1993年版，第178頁.

13) 《毛澤東文集》第七卷，人民出版社1999年版，第197頁.

14) 《江澤民文選》第一卷，人民出版社2006年版，第511—513頁.

15) 例如，現行《民事訴訟法》第二條所規定的民事訴訟的目的真正的落點在於"維護社會秩序，經濟秩序，保障社會主義建設事業順利進行".

16) 習近平：《關於〈中共中央關於全面推進依法治國若幹重大問題的決定〉的說明》(2014年10月20日)，載《中國共產黨第十八屆中央委員會第四次全體會議文件彙編》，人民出版社2014年版，第81頁.

17) 習近平：《加快建設社會主義法治國家》，《求是》2015年第1期.

18) 《謝覺哉同志在司法訓練班的講話(摘要)》，《人民司法》1978年第3期，第5頁.

19) 《中共中央關於全面推進依法治國若幹重大問題的決定》(2014年10月23日中國共產黨第十八屆中央委員會第四次全體會議通過).

20) 習近平：《在首都各界紀念現行憲法公布施行三十周年大會上的講話》(2012年12月4日)，載中共中央文獻研究室編：《習近平關於全面依法治國論述摘編》，中央文獻出版社2015年版.

21) 董必武：《司法工作必須為經濟建設服務》，載《董必武政治法律文集》，法律出版社1985年版，第383—387頁.

22) 江必新：《司法政策的功能，維度與具體把握》，《法制日報》2017年10月18日第9版.

23) 周強：《最高人民法院工作報告———2018年3月9日在第十三屆全國人民代表大會第一次會議上》.

24) 周強：《最高人民法院工作報告———2015年3月12日在第十二屆全國人民代表大會第三次會議上》.

25) 王勝俊：《最高人民法院工作報告———2011年3月11日在第十一屆全國人民代表大會第四次會議上》.

26) 王勝俊:《最高人民法院工作報告———2012年3月11日在第十一屆全國人民代表大會第五次會議上》.

27) 肖揚:《最高人民法院工作報告———2008年3月10日在第十一屆全國人民代表大會第一次會議上》.

28) 《鄧小平文選》第三卷,人民出版社1993年版,第156頁.

29) 《江澤民文選》第二卷,人民出版社2006年版,第31頁.

30) 《江澤民文選》第三卷,人民出版社2006年版,第200頁.

31) 《鄧小平文選》第三卷,人民出版社1993年版,第144頁.

32) 《毛澤東選集》第二卷,人民出版社1991年版,第528頁.

33) 《鄧小平文選》第二卷,人民出版社1993年版,第147頁.

34) 《馬克思恩格斯選集》第3卷,人民出版社1995年版,第211頁.

35) 《鄧小平文選》第三卷,人民出版社1993年版,第163頁.

36) 同上書,第152頁.

37) 《中共中央關於全面推進依法治國若幹重大問題的決定》(2014年10月23日中國共產黨第十八屆中央委員會第四次全體會議通過).

38) "普力奪"社會是亨廷頓的著名觀點,即缺乏共同遵守的規則的情況下,各方憑借"權力"(power)定勝負.參見〔美〕塞繆爾·亨廷頓:《變化社會中的政治秩序》,王冠華,劉爲等譯,上海人民出版社2008年版,第163—164頁.

39) 郭定平:《政黨中心的國家治理:中國的經驗》,《政治學研究》2019年第3期.

40) 《習近平談治國理政》第二卷,外文出版社2017年版,第114頁.

41) 《馬克思恩格斯全集》第4卷,人民出版社1958年版,第121—122頁.

42) 《馬克思恩格斯全集》第8卷,人民出版社1961年版,第214頁.

43) 《馬克思恩格斯全集》第21卷,人民出版社1965年版,第195頁.

44) 《馬克思恩格斯全集》第3卷,人民出版社1960年版,第378頁.

45) 同上.

46) 《馬克思恩格斯全集》第6卷,人民出版社1961年版,第291頁.

47) 《馬克思恩格斯全集》第1卷,人民出版社1995年版,第349頁.

48) 《馬克思恩格斯全集》第4卷,人民出版社1958年版,第489頁.

49) 毛澤東:《新民主主義的憲政》,載《毛澤東選集》第二卷,人民出版社1991年版,第732頁.

50) 《毛澤東早期文稿》,湖南出版社1990年版,第519頁.

51) 《毛澤東文集》第七卷,人民出版社1999年版,第215頁.

52) 毛澤東在新中國成立初期說過,我們辦事主要不是靠法律,而是靠會議,

靠政策, 提出"有事辦政法, 無事搞生產", "文化大革命"期間民主法制遭到
全面破壞.

53) 參見《中共中央關於全面推進依法治國若幹重大問題的決定》對依法治國重
要性和價值的論述.

54) 參見公丕祥:《中國的法制現代化》, 中國政府大學出版社2004年版, 第39
8頁. 5555.《中共中央關於全面深化改革若幹重大問題的決定》輔導讀本,
人民出版社2013年版, 第31—35頁.

55)《中共中央關於全面深化改革若幹重大問題的決定》輔導讀本, 人民出版社2
013年版, 第31—35頁.

56) (明)張居正:《請稽查章奏隨事考成以修實政疏》.

57) 習近平:《堅持法治國家, 法治政府, 法治社會一體建設》, 載《習近平談治
國理政》, 外文出版社2014年版, 第146頁.

58) 同上書, 第145頁.

59) 習近平:《嚴格執法, 公正司法》, 載《十八大以來中央文獻選編》, 中央文
獻出版社2014年版, 第721頁.

60) 參見韓延龍, 常兆儒編:《中國新民主主義革命時期根據地法制文獻選編》
第一卷, 中國社會科學出版社1981年版, 第22頁.

61)《毛澤東選集》第一卷, 人民出版社1991年版, 第257—258頁.

62)《毛澤東選集》第二卷, 人民出版社1991年版, 第346, 355頁.

63)《毛澤東選集》第四卷, 人民出版社1991年版, 第1389頁.

64)《鄧小平文選》第三卷, 人民出版社1993年版, 第194—197頁.

65) 習近平:《在首都各界紀念現行憲法公布施行30周年大會上的講話》, 載
《習近平談治國理政》, 第142頁.

66)《江澤民文選》第二卷, 人民出版社2006年版, 第32頁.

67) 如鄧小平提出:"我們國家缺少執法和守法的傳統, 從黨的十一屆三中全會
以後就開始抓法制, 沒有法制不行."參見《鄧小平文選》第三卷, 人民出版
社1993年版, 第163頁.

68) 比如中國共產黨第十九屆全國代表大會報告確定的"五位一體""四個全面"
發展戰略.

69) 馬克思:《路易·波拿馬的霧月十八日》, 載《馬克思恩格斯選集》第1卷, 人
民出版社2012年版.

70)《中共中央關於全面推進依法治國若幹重大問題的決定》, 2014年10月23
日中國共產黨第十八屆中央委員會第四次全體會議通過.

71) 昂格爾:《現代社會中的法律》, 吳玉章, 周漢華譯, 譯林出版社2001年版,

第63頁.

72）毛澤東：《新民主主義的憲政》，載《毛澤東選集》第二卷，人民出版社1991
年版，第735頁.

73）同上書，第736頁.

74）《鄧小平文選》第三卷，人民出版社2006年版，第177頁.

75）中央編譯局譯：《共產黨宣言》單行本，人民出版社1997年版，第48頁.

76）鄧小平：《解放思想，實事求是，團結一致向前看》，載《鄧小平文選》第二
卷，人民出版社1994年版，第146頁.

77）十八屆四中全會《決定》提出：全面推進依法治國，總目標是建設中國特色
社會主義法治體系，建設社會主義法治國家. 這就是，在中國共產黨領導
下，堅持中國特色社會主義制度，貫徹中國特色社會主義法治理論，形成
完備的法律規範體系，高效的法治實施體系，嚴密的法治監督體系，有力
的法治保障體系，形成完善的黨內法規體系，堅持依法治國，依法執政，依
法行政共同推進，堅持法治國家，法治政府，法治社會一體建設，實現科學
立法，嚴格執法，公正司法，全民守法，促進國家治理體系和治理能力現代
化.

78）蘇維埃制度是人大制度理論和實踐的起源. 參見何俊志：《作爲一種政府形
式的中國人大制度》，上海人民出版社2013年版，第2頁.

79）中共中央文獻研究室，中央檔案館編：《建黨以來重要文獻選編(1921—19
49)》，中央文獻出版社2011年版.

80）毛澤東：《新民主主義的憲政》，載《毛澤東選集》第二卷，人民出版社1991
年版，第731頁.

81）《毛澤東1944年接待中外記者的講話》.

82）江澤民：《在接受美國〈紐約時報〉董事長兼發行人蘇茲伯格，執行總編萊利
維爾德等一行采訪時的談話》(2001年8月8日)，《人民日報》2001年8月14
日.

83）江澤民：《關於堅持和完善人民代表大會制度》(1990年3月18日)，載中共
中央文獻研究室編：《十三大以來重要文獻選編》中冊，人民出版社1992年
版，第940—941頁.

84）江澤民：《在接受美國〈紐約時報〉董事長兼發行人蘇茲伯格，執行總編萊利
維爾德等一行采訪時的談話》(2001年8月8日)，《人民日報》2001年8月14
日.

85）《胡錦濤文選》第二卷，人民出版社2016年版，第634頁.

86）胡錦濤：《慶祝中國共產黨成立90周年的講話》，2011年7月1日.

87）習近平：《在慶祝全國人民代表大會成立60周年大會上的講話》(2014年9

月5日), 載中共中央宣傳部編：《習近平總書記系列重要講話讀本》, 學習
出版社, 人民出版社2016年版, 第163, 170頁.

88)《十八屆四中全會決定》.

89) 彭真：《不僅要靠黨的政策, 而且要依法辦事》, 載《彭真文選：一九四一—
一九九年版》, 人民出版社1991年版, 第493頁.

90) 李林：《全面推進依法治國是一項宏大系統工程》,《國家行政學院學報》20
14年第6期, 第14— 23頁.

91) 薑明安：《論法治國家, 法治政府, 法治社會建設的相互關系》,《法學雜志》
2013年第6期, 第1— 8頁.

92) 李林：《全面依法治國必須堅持四個方面協調發展》, 人民網, 2015年8月2
8日, http://theory.people.com.cn/2015/0828/c1489802752445.ht
ml

93) 習近平：《堅持法治國家, 法治政府, 法治社會一體建設》, 載《習近平談治
國理政》, 第145頁.

94)《中共中央關於全面推進依法治國若幹重大問題的決定》, 2014年10月23
日中國共產黨第十八屆中央委員會第四次全體會議通過.

제7장 국가 거버넌스 현대화

1) Charles Tilly ed., *The Formation of National States in Western
Europe*, Princeton University Press, 1975, p.4.

2) 許倬雲：《從曆史看管理》, 廣西師範大學出版社2005年版, 第2頁.

3) 〔美〕漢密爾頓等：《聯邦黨人文集》, 程逢如等譯, 商務印書館1980年版,
第3頁.

4) 參見〔英〕安德魯·海伍德：《政治學核心概念》, 吳勇譯, 天津人民出版社2
008年版, 第35—36頁.

5) 〔美〕邁克爾·羅斯金等：《政治科學》, 林震等譯, 華夏出版社2001年版,
第6頁.

6) 王蒙：《中華傳統文化博大精深"不可說"? 不妨抓住"道通為一"來解讀》(20
19年5月5日), 上觀新聞：https://www.jfdaily.com/news/detail?id=
148878, 最後瀏覽日期：2020年6月20日.

7) 王紹光：《政體與政道：中西政治分析的异同》, 載胡鞍鋼主編：《國情報
告》(第十四卷·2011年(下)), 黨建讀物出版社2012年版, 第449頁.

8) 參見〔英〕詹姆斯·布賴斯：《現代民治政體》, 張慰慈等譯, 吉林人民出版

社2001年版.

9) 參見〔英〕拉爾夫·達仁道夫:《現代社會沖突》, 林榮遠譯, 中國社會科學出版社2000年版.

10) 參見〔德〕柯武剛, 史漫飛:《制度經濟學———社會秩序與公共政策》, 韓朝華譯, 商務印書館2000年版.

11) 同上書.

12) 參見瞿同祖:《中國法律與中國社會》, 中華書局1981年版.

13) 〔日〕安世舟:《漂流的日本政治》, 高克譯, 社會科學文獻出版社2011年版, 第4—5頁.

14) 童建挺:《德國聯邦制的演變(1949—2009)》, 中央編譯出版社2010年版, 第2頁.

15) 〔美〕賈雷德·戴蒙德:《槍炮, 病菌與鋼鐵:人類社會的命運》, 謝延光譯, 上海世紀出版集團2006年版, 第353頁.

16) 參見閻照祥:《英國政治制度史》, 人民出版社2012年版.

17) 馬克思, 恩格斯:《共產黨宣言》, 載《馬克思恩格斯選集》第1卷, 人民出版社1972年版, 第253頁.

18) 參見〔英〕拉爾夫·密裏本德:《資本主義社會的國家》, 沈漢等譯, 商務印書館1997年版.

19) 〔法〕基佐:《歐洲文明史》, 程洪逵, 沅芷譯, 商務印書館1998年版, 第177—178頁.

20) 參見〔美〕伊曼紐爾·沃勒斯坦:《現代世界體系》, 羅榮渠等譯, 高等教育出版社1998年版.

21) 〔英〕巴裏·布贊, 理查德·利特爾:《世界曆史中的國際體系》, 劉德斌主譯, 高等教育出版社2004年版, 第219頁.

22) 〔美〕約翰·劉易斯·加迪斯:《冷戰》, 翟強, 張靜譯, 社會科學文獻出版社2013年版, 第98頁.

23) 馬克思, 恩格斯:《共產黨宣言》, 載《馬克思恩格斯選集》第1卷, 人民出版社1972年版, 第255—256頁.

24) 〔美〕查爾斯·蒂利:《强制, 資本和歐洲國家(公元990—1992年)》, 魏洪鐘譯, 上海世紀出版集團2007年版, 第34—35頁.

25) 馬克思:《資本論》(第三卷), 人民出版社2004年版, 第997頁.

26) 〔美〕喬萬尼·薩托利:《民主新論》, 馮克利, 閻克文譯, 上海人民出版社2009年版, 第150頁.

27) 〔英〕弗朗西斯·馬爾文等:《西方文明的統一》, 屈伯文譯, 大象出版社201

3年版, 第70頁.

28) 參見〔美〕西摩·馬丁·李普塞特:《政治人:政治的社會基礎》, 張紹宗譯, 上海世紀出版集團2011年版.

29) 〔美〕查爾斯·蒂利:《民主》, 魏洪鐘譯, 上海世紀出版集團2009年版, 第14—22頁.

30) 參見〔美〕禹貞恩編:《發展型國家》, 曹海軍譯, 吉林出版集團有限責任公司2008年版.

31) 〔美〕阿圖爾·科利:《國家引導的發展———全球邊緣地區的政治權力與工業化》, 朱天飈等譯, 吉林出版集團有限責任公司2007年版, 第11—14頁.

32) 《馬克思恩格斯選集》第4卷, 人民出版社1995年版, 第170頁.

33) 《馬克思恩格斯選集》第3卷, 人民出版社1995年版, 第313頁.

34) 同上書, 第227頁.

35) 《馬克思恩格斯選集》第1卷, 人民出版社1995年版, 第277頁.

36) 〔美〕查爾斯·蒂利:《強制, 資本和歐洲國家》, 魏洪鐘譯, 上海人民出版社2007年版.

37) 〔英〕安東尼·吉登斯:《民族, 國家與暴力》, 胡宗澤譯, 生活·讀書·新知三聯書店1998年版;〔德〕諾貝特·埃利亞斯:《文明的進程》第二卷, 袁志英譯, 生活·讀書·新知三聯書店1998年版.

38) Richard Lachmann, "Mismeasure of the State", working paper presented at the annual meeting of the American Sociological Association, 2004.

39) 〔美〕理查德·邦尼主編:《經濟系統與國家財政》, 沈國華譯, 上海財經大學出版社2018年版, 第286頁.

40) 〔美〕布萊恩·唐寧:《軍事革命與政治變革》, 趙信敏譯, 復旦大學出版社2015年版.

41) 〔美〕西達·斯卡切波:《國家與社會革命》, 何俊志等譯, 上海人民出版社2007年版.

42) 羅新:《黑氈上的北魏皇帝》, 海豚出版社2014年版.

43) 李學勤主編:《中國古代文明與國家形成研究》, 雲南人民出版社1997年版, 第14頁.

44) 〔美〕王國斌, 讓·羅森塔爾:《大分流之外》, 周琳譯, 江蘇人民出版社2018年版, 第204頁.

45) 馮柳堂:《中國歷代民食政策史》, 商務印書館1998年版.

46) Charles Tilly, "Food Supply and Public Order in Modern Europe", in Charles Tilly, ed. *The Formation of National States in Western Europe*. Princeton, NJ: Princeton University Press, 1975, p.4.

47) 〔美〕斯蒂芬·哈爾西:《追尋富强》,趙瑩譯,中信出版集團2018年版.

48) 〔美〕孔飛力:《中華帝國晚期的叛亂及其敵人》,謝亮生等譯,中國社會科學出版社1990年版.

49) Chalmers Johnson, *Peasant Nationalism and Communist Power*, California: Stanford University Press, 1962.

50) 《馬克思恩格斯選集》第1卷,人民出版社1995年版,第676頁.

51) 〔法〕米歇爾·福柯:《必須保衛社會》,錢翰譯,上海人民出版社1999年版,第26頁.

52) 〔美〕喬爾·米格代爾:《社會中的國家》,李楊等譯,江蘇人民出版社2013年版.

53) 〔意〕諾伯特·波比奧:《民主與獨裁》,梁曉君譯,吉林人民出版社2011年版.

54) 曼庫爾·奧爾森:《國家興衰探源》,呂應中等譯,商務印書館1993年版.

55) 〔美〕弗朗西斯·福山:《國家構建》,黃勝强等譯,中國社會科學出版社2007年版,"序".

56) 轉引自申劍敏,陳周旺:《現代國家的治理內涵辨析》,《上海行政學院學報》2016年第6期.

57) 王邦佐:《居委會與社區治理》,上海人民出版社2003年版,第2—3頁.

58) 參見斯坦利·羅肯:《國家形成與國家建設的若幹向度》,載《複旦政治學評論》第3輯,上海辭書出版社2005年版,第116頁.

59) 〔美〕加布裏埃爾·阿爾蒙德等:《比較政治學》,曹沛霖等譯,東方出版社2007年版,第24頁.

60) 〔美〕亞曆山大·格申克龍:《經濟落後的曆史透視》,張鳳林譯,商務印書館2009年版.

61) 劉建軍:《單比特國》,天津人民出版社2000年版,第59,43頁.

62) 〔美〕曼瑟·奧爾森:《權力與繁榮》,蘇長和,嵇飛譯,上海人民出版社2005年版.

63) 王紹光,胡鞍鋼:《中國國家能力報告》,遼寧人民出版社1993年版;錢穎一:《現代經濟學與中國經濟改革》,中國人民大學出版社2003年版.

64) 〔美〕曼庫爾·奧爾森:《國家興衰探源》,商務印書館1993年版.

65) 〔美〕邁克爾・泰格, 瑪德琳・利維:《法律與資本主義的興起》, 紀琨譯, 學林出版社1996年版.

66) 周雪光:《中國國家治理的制度邏輯》, 生活・讀書・新知三聯書店2017年版, 第19頁.

67) 陳周旺, 韓星梅:《共同富裕:改革開放中國家再分配能力建設的著力點》, 《探索》2019年第3期.

68) 陳周旺:《國家治理現代化之路:改革開放的政治學邏輯》, 《學海》2019年第1期.

69) 王紹光, 胡鞍鋼:《中國國家能力報告》, 遼寧人民出版社1993年版.

70) 錢穎一:《中國特色的維護市場的經濟聯邦制》, 載張軍, 周黎安主編:《為增長而競爭》, 格致出版社2008年版.

71) 周黎安:《中國地方官員的晋昇錦標賽模式研究》, 《經濟研究》2007年第7期.

72) 黃玉:《鄉村中國變遷中的地方政府與市場經濟》, 中山大學出版社2009年版.

73) 〔美〕邁克爾・曼:《國家自治權:其始源, 機制與結果》, 康莉, 龍冰譯, 載汪民安等主編:《現代性基本讀本》, 河南大學出版社2005年版, 第596頁.

74) 〔美〕加布裏埃爾・阿爾蒙德等:《比較政治學》, 曹沛霖等譯, 上海譯文出版社1987年版, 第26頁.

75) 〔美〕魯恂・派伊:《政治發展面面觀》, 任曉, 王元譯, 天津人民出版社2009年版, 第84頁.

76) 〔美〕道格拉斯・諾思:《經濟史中的結構與變遷》, 陳鬱, 羅華平譯, 上海三聯書店1991年版.

77) 〔美〕詹姆斯・斯科特:《國家的視角》, 王曉毅譯, 社會科學文獻出版社2011年版.

78) 〔美〕查爾斯・蒂利:《歐洲的抗爭與民主》, 陳周旺, 李輝, 熊易寒譯, 格致出版社2008年版, 第44頁.

79)《中國共產黨第十八屆中央委員會第五次全體會議公報》.

제8장 공동부유의 제도적 기초

1)《馬克思恩格斯文集》第2卷, 人民出版社2009年版, 第43頁.

2) 同上書, 第52頁.

3)《馬克思恩格斯文集》第3卷, 人民出版社2009年版, 第445頁.

4) 《馬克思恩格斯文集》第2卷，人民出版社2009年版，第43頁.

5) 《馬克思恩格斯文集》第9卷，人民出版社2009年版，第310頁.

6) 《列寧選集》第3卷，人民出版社2012年版，第136，159頁.

7) 同上書，第160頁.

8) 《列寧全集》第35卷，人民出版社2017年版，第60—61頁.

9) 《列寧全集》第33卷，人民出版社2017年版，第227頁.

10) 同上書，第24頁.

11) 《列寧選集》第1卷，人民出版社2012年版，第156頁.

12) 《毛澤東文集》第八卷，人民出版社1999年版，第109頁.

13) 《鄧小平文選》第二卷，人民出版社1994年版，第191頁.

14) 《鄧小平文選》第三卷，人民出版社1993年版，第63—64頁.

15) 同上書，第225頁.

16) 《關於建國以來黨的若幹曆史問題的決議》，中國網，http://www.china.c
om.cn/chinese/archive/131144.htm.

17) 《列寧選集》第3卷，人民出版社2012年版，第202頁.

18) 衛興華：《共同富裕是中國特色社會主義的根本原則》，《經濟問題》2012年
第12期.

19) 《鄧小平在黨的理論工作務虛會上講話》，中國共產黨新聞網，http://cpc.
people.com.cn/n1/2018/0621/c69113 30070927.html.

20) 《全面開創社會主義現代化建設的新局面———在中國共產黨第十二次全
國代錶大會上的報告》，中國共產黨歷次代表大會資料庫，http://cpc.peo
ple.com.cn/GB/64162/64168/64565/65448/4526430.html.

21) 《沿著有中國特色的社會主義道路前進———在中國共產黨第十三次全國
代錶大會上的報告》，中國共產黨歷次代表大會資料庫，http://cpc.peopl
e.com.cn/GB/64162/64168/64566/65447/4526368.html.

22) 《鄧小平文選》第二卷，人民出版社1994年版，第312頁.

23) 《鄧小平文選》第三卷，人民出版社1993年版，第195頁.

24) 同上書，第373頁.

25) 《決勝全面建成小康社會 奪取新時代中國特色社會主義偉大勝利———在
中國共產黨第十九次全國代錶大會上的報告》，共產黨員網，http://www.
12371.cn/2017/10/27/ARTI1509103656574313.shtml.

26) 習近平：《在慶祝改革開放40周年大會上的講話》，新華網，http://www.
xinhuanet.com/2018-12/18/c_1123872025.htm.

27) 《鄧小平年譜(1975—1997)》(下)，中央文獻出版社2004年版，第1312頁.

28）《馬克思恩格斯文集》第8卷，人民出版社2009年版，第200頁.

29）《鄧小平文選》第三卷，人民出版社1993年版，第364頁.

30）《鄧小平年譜(1975—1997)》(下)，中央文獻出版社2004年版，第1014頁.

31）《鄧小平文選》第二卷，人民出版社1994年版，第236頁.

32）《鄧小平文選》第三卷，人民出版社1993年版，第123頁.

33）《鄧小平年譜(1975—1997)》(下)，中央文獻出版社2004年版，第790頁.

34）同上書，第1312頁.

35）《鄧小平文選》第二卷，人民出版社1994年版，第152頁.

36）《鄧小平年譜(1975—1997)》(下)，中央文獻出版社2004年版，第1357，1364頁.

37）習近平：《在黨的十八屆五中全會第二次全體會議上的講話(節選)》，《求是》2016年第1期.

38）李太淼：《堅持按勞分配為主體的合理性及其制度路徑》，《中州學刊》2008年第3期.

39）《中共中央關於堅持和完善中國特色社會主義制度推進國家治理體系和治理能力現代化若干問題的決定》，中國人大網，http://www.npc.gov.cn/npc/c30834/201911/3d7459d8a67e49b3b6975172d3129b6f.shtml.

40）《馬克思恩格斯文集》第5卷，人民出版社2009年版，第874頁.

41）楊春學：《論公有制理論的發展》，《中國工業經濟》2017年第10期.

42）《馬克思恩格斯文集》第7卷，人民出版社2009年版，第499頁.

43）李豔秋：《中國特色社會主義所有制結構的演變及啟示》，《中國特色社會主義研究》2014年第2期.

44）周其仁：《公有制企業的性質》，《經濟研究》2000年第11期.

45）葛楊：《馬克思所有制理論中國化的發展與創新》，《當代經濟研究》2016年第10期.

46）《中共中央關於建立社會主義市場經濟體制若干問題的決定》，中國網，http://www.china.com.cn/chinese/archive/131747.htm.

47）《關於建國以來黨的若干歷史問題的決議》，中國網，http://www.china.com.cn/chinese/archive/131144.htm.

48）《習近平談民營經濟的地比特用》，中國非公企業黨建網，http://www.fgdjw.gov.cn/xwzx/201909/t20190912_11001916.shtml.

49）《高舉鄧小平理論偉大旗幟，把建設有中國特色社會主義事業全面推向二十一世紀———在中國共產黨第十五次全國代錶大會上的報告》，中國共產黨歷次代表大會資料庫，http://cpc.people.com.cn/GB/64162/64168/6

4568/65445/4526285.html.

50) 陽國亮：《公有制需要推行多種實現形式》，《廣西社會科學》2004年第7期.

51) 魏傑，侯孝國：《公有制的多種實現形式：理論依據與觀念創新》，《學術月刊》1998年第4期.

52) 陽國亮：《公有制需要推行多種有效實現形式》，《廣西社會科學》2004年第7期.

53) 《高舉鄧小平理論偉大旗幟，把建設有中國特色社會主義事業全面推向二十一世紀———在中國共產黨第十五次全國代錶大會上的報告》，中國共產黨歷次代表大會資料庫，http://cpc.people.com.cn/GB/64162/64168/64568/65445/4526285.html.

54) 文宗瑜：《國有企業70年改革發展曆程與趨勢展望》，《經濟縱橫》2019年第6期；石濤：《中國國有企業改革70年的曆史回眸與啟示》，《湖湘論壇》2019年第5期.

55) 韓康：《市場在資源配置中起決定性作用：執政黨市場認識的新制高點》，《上海行政學院學報》2014年第3期.

56) 《中國共產黨八十年珍貴檔案》(下)，中國檔案出版社2001年版，第1492頁.

57) 《鄧小平文選》第三卷，人民出版社1993年版，第373頁.

58) 《十三大以來重要文獻選編》(下)，北京人民出版社1993年版，第2069—2073頁.

59) 史蕾：《從"輔助性作用"到"決定性作用"：黨對市場在資源配置中作用的認識演變》，《學習與實踐》2014年第2期.

60) 《十八屆三中全會〈決定〉，公報，說明(全文)》，東方網，http://news.eastday.com/eastday/13news/node2/n4/n6/u7ai173782_K4.html.

61) 王萍：《市場在資源配置中起決定性作用的邏輯內涵與實現條件》，《齊魯學刊》2015年第4期.

62) 洪銀興：《論市場在資源配置起決定性作用後的政府作用》，《經濟研究》2014年第1期.

63) 《沿著有中國特色的社會主義道路前進———在中國共產黨第十三次全國代錶大會上的報告》，中國共產黨歷次代表大會資料庫，http://cpc.people.com.cn/GB/64162/64168/64566/65447/4526368.html.

64) 《第十三屆中央委員會第三次全體會議公報》，中國共產黨歷次代表大會資料庫，http://cpc.people.com.cn/GB/64162/64168/64566/65385/4441843.html.

65) 《加快改革開放和現代化建設步伐 奪取有中國特色社會主義事業的更大勝

利———在中國共產黨第十四次全國代錶大會上的報告》,中國共產黨歷次代表大會資料庫,http://cpc.people.com.cn/GB/64162/64168/64567/65446/4526308.html.

66)《關於建立社會主義市場經濟體制若幹問題的決定》,人民網,http://www.people.com.cn/GB/shizheng/252/5089/5106/20010430/456592.html.

67) 同上.

68) 張勇:《宏觀調控:中國社會主義經濟學的重要概念》,《甘肅社會科學》2017年第6期.

69) 楊偉民:《如何使市場在資源配置中起決定性作用》,《宏觀經濟管理》2014年第1期.

70) 顧龍生:《中國共產黨經濟思想發展史》,山西經濟出版社1996年版,第77頁.

71) 石濤:《中國國有企業改革70年的歷史回眸與啟示》,《湖湘論壇》2019年第5期.

72) 戚聿東,肖旭:《新中國70年國有企業制度建設的歷史進程,基本經驗和未竟使命》,《經濟與管理研究》2019年第10期.

73)《馬克思恩格斯文集》第3卷,人民出版社2009年版,第434—435頁.

74) 同上書,第193—196頁.

75) 薛漢偉:《從按勞分配到生產要素按貢獻分配》,《北京大學學報(哲學社會科學版)》2003年第4期.

76) 楊衛:《中國特色社會主義分配制度體系的三個層次》,《上海經濟研究》2020年第2期.

77) 魏眾,王瓊:《按勞分配原則中國化的探索曆程:經濟思想史視角的分析》,《經濟研究》2016年第11期.

78) 同上.

79) 閆瑞雪:《破而後立:1977—1978年分配問題上的思想轉型》,《中國經濟史研究》2018年第4期.

80) 李太淼:《堅持按勞分配為主體的合理性及其制度路徑》,《中州學刊》2008年第3期.

81) 許成安,王家新:《按勞分配:現實還是趨勢》,《經濟學評論》2007年第1期.

82)《沿著有中國特色的社會主義道路前進———在中國共產黨第十三次全國代錶大會上的報告》,中國共產黨歷次代表大會資料庫,http://cpc.people.com.cn/GB/64162/64168/64566/65447/4526368.html.

83) 《關於建立社會主義市場經濟體制若幹問題的決定》, 人民網, http://ww
w.people.com.cn/GB/shizheng/252/5089/5106/20010430/45659
2.html.

84) 蔡繼明:《改革開放以來我國分配理論創新和分配制度變革》,《深圳大學學
報(人文社會科學版)》2018年第4期.

85) 同上.

86) 蔡繼明:《按生產要素分配理論:爭論與發展》,《山東大學學報(哲學社會
科學版)》2009年第6期.

87) 《中共中央關於全面深化改革若幹重大問題的決定》, 東方網, http://new
s.eastday.com/eastday/13news/node2/n4/n6/u7ai173782_K4.ht
ml.

88) 《決勝全面建成小康社會 奪取新時代中國特色社會主義偉大勝利———在
中國共產黨第十九次全國代錶大會上的報告》, 共產黨員網, http://www.
12371.cn/2017/10/27/ARTI1509103656574313.shtml.

89) 蔡繼明:《改革開放以來我國分配理論創新和分配制度變革》.

90) 楊燦明, 胡洪曙, 俞傑:《收入分配研究述評》,《中南財經政法大學學報》2
008年第1期.

91) 楊衛:《中國特色社會主義分配制度體系的三個層次》,《上海經濟研究》20
20年第2期.

제9장 국가와 사회의 공생

1) 對"公民社會"的理解請參見本書第二章第三節.

2) 〔英〕洛克:《政府論(下篇)》, 葉啟芳, 瞿菊農譯, 商務印書館1994年版,
第10頁.

3) 邓正来, 〔英〕J.C.亚历山大编:《国家与市民社会:一种社会理论的研究路
径》, 中央编译出版社1998年版, 第6-7页.

4) 〔法〕托克維爾:《論美國的民主(下卷)》, 董果良譯, 商務印書館1991年版,
第640頁.

5) Edward Shils, "The Virtue of Civil Society," *Government and O
pposition*, Vol.26, No.1, 1991, pp.3-20;〔美〕愛德華·希爾斯:《市
民社會的美德》, 李强譯, 載鄧正來等編:《國家與市民社會:一種社會理
論的研究路徑》, 中央編譯出版社1998年版, 第33頁.

6) Philippe C. Schmitter, "Still the Century of Corporatism?" In phi

lippe C. Schmitter and Gerhard Lehmbruch, eds., *Trends towar d Corporatist Intermediation*, Beverly Hills: Sage Publications, 1 979, pp.7-52. 轉引自張靜:《法團主義》, 中國社會科學出版社1998年版, 第23-34頁.

7) Joel S. Migdal, State in Society: *Studying How States and Societ ies Transform and Constitute One Another*, NY: Cambridge Uni versity Press, 2001.

8) Gordon White, "Prospects for Civil Society in China: A case Stu dy of Xiaoshan City", *The Australian Journal of Chinese Affairs*, No.29, 1993, pp.63-87; Gordon White, Jude Howell and Shang Xiaoyuan, In Search of Civil Affairs, No.29, 1993, pp.63-87; Go rdon White, Jude Howell and Shang Xiaoyuan, *In Search of Civi l Society: Market Reform and Social Change in Contemporary C hina*, Oxford: Clarendon Press, 1996.

9) Baogang He, *The Democratic Implications of Civil Society in C hina, New York*, NY: Palgrave Macmillan, 1997.

10) B. Michael Frolic, "State-Led Civil Society", In Timothy Brook a nd B. Michael Frolic, eds., *Civil Society in China*, 1997, New Y ork, NY London: M.E. Sharpe.

11) 〔印〕帕薩·特傑:《被治理者的政治:思索大部分世界的大眾政治》, 田立年譯, 陳光興校, 廣西師範大學出版社2007年版.

12) 參見〔印〕帕薩·查特傑:《被治理者的政治:思索大部分世界的大眾政治》;〔印〕帕莎·查特吉:《政治社會的世界:後殖民民主研究》, 王行坤, 王原譯, 西北大學出版社2017年版; 楊振:《用自己的方式看待西方價值—帕莎·查特吉教授訪談錄》,《文匯報》, 2017年7月1日第8版.

13) 王建生:《西方國家與社會關系理論流變》,《河南大學學報(社會科學版)》2010年第6期, 第69—75頁.

14) 黃宗智:《國家國家—市場—社會:中西國力現代化路徑的不同》,《探索與爭鳴》2019年第11期, 第42—56頁.

15) 林尚立:《社區自治中的政黨:對黨, 國家與社會關系的微觀考察——以上海社區發展為考察對象》, 載上海市社會科學界聯合會等:《組織與體制:上海社區發展理論研討會會議資料匯編》, 2002年版, 第45頁.

16) Michael Mann, *The Sources of Social Power Volume Ⅱ: The Ri se of Classes and Nation-States, 1760—1914*, New York: Camb ridge university Press, 1993.

17) 鄧正來：《研究與反思：中國社會科學自主性的思考》，遼寧大學出版社1998年版，第157頁.

18) 參見〔法〕蜜雪兒‧福柯著，汪民安編：《什麼是批判：福柯文選Ⅱ》，北京大學出版社2016年版，"編者前言"，第Ⅷ頁.

19) 參見費孝通：《中國士紳》，生活‧讀書‧新知三聯書店2009年版，第25—37頁.

20) 參見〔德〕黑格爾：《法哲學原理》，範揚，張全泰譯，商務印書館1979年版.

21) 同上書，第173—174頁.

22) 賀麟，王玖光：《譯者導言：關於黑格爾的〈精神現象學〉》，載〔德〕黑格爾：《精神現象學》（上卷），賀麟，王玖光譯，商務印書館2017年版，第1—49頁.

23) 參見〔德〕黑格爾：《法哲學原理》，第20頁.

24) 參見高放，高哲，張景傑等：《馬克思恩格斯要論精選》（增訂本），中央編譯出版社2017年版，第231—232頁.

25) 〔德〕哈貝馬斯：《交往與社會進化》，張博樹譯，重慶出版社1989年版；〔德〕哈貝馬斯：《交往行動理論》（第一卷，第二卷），洪佩鬱，藺菁譯，重慶出版社1994年版.

26) 鄭召利：《哈貝馬斯和馬克思交往範疇的意義域及其相互關聯》，《教學與研究》2000年第5期，第44—49頁.

27) 左才：《政治學研究方法的權衡與發展》，復旦大學出版社2017年版，第25頁.

28) 中共中央文獻研究室編：《習近平關於社會主義社會建設論述摘編》，中央文獻出版社2017年版，第127頁.

29) 張康之，張乾友：《從共同生活到公共生活》，《探索》2007年第4期，第70—75，79頁.

30) 郭忠華：《現代性‧解放政治‧生活政治———吉登斯的思想地形圖》，《中山大學學報（社會科學版）》2005年第6期，第91—95，139頁.

31) 恩格斯：《論住宅問題》，人民出版社2019年版，"1887年第二版序言"，第3頁.

32) 〔美〕羅伯特‧帕特南：《獨自打保齡：美國社區的衰落與復興》，劉波等譯，北京大學出版社2011年版.

33) 參見〔美〕傑克‧奈特：《制度與社會沖突》，周偉林譯，上海人民出版社2009年版，第68頁.

34) 〔英〕詹姆斯‧弗農：《遠方的陌生人：英國是如何成為現代國家的》，張祝馨譯，商務印書館2017年版，第36頁.

35) 同上書, 第89頁.

36) 同上書, 第96頁.

37) 〔英〕艾倫·麥克法蘭主講:《現代世界的誕生》, 劉北成評議, 管可秋譯, 上海人民出版社2013年版, 第177頁.

38) 同上書, 第160頁.

39) 《荀子》, 方勇, 李波譯注, 中華書局2015年版, 第142頁.

40) 景天魁:《論群學復興———從嚴複"心結"說起》, 《社會學研究》2018年第5期.

41) 周雪光:《權威體制與有效治理:當代中國國家治理的制度邏輯》, 《開放時代》2011年第10期, 第67—85頁.

42) 周雪光:《中國國家治理及其模式:一個整體性視角》, 《學術月刊》2014年第10期, 第5—11頁.

43) 《習近平談治國理政》, 外文出版社2014年版, 第6頁.

44) 〔德〕烏爾裏希·貝克:《風險社會》, 何博聞譯, 譯林出版社2004年版, 第6—7頁.

45) 參見梁漱溟:《中國文化要義》, 上海人民出版社2018年版, 第8章.

46) 參見〔法〕埃米爾·塗爾幹:《社會分工論》, 渠敬東譯, 生活·讀書·新知三聯書店2000年版.

47) 參見〔德〕馬克斯·韋伯:《路德的"天職"觀———研究的任務》, 載《新教倫理與資本主義精神》, 閻克文譯, 上海人民出版社2018年版.

48) 徐勇:《祖賦人權:源於血緣理性的本體建構原則》, 《中國社會科學》2018年第1期.

49) 〔美〕瑪格麗特·鮑爾:《特朗普, 共和黨和威斯特摩蘭縣》, 《世界社會主義研究》2019年第4期.

50) 關於日本的羞恥文化, 參見〔美〕魯思·本尼迪克特:《菊與刀》, 葉寧譯, 江蘇人民出版社2019年版, 第5章.

51) 顧炎武:《日知錄集釋》, 嶽麓書社1994年版, 第471頁.

52) 中共中央文献研究室編:《習近平关于社会主义社会建设论述摘编》, 中央文献出版社2017年版, 第131頁.

53) 《中國共產黨第十九屆中央委員會第四次全體會議公報》, 人民出版社2019年版, 第13—14頁.

제10장 이데올로기 영도권

1) 中共中央宣傳部：《習近平總書記系列重要講話讀本》，學習出版社，人民
出版社2014年版，第105頁.

2) 習近平：《決勝全面建成小康社會 奪取新時代中國特色社會主義偉大勝利
———在中國共產黨第十九次全國代表大會上的報告》，人民出版社2017
年版，第41頁.

3) 下文對意識形態概念，內容結構和基本功能的界定和論述，參見林尚立
等：《政治建設與國家發展》，中國大百科全書出版社2008年版，第242—2
44頁.

4) 〔英〕約翰·B.湯普森：《意識形態與現代文化》，高銛等譯，譯林出版社20
05年版，第5頁.

5) 可參見卡爾·曼海姆對意識形態作爲特定概念和總體概念的分辨.〔德〕卡
爾·曼海姆：《意識形態與烏托邦》，姚仁權譯，九州出版社2007年版，第1
13—121頁.

6) 〔英〕戴維·米勒，〔英〕韋農·波格丹諾編，鄧正來主編：《布萊克維爾政治
學百科全書》，中國政法大學出版社2002年版，第368頁.

7) 〔英〕安德魯·海伍德：《政治學》，張立鵬譯，歐陽景根校，中國人民大學
出版社2006年版，第51頁.

8) 《馬克思恩格斯文集》第1卷，人民出版社2009年版，第550頁.

9) 有學者基於理論譜系，詞源學考證提出"意識形態領導權"定義，即特定意識
形態……自覺而非強制地獲得的在意識形態領域主導，帶領和指導大衆，
從而控制，引導和規範社會的一種權力，該定義特別強調意識形態領導權
的核心要義是自覺認同.參見於華：《中國共產黨意識形態領導權研究》，
人民出版社2017年版，第16—17頁.

10) 《江澤民文選》第三卷，人民出版社2006年版，第282頁.

11) 《毛澤東文集》第六卷，人民出版社1999年版，第350頁.

12) 中共中央宣傳部：《習近平新時代中國特色社會主義思想三十講》，學習出
版社2018年版，第213頁.

13) 有學者認爲，馬克思，恩格斯主要在三個層面和意義上使用"意識形態"概
念：一是指唯心史觀的意識形態，即否定意義上使用的意識形態；二是指
特定階級爲各自目的和利益要求而提出的意識形態；三是指作爲歷史唯物
主義基本範疇和社會結構基本要素的觀念或思想上層建築.參見王永貴
等：《經濟全球化與我國社會主流意識形態建設研究》，人民出版社2010年
版，第15—16頁.

14) 唐曉燕認爲，自《德意志意識形態》開始，馬克思確立了其意識形態理論的
三重邏輯，即批判邏輯，建構邏輯和超越邏輯.參見唐曉燕：《馬克思意識

形態理論邏輯進程》, 社會科學文獻出版社2018年版, 第133頁.

15) 陳錫喜教授指出, 馬克思主義給我們提供的是關於歷史的基礎, 社會的結構, 發展的動力, 以及人的活動在其中受到的制約和作用的"具有普遍意義的世界觀". 參見陳錫喜：《意識形態：當代中國的理論與實踐》, 中國人民大學出版社2018年版, 第56頁.

16) 2015年公布實施的《中華人民共和國國家安全法》規定："國家⋯⋯培育和踐行社會主義核心價值觀, 防範和抵制不良文化的影響, 掌握意識形態領域主導權." 2018年, 中共中央印發的《社會主義核心價值觀融入法治建設立法修法規劃》強調, 要著力把社會主義核心價值觀融入法律法規的立, 改, 廢, 釋全過程.

17) 正是在這個意義上, 馬克思主義中國化在外延上既包括"馬克思主義在中國的具體化", 也包括"把中國的實踐經驗馬克思主義化". 參見陳錫喜：《意識形態：當代中國的理論與實踐》, 第55頁.

18) 毛澤東：《論人民民主專政》, 載《毛澤東選集》第四卷, 人民出版社1991年版, 第1471頁.

19) 胡錦濤：《堅定不移沿著中國特色社會主義前進　為全面建成小康社會而奮鬥———在中國共產黨第十八次代表大會上的報告》, 人民出版社2012年版, 第11頁.

20) 這是《中國共產黨章程》的權威表述, 如果從中國社會主義國家的政治發展邏輯來看, 新時代中國特色社會主義思想試圖解答的是"建設什麼樣的社會主義現代化國家, 如何治理社會主義現代化國家"這一歷史性課題.

21) 《中國共產黨章程》, 人民出版社2017年版, 第5—6頁.

22) 這種意識形態建構邏輯, 既不同於中國傳統帝制時代的意識形態塑造, 也有所區別於改革開放之前的意識形態建構方式. 比如, 以意識形態建構對公民的教育與塑造爲例, 從新中國成立至今, "黨和國家對民眾的宣傳與教育逐漸從以黨爲中心轉變爲以國家爲中心", "不再簡單地從培育社會主義接班人角度塑造公民, 而是從作爲國家公民應有的認同, 信仰和價值出發來塑造公民". 參見林尚立：《當代中國政治：基礎與發展》, 中國大百科全書出版社2017年版, 第284—285頁.

23) 習近平指出："馬克思主義是我們共產黨人理想信念的靈魂," ""背離或放棄馬克思主義, 我們黨就會失去靈魂.""沒有馬克思主義信仰, 共產主義理想, 就沒有中國共產黨, 就沒有中國特色社會主義," "馬克思主義政黨一旦放棄馬克思主義信仰, 社會主義和共產主義信仰, 就會土崩瓦解." 參見《習近平談治國理政》第二卷, 外文出版社2017年版, 第66, 326頁.

24) 〔德〕馬克思：《〈黑格爾法哲學批判〉導言》, 載《馬克思恩格斯文集》第1卷, 人民出版社2009年版, 第11頁.

25) 〔德〕馬克思,恩格斯:《〈政治經濟學批判〉序言》,載《馬克思恩格斯文集》第2卷,人民出版社2009年版,第591—592頁.

26) 〔德〕馬克思,恩格斯:《德意志意識形態》,載《馬克思恩格斯文集》第1卷,人民出版社2009年版,第536頁.

27) 〔德〕馬克思:《哥達綱領批判》,載《馬克思恩格斯選集》第3卷,人民出版社1995年版,第313頁.

28) 〔德〕恩格斯:《家庭,私有制與國家的起源》,載《馬克思恩格斯文集》第2卷,人民出版社2009年版,第189頁.

29) 鬱建興:《論全球化時代的馬克思主義國家理論》,《中國社會科學》2007年第2期.

30) 毛澤東在《論人民民主專政》一文中指出:"總結我們的經驗,集中到一點,就是工人階級(經過共產黨)領導的以工農聯盟爲基礎的人民民主專政……這就是我們的公式,這就是我們的主要經驗,這就是我們的主要綱領."參見《毛澤東選集》第四卷,人民出版社1991年版,第1480.江澤民《在慶祝中國共產黨成立八十周年大會上的講話》中明確指出:"我們黨要始終成爲中國工人階級的先鋒隊,同時成爲中國人民和中華民族的先鋒隊."參見《江澤民文選》第三卷,人民出版社2006年版,第292頁.這是在馬克思主義中國化過程中對馬克思主義關於無產階級專政思想和無產階級政黨建設思想的重要發展,也是馬克思主義在與國家相結合的過程中從階級意識形態向國家意識形態發展的重要體現.

31) 《馬克思恩格斯文集》第2卷,人民出版社2009年版,第470—471頁.

32) 《馬克思恩格斯文集》第1卷,人民出版社2009年版,第528頁.

33) 《毛澤東選集》第三卷,人民出版社1991年版,第1060頁.

34) 《毛澤東選集》第四卷,人民出版社1991年版,第1479頁.

35) 《毛澤東著作選讀》,人民出版社1986年版,第740,743頁.

36) 《毛澤東文集》第七卷,人民出版社1999年版,第170頁.

37) 《鄧小平文選》第二卷,人民出版社1994年版,第128頁.

38) 《鄧小平文選》第三卷,人民出版社1993年版,第372頁.

39) 《鄧小平文選》第二卷,人民出版社1994年版,第351頁.

40) 《鄧小平文選》第三卷,人民出版社1993年版,第373頁.

41) "在今天的中國,不能想象能夠在貧瘠的文化土壤上建構具有強大吸引力和凝聚力的社會主義意識形態,不能想象能夠在文化與意識形態相懸絕的條件下建構具有包容性和整合力的社會主義意識形態,也不能想象在上述兩種情形下建築起來的意識形態能夠有效支撐當代中國政治發展以及經濟,社會發展",這就提出了中國傳統文化創造性轉化,創新性發展的時代任務.

參見林尚立等：《政治建設與國家發展》，中國大百科全書出版社2008年版，第271頁.

42）《馬克思恩格斯選集》第1卷，人民出版社1995年版，第54—57頁.

43）從對中國革命道路的創造性闡釋，對中國社會主義國家階級基礎的界定，到社會主義初級階段概念的提出和中國特色社會主義理論的創造，馬克思主義中國化的實質就是有效解釋中國，馬克思主義改造中國的前提就是有效把握中國.

44）《馬克思恩格斯文集》第1卷，人民出版社2009年版，第11頁.

45）鄧小平明確指出，"改革也是解放生產力"，"過去，只講在社會主義條件下發展生產力，沒有講還要通過改革解放生產力，不完全. 應該把解放生產力和發展生產力兩個講全了". 參見鄧小平：《在武昌，深圳，珠海，上海等地的談話要點》，載《鄧小平文選》第三卷，人民出版社1993年版，第370頁.

46）2017年習近平在聯合國日內瓦總部的演講中指出："人類正處在大發展大變革大調整時期……各國相互聯繫，相互依存，全球命運與共，休戚相關." 參見《習近平談治國理政》第二卷，外文出版社2017年版，第538頁.

47）中共中央宣傳部編：《習近平總書記系列重要講話讀本(2016年版)》，學習出版社2016年版，第8— 9頁.

48）《習近平談治國理政》第二卷，外文出版社2017年版，第30頁.

49）《習近平談治國理政》，外文出版社2014年版，第425頁；中共中央宣傳部編：《習近平總書記系列重要講話讀本(2016年版)》，學習出版社2016年版，第5頁.

50）"中華民族"觀念出自偉大的思想建構和意識形態創造，這是精神之於物質，意識形態之於社會實踐的反作用的明顯例證之一.

51）鄭大華，張弛：《近代"中華民族復興"之觀念形成的歷史考察》，《教學與研究》2014年第4期.

52）鄭大華：《論毛澤東的中華民族復興思想》，《當代中國史研究》2013年第5期. 毛澤東的具體論述參見毛澤東：《論反對日本帝國主義的策略》，《毛澤東選集》第一卷，人民出版社1991年版，第161頁；《中國革命與中國共產黨》，《毛澤東選集》第二卷，人民出版社1991年版，第621—623頁；《社會主義革命的目的是解放生產力》，《毛澤東文集》第七卷，人民出版社1999年版，第1頁；《在擴大的中央工作會議上的講話》，《毛澤東文集》第八卷，人民出版社1999年版，第302頁.

53）本書編寫組：《十八大報告輔導讀本》，人民出版社2012年版，第67頁.

54）《毛澤東文集》第七卷，人民出版社1999年版，第1頁.

55）《毛澤東選集》第三卷，人民出版社1991年版，第1096頁.

56）《毛澤東文集》第八卷，人民出版社1999年版，第302頁.

57）這種具體國家形態因爲同屬於社會主義國家形態的範疇，所以更准確的說法應該是政治形態；但是因爲學界對中國社會主義國家建設曆程中不同曆史階段國家發展的現實形式的概括———如"發展型國家"與超越"發展型國家"等———習慣上使用國家形態的概念，爲討論之方便，姑且沿襲之.

58）〔以色列〕S.N.艾森斯塔德：《帝國的政治體系》，閻步克譯，貴州人民出版社1992年版，第235，230—231，241—242頁.

59）古代中國在國家形態上體現爲一種傳統治理型國家，傳統治理型國家的基本特征包括：第一，在政治系統的目標追求上，不以經濟發展爲主要目標，而以"長治久安"的政治秩序之維持爲首要目標；第二，經濟結構—社會結構—政治結構之間相互支撐，高度耦合，特別是在作爲政治統治之社會基礎的社會結構方面，政治系統致力於維持社會結構的平衡與秩序，並保持社會階層之間以及社會精英向政治體系的流動性，同時在政治統治中預留了某種程度上的社會自治空間；第三，存在一個作爲社會共識並在相當大程度上爲國家，社會及個體所共享的意識形態，並且這種意識形態具有價值恒定特征；第四，在合法性認同方面，爲政之道高度重視民心，民情和社會主要階層的情感取向，其施政之方以獲取社會主要階層的情感支持爲優勢性考量；第五，在國家治理結構與體系中，存在一個樞紐性的政治組織，或者政治力量，或者政治角色，作爲政治權力和政治權威的來源；第六，在政治思維上，權變，互動，辯證，中庸思維在政治設計和政策運用中占有重要地位；第七，在支撐傳統政治形態的政治制度中，存在著存之久遠的若幹支柱性制度，比如科舉制度，監察制度，等等. 參見張樹平：《從政黨能力到國家能力：轉型中國國家能力的一種建構路徑》，《複旦政治學評論》2018年第1期.

60）現代中國的發展問題當然首先是經濟發展問題，即馬克思主義政治經濟學語境下"解放生產力和發展生產力"的問題. 但經濟發展問題不能單單從經濟學視野去看，更重要的是從政治學視野去把握發展問題，因爲經濟發展必然牽涉政治問題即包括國家和意識形態在內的政治上層建築問題. 當我們談及"民族複興本質上是中國現代國家建設與社會主義現代化問題，即發展問題"之時，我們所說的"發展"，就是在這樣一種包括但絕不僅限於經濟發展的意義上講的，即是在國家整體發展的意義上講的；這種國家發展的整體性，又是在從傳統中國向現代國家轉型的全部曆史中呈現出來的.

61）張樹平：《當代中國政治：邏輯在曆史中展開》，《社會科學報》2017年4月13日.

62）相對於傳統治理型國家而言，新治理型國家表現出兩種曆史面向，即超越與回歸. 在強調現代中國對傳統中國國家形態的超越的同時，我們也需要

關注一種基於曆史聯系的回歸面向. 參見上海社會科學院政治與公共管理
研究所編:《中國政治發展進程2016年》, 時事出版社2016年版, 第50—5
1頁.

63) 張敏:《轉型中國治理型意識形態的構建》,《江漢論壇》2017年第2期.

64) 林尚立等:《政治建設與國家發展》, 第250—254頁.

65) 同上書, 第260頁.

66) 這就將社會主義核心價值體系和社會主義核心價值觀的培育和踐行提到了
當前中國社會主義國家意識形態建構的核心地位. 核心價值觀是核心價值
體系的凝練表達, 是內化於社會個體的價值體系. 社會主義核心價值體系
和社會主義核心價值觀本質上是包括國家, 社會, 個人在內的中國全面發
展的價值體系與價值觀, 是社會主義國家意識形態與社會主體以及社會文
化相結合的產物, 是社會主義國家意識形態"社會轉向"的產物, 因而是決定
社會主義國家意識形態凝聚力, 引領力的關鍵要素.

67) 這就要求在當代中國社會主義國家意識形態建構中, 基於政黨, 國家與社
會的互動, 基於國家意識形態與一般社會文化的互動, 基於當代中國社會
主體的生活基礎和價值需求, 系統整合解放型意識形態, 發展型意識形態,
治理型意識形態, 價值回歸型意識形態, 防止社會主義國家意識形態的偏
枯和斷裂.

68) 習近平:《決勝全面建成小康社會 奪取新時代中國特色社會主義偉大勝
利》, 人民出版社2017年版, 第10頁.

69) 隨著價值體系日益成爲當代中國社會主義國家意識形態建構的中心議題,
社會主義核心價值體系建構將"使國家意識形態和文化建設重新回到中國社
會的現實, 曆史和傳統之中, 重新喚起中國文化傳統的現代價值, 並在核
心價值基礎上實現意識形態建設與國家文化建設的有機統一". 參見林尚
立:《當代中國政治: 基礎與發展》, 第274頁.

70) 陳明明教授認爲, 由於主流意識形態本質上是對"黨治國家"統治合法性理
由的系統性論證, 因此可以借助於黨治國家統治績效的關系函數的模式變
遷來分析主流意識形態的變遷機理: 從主流意識形態演變的過程來看, 黨
治國家統治績效的關系函數經曆過三種模式: 一是傳統計劃時期的F (現
代化)模式, 即革命—改造模式, 二是改革開放時期的F (現代化, 市場化,
民主化)模式, 可稱之爲改革—發展模式; 三是構建和諧社會時期的F (現
代化, 市場, 民主, 法治, 民生)模式, 也被稱爲和諧—執政模式. 參見陳明
明:《從超越性革命到調適性發展: 主流意識形態的演變》,《天津社會科
學》2011年第6期.

71) 與中國傳統國家形態相匹配的中國傳統文化和政治價值體系, 在近代以來
從傳統國家向現代國家轉型的曆史進程中, 經曆過既可愛又可信—可愛而

不可信—既不可信又不可愛的意識形態衰朽過程. 社會主義國家意識形態
的建構, 必須重新恢複意識形態可信與可愛的有機統一.

72) 中華民族偉大複興必然伴隨著制度定型和文化複興, 鄧小平在1992年提
出："恐怕再有三十年的時間, 我們才會在各方面形成一套更加成熟, 更加
定型的制度."國家治理現代化"本質上是國家在實現有效發展的基礎上邁
向成熟與定型的建設和發展", 而"人民認同制度, 接受相應的政治形態, 是
制度得以鞏固, 政治形態得以完善和定型化的關鍵基礎". 參見林尚立：
《治國安邦：當代中國政治形態定型》, 載陳明明主編：《政治發展新戰略：
回歸與超越》(《複旦政治學評論》第二十輯), 複旦大學出版社2018年版,
第16, 17, 22頁.

73) 張樹平：《當代中國政治：邏輯在曆史中展開》.

74) 當意識形態概念"擴展到日常生活中的每個細節中去時, 也正是它在整體上
失去自己的獨立地位之際", 英美的馬克思主義者們通過"文化"這個無所不
包的概念極大地擴展了意識形態概念, 同時他們也在"文化"這一酸性溶液
中極大地稀釋了意識形態概念的政治內涵. 參見汪行福, 俞吾金等：《意識
形態星叢：西方馬克思主義的意識形態理論及其最新發展趨勢》, 人民出版
社2017年版, 第528頁. 應當注意, 意識形態的概念擴展有兩面效應, 意識
形態的實踐拓展同樣具有雙面效應.

75) "改革開放前中國社會主義建設中的挫折, 與政治場域中生活—政治關系的
失調有重要關系,""在當代中國政治過程中, 人民生活與政治之間的互動正
處於一個前所未有的開放空間和活躍狀態之中."國家治理現代化的推進客
觀上要求打通政治與生活之間的隔離, 而意識形態與生活世界的有效溝通
則是打通生活與政治的必不可缺的前提與中介. 參見張樹平：《改變生活的
政治與改變政治的生活：一種曆史政治學分析》,《學術月刊》2019年第9
期.

76) 這種社會網絡包括基於互聯網技術的虛擬社會,"互聯網是意識形態工作的
主戰場, 最前沿. 意識形態是做人的工作的, 人在哪裏, 意識形態工作的重
點就應該在哪裏". 參見中共中央宣傳部編：《習近平新時代中國特色社會
主義思想三十講》, 學習出版社2018年版, 第220頁.

77) 林尚立等：《政治建設與國家發展》, 第22—27頁.

第11장 군에 대한 당의 절대 영도

1) 毛澤東：《槍杆子是由政權中取得的》, 載中國人民解放軍軍事科學院：《毛
澤東軍事文選(內部本)》, 中國人民解放軍戰士出版社1981年版, 第3頁.

2) 林尚立:《當代中國政治：基礎與發展》, 中國大百科全書出版社2016年版, 第178頁.

3) 毛澤東:《戰爭和戰略問題》, 載《毛澤東選集》第二卷, 人民出版社1991年版, 第545-546頁.

4) Samuel P. Huntington, *The Soldier and the State: The Theory and Politics of Civil-Military Relations,* Cambridge: Belknap Press of Harvard University Press, 1957.

5) 陳明明:《所有的子彈都有歸宿：發展中國家軍人政治研究》, 天津人民出版社2003年版, 第19頁.

6) 林尚立:《當代中國政治：基礎與發展》, 第184頁.

7) 毛澤東:《論聯合政府》, 載《毛澤東選集》第三卷, 人民出版社1991年版, 第1039頁.

8) 《毛澤東選集》第三卷, 人民出版社1991年版, 第1037頁.

9) 周文等:《在新的歷史起點重溫古田會議》,《中國國防報》2014年10月29日.

10) Dennis Woodward, 'Political Power and Gun-barriers, the role of the PLA', in Bill Brugger(ed.), *China: The Impact of the Cultural Revolution*, London: Croom Helm, 1978.

11) 林尚立:《當代中國政治：基礎與發展》, 中國大百科全書出版社2016年版, 第189頁.

12) 《習近平談"政治建軍"有啥深意？》, 人民網, http://politics.people.com.cn/n/2015/0203/c100126501409.html.

13) 除了毛澤東領導的"三灣改編"之外, 朱德所領導的"贛南三整"也具有與前者相似的內容. 但是在時間上後者比前者要晚一兩個月.

14) 毛澤東:《井岡山的鬥爭》, 載《毛澤東選集》第一卷, 人民出版社1991年版, 第65—66頁.

15) 《中國共產黨紅軍第四軍第九次代表大會決議案》, 中國軍網, http://www.81.cn/2014gthy/2014-08/29/content_6117386.htm,2019年8月20日訪問.

16) 同上.

17) 徐勇:《20世紀中國"政黨領軍"模式的創立發展》,《歷史教學》2005年第7期.

18) Ralph Powell, "The Party, the Government and the Gun", *Asian Survey* 10(6), 1970, pp.441-471.

19) Dennis J. Blasko, *The Chinese Army Today: Tradition and Tran*

sformation for the 21st Century, London: Routledge, 2006, p.2
9.

20) 徐勇：《20世紀中國"政黨領軍"模式的創立發展》，《歷史教學》2005年第7
期.

21) Andrew Scoball, *China's Use of Military Force: Beyond the Gre
at Wall and The Long March,* Cambridge: Cambridge University
Press, 2003, p.56.

22) John Gittings, *The Role of the Chinese Army,* Oxford: Oxford
University Press, 1967, p.101.

23) 毛澤東：《井岡山的鬥爭》，載《毛澤東選集》第一卷，人民出版社1991年版，
第65—66頁.

24) 洪陸訓：《武裝力量與社會》，麥田出版社1999年版，第440—441頁.

25) 即"黨委統一集體領導下的首長分工負責制".

26) Larry M. Wortzel, "Concentrating Forces and Audacious Action:
PLA Lessons from the Sino Indian War", in Laurie Burkitt, Andr
ew Scobell and Larry M. Wortzeleds., *The Lessons of History:
The Chinese People's Liberation Army at 75,* Darby: DIANE Pub
lishing, 2003, pp.327—352.

27) Shiping Zheng, *Party vs. State in post-1949 China,* NewYork: C
ambridge University Press, 1997, p.117.

28) 國防大學黨史黨建政工教研室：《中國人民解放軍政治工作史》，國防大學
出版社1989年版，第2頁.

29) "軍人的政治社會化"僅僅關注的是軍人的政治態度與行爲等方面，並不關
注軍事技能的習得. 有學者認爲，後者與前者一同構成了"軍人社會化"的過
程.參見餘一鳴：《軍隊社會化的理論與實際》，《複興崗學報》(中國台灣)20
03年第77期.

30) 維軍：《當代中國軍隊的政治社會化》，《當代中國研究》2002年第4期.

31) 同上.

32) 《中國人民解放軍監察部負責人就軍隊行政監察工作答記者問》，《解放軍
報》2003年11月27日，第3版.

33) 習近平：《順應時代潮流實現共同發展》，2018年7月25日，新華網,http://
www.xinhuanet.com/politics/leaders/2018-07/26/c_1123177182.
htm?baike.

34) 新華社：《中央軍委關於深化國防和軍隊改革的意見》，2016年1月1日，ht
tp://www.xinhuanet.com/mil/2016-01/01/c_128588503.htm.

35) 中華人民共和國國務院新聞辦公室：《新時代的中國國防白皮書》，2019年7月，http://www.gov.cn/zhengce/2019-07/24/content_5414325.htm.

36) 倪子牮：《中央軍委關於深化國防和軍隊改革的意見(全文)》，新華網，2016年1月1日，http://news.sina.com.cn/c/nd/2016-01-01/doc-ifxneept3517995.shtml.

37) 中華人民共和國國務院新聞辦公室：《新時代的中國國防白皮書》，2019年7月，http://www.gov.cn/zhengce/2019-07/24/content_5414325.htm.

38) 倪子牮：《中央軍委關於深化國防和軍隊改革的意見(全文)》，新華網，2016年1月1日，http://news.sina.com.cn/c/nd/2016-01-01/doc-ifxneept3517995.shtml.

39) 薑紫微：《"中國範兒"軍改路線詳解》，中國軍網，2015年11月27日，http://www.mod.gov.cn/pic/2015-11/27/content_4630854.htm.

40) 楊一楠：《重磅!深化跨軍地改革方案公布》，新華社，2018年3月22日，http://www.mod.gov.cn/topnews/2018-03/22/content_4807577.htm.

41) 遊光榮，閆宏，趙旭：《軍民融合發展政策制度體系建設：現狀，問題及對策》，中國科技論壇，2017年1月，第151頁.

42) 倪子牮：《中央軍委關於深化國防和軍隊改革的意見(全文)》，新華網，2016年1月1日，http://news.sina.com.cn/c/nd/2016-01-01/doc-ifxneept3517995.shtml.

제12장 협상 단결의 정치

1) 《馬克思恩格斯全集》第1卷，人民出版社1956年版，第443頁.

2) 《馬克思恩格斯選集》第1卷，人民出版社2012年版，第402頁.

3) 《馬克思恩格斯全集》第1卷，人民出版社1956年版，第280頁.

4) 同上書，第281頁.

5) 同上.

6) 同上.

7) 《馬克思恩格斯選集》第1卷，人民出版社2012年版，第403頁.

8) 《馬克思恩格斯全集》第1卷，人民出版社1956年版，第443頁.

9) 同上.

10）《馬克思恩格斯選集》第1卷，人民出版社2012年版，第403頁.

11）《馬克思恩格斯全集》第2卷，人民出版社1956年版，第157頁.

12）《馬克思恩格斯選集》第3卷，人民出版社2012年版，第96頁.

13）《馬克思恩格斯選集》第1卷，人民出版社2012年版，第402頁.

14）《馬克思恩格斯選集》第3卷，人民出版社2012年版，第776頁.

15）《列寧全集》第36卷，人民出版社1986年版，第169頁.

16）《列寧專題文集·論資本主義》，人民出版社2009年版，第238頁.

17）同上書，第243頁.

18）《馬克思恩格斯選集》第1卷，人民出版社2012年版，第406頁.

19）《馬克思恩格斯選集》第3卷，人民出版社2012年版，第150頁.

20）同上書，第101頁.

21）同上書，第102頁.

22）同上.

23）同上書，第107頁.

24）同上書，第167頁.

25）同上書，第168頁.

26）《列寧全集》第35卷，人民出版社1985年版，第61頁.

27）《列寧專題文集·論資本主義》，人民出版社2009年版，第242頁.

28）《列寧全集》第29卷，人民出版社1985年版，第287頁.

29）《列寧全集》第36卷，人民出版社1986年版，第83頁.

30）〔法〕古斯塔夫·勒龐：《烏合之眾：大眾心理研究》，馮克利譯，中央編譯
出版社2000年版，第15—53頁.

31）《列寧選集》第3卷，人民出版社2012年版，第305頁.

32）《列寧全集》第36卷，人民出版社1986年版，第154頁.

33）《列寧全集》第35卷，人民出版社1985年版，第61頁

34）《列寧選集》第3卷，人民出版社2012年版，第378頁.

35）同上書，第305頁.

36）同上書，第374頁.

37）同上書，第378頁.

38）同上書，第377—378頁.

39）《列寧全集》第32卷，人民出版社1985年版，第22頁.

40）《列寧選集》第3卷，人民出版社2012年版，第42頁.

41）《馬克思恩格斯選集》第1卷，人民出版社1995年版，第293頁.

42）《列寧專題文集・論無產階級政黨》，人民出版社2009年版，第235頁.

43）同上書，第299頁.

44）《列寧選集》第3卷，人民出版社2012年版，第67頁.

45）《列寧全集》第24卷，人民出版社1990年版，第69頁.

46）《馬克思恩格斯選集》第1卷，人民出版社2012年版，第413頁.

47）同上.

48）同上.

49）同上書，第434頁.

50）《江澤民文選》第2卷，人民出版社2006年版，第29頁.

51）《列寧全集》第32卷，人民出版社1985年版，第28頁.

52）《列寧專題文集・論社會主義》，人民出版社2009年版，第304頁.

53）《毛澤東選集》第三卷，人民出版社1991年版，第826頁.

54）《毛澤東選集》第二卷，人民出版社1991年版，第522頁.

55）同上書，第605頁.

56）《馬克思恩格斯選集》第4卷，人民出版社2012年版，第382—383頁.

57）《列寧專題文集・論社會主義》，人民出版社2009年版，第30頁.

58）同上書，第29頁.

59）《列寧全集》第35卷，人民出版社1985年版，第61頁.

60）《列寧全集》第32卷，人民出版社1985年版，第22頁.

61）〔法〕盧梭：《社會契約論》，何兆武譯，商務印書館2003年版，第31—35頁.

62）〔美〕G.薩托利：《政黨與政黨體制》，王明進譯，商務印書館2006年版，第1
3頁.

63）林尚立等：《新中國政黨制度研究》，上海人民出版社2009年版，第7頁.

64）〔美〕G.薩托利：《政黨與政黨體制》，第54頁.

65）同上.

66）趙憶寧：《探訪美國政黨政治：美國兩黨精英訪談》，中國人民大學出版社2
014年版，第8頁.

67）同上.

68）何旗：《論中國新型政黨制度的優勢與自信———基於美國政黨政治的比
較分析》，《科學社會主義》2019年第1期，第154頁.

69）政協全國委員會辦公廳，中央文獻研究室編：《人民政協重要文獻選編》
（上），中央文獻出版社2009年版，第268頁.

70）同上書，第295頁.

71）《周恩來選集》(下卷)，人民出版社1984年版，第208頁.

72）《鄧小平文選》第一卷，人民出版社1994年版，第273頁.

73）《費孝通與多黨合作》，中國社會科學出版社2010年版，第34頁.

74）《列寧專題文集·論無產階級專政》，人民出版社2009年版，第295頁.

75）《毛澤東選集》第二卷，人民出版社1991年版，第645頁.

76）《毛澤東著作選讀》下册，人民出版社1986年版，第759頁.

77）同上.

78）同上書，第759—760頁.

79）〔法〕盧梭：《社會契約論》，第33頁.

80）同上書，第83頁.

81）《馬克思恩格斯選集》第3卷，人民出版社2012年版，第98頁.

82）《毛澤東選集》第二卷，人民出版社1991年版，第677頁.

83）肖存良：《政黨制度與中國協商民主研究———基於政權組織形式的視角》，《南京社會科學》2013年第2期，第79頁.

84）《毛澤東選集》第二卷，人民出版社1991年版，第677頁.

85）《毛澤東選集》第三卷，人民出版社1991年版，第1057頁.

86）中央紀委編：《列寧，毛澤東和鄧小平論民主集中制》，中國方正出版社1994年版，第314頁.

87）林尚立，趙宇峰：《中國協商民主的邏輯》(修訂版)，上海人民出版社2016年版，第15頁.

88）《毛澤東選集》第三卷，人民出版社1991年版，第742頁.

89）《毛澤東選集》第四卷，人民出版社1991年版，第1379頁.

90）中國人民政治協商會議全國委員會文史資料研究委員會：《五星紅旗從這裏升起：中國人民政治協商會議誕生記事暨資料選編》，文史資料出版社1984年版，第306頁.

91）同上書，第371頁.

92）《當代中國叢書》編委會編：《當代中國人民政協》，當代中國出版社1993年版，第48頁.

93）同上書，第65—66頁.

94）《鄧小平文選》(一九四九———一九七四)上卷，人民出版社2014年版，第5頁.

95）同上書，第63頁.

96）林尚立，趙宇峰：《中國協商民主的邏輯》(修訂版)，第76—77頁.

97）中共中央文獻研究室編：《十八大以來重要文獻選編》(上)，中央文獻出版社2014年版，第21頁.

98) 中共中央文獻研究室編：《十八大以來重要文獻選編》(中)，中央文獻出版社2014年版，第293頁.

99) 同上書，第292頁.

第13장 자기혁명의 정치

1) 《黨的自我革新》(解說詞)，是網，http://www.qstheory.cn/zdwz/2017-07/26/c_1121380198.htm.

2) 《牢記初心使命，推進自我革命》，習近平2019年6月24日在十九屆中央政治局第十五次集體學習時的講話，http://www.xinhuanet.com/2019-07/31/c_1124820890.htm.

3) 王滬寧：《反腐敗：中國的實驗》，三環出版社1990年版，第2頁.

4) 景躍進，陳明明，肖濱主編：《當代中國政府與政治》，中國人民大學出版社2016年版，第5頁.

5) 吳軍：《中國共產黨的第一個"反腐通告"》，《黨史文匯》2003年12月，第45頁.

6) 戚義明編：《黨的紀律建設簡史》，中國方正出版社2019年版，第23頁.

7) 《中國共產黨第三次修正章程決案(1927年6月1日中央政治局會議議決案)》，新華網(新華資料庫)，http://news.xinhuanet.com/ziliao/2002-03/04/content_696147.htm.

8) 同上.

9) 參見梁國慶主編：《中外反腐敗實用全書》，新華出版社1994年版，第305頁.

10) 同上書，第4頁.

11) 《毛澤東選集》第四卷，人民出版社1991年版，第1438頁.

12) 中央檔案館影印資料，中國共產黨新聞網，http://fanfu.people.com.cn/GB/145746/9888308.html.

13) 《安徽紀檢監察年鑒》(1993年)，第2頁.

14) 《安徽紀檢監察年鑒》(1993年)，第3頁.

15) 所謂"兩案"指的是審理林彪，"四人幫"兩個反革命集團及其關聯案件.

16) 《1979年1月4日至22日中央紀委召開成立後的第一次全體會議》，中國共產黨新聞網，http://fanfu.people.com.cn/GB/143349/165093/165095/9888671.html.

17) 劉麗英：《告別公安 離開沈陽》，人民網—讀書頻道，http://book.peopl

e.com.cn/GB/69399/107429/191000/11627163.html.

18) 《曆史豐碑———回憶陳雲同志在中央紀委的日子》,《中國紀檢監察報》20
05年6月16日.

19) 《中共中央、國務院關於反腐敗鬥爭近期抓好幾項工作的決定》(中發〔199
3〕9號), 北大法寶資料庫, http://pkulaw.cn/fulltext_form.aspx?Db
=chl&Gid=3314006d91946b22.

20) 同上.

21) 《中紀委二次全會動員加強反腐敗鬥爭, 尉健行要求落實黨中央關於近期內
反腐敗的工作部署, 著重抓好三項工作》,《人民日報》第1版, 1993年8月2
1日.

22) 同上.

23) 《中共中央紀律檢查委員會關於國有企業領導幹部廉潔自律"四條規定"的實
施和處理意見》, 北大法寶資料庫.

24) 李輝:《當代中國腐敗治理策略中的"清理"行動:以H市紀檢監察機構為個
案(1981—2004)》,《公共行政評論》2010年第2期, 第45—70頁.

25) 《正確認識形勢, 加大工作力度, 把反腐敗鬥爭不斷引向深入———尉健行
同志2000年9月29日在中央黨校的報告》,《紀檢監察工作文件選編》, 200
2年, 第329頁.

26) 林尚立:《當代中國政治:基礎與發展》, 中國大百科全書出版社2018年
版, 第296頁.

27) 《中國共產黨中央紀律檢查委員會第二次全體會議公報》, 載《紀檢監察工作
文件選編》(紀委系統內部檔案), 1998年, 第274頁.

28) 《以黨的十五大精神為指導, 加大工作力度, 深入開展反腐敗鬥爭———尉
健行同志在中共中央紀律檢查委員會第二次全體會議上的報告》, 載《紀檢
監察工作文件選編》(紀委系統內部檔案), 1998年, 第290頁.

29) 《中國共產黨中央紀律檢查委員會第三次全體會議公報》, 載《紀檢監察工作
文件選編》(紀委系統內部檔案), 1999年, 第247頁.

30) 習近平:《在第十八屆中央紀律檢查委員會第二次全體會議上的講話》(201
3年1月22日), 中紀委官網, http://people.ccdi.gov.cn/subject/174/2
5?slug=learning project&articleId=337.

31) 習近平:《在中國共產黨第十九次全國代錶大會上的報告》(2017年10月18
日), 中紀委官網, http://people.ccdi.gov.cn/subject/174/25?slug=
learning project.

32) 《中國共產黨章程》(2017年修訂), 中紀委官網, http://www.ccdi.gov.c
n/fgk/law_display/6337.

33) 中紀委國家監察委官方網站：http://v.ccdi.gov.cn/2018/05/18/VIDEc
    eeJYaqhHQ6SYnFu31Xg180518.shtml.

34)《習近平同志在十八屆中央紀委五次全會上的講話》, 中紀委國家監委官方
    網站, http://people.ccdi.gov.cn/detail/456?route = searchResult.

35)《中國共產黨章程》(2012年修訂), 中紀委國家監委官方網站, http://ww
    w.ccdi.gov.cn/fgk/law_display/1.

36)《中國共產黨章程》(2017年修訂), 中紀委國家監委官方網站, http://ww
    w.ccdi.gov.cn/fgk/law_dis-play/6337.

37)《中共中央關於加强黨同人民群眾聯系的決定》(1990年3月12日), 北大法
    寶資料庫,【法寶引證碼】CLI.16.46138.

38) 山東省紀委監委官網：http://www.mirror.gov.cn/articles/ch00033/
    199603/DA1089FC8CCBF815E04010AC040216FA.html.

39)《中國共產黨黨內監督條例(試行)》(2003年12月31日), 中紀委國家監委
    官網, http://www.ccdi.gov.cn/fgk/law_display/346.

40)《中國共產黨巡視工作條例》(2015年8月), 北大法寶資料庫：【法寶引證
    碼】CLI.16.253104.

41) 同上.

42) 同上.

43)《中國共產黨巡視工作條例》(2017年7月), 北大法寶資料庫：【法寶引證
    碼】CLI.16.298100.

44)《中央紀委, 中央組織部, 中央編辦, 監察部關於對中央紀委監察部派駐機
    構實行統一管理的實施意見》, 載《紀檢監察文件匯編》, 2004年, 第57—6
    0頁.

45) 同上.

46) 同上.

47) 同上.

48) 同上.

49)《中國共產黨紀律檢查機關監督執紀工作規則》(2019年1月), 中紀委國家
    監委官方網站, http//www.ccdi.gov.cn/fgk/law_display/6393.

50) 同上.

제14장 중화민족의 위대한 부흥 실현

1) 〔美〕賈恩弗朗哥・波齊：《國家：本質, 發展與前景》, 陳堯譯, 上海人民

出版社2019年版，第27— 28頁.

2) C. Tilly, "Reflections on the History of European State-making," in C.Tilly, ed., *The Formation of National State in Western Europe*, NJ: Prinseton University Press, 1975, p.70.

3) 〔美〕賈恩弗朗哥·波齊：《國家：本質，發展與前景》，第27頁.

4) 《馬克思恩格斯全集》第16卷，人民出版社1964年版，第175—176頁.

5) 《斯大林文選》下卷，人民出版社1962年版，第507頁.

6) 《列寧全集》第23卷，人民出版社1990年版，第214頁.

7) 《斯大林文集》，人民出版社1985年版，第110頁.

8) 《斯大林全集》第5卷，人民出版社1957年版，第47頁.

9) 中共中央統戰部：《民族問題文獻彙編》，中共中央黨校出版社1991年版，第210頁.

10) 中央檔案館：《中共中央文件選集(1936—1938)》第11冊，中共中央黨校出版社1991年版，第619—620頁.

11) 《毛澤東著作選讀》下冊，人民出版社1986年版，第757頁.

12) 《毛澤東選集》第一卷，人民出版社1968年版，第256頁.

13) 《鄧小平文選》第一卷，人民出版社1994年版，第162頁.

14) 《鄧小平文選》第一卷，人民出版社1994年版，第167頁.

15) 《習近平在參加內蒙古代表團審議時強調紮實推動經濟高質量發展，紮實推進脫貧攻堅》，《人民日報》2018年3月6日，第1版.

16) 《列寧選集》第2卷，人民出版社1972年版，第716—729頁.

17) 中共中央文獻研究室編：《習近平關於社會主義政治建設論述摘編》，中央文獻出版社2017年版，第159頁.

18) 《中國統計年鑒2018》，http://www.stats.gov.cn/tjsj/ndsj/2018/indexch.htm.

19) 國家民族事務委員會網站，http://www.seac.gov.cn/seac/xxgk/2019 01/1131291.shtml.

20) 張健翎：《西部少數民族地區的精准扶貧何以更給力》，《人民論壇》2018年第16期.

21) 習近平：《決勝全面建成小康社會 奪取新時代中國特色社會主義偉大勝利———在中國共產黨第十九次全國代表大會上的報告》，人民出版社2017年版，第11頁.

22) Myron Weiner, "Political Integration and Political Development," in Jason L. Finkle and Richard W. Gable, eds., Political Develop

ment and Social Change, 2nd edition, New York: John Wileyand Sons, 1971.

23）陳廣湘：《國共第三次合作的最初嘗試》，《黨史縱橫》1990年第4期.

24）《鄧小平文選》第三卷，人民出版社1993年版，第59頁.

25）習近平：《決勝全面建成小康社會 奪取新時代中國特色社會主義偉大勝利
　　———在中國共產黨第十九次全國代表大會上的報告》，第25頁.

26）《鄧小平文選》第二卷，人民出版社1994年版，第237頁.

27）《鄧小平文選》第三卷，人民出版社1993年版，第226頁.

28）江澤民：《全面建設小康社會 開創中國特色社會主義事業新局面———在
　　中國共產黨第十六次全國代表大會上的報告》，人民出版社2002年版，第1
　　8—19頁.

29）同上書，第19—20頁.

30）《鄧小平文選》第三卷，人民出版社1993年版，第64頁.

31）同上.

32）同上書，第54頁.

33）習近平：《決勝全面建成小康社會 奪取新時代中國特色社會主義偉大勝利
　　———在中國共產黨第十九次全國代表大會上的報告》，人民出版社2017
　　年版，第27頁.

34）同上.

35）江澤民：《全面建設小康社會 開創中國特色社會主義事業新局面———在
　　中國共產黨第十六次全國代表大會上的報告》，人民出版社2002年版，第5
　　6頁.

36）胡錦濤：《高舉中國特色社會主義偉大旗幟 爲奪取全面建設小康社會新勝
　　利而奮鬥———在中國共產黨第十七次全國代表大會上的報告》，人民出版
　　社2007年版，第55頁.

37）胡錦濤：《堅定不移沿著中國特色社會主義道路前進爲全面建成小康社會
　　而奮鬥———在中國共產黨第十八次全國代表大會上的報告》，人民出版社
　　2012年版，第9頁.

38）〔美〕C.E.布萊克：《現代化的動力》，段小光譯，四川人民出版社1988年版，
　　第133—175頁.

39）〔以〕S.N.艾森斯塔德：《現代化：抗拒與變遷》，張旅平等譯，中國人民大
　　學出版社1988年版，第4，5章.

40）同上書，第4—5頁.

41）《馬克思恩格斯選集》第1卷，人民出版社1972年版，第255頁.

42)《列寧選集》第4卷, 人民出版社1972年版, 第690頁.

43)《胡錦濤文選》第三卷, 人民出版社2016年版, 第525—526頁.

44) 中共中央文獻研究室編:《習近平關於社會主義政治建設論述摘編》, 中央
文獻出版社2017年版, 第15頁.

제15장 인류운명공동체를 향하여

1)   楊潔篪:《推動構建人類命運共同體》,《人民日報》2017年11月19日, 第6
版.

2)   吳志成, 吳宇:《人類命運共同體思想論析》,《世界經濟與政治》2018年第
3期, 第16—18頁.

3)   見諸2003年至2012年間鄭必堅的有關文章, 鄭必堅:《中國新覺醒》, 上海
人民出版社2015年版, 第115—190頁.

4)   鄭必堅:《全方位構建國際"利益彙合點"和"利益共同體"的幾點思考》,《毛
澤東鄧小平理論研究》2011年第3期, 第1—4頁.

5)   戴秉國:《堅持走和平發展道路》,《當代世界》2010年第12期, 第4頁；黃
仁偉:《中國和平發展道路的歷史超越》,《社會科學》2011年第8期, 第12
—13頁.

6) 《中共中央關於制定國民經濟和社會發展第十二個五年規劃的建議》, 2010
年10月18日, 中國共產黨新聞網, http://dangshi.people.com.cn/GB/
13067740.html.

7)   國務院新聞辦公室:《中國的和平發展》白皮書, 2011年9月, 中國外交部
網站, http://www.fmprc.gov.cn/chn/gxh/tyb/zyxw/t855789.htm.

8)   鄭必堅:《中流擊水：經濟全球化大潮與中國之命運》, 外文出版社2018年
版, 第136頁.

9)   國務院新聞辦公室:《中國的和平發展》白皮書, 2011年9月, 中國國務院
新聞辦網站, http://www.scio.gov.cn/zfbps/ndhf/2011/Document/
1000032/1000032.htm.

10)《堅定不移沿著中國特色社會主義道路前進 爲全面建成小康社會而奮鬥—
——在中國共產黨第十八次全國代表大會上的報告》, 2012年11月8日, 新
華網, http://news.xinhuanet.com/18cpcnc/2012-11/17/c_113711
665_12.htm.

11) 習近平:《順應時代前進潮流 促進世界和平發展———在莫斯科國際關係
學院的演講》, 2013年3月23日, 人民網, http://politics.people.com.c

n/n/2013/0324/c1024-20892661.html.

12) 習近平：《論堅持推動構建人類命運共同體》, 中央文獻出版社2018年版.

13) 習近平：《攜手構建合作共贏新夥伴 同心打造人類命運共同體————在第七十屆聯合國大會一般性辯論時的講話》, 2015年9月28日, 中國外交部網站, http://www.mfa.gov.cn/web/ziliao_674904/zt_674979/ywzt_675099/2015nzt/xpjdmgjxgsfw_684149/zxxx_684151/t1301660.shtml.

14) 習近平：《共同構建人類命運共同體————在聯合國日內瓦總部的演講》, 2017年1月18日, 中國外交部網站, http://www.fmprc.gov.cn/web/zyxw/t1431760.shtml.

15) 張宇燕：《中國對外開放的理念, 進程與邏輯》,《中國社會科學》2018年第11期, 第40頁.

16) 習近平：《決勝全面建成小康社會 奪取新時代中國特色社會主義偉大勝利————在中國共產黨第十九次全國代表大會上的報告》, 2017年10月18日, 新華網, http://news.xinhuanet.com/politics/19cpcnc/2017-10/27/c_1121867529.htm.

17) 張蘊嶺：《中國對外關係40年：回顧與展望》,《世界經濟與政治》2018年第1期, 第9頁.

18) 陳志敏：《國家治理, 全球治理與世界秩序建構》,《中國社會科學》2016年第6期, 第19—20頁.

19) 蘇長和：《對抗式制度體系導致西方之亂》,《人民日報》2018年1月21日, 第5版.

20) 習近平：《決勝全面建成小康社會 奪取新時代中國特色社會主義偉大勝利————在中國共產黨第十九次全國代表大會上的報告》.

21)《習近平出席中央外事工作會議並發表重要講話》, 2014年11月29日, 新華網, http://www.xinhuanet.com/politics/2014-11/29/c_1113457723.htm.

22) 林尚立：《借天下之勢, 做腳下之事》, 上觀新聞, 2016年3月24日, https://www.shobserver.com/news/detail?id=11964.

23) 蘇長和：《中國大國外交的政治學理論基礎》,《世界經濟與政治》2019年第8期, 第4—19頁.

24) 同上.

25) 黃仁偉：《習近平同志人類命運共同體思想學習輔導及國際形勢分析報告》, 上海社會科學院國際問題研究所網站, 2018年11月11日, https://iir.sass.org.cn/2018/1111/c438a37690/page.htm.

26) 習近平：《共擔時代責任 共促全球發展———在世界經濟論壇2017年年會開幕式上的主旨演講》，2017年1月17日，新華網，http://www.xinhuanet.com/politics/2017-01/18/c_1120331545.htm.

27) 同上.

28) 蘇長和：《堅持共商共建共享的全球治理觀》，《人民日報》2019年3月27日，第10版.

29) 蘇長和：《互聯互通世界的治理和秩序》，《世界經濟與政治》2017年第2期，第26頁.

30) 習近平：《共擔時代責任 共促全球發展———在世界經濟論壇2017年年會開幕式上的主旨演講》.

31) 習近平：《爲建設更加美好的地球家園貢獻智慧和力量———在中法全球治理論壇閉幕式上的講話》，中國外交部網站，2019年3月26日，https://www.mfa.gov.cn/web/zyxw/t1648532.shtml.

32) 蔣昌建，潘忠岐：《人類命運共同體理論對西方國際關系理論的揚棄》，《浙江學刊》2017年第7期，第16—17頁；蘇長和：《互聯互通世界的治理和秩序》，《世界經濟與政治》2017年第2期，第29頁.

33) 陳錫喜：《"人類命運共同體"視域下中國道路世界意義的再審視》，《毛澤東鄧小平理論研究》2017年第2期，第88頁.

34) 蔡拓：《全球治理與國家治理：當代中國兩大戰略考量》，《中國社會科學》2016年第6期，第12頁.

35) 蘇長和：《互聯互通世界的治理和秩序》，《世界經濟與政治》2017年第2期，第29頁.

36) 習近平：《決勝全面建成小康社會 奪取新時代中國特色社會主義偉大勝利———在中國共產黨第十九次全國代表大會上的報告》.

37) 習近平：《共同構建人類命運共同體———在聯合國日內瓦總部的演講》.

38) 阮宗澤：《構建人類命運共同體 助力中國戰略機遇期》，《國際問題研究》2018年第1期，第18— 20頁.

39) 陳志敏，蘇長和主編：《增量改進———全球治理體系的改進和升級》，復旦大學國際關系與公共事務學院，2015年4月.

40) 習近平：《銘記歷史，開創未來———在俄羅斯媒體發表署名文章》，《人民日報》2015年5月8日，第1版.

41) 國務院新聞辦公室：《中國的和平發展》白皮書，2011年9月，中國外交部網站，http://www.fmprc.gov.cn/chn/gxh/tyb/zyxw/t855789.htm.

42) 胡鍵：《新型國際關系對傳統國際關系的歷史性超越》，《歐洲研究》2018年第2期，第8頁.

43) 張驥, 邢麗菊:《深化中外人文交流基礎研究》, 載張驥, 邢麗菊主編《人文化成：中國與周邊國家人文交流》, 世界知識出版社2018年版, 第2頁.

44) 習近平:《在十八屆中央政治局第十二次集體學習時的講話》(2013年12月30日), 載中共中央文獻研究室編:《習近平關於社會主義文化建設論述摘編》, 中央文獻出版社2017年版, 第198頁.

45) 習近平:《在哲學社會科學工作座談會上的講話》(2016年5月17日), 人民出版社2016年版, 第17頁.

46) 肖河:《中國外交的價值追求———"人類共同價值"框架下的理念分析》,《世界經濟與政治》2017年第1期, 第4頁.

47) 楊潔勉:《試論習近平外交哲學思想的建構和建樹》,《國際觀察》2018年第6期,第9—10頁；蘇長和:《互聯互通世界的治理和秩序》,《世界經濟與政治》2017年第2期, 第33頁.

48) 習近平:《在紀念孔子誕辰2565周年國際學術研討會暨國際儒學聯合會第五屆會員大會開幕會上的講話》,《人民日報》2014年9月25日.

49) 習近平:《在文藝工作座談會上的講話》(2014年10月15日), 載《十八大以來重要文獻選編》(中), 中央文獻出版社2016年版, 第121頁.

50) 習近平:《深化文明交流互鑒 共建亞洲命運共同體———在亞洲文明對話大會開幕式上的主旨演講》, 2019年5月15日, 新华网, http://www.xinhuanet.com/politics/leaders/2019-05/15/c_1124497022.htm.

옮긴이

구성철

한밭대와 한국외국어대 대학원에서 중국어와 중국정치를 공부한 뒤 푸단대학
국제관계와 공공사무학원에서 「중국의 대한국 영향력에 관한 연구」로 국제관계
학 박사논문을 쓰고 졸업했다. 현재 창원대 중국학과 강사로 재직 중이며 학술활동
을 통한 실천적 삶에 많은 관심을 가지고 있다. 주요 논문으로는 「한중수교 30주
년: 한중관계 회고와 그 미래」가 있고 역서로는 『북한이라는 수수께끼』, 『대중음
악으로 이해하는 중국』(공역)이 있다.

김미래

푸단대학 국제관계와 공공사무학원에서 「신시대 탈빈곤정치 연구」로 정치학
박사학위를 받았다. 중국공산당을 중심으로 한 현대 중국정치 전반에 관심을
가지고 사회주의적 근대는 가능한가라는 물음에 천착하고 있다. 현재 푸단대학
국제관계와 공공사무학원에서 박사후연구원으로 재직 중이며 참여한 역서로는
『한중 협력의 새로운 모색, 부산-상하이 협력』, 『전환시대 중국정치의 논리』가
있다.

강애리

성균관대학교 정치외교학과를 졸업하고 동대학원에서 정치학 석사학위를 취득
했다. 현재 푸단대학 국제관계와 공공사무학원에서 국제관계학을 공부하고 있으
며, 중국 담론과 중국국제정치이론에 많은 관심을 갖고 있다. 참여한 역서로는
『무위무불위』, 『국제정치의 사회적 진화 기원』이 있다.

정혜미

지린대 영문과를 졸업하고 한국외국어대 국제지역대학원에 진학해 국제관계학
석사학위를 취득했다. 현재 푸단대학 국제관계와 공공사무학원에서 정치학을
공부하고 있으며, 현대 중국의 정치제도 및 당정기구에 많은 관심을 갖고 있다.

중국식 현대화의 논리 2

사회주의 중국을 움직이는 체계와 동력

초판 발행일 2024년 2월 29일

지은이 류젠췬 · 천저우왕 · 왕스카이
옮긴이 구성철 · 김미래 · 강애리 · 정혜미
펴낸이 강수걸
편집 이혜정 강나래 오해은 이선화 이소영
디자인 권문경 조은비
펴낸곳 산지니
등록 2005년 2월 7일 제333-3370002510020050000001호
주소 부산광역시 해운대구 수영강변대로 140 부산문화콘텐츠콤플렉스 626호
전화 051-504-7070 | 팩스 051-507-7543
홈페이지 www.sanzinibook.com
전자우편 sanzini@sanzinibook.com
블로그 http://sanzinibook.tistory.com

ISBN 979-11-6861-242-6 94340(2권)
        979-11-6861-240-2 94340(세트)